# A Escritura e a Diferença

Coleção Estudos
Dirigida por J. Guinsburg

Equipe de realização – Tradução: Maria Beatriz Marques Nizza da Silva, Pedro Leite Lopes e Pérola de Carvalho; Revisão: Eloísa Graziela Franco de Oliveira, Denílson Lopes e Newton Cunha; Sobrecapa: Sergio Kon; Produção: Ricardo W. Neves e Sergio Kon.

**Jacques Derrida**

**A ESCRITURA E A DIFERENÇA**

 PERSPECTIVA

Título do original francês
*L'Écriture et la différence*

© 1967 by Les Éditions du Seuil, Paris

Dados Internacionais de Catalogação na Publicação (CIP)
(Câmara Brasileira do Livro, SP, Brasil)

Derrida, Jacques, 1930- 2004
    A escritura e a diferença / Jacques Derrida; [tradução
Maria Beatriz Marques Nizza da Silva, Pedro Leite Lopes
e Pérola de Carvalho]. – São Paulo: Perspectiva, 2014. –
(Estudos; 271 / dirigida por J. Guinsburg)

    Título original: L'écriture et la différence.

    Bibliografia.
    2ª reimpressão da 4ª edição de 2009
    ISBN 978-85-273-0879-3

    1. Arte de escrever  2. Literatura – Filosofia  I. Guinsburg,
J.  II. Título.  III. Série.

07-6417                                      CDD-808.02

Índices para catálogo sistemático:

1. Arte de escrever 808.02
2. Ofício de escrever 808.02

4ª edição – 2ª reimpressão
[PPD]

Direitos reservados em língua portuguesa à
EDITORA PERSPECTIVA LTDA.

Av. Brigadeiro Luís Antônio, 3025
01401-000 São Paulo SP Brasil
Telefax: (011) 3885-8388
www.editoraperspectiva.com.br

2019

# Sumário

Força e Significação. . . . . . . . . . . . . . . . . . . . . . . . . . . . . . . . . . . . . 1

*Cogito* e *História da Loucura* . . . . . . . . . . . . . . . . . . . . . . . . . . 43

Edmond Jabès e a Questão do Livro. . . . . . . . . . . . . . . . . . 91

Violência e Metafísica: Ensaio sobre o Pensamento
de Emmanuel Lévinas. . . . . . . . . . . . . . . . . . . . . . . . . . . . . . . . 111

"Gênese e Estrutura" e a Fenomenologia. . . . . . . . . . . . . . . 225

A Palavra Soprada. . . . . . . . . . . . . . . . . . . . . . . . . . . . . . . . . . . 249

Freud e a Cena da Escritura. . . . . . . . . . . . . . . . . . . . . . . . . . 289

O Teatro da Crueldade e o Fechamento
da Representação. . . . . . . . . . . . . . . . . . . . . . . . . . . . . . . . . . . . 339

Da Economia Restrita à Economia Geral:
Um Hegelianismo Sem Reserva . . . . . . . . . . . . . . . . . . . . . . 367

A Estrutura, o Signo e o Jogo no Discurso
das Ciências Humanas . . . . . . . . . . . . . . . . . . . . . . . . . . . . . . 407

Elipse. . . . . . . . . . . . . . . . . . . . . . . . . . . . . . . . . . . . . . . . . . . . . . 427


Bibliografia. . . . . . . . . . . . . . . . . . . . . . . . . . . . . . . . . . . . . . . . . 435

*"o todo sem mais novidade senão
um espaçamento da leitura"*

MALLARMÉ
Prefácio ao *Coup de dés*

# Força e Significação

> *É possível que desde Sófocles todos nós sejamos selvagens tatuados. Mas na Arte existe alguma outra coisa além da retidão das linhas e do polido das superfícies. A plástica do estilo não é tão ampla como toda a ideia... Temos coisas demais para as formas que possuímos.*
>
> FLAUBERT, *Préface à la vie d´écrivain*

I

Se um dia a invasão *estruturalista* batesse em retirada, abandonando suas obras e seus sinais nas plagas da nossa civilização, tornar-se-ia um problema para o historiador das ideias. Talvez mesmo um objeto. Mas o historiador cometeria um erro se assim fizesse: o próprio gesto de considerá-la como um objeto o levaria a esquecer o seu sentido, e que se trata antes de mais nada de uma aventura do olhar, de uma conversão na maneira de questionar todo o objeto. Os objetos históricos – os seus – em especial. E entre eles, muito insólita, a coisa literária.

Por analogia: que, em todos os seus domínios, por todos os caminhos e apesar de todas as diferenças, a reflexão universal receba hoje um impulso espantoso de uma inquietação sobre a linguagem – que só pode ser uma inquietação da linguagem e na própria linguagem –, eis um estranho concerto cuja natureza consiste em não poder ser apresentado em toda a sua superfície como um espetáculo para o historiador, se por acaso este tentar reconhecer nele a marca de uma época, a moda de uma estação ou o sintoma de uma crise. Qualquer que seja a pobreza do nosso saber a esse respeito, é certo que a pergunta sobre o sinal é ela própria algo mais ou algo menos, em todo caso, diferente, de um sinal dos tempos. Sonhar reduzi-la a isso é sonhar com a violência. Sobretudo quando esta questão, histórica num sentido insólito, aproxima-se de um ponto em que a natureza puramente assinaladora da linguagem parece muito incerta, parcial ou inessencial. Facilmente nos concederão que não é acidental a analogia entre a obsessão estruturalista e a inquietação da linguagem. Jamais se poderá, portanto, por uma reflexão segunda ou terceira, submeter o estruturalismo do século xx (em especial o da crítica literária, que participa vivamente do concerto) ao objetivo colocado por um crítico estruturalista em relação ao século xix: contribuir para uma "história futura da imaginação e da sensibilidade"[1]. Também não se poderá reduzir a virtude fascinadora contida na noção de estrutura a um fenômeno de moda[2], exceto se se tratar de reexaminar e de levar a sério, o que é sem dúvida o mais urgente, o sentido da imaginação, da sensibilidade e da moda. De qualquer maneira, se alguma coisa há no estruturalismo que esteja relacionada com a imaginação, a sensibilidade ou a moda, no sentido corrente destes termos, não será nunca essencial. A atitude estruturalista e a nossa postura hoje perante a linguagem ou na linguagem não são unicamente momentos da história. Antes espanto pela linguagem como origem da história. Pela própria historicidade. É também, perante a possibilidade da palavra,

---

1 Em *L'Univers imaginaire de Mallarmé* (p. 30, nota 27), Jean-Pierre Richard escreve com efeito: "Ficaríamos felizes se o nosso trabalho tivesse podido oferecer alguns materiais novos para essa história futura da imaginação e da sensibilidade que ainda não existe para o século xix, mas que prolongará sem dúvida os trabalhos de Jean Rousset sobre o barroco, de Paul Hazard sobre o século xviii, de André Monglond sobre o pré-romantismo".

2 "*Estrutura* parece ser, nota Kroeber na sua *Anthropology* (p. 325), apenas a fraqueza perante uma palavra cuja significação está perfeitamente definida, mas que de repente, e por alguns decênios, se reveste de uma sedução de moda – tal como a palavra 'aerodinâmico' – tendendo a ser aplicada indiscriminadamente, enquanto dura a sua voga, por causa do prazer provocado pelas suas consonâncias".

Para aprender a necessidade profunda que se esconde sob o fenômeno, aliás incontestável, da moda, é preciso primeiro operar por "via negativa": a escolha desta palavra é antes de mais nada um conjunto – estrutural, bem entendido – de exclusões. Saber por que razão se diz "estrutura" é saber por que razão não se quer mais dizer *eidos*, "essência", "forma", *Gestalt*, "conjunto", "composição", "complexo", "construção", "correlação", "totalidade", "ideia", "organismo", "estado", "sistema" etc. É preciso compreender por que razão cada uma destas palavras se revelou insuficiente, mas também por que razão a noção de estrutura continua a pedir-lhes emprestada uma significação implícita e a deixar-se habitar por elas.

FORÇA E SIGNIFICAÇÃO

e sempre já dentro dela, a repetição finalmente confessada, finalmente alargada às dimensões da cultura mundial, de uma surpresa sem medida comum com qualquer outra e com a qual se agitou aquilo que se costuma denominar pensamento ocidental, esse pensamento cujo destino consiste muito simplesmente em aumentar o seu domínio à medida que o Ocidente diminui o seu. Pela sua intenção mais interior e como qualquer questão sobre a linguagem, o estruturalismo escapa deste modo à clássica história das ideias que pressupõe já a sua possibilidade, que pertence ingenuamente à esfera do questionado e nela se profere.

O fenômeno estruturalismo merecerá contudo ser abordado pelo historiador das ideias, devido a toda uma zona irredutível de irreflexão e de espontaneidade, devido à sombra essencial do não-declarado. Bem ou mal abordado. Merecê-lo-á tudo o que neste fenômeno não é transparência para si da questão, tudo o que, na eficácia de um método, pertence à infalibilidade atribuída aos sonâmbulos e outrora ao instinto, acerca do qual se dizia que era tanto mais seguro quanto mais cego. Uma das dignidades, e das maiores, dessa ciência humana denominada história consiste em abordar por privilégio, nos atos e nas instituições dos homens, a imensa região do sonambulismo, o *quase-tudo* que não é a pura vigília, a acidez estéril e silenciosa da própria questão, o *quase-nada*.

Como vivemos da fecundidade estruturalista, é demasiado cedo para chicotear nosso sonho. Nele é preciso pensar no que *poderia* significar. Talvez amanhã o interpretem como uma suspensão, para não dizer um lapso, da atenção à *força*, que é tensão da própria força. A *forma* fascina quando já não se tem a força de compreender a força no seu interior. Isto é, a força de criar. Eis a razão pela qual a crítica literária é estruturalista em qualquer época, por essência e por destino. Ignorava-o, compreende-o agora, pensa-se a si própria no seu conceito, no seu sistema e no seu método. Sabe-se doravante separada da força da qual por vezes se vinga mostrando com profundidade e gravidade que a separação é a condição da obra e não apenas do discurso sobre a obra[3]. Explica-se assim esse tom profundo, esse *páthos*

---

3 Sobre o tema da *separação* do escritor, cf. em especial o cap. III da introdução de Jean Rousset a *Forme et signification*. Delacroix, Diderot, Balzac, Baudelaire, Mallarmé, Proust, Valéry, H. James, T. S. Eliot, V. Woolf mostram aí que a separação

melancólico perceptível nos gritos de triunfo da habilidade técnica ou da sutileza matemática que por vezes acompanham certas análises denominadas "estruturais". Como a melancolia para Gide, estas análises só são possíveis após uma como que derrota da força e no impulso do fervor esmorecido. É nisso que a consciência estruturalista é a consciência pura e simples como pensamento do passado, isto é, do fato em geral. Reflexão sobre o realizado, o constituído, o *construído*. Historiadora, escática* e crepuscular por situação.

Mas na estrutura não há apenas a forma, a relação e a configuração. Há também a solidariedade; e a totalidade, que é sempre concreta. Em crítica literária, a "perspectiva" estrutural é, segundo J.-P. Richard, "interrogativa e totalitária"[4]. A força da nossa fraqueza consiste no fato de a impotência separar, desvincular, emancipar. A partir de então, percebe-se melhor a totalidade, é possível o panorama, e a panorografia. O panorógrafo, imagem adequada do instrumento estruturalista, foi inventado em 1824 a fim de, segundo Littré, "obter imediatamente, numa superfície plana, o desenvolvimento da visão perspectiva dos objetos que rodeiam o horizonte". Graças ao esquematismo e a

é exatamente o contrário da impotência crítica. Ao insistirmos nesta separação entre o ato crítico e a força criadora, estamos apenas designando a mais banal necessidade de essência – outros diriam de estrutura – que se prende a dois gestos e a dois momentos. Aqui a impotência não é do crítico mas da crítica. Por vezes são confundidas. Flaubert não deixa de o fazer. Apercebemo-nos disso ao ler o admirável conjunto de cartas apresentado por Genevieve Bollème com o título *Préface à la vie d´écrivain* (Seuil, 1963). Atento ao fato de o crítico relatar em vez de criar, Flaubert escreve o seguinte:"… Faz-se crítica quando não se pode fazer arte, do mesmo modo que se é alcaguete quando não se pode ser policial… Plauto ter-se-ia rido de Aristóteles se o tivesse conhecido! Corneille estrebuchava sob o seu peso! O próprio Voltaire foi limitado por Boileau! Sem W. Schlegel muita coisa má no drama moderno nos teria sido poupada. E quando a tradução de Hegel estiver pronta. Deus sabe onde iremos parar!" (p. 42). Graças a Deus ela não foi terminada, o que explica Proust, Joyce, Faulkner e alguns outros. Talvez a diferença entre Mallarmé e estes resida na leitura de Hegel. Pelo menos no fato de ter escolhido a leitura de Hegel. De qualquer modo o gênio ainda dispõe de um momento de tranquilidade e as traduções podem não ser lidas. Mas Flaubert tinha razão em temer Hegel: "Podemos ter esperança, a arte não deixará de se desenvolver e de se aperfeiçoar no futuro…", mas "a sua forma deixou de satisfazer a necessidade mais elevada do espírito". "Pelo menos quanto ao seu destino supremo, é para nós coisa do passado. Perdeu para nós a sua verdade e a sua vida. Convida-nos a uma reflexão filosófica que não pretende renová-la, mas reconhecer rigorosamente a sua essência".

* Do grego *eskhatos*: escato, extremo, último (N. da E.).

4 *L´Univers imaginaire de Mallarmé*, p. 14.

uma espacialização mais ou menos confessada, percorre-se *no plano* e mais livremente o campo abandonado pelas suas forças. Totalidade abandonada pelas suas forças, mesmo se for totalidade da forma e do sentido, pois então se trata do sentido repensado na forma, e a estrutura é a unidade *formal* da forma e do sentido. Poder-se-á dizer que esta neutralização pela forma constitui um ato do autor antes de ser o ato do crítico e pelo menos em certa medida – mas é de medida que se trata – esta afirmação é correta. Em todo o caso, hoje se declara mais facilmente o projeto de pensar a totalidade, e um projeto como este escapa também por si próprio às totalidades *determinadas* da história clássica. Pois é um projeto de superá-las. Deste modo o relevo e o desenho das estruturas tornam-se mais visíveis quando o conteúdo, que é a energia viva do sentido, encontra-se neutralizado. Um pouco como a arquitetura de uma cidade desabitada ou destruída, reduzida ao esqueleto por uma catástrofe da natureza ou da arte. Cidade não mais habitada mas também não simplesmente abandonada; antes assombrada pelo sentido e pela cultura. Este assombramento que a impede aqui de voltar a ser natureza é talvez em geral o modo de presença ou de ausência da própria coisa na linguagem pura. Linguagem pura que gostaria de abrigar a literatura pura, objeto da crítica literária pura. Nada há portanto de paradoxal no fato de a consciência estruturalista ser consciência catastrófica, simultaneamente destruída e destruidora, *destruturante,* como o é toda a consciência ou pelo menos o momento decadente, período adequado a todo o movimento da consciência. Percebe-se a estrutura na instância da *ameaça,* no momento em que a iminência do perigo fixa os nossos olhares na abóbada de uma instituição, na pedra em que se resumem a sua possibilidade e a sua fragilidade. Pode-se então ameaçar *metodicamente* a estrutura para melhor percebê-las, não só nas suas nervuras mas também nesse lugar secreto em que não é nem ereção, nem ruína, mas labilidade. Esta operação denomina-se (em latim) *preocupar* ou *solicitar.* Em outras palavras, *sacudir* com um abalo que atinge o *todo* (de *sollus,* em latim arcaico: o todo, e de *citare:* empurrar). A preocupação e a solicitação estruturalistas, quando se tornam metódicas, apenas ganham a ilusão da liberdade técnica. Reproduzem na verdade, no registro do método, uma preocupação e uma solicitação do ser, uma ameaça histórico-metafísica dos fundamentos. É nas épocas de *deslocação* histórica, quando somos expulsos do *lugar*, que se desenvolve por si própria esta paixão estruturalista que é ao mesmo tempo uma espécie de raiva experimental e um esquematismo proliferante. O barroquismo seria apenas um exemplo. Não se falou a seu respeito de "poética estrutural" e "baseada numa retórica?"[5] Mas também de "estrutura destroçada", de "poema retalhado, cuja estrutura aparece em vias de destroçamento?"[6]

A liberdade garantida por este descompromisso *crítico* (em todos os sentidos deste termo) é portanto solicitude e abertura para a totalidade. Mas o que nos esconde esta abertura? Não pelo que ela poderia deixar de lado e fora da vista, mas na sua própria luz? Impossível não nos interrogarmos sobre isto ao ler o belo livro de Jean Rousset: *Forme et signification,* essais sur les structures littéraires de Corneille à Claudel[7]. A nossa pergunta não constitui uma reação contra o que outros chamaram "habilidade" e que nos parece ser, exceto em certas ocasiões, muito mais e muito melhor. Perante essa série de exercícios brilhantes e perspicazes, destinados a ilustrar um método, é para nós mais importante fazer vir à tona uma surda inquietação, na medida em que ela não é apenas a nossa, a do leitor, mas em que parece harmonizar-se, sob a linguagem, sob as operações e as melhores descobertas deste livro, com a do próprio autor.

É certo que Rousset reconhece parentescos e filiações: Bachelard, Poulet, Spitzer, Raymond, Picon, Starobinski, Richard etc. Contudo, apesar do ar de família, das inspirações e das homenagens de reconhecimento, *Forme et signification* parece-nos ser, sob muitos aspectos, uma tentativa solitária.

Em primeiro lugar por uma diferença *deliberada*. Diferença na qual Rousset não se isola distanciando-se, mas aprofundando

---

5  Cf. Gérard Genette, *Une Poétique structurale*, em *Tel Quel*, 7, outono de 1961, p. 13.

6  Cf. J. Rousset, *La Littérature de l'âge baroque en France*. 1. *Circe et le paon*. Lemos aí, por exemplo (p. 194), a propósito de um caso alemão:
"O inferno é um mundo estraçalhado, uma ruína que o poema imita de perto, nesse amálgama de gritos, nesse conglomerado de suplícios desordenados, numa torrente de exclamações. A frase reduz-se aos seus elementos desconjuntados, o enquadramento do soneto quebra-se: versos demasiado curtos ou longos, quadras desequilibradas; o poema estoura…"

7  Edições José Corti, 1962.

FORÇA E SIGNIFICAÇÃO

escrupulosamente uma comunidade de intenção, fazendo surgir enigmas ocultos sob valores hoje aceitos e respeitados, valores modernos sem dúvida, mas já tradicionais a ponto de se tornarem o lugar-comum da crítica e, portanto, suscetíveis de reflexão e de desconfiança. Rousset expõe o seu propósito numa notável introdução metodológica que se tornará, sem dúvida, com a introdução a *L'Univers imaginaire de Mallarmé*, uma parte importante do discurso do método em crítica literária. Ao multiplicar as referências introdutórias, Rousset não dissolve o seu propósito, antes tece uma rede que realça a sua originalidade.

Por exemplo: que, no fato literário, a linguagem forma um todo com o sentido, que a forma pertence ao conteúdo da obra; que, segundo a expressão de G. Picon, "para a arte moderna, a obra não é expressão mas criação"[8] são proposições que só conquistam a unanimidade graças a uma noção muito equívoca de forma ou de expressão. O mesmo acontece com a noção de *imaginação*, esse poder de mediação ou de síntese entre o sentido e a letra, raiz comum do universal e do singular – como de todas as outras instâncias assim dissociadas –, origem obscura desses esquemas estruturais, dessa amizade entre "a forma e o fundo" que torna possíveis a obra e o acesso à unidade da obra, essa imaginação que para Kant era já em si própria uma "arte", era a própria arte que originariamente não faz distinção entre o verdadeiro e o belo: é da *mesma* imaginação que, apesar das diferenças, nos falam a *Critique de la raison pure* e a *Critique du jugement*. Arte,

---

8 Depois de ter citado (p. VII) esta passagem de G. Picon: "Antes da arte moderna, a obra parece a expressão de uma experiência anterior..., a obra diz o que foi concebido ou visto; de tal modo que da experiência à obra há apenas a passagem a uma técnica de execução. Para a arte moderna, a obra não é expressão mas criação: ela faz ver o que não tinha sido visto antes, ela forma em vez de refletir", Rousset acentua e esclarece: "Grande diferença e, na nossa opinião, grande conquista da arte moderna, *ou melhor da consciência que esta arte tem do processo criador...*" (sublinhamos: é do processo criador *em geral* que, segundo Rousset, tomamos *hoje* consciência). Para G. Picon, a mutação afeta a arte e não apenas a consciência moderna da arte. Noutro lugar escrevia: "A história da poesia moderna resume-se à da substituição de uma linguagem de expressão por uma linguagem de criação... a linguagem tem agora de produzir o mundo que já não pode exprimir". *Introduction à une esthétique de la littérature. 1. L'Écrivain et son ombre*, 1953, p. 159.

sem dúvida, mas "arte escondida"[9] que não se pode "expor a descoberto perante o olhar"[10]. "Pode-se chamar à ideia estética uma representação *inexponível* da imaginação (na liberdade da sua atividade)[11]". A imaginação é a liberdade que só se mostra nas suas obras. Estas não estão *na* natureza, mas não habitam um mundo *diferente* do nosso. "A imaginação (enquanto faculdade produtiva de conhecer) tem, com efeito, um grande poder para de algum modo criar uma segunda natureza com a matéria fornecida pela natureza real"[12]. Eis a razão pela qual a inteligência não deve ser a faculdade essencial do crítico quando ele parte à procura da imaginação e do belo, "o que denominamos belo e no qual a inteligência está a serviço da imaginação e não esta a serviço da inteligência"[13]. Pois "a liberdade da imaginação consiste justamente em esquematizar sem conceito"[14]. Esta origem enigmática da obra como estrutura e unidade indissociável – como objeto da crítica estruturalista – é, na opinião de Kant, "a primeira coisa para a qual devemos dirigir a nossa atenção"[15]. Na opinião de Rousset também. Logo na primeira página, liga "a natureza do fato literário", sempre insuficientemente inquirida, ao "papel na arte dessa função capital, a imaginação", a respeito da qual "abundam as incertezas e as oposições". Esta noção de uma imaginação que produz a metáfora – ou seja, tudo na linguagem, exceto o verbo *ser* – continua a ser para os críticos o que certos filósofos hoje denominam um *conceito operatório* ingenuamente utilizado. Superar esta ingenuidade técnica é refletir o conceito operatório em *conceito temático*. Parece ser este um dos projetos de Rousset.

Para apreender mais de perto a operação da imaginação criadora, é preciso portanto virarmo-nos para o invisível interior da liberdade poética. É preciso separarmo-nos para

9 *Critique de la raison pure* (tradução Tremesaygues e Pacaud, p. 153). Os textos de Kant que vamos referir – e muitos outros textos a que recorreremos mais adiante – não são utilizados por Rousset. Remeteremos diretamente para as páginas de *Forme et signification* sempre que se tratar de citações feitas pelo autor.

10 Idem, ibidem

11 *Critique du jugement*, § 57, observação 1, tradução de Gibelin, p. 157.

12 Idem, § 49, p. 133.

13 Idem, p. 72.

14 Idem, § 35, p. 111.

15 *Critique de la raison pure*, p. 93.

atingir na sua noite a origem cega da obra. Esta experiência de conversão que instaura o ato literário (escritura ou leitura) é de uma espécie tal que as próprias palavras separação e exílio, designando sempre uma ruptura e um caminho no *interior* do mundo, não conseguem manifestá-la diretamente, mas apenas indicá-la por uma metáfora, cuja genealogia mereceria por si só a totalidade da reflexão. Pois se trata de uma saída para fora do mundo, em direção a um lugar que nem é um *não-lugar* nem um *outro* mundo, nem uma utopia nem um álibi. Criação de "um universo que se acrescenta ao universo", segundo uma expressão de Focillon citada por Rousset (p. 11), e que só diz portanto o excesso sobre o todo, esse nada essencial a partir do qual tudo pode aparecer e produzir-se na linguagem, e acerca do qual a voz de Blanchot nos lembra com a *insistência* da profundidade que é a própria possibilidade da escritura e de uma *inspiração* literária em geral. Só a *ausência pura* – não a ausência disto ou daquilo – mas a ausência de tudo em que se anuncia toda a presença – pode *inspirar,* ou por outras palavras *trabalhar,* e depois fazer trabalhar. O livro puro está naturalmente virado para o oriente dessa ausência que é, aquém e além da genialidade de toda a riqueza, o seu conteúdo próprio e primeiro. O livro puro, o livro em si, deve ser, pelo que nele é mais insubstituível, esse "livro sobre nada" com que sonhava Flaubert. Sonho em negativo, em cinza, origem do Livro total que foi a obsessão de outras imaginações. Esta vacância como situação da literatura é o que a crítica deve reconhecer como a especificidade do seu objeto, *em torno da qual* sempre se fala. O seu objeto próprio, já que o nada não é objeto, é antes a maneira como esse nada *em si* se determina ao perder-se. É a passagem à determinação da obra como disfarce da origem. Mas esta só é possível e pensável debaixo do disfarce. Rousset mostra-nos a que ponto espíritos tão diversos como Delacroix, Balzac, Flaubert, Valéry, Proust, T. S. Eliot, V. Woolf e tantos outros tinham plena consciência disso. Plena e segura, embora não pudesse por princípio ser clara e distinta, na medida em que não era a intuição de alguma coisa. Seria necessário unir a estas vozes a de Antonin Artaud, que dizia mais diretamente:

Iniciei-me na literatura escrevendo livros para dizer que não podia escrever absolutamente nada. O meu pensamento, quando tinha alguma coisa a dizer ou a escrever, era aquilo que me era mais recusado. Nunca tinha ideias, e dois livros muito curtos, cada um de setenta páginas, falam dessa ausência profunda, inveterada, endêmica, de qualquer ideia. São *L'Ombilic des limbes e Le Pèse-nerfs...*[16]

Consciência de ter algo a dizer como consciência de nada, consciência de que não é a mendiga mas a oprimida do todo. Consciência de nada a partir da qual toda a consciência de alguma coisa pode enriquecer-se, ganhar sentido e figura. E surgir toda a palavra. Pois o pensamento da coisa como *o que* ela *é* confunde-se já com a experiência da pura palavra; e esta com a experiência *em si*. Ora não exigirá a pura palavra a inscrição[17] um pouco à maneira como a essência leibniziana exige a existência e se dirige para o mundo como a potência para o ato? Se a angústia da escritura não é, não deve ser um *páthos determinado*, é porque não é essencialmente uma modificação ou um afeto empírico do escritor, mas a responsabilidade desta *angústia*, dessa passagem necessariamente estreita da palavra na qual as significações possíveis se empurram e mutuamente se detêm. Mutuamente se detêm mas atraem-se também, provocam-se, imprevisivelmente e como que contra vontade minha, numa espécie de sobrecompossibilidade autônoma das significações, poder de equivocidade pura perante a qual a criatividade do Deus clássico ainda parece demasiado pobre. Falar mete-me medo porque, nunca dizendo o suficiente, sempre digo também demasiado. E se a necessidade de se tornar sopro ou palavra aperta o sentido – e a nossa responsabilidade do sentido –, a escritura aperta e constrange ainda mais a palavra[18]. A escritura é a angústia da *ruah* hebraica sentida do

---

16 Citado por Blanchot, em *L'Arche*, 27-28 ago.-set. 1948, p. 133. Não é a mesma situação descrita em *Introduction à la méthode de Léonard de Vinci?*

17 Não é ela constituída por essa exigência? Não é ela uma espécie de *representação* privilegiada dessa exigência?

18 Angústia também de um sopro que se detém a si próprio para entrar de novo em si, para se aspirar e voltar à sua fonte primeira. Porque falar é saber que o pensamento *deve* tornar-se estranho a si próprio para ser dito e exposto. Então pretende, ao dar-se, reapossar-se de si. Eis a razão pela qual sob a linguagem do escritor autêntico, aquele que pretende manter-se o mais próximo

FORÇA E SIGNIFICAÇÃO

lado da solidão e da responsabilidade humanas; do lado de Jeremias submetido aos ditames de Deus ("Pega um livro e nele escreverás todas as palavras que te disse") ou de Baruc transcrevendo os ditames de Jeremias etc. (Jeremias 36-2, 4); ou ainda a instância propriamente humana da *pneumatologia*, ciência do *pneuma*, *spiritus* ou logos, que se dividia em três partes: a divina, a angélica e a humana. É o momento em que é preciso decidir se vamos gravar o que ouvimos. E se gravar salva ou perde a palavra. Deus, o Deus de Leibniz, já que acabamos de falar dele, não conhecia a angústia da escolha entre os possíveis: era em ato que pensava os possíveis e dispunha deles como tal no seu Entendimento ou Logos;é o "melhor" que, em todos os casos, favorece a estreiteza de uma passagem que é *Vontade*. E cada existência continua a "exprimir" a totalidade do Universo. Aqui não há portanto tragédia do livro. Há apenas um Livro e é o mesmo Livro que se distribui por todos os livros. Na *Teodiceia*, Teodoro, "que se tornara capaz

possível da origem do seu ato sente-se o gesto para retirar, para retomar a palavra pronunciada. A inspiração é também isso. Pode dizer-se da linguagem vulgar o que Feuerbach diz da linguagem filosófica: "A filosofia só sai da boca ou da pena para imediatamente voltar à sua própria *fonte*; ela não fala pelo prazer de falar (daí a sua antipatia em relação às frases vazias), mas para *não* falar, *para pensar...* Demonstrar é muito simplesmente mostrar que o que digo é *verdadeiro*; muito simplesmente retomar a alienação (*Entäusserung*) do pensamento na *fonte original* do pensamento. Também não se pode conceber a significação da demonstração sem nos referirmos à significação da *linguagem*. A linguagem não é outra coisa senão a *realização da espécie*, o relacionamento do eu e do outro, destinado a representar a espécie pela supressão do seu isolamento individual. Eis por que o elemento da palavra é o ar, o meio vital mais espiritual e universal" (Contribution à la critique de la philosophie de Hegel, 1839, em *Manifestes philosophiques*, tradução de L. Althusser, p. 22).

Mas pensaria Feuerbach que a linguagem *eterizada* se esquece a si própria? Que o ar não é o elemento da história se não repousar sobre a terra? A terra pesada, grave e dura. A terra que é trabalhada, que é arranhada, sobre a qual escrevemos. Elemento não menos universal em que gravamos o sentido para que ele permaneça.

Hegel seria aqui para nós uma grande ajuda. Pois embora pense também, numa metafórica espiritual dos elementos naturais, que "o ar é a essência *permanente*, puramente universal e transparente", que "a água é... a essência *sempre oferecida e sacrificada*", "o *fogo...* a sua unidade animadora", para ele, contudo, "a *terra* é o *nó sólido* desta organização e o sujeito destas essências como de seus processos, a sua origem e o seu retorno". *Phénoménologie de l'esprit*, tradução de J. Hyppolite, II, p. 58.

O problema das relações entre a escritura e a terra é também o da possibilidade de uma tal metafórica dos elementos. Da sua origem e do seu sentido.

de enfrentar o fulgor divino da filha de Júpiter", foi conduzido por ela ao "palácio dos Destinos" onde Júpiter, que "fez (do possível) a revisão antes do começo do mundo existente", "digeriu as possibilidades em mundos" e "fez a escolha do melhor de todos", "vem por vezes visitar esses lugares para ter o prazer de recapitular as coisas e renovar a sua própria escolha com a qual não pode deixar de se congratular". Teodoro foi então introduzido numa sala "que era um mundo".

Havia uma grande quantidade de escrituras nesta sala; Teodoro não pôde deixar de se interrogar sobre o seu significado. É a história deste mundo que agora visitamos, disse-lhe a deusa. Vistes um número na testa de Sexto, procurai nesse livro o lugar que ele marca; Teodoro procurou-o e encontrou aí a história de Sexto mais longa do que a vista em resumo. Colocai o dedo na linha que quiserdes, disse-lhe Pallas, e vereis efetivamente representado com todos os pormenores o que a linha marca em geral. Obedeceu e viu aparecer todas as particularidades da vida desse Sexto.

Escrever não é apenas pensar o livro leibniziano como possibilidade impossível. Possibilidade impossível, limite propriamente designado por Mallarmé. A Verlaine:

Irei mais longe, direi: O Livro, persuadido de que no fundo só há um, procurado contra sua vontade por todos aqueles que escreveram, mesmo os gênios [...] a iluminar isto – que, mais ou menos, todos os livros contêm a fusão de algumas repetições completas: e mesmo seria apenas um – ao mundo a sua lei – bíblia como a simulam as nações. A diferença, de uma obra para outra, oferecendo outras tantas lições propostas num imenso concurso pelo texto verídico, entre as épocas ditas civilizadas ou letradas.

Não é simplesmente saber que o Livro não existe e que para sempre há *livros*, nos quais se destrói, antes mesmo de existir, o sentido de um mundo impensado por um sujeito absoluto; que o não-escrito e o não-lido não podem ser retomados ao sem-fundo pela negatividade serviçal de uma dialética e que, esmagados pelo "escritos demais!", é a ausência do Livro que deste modo deploramos. Não é apenas ter perdido a certeza teológica de ver toda a página se unir por si própria no texto único da verdade, "livro de razão" como outrora se dizia do diário no qual se anotavam por Memória as contas (*rationes*) e as experiências, depósito de genealogia, Livro de Razão desta vez, manuscrito infinito lido por um Deus que, de maneira mais ou menos protelada, nos tivesse emprestado a sua pena. Esta certeza perdida, esta ausência da escritura divina, isto é, em primeiro lugar do Deus judeu que uma vez ou outra escreve ele próprio, não define apenas e vagamente alguma coisa como a "modernidade". Enquanto ausência e obsessão do signo divino, comanda toda a estética e a crítica modernas. Nada há nisso que deva causar espanto:

> Conscientemente ou não, diz G. Canguilhem, a ideia que o homem tem do seu poder poético corresponde à ideia que ele tem da criação do mundo e à solução que dá ao problema da origem radical das coisas. Se a noção de criação é equívoca, ontológica e estética, não o é por acaso nem por confusão[19].

Escrever não é apenas saber que pela escritura, pela ponta do estilo, não é necessário que o melhor passe, como o pensava Leibniz da criação divina, nem que essa passagem seja de *vontade,* nem que o consignado *exprima* infinitamente o universo, se lhe assemelhe e o reúna sempre. É também não poder fazer preceder absolutamente o escrever pelo seu sentido: fazer descer deste modo o sentido mas elevar ao mesmo tempo a inscrição. Fraternidade para todo o sempre do otimismo teológico e do pessimismo: nada é mais tranquilizante, mas nada mais desesperante, nada destrói os nossos livros como o Livro leibniziano. De que viveriam *os* livros, que seriam eles se não estivessem sozinhos, tão sozinhos, mundos infinitos e separados? Escrever é saber que aquilo que ainda não está produzido na letra não tem outra residência, não nos espera como *prescrição* em qualquer τόπος ούρνάιος* ou qualquer entendimento divino. O sentido deve esperar ser dito ou escrito para se habitar

---

19 Refléxions sur la création artistique selon Alain, na *Revue de métaphysique et de morale,* abr.-jun. 1952, p. 171. Esta análise deixa ver perfeitamente que o *Système des Beaux-Arts,* escrito durante a Primeira Guerra Mundial, faz mais do que anunciar os temas aparentemente mais originais da estética "moderna". Em especial por um certo antiplatonismo que não exclui, como o demonstra G. Canguilhem, uma concordância profunda com Platão, para além do platonismo "encarado sem malícia".

* *Topos oupanion:* última localização ou localização final (N. da E.).

a si próprio e tornar-se naquilo que a diferir de si é: o sentido. É o que Husserl nos ensina a pensar em *A Origem da Geometria*. O ato literário reencontra assim na sua origem o seu verdadeiro poder. Num fragmento do livro que projetava consagrar à *Origem da Verdade,* Merleau-Ponty escrevia:

> A comunicação em literatura não é simples apelo do escritor a significações que fizessem parte de um *a priori* do espírito humano: muito pelo contrário suscita-as nele por atração ou por uma espécie de ação oblíqua. No escritor o pensamento não dirige a linguagem do lado de fora: o escritor é ele próprio como um novo idioma que se constrói...[20].

Noutro lugar dizia: "As minhas palavras surpreendem-me a mim próprio e me ensinam o meu pensamento"[21].

É por ser *inaugural,* no sentido jovem deste termo, que a escritura é perigosa e angustiante. Não sabe aonde vai, nenhuma sabedoria a protege dessa precipitação essencial para o sentido que ela constitui e que é em primeiro lugar o seu futuro. Contudo, só é caprichosa por covardia. Não há portanto seguro contra esse risco. A escritura é para o escritor, mesmo se não for ateu, mas se for escritor, uma navegação primeira e sem Graça. Referir-se-ia S. João Crisóstomo ao escritor?

> Seria preciso que não tivéssemos necessidade do auxílio da escritura, mas que a nossa vida se oferecesse tão pura que a graça do espírito substituísse os livros na nossa alma e se gravasse nos nossos corações como a tinta nos livros. É por termos repelido a graça que é preciso empregar o escrito o qual é uma segunda navegação[22].

Mas postas de lado toda a fé ou segurança teológica, a experiência de *secundariedade* não resultará desse redobramento estranho pelo qual o sentido constituído – escrito – se dá como *lido,* prévia ou simultaneamente, em que o outro lá está a vigiar e a tornar irredutível a ida e a volta, o trabalho entre a escritura e a leitura? O sentido não está nem antes, nem depois do ato.

---

20  Este fragmento está publicado na *Revue de métaphysique et demorale,* out.-dez. 1962, p. 406-407.

21  *Problèmes actuels de la phénoménologie,* p. 97.

22  *Commentaire sur saint Matthieu* (Comentário sobre S. Mateus).

O que denominamos Deus, que afeta de secundariedade toda a navegação humana, não será esta passagem: a reciprocidade diferida entre a leitura e a escritura? Testemunha absoluta, terceiro como diafaneidade do sentido no diálogo em que o que se começa a escrever é já lido, o que se começa a dizer é já resposta. Ao mesmo tempo criatura e Pai do Logos. Circularidade e tradicionalidade do Logos. Estranho labor de conversão e de aventura no qual a graça só pode estar ausente.

A anterioridade simples da Ideia ou do "desígnio interior", em relação a uma obra que simplesmente a exprimiria, seria portanto um preconceito: o da crítica tradicional que se denomina *idealista*. Não é por acaso que a teoria –desta vez poder-se-ia dizer a teologia – deste preconceito desabrocha no Renascimento. Como tantos outros, ontem ou hoje, Rousset ergue-se sem dúvida contra esse "platonismo" ou "neoplatonismo". Mas não esquece que, se a criação pela "forma fecunda em ideias" (Valéry) não é pura transparência da expressão, é contudo e simultaneamente revelação. Se a criação não fosse revelação, onde estaria a finitude do escritor e a solidão da sua mão abandonada por Deus? A criatividade divina seria recuperada num humanismo hipócrita. Se a escritura é *inaugural,* não é por ela criar, mas por uma certa liberdade absoluta de dizer, de fazer surgir o já lá no seu signo, de proceder aos seus augúrios. Liberdade de resposta que reconhece como único horizonte o mundo-história e a palavra que só pode dizer que: o ser sempre começou já. Criar é revelar, diz Rousset, que não volta as costas à crítica clássica. Compreende-a e dialoga com ela:

> Segredo prévio e desvendamento desse segredo pela obra: vemos conciliarem-se de certo modo a antiga e a nova estética, podendo esse segredo preexistente corresponder à Ideia dos Renascentistas, mas destacada de todo neoplatonismo.

Este poder revelador da verdadeira linguagem literária como poesia é na verdade o acesso à palavra livre, aquela que a palavra "ser" (e talvez o que visamos com a noção de "palavra primitiva" ou de "palavra-princípio" [Buber]) liberta das suas *funções* sinalizadoras. É quando o escrito está *defunto* como signo-sinal que nasce como linguagem; diz então o que é, por isso mesmo só remetendo para si, signo sem significação, jogo ou puro funcionamento, pois deixa de ser *utilizado* como informação natural, biológica ou técnica, como passagem de um sendo a outro ou de um significante a um significado. Ora, paradoxalmente, só a inscrição – embora esteja longe de o fazer sempre – tem poder de poesia, isto é, de invocar a palavra arrancando-a ao seu sono de signo. Ao consignar a palavra, a sua intenção essencial e o seu risco mortal consistem em emancipar o sentido em relação a todo o campo da percepção atual, a esse compromisso natural no qual tudo se refere ao afeto de uma situação contingente. Eis por que a escritura jamais será a simples "pintura da voz" (Voltaire). Cria o sentido ao consigná-lo, ao confiá-lo a uma gravura, a um sulco, a um relevo, a uma superfície que pretendemos que seja transmissível ao infinito. Não que pretendamos isso sempre, não que tenhamos sempre pretendido isso; e a escritura como origem da historicidade pura, da tradicionalidade pura, nada mais é senão o *télos* de uma história da escritura, cuja filosofia estará sempre para vir. Quer este projeto de tradição infinita se realize, quer não, é preciso reconhecê-lo e respeitá-lo no seu sentido de projeto. Poder fracassar sempre é a marca da sua pura finitude e da sua pura historicidade. Se o jogo do sentido pode ultrapassar a significação (a sinalização) sempre contida nos limites regionais da natureza, da vida, da alma, essa superação é o momento do querer-escrever. Só se compreende o querer-escrever a partir de um voluntarismo. O escrever não é a determinação ulterior de um querer primitivo. O escrever desperta ao contrário o sentido de vontade da vontade: liberdade, ruptura como meio da história empírica tendo em vista um acordo com a essência oculta da empiria, com a pura historicidade. Querer-escrever e não desejo de escrever, pois não se trata de afecção, mas de liberdade e de dever. Na sua relação ao ser, o querer-escrever pretenderia ser a única saída para fora da afecção. Saída apenas visada e ainda com uma visada que não tem a certeza de ser possível a salvação nem de ela estar fora da afecção. Ser afetado é ser finito: escrever seria ainda usar de manha em relação à finitude, e querer atingir o ser fora do sendo, o ser que não poderia ser nem me afetar *ele próprio*. Seria querer esquecer a diferença: esquecer a escritura na palavra presente, tida como viva e pura.

Na medida em que o ato literário procede em primeiro lugar deste querer-escrever, é na verdade o reconhecimento da

FORÇA E SIGNIFICAÇÃO

pura linguagem, a responsabilidade perante a vocação da palavra "pura" que, uma vez ouvida, constitui o escritor como tal. Palavra pura acerca da qual Heidegger diz que não pode ser pensada "na retidão da sua essência" a partir do seu "caráter-de-signo" (*Zeichencharakter*), "nem talvez mesmo do seu caráter-de-significação" (*Bedeutungscharakter*)[23].

Não nos arriscaremos deste modo a identificar a obra com a escritura originária em geral? A dissolver a noção de arte e o valor de "beleza" com os quais em geral se distingue o literário da letra em geral? Mas talvez, ao retirarmos a especificidade ao valor estético, liberemos pelo contrário o belo. Haverá uma especificidade do belo e ganharia este alguma coisa com ela?

Rousset pensa que sim. E é contra a tentação de desprezar esta especificidade (tentação que seria a de G. Poulet, por exemplo, que "pouco se interessa pela arte")[24] que se define, pelo menos teoricamente, o estruturalismo característico de J. Rousset, mais próximo neste ponto de L. Spitzer e de Raymond, e preocupado com a autonomia formal da obra, "organismo independente, absoluto, que se basta a si próprio" (p. xx). "A obra é uma totalidade e sempre ganha em ser sentida como tal" (p. xii). Mas, uma vez mais, a posição de Rousset é aqui de um equilíbrio difícil. Sempre atento ao fundamento unitário da dissociação, contorna efetivamente o perigo "objetivista" denunciado por Poulet, dando uma definição da estrutura que não é puramente objetiva ou formal; ou pelo menos não separando do princípio a forma e a intenção, a forma e o próprio ato do escritor: "Chamarei 'estruturas' estas constantes formais, estas ligações que revelam um universo mental e que cada artista reinventa conforme as suas necessidades" (p. xii). A estrutura é na verdade a unidade de uma forma e de uma significação. É certo que às vezes a forma da obra, ou a forma enquanto obra, é tratada *como se* não tivesse origem, como se, também na obra-prima (e Rousset só se interessa pelas obras-primas), o destino da obra não tivesse história. Não tivesse história intrínseca. É nesse ponto que o estruturalismo parece

---

23 *Lettre sur l'humanisme*, p. 60.

24 P. xviii: "Exatamente por esta razão, G. Poulet interessa-se pouco pela *arte*, pela obra enquanto realidade encarnada numa linguagem e em estruturas formais, desconfia delas pela sua 'objetividade': o crítico corre o perigo de as apreender do exterior".

muito vulnerável e que, por toda uma dimensão – que está longe de cobri-la inteiramente –,a tentativa de Rousset corre também o risco de platonismo convencional. Obedecendo à intenção legítima de proteger a verdade e o sentido *internos* da obra contra um historicismo, um biografismo ou um psicologismo (que aliás espreita *a expressão* de "universo mental"), arriscamo-nos a não mais prestar atenção à historicidade interna da própria obra, na sua relação com uma origem subjetiva que não é simplesmente psicológica ou mental. Com a preocupação de imobilizar a história literária clássica no seu papel de "auxiliar" "indispensável", de "prolegômeno e balaustrada" (p. XII, n. 16), arriscamo-nos a desprezar uma outra história, essa mais difícil de ser pensada, do sentido da própria obra, a da sua *operação.* Esta historicidade da obra não é apenas o *passado* da obra, a sua vigília ou o seu sono, com os quais ela se precede a si própria na intenção do autor, mas a impossibilidade que ela experimenta de alguma vez ser no *presente,* de ser resumida em qualquer simultaneidade ou instantaneidade absolutas. Eis a razão pela qual, verificá-lo-emos mais tarde, não há *espaço* da obra, se por isto se entende *presença* e *sinopsis.* E veremos mais adiante quais podem ser as consequências disto no trabalho da crítica. De momento parece-nos que, se "a história literária" (mesmo que as suas técnicas e a sua "filosofia" sejam renovadas pelo "marxismo", pelo "freudismo" etc.) não passa de balaustrada da crítica interna da obra, em contrapartida o momento estrutural desta crítica não passa de balaustrada de uma genética interna em que o valor e o sentido são reconstituídos e despertados na sua historicidade e na sua temporalidade próprias. Estas já não podem ser *objetos* sem se tornarem absurdas e a sua estrutura própria deve escapar às categorias clássicas.

É certo que o desígnio de Rousset é evitar esta estática da forma, de uma forma que a sua realização parece liberar do trabalho, da imaginação, da origem pela qual contudo pode unicamente continuar a significar. Deste modo, quando distingue a sua tarefa da de J.-P. Richard[25], Rousset visa realmente essa

25  "As análises de J.-P. Richard são tão inteligentes, os resultados tão novos e tão convincentes que lhe devemos dar razão, no que lhe diz respeito. Mas, de acordo com as suas perspectivas próprias, é pelo mundo imaginário do poeta, pela obra latente que ele se interessa em primeiro lugar, mais do que pela sua morfologia e pelo seu estilo" (p. XXII).

totalidade de uma coisa e de um ato, de uma forma e de uma intenção, de uma entéléquia e de um devir, essa totalidade que é o fato literário como forma concreta:

> Será possível abarcar ao mesmo tempo a imaginação e a morfologia, senti-las e apreendê-las num ato simultâneo? É o que eu gostaria de tentar, embora firmemente persuadido de que a minha tentativa, antes de ser unitária, deverá muitas vezes tornar-se *alternativa* [o grifo é nosso]. Mas o fim visado é realmente essa compreensão simultânea de uma realidade homogênea numa operação unificante (p. XXII).

Mas, condenado ou resignado à alternância, confessando-a, o crítico é também libertado, resgatado por ela. E aqui a diferença de Rousset já não é *deliberada*. A sua personalidade, o seu *estilo* vão afirmar-se não mais por decisão metodológica, mas pelo jogo da espontaneidade do crítico na liberdade da "alternativa". Esta espontaneidade vai desequilibrar *de fato* uma alternância que contudo Rousset colocou como norma teórica. Inflexão de fato que dá também ao estilo da crítica – neste caso a de Rousset – a sua forma estrutural. Esta, C. Lévi-Strauss observa-o a respeito dos modelos sociais e Rousset a respeito dos motivos estruturais na obra literária, "escapa à vontade criadora e à consciência clara" (p. XVI). Qual é então o desequilíbrio desta preferência? Qual é essa preponderância mais realizada do que confessada? Parece ser *dupla*.

II

> *Há linhas que são monstros... Uma linha sozinha não tem significado; é preciso uma segunda para lhe dar expressão. Grande lei.*
>
> DELACROIX

> *Valley, das Tal, ist ein haüfiges weibliches Traumsymbol.*
>
> FREUD

*Por um lado,* a estrutura torna-se o próprio objeto, a própria coisa literária. Já não é o que era quase sempre noutros lugares: ou um instrumento heurístico, um método de leitura, uma virtude reveladora do conteúdo ou um sistema de relações objetivas, independentes do conteúdo e dos termos; a maior parte das vezes as duas coisas ao mesmo tempo, pois a sua fecundidade não excluía, pelo contrário implicava que a configuração relacional existisse do lado do objeto literário; era sempre praticado, mais ou menos explicitamente, um realismo da estrutura. Mas nunca a estrutura era, no duplo sentido desta palavra, o *termo* exclusivo da descrição crítica. Era sempre *meio* ou relação para ler ou para escrever, para reunir significações, reconhecer temas, ordenar constâncias e correspondências.

Aqui a estrutura, o esquema de construção, a correlação morfológica torna-se *de fato e apesar da intenção teórica* a única preocupação do crítico. Única ou quase. Não mais método na *ordo cognoscendi,* não mais relação na *ordo essendi,* mas ser da obra. Lidamos com um ultraestruturalismo.

*Por outro lado* (e consequentemente), esta estrutura como coisa literária é desta vez entendida, ou pelo menos praticada, à *letra*. Ora, *stricto sensu,* a noção de estrutura só comporta referência ao espaço, espaço morfológico ou geométrico, ordem das formas e dos lugares. Em primeiro lugar, fala-se da estrutura de uma obra, orgânica ou artificial, como unidade interna de um conjunto, de uma *construção;* obra comandada por um princípio unificador, *arquitetura* construída e visível na sua localidade. "Soberbos monumentos do orgulho dos humanos, / Pirâmides, túmulos, cuja nobre estrutura / Testemunhou que a arte, pela habilidade das mãos / e pelo assíduo trabalho pode vencer a natureza" (Scarron). Só por metáfora esta literalidade *topográfica* se deslocou em direção à sua significação *tópica* e aristotélica (teoria dos lugares na linguagem e manejamento dos motivos ou argumentos). Dizia-se já no século XVII: "A escolha e o arranjo das palavras, a *estrutura* e a harmonia da composição, a grandeza modesta dos pensamentos"[26]. Ou ainda: "Na má *estrutura* há sempre algo a acrescentar, ou a retirar, ou a modificar, não apenas quanto ao lugar, mas quanto às palavras"[27].

Como é possível esta história da metáfora? O fato de a linguagem só determinar espacializando bastará para explicar que deva em troca espacializar-se quando se designa e quando

---

26  Guez de Balzac, liv. VIII, carta 15.
27  Vaugelas, *Rem.*, t. II, p. 101.

reflete sobre si mesma? É uma questão que se coloca em geral para toda a linguagem e para toda a metáfora. Mas reveste-se aqui de uma urgência especial.

Com efeito, enquanto o sentido metafórico da noção de estrutura não for reconhecido *como tal,* isto é, suficientemente questionado e mesmo destruído na sua virtude figurativa a ponto de ser despertada a não-espacialidade ou a espacialidade original nele designada, arriscamo-nos, por uma espécie de desvio tanto mais despercebido quanto mais *eficaz,* a confundir o sentido com o seu modelo geométrico ou morfológico, cinemático quando muito. Arriscamo-nos a interessar-nos pela própria figura, em detrimento do jogo que nela se joga por metáfora. (Empregamos aqui a palavra *figura* no sentido geométrico e ao mesmo tempo retórico. No estilo de Rousset, as figuras de retórica são sempre as figuras de uma geometria aliás muito maleável).

Ora, apesar do seu propósito declarado, e muito embora chame estrutura a união da estrutura formal e da intenção, Rousset concede nas suas análises um privilégio absoluto aos modelos espaciais, às funções matemáticas, às linhas e às formas. Poderíamos citar inúmeros exemplos aos quais se reduz o essencial das suas descrições. É certo que reconhece a solidariedade do espaço e do tempo (p. xiv). Mas de fato o próprio tempo é sempre reduzido. A uma *dimensão* na melhor das hipóteses. É apenas o meio no qual uma forma ou uma curva se desenrolam. É sempre unido a uma linha ou plano, sempre desenrolado no espaço, exposto. Exige a medida. Ora, mesmo se não seguirmos C. Lévi-Strauss quando afirma que "não existe nenhuma conexão necessária entre a noção de medida e a de *estrutura*"[28], temos de reconhecer que para certos tipos de estruturas – em especial as da idealidade literária – esta conexão está em princípio excluída.

Em *Forme et signification,* o geométrico ou o morfológico só é corrigido por uma mecânica, jamais por uma energética. *Mutatis mutandis,* poderíamos ser tentados a censurar a Rousset, e através dele ao melhor formalismo literário, o que Leibniz censurava a Descartes: ter querido explicar tudo na natureza por figuras e movimentos, ter ignorado a força

28  Cf. *Anthropologie structurale,* p. 310.

confundindo-a com a quantidade de movimento. Ora, na esfera da linguagem e da escritura que, mais do que os corpos, tem "relação com as almas", "a noção de grandeza, de figura e de movimento não é tão distinta como se pensa, e... contém algo de imaginário e de relativo às nossas percepções"[29].

Essa geometria é apenas metafórica, dirão. É certo. Mas a metáfora nunca é inocente. Orienta a pesquisa e fixa os resultados. Quando o modelo espacial é descoberto, quando funciona, a reflexão crítica baseia-se nele. De fato e mesmo que não o confesse.

Um exemplo entre outros.

No início de um ensaio intitulado *Polyeucte ou la boucle et la vrille*, o autor previne prudentemente que, se insiste em "esquemas que podem parecer excessivamente geométricos, é porque Corneille, mais do que qualquer outro, praticou as simetrias". Além disso "essa geometria não é cultivada por si própria", "é nas grandes peças um meio subordinado a fins passionais" (p. 7).

Mas o que nos dá na realidade este ensaio? Unicamente a geometria de um teatro que é contudo "o da paixão louca, do entusiasmo heroico" (p. 7). Não só a estrutura geométrica de *Polyeucte* mobiliza todos os recursos e toda a atenção do autor, mas também de acordo com ela está ordenada toda uma teleologia do itinerário corneliano. Tudo se passa como se, até 1643, Corneille só tivesse entrevisto ou esboçado na penumbra o desenho de *Polyeucte* que se confundiria com o próprio desígnio corneliano e assumiria aqui a dignidade de uma enteléquia em direção à qual tudo se poria em marcha. O devir e o trabalho cornelianos são postos em perspectiva e teleologicamente decifrados a partir do que é considerado como o seu ponto de chegada, a sua estrutura acabada. Antes de *Polyeucte* há apenas esboços nos quais se considera unicamente o que falta, o que perante a perfeição que está para vir é ainda informe e carente; ou então apenas o que anuncia a perfeição. "Entre *La Galerie du palais* e *Polyeucte*, vários anos decorrem. Corneille busca-se a si próprio e encontra-se. Não seguirei aqui em pormenor o seu itinerário, no qual *Le Cid* e *Cinna* o

---

29  Cf. *Discours de Métaphysique*, cap. XII.

mostram inventando a sua estrutura própria" (p. 9). Depois de *Polyeucte?* Nada que interesse. Do mesmo modo, a respeito das obras anteriores, não se fala de outras peças além de *La Galerie du palais* e *Le Cid;* e mesmo estas só são interrogadas, no estilo do pré-formismo, como prefigurações estruturais de *Polyeucte.*

Deste modo, em *La Galerie du palais,* a inconstância de Celideia afasta-a do seu amante. Cansada da sua inconstância (mas por quê?), aproxima-se do amante que por sua vez finge inconstância. Separam-se portanto para se unirem no fim da peça. Desenhemos: "Acordo inicial, afastamento, reunião mediana mas falhada, segundo afastamento simétrico do primeiro, junção final. O ponto de chegada é um regresso ao ponto de partida, depois de um circuito em forma de curva cruzada" (p. 8). A singularidade é a curva *cruzada,* pois o ponto de chegada como regresso ao ponto de partida é muito comum. O próprio Proust... (cf. p. 144).

O esquema é análogo em *Le Cid:* "É mantido o movimento em curva com cruzamento mediano" (p. 9). Mas aqui intervém uma nova significação que a panorografia imediatamente transcreve numa nova dimensão. Com efeito,

a cada passo do circuito, os amantes desenvolvem-se e crescem, não apenas cada um para si, mas um pelo outro e para o outro, segundo uma lei *muito corneliana* [o grifo é nosso] de solidariedade progressivamente descoberta; a sua união cimenta-se e aprofunda-se através das próprias rupturas que deveriam rompê-la. Aqui, os momentos de afastamento já não são momentos de separação e de inconstância, mas provas de fidelidade (p. 9).

A diferença entre *La Galerie du palais* e *Le Cid* já não está, como se poderia supor, no desenho e no movimento das presenças (afastamento-proximidade), mas na *qualidade* e na *intensidade* interior das experiências (prova de fidelidade, maneira de ser para o outro, força de ruptura etc.). Poder-se-ia supor que desta vez, pelo próprio enriquecimento da peça, a metáfora estrutural se torna impotente para apreender o qualitativo e o intensivo, e que o trabalho das forças já não se deixa traduzir numa diferença de forma.

Seria subestimar o recurso do crítico. A dimensão da *altura* vai completar o nosso instrumental analógico. O que se ganha em tensão de sentimento (qualidade de fidelidade, sentido de ser-para-o-outro etc.), ganha-se em *elevação;* pois os valores, como se sabe, progridem segundo uma escala e o Bem está muito alto. Aquilo graças a que "a união se aprofunda" é "aspiração para o mais alto" (p. 9). *Altus:* o profundo é o alto. Então a curva, que permanece, torna-se "espiral ascendente" e "subida em parafuso". E a planura horizontal de *La Galerie* era apenas uma aparência que ainda escondia o essencial: o movimento de ascensão. *Le Cid* mal começa a revelá-lo:

> Deste modo o ponto de chegada (em *Le Cid*), se *na aparência* volta à junção inicial, de maneira nenhuma é um regresso ao ponto de partida; a situação modificou-se e houve uma elevação. *O essencial está nisso* [o grifo é nosso]: *o movimento corneliano* é um movimento de violenta elevação... (mas onde nos falaram dessa violência e da força do movimento, que é mais do que a sua quantidade ou do que a sua direção?) de aspiração para o mais alto; conjugado com o percurso cruzado em duas curvas, desenha agora uma espiral ascendente, uma subida em parafuso. Esta combinação formal vai receber toda a sua riqueza de significação em *Polyeucte* (p. 9).

A estrutura era de acolhimento, de expectativa, ansiosa como a amante pelo sentido que está para vir desposá-la e fecundá-la.

Ficaríamos convencidos se o belo, que é valor e força, pudesse ser submetido a regras e a esquemas. Será preciso ainda demonstrar que isto não tem sentido? Portanto, se *Le Cid* é belo, é graças àquilo que nele supera o esquema e o entendimento. Portanto, não se fala do próprio *Cid,* se é belo, em termos de curvas, espirais e parafusos. Se o movimento destas linhas não for *Le Cid*, não será *Polyeucte* ao aperfeiçoar-se mais. Não é a *verdade do Cid* ou *de Polyeucte.* Também não é verdade psicológica da paixão, da fé, do dever etc., mas, dirão, essa verdade segundo Corneille; não segundo Pierre Corneille, cuja biografia e psicologia não nos interessam aqui: o "movimento para o alto", a mais fina especificidade do esquema, não é outra coisa senão *o movimento corneliano* (p. 1). O progresso marcado por *Le Cid*, que aspira também à altura de *Polyeucte*, é "o progresso no sentido corneliano" (idem). Não se torna necessário reproduzir aqui a análise de *Polyeucte*[30], na qual o esquema atinge a sua perfeição máxima e a sua maior complicação interna, com uma mestria acerca da qual cabe perguntar se pertence a Corneille ou a Rousset. Dissemos mais acima que este era demasiado cartesiano e muito pouco leibniziano. Esclareçamos. É também leibniziano: parece pensar que, perante uma obra literária, deve-se sempre procurar uma linha que, por muito complexa que seja, dê conta da unidade, da totalidade do seu movimento e dos seus pontos de passagem.

No *Discours de métaphysique* (VI), Leibniz escreve na verdade:

Pois, suponhamos, por exemplo, que alguém faz ao acaso uma quantidade de pontos num papel, como fazem aqueles que exercem a ridícula arte da geomancia. Afirmo que é possível encontrar uma linha geométrica cuja noção seja constante e uniforme de acordo com uma certa regra, de maneira que esta linha passe por todos esses pontos, e na mesma ordem pela qual a mão os traçou.

E se alguém fizesse de um só traço uma linha que ora fosse reta, ora curva, ora de uma outra natureza, seria possível encontrar uma noção ou regra ou equação comum a todos os pontos desta linha, em virtude da qual estas mesmas alterações devem acontecer. Por exemplo, não existe rosto cujo contorno não faça parte de uma linha geométrica e não possa ser traçado com um só traço num certo movimento regrado.

---

30   Pelo menos devemos reproduzir a conclusão sintética, o balanço do ensaio: "Um percurso e uma metamorfose, dizíamos nós depois da análise dos atos primeiro e quinto, da sua simetria e variantes. É preciso agora acrescentar-lhe uma outra característica essencial do drama corneliano: o movimento que descreve é um movimento ascendente em direção a um centro situado no infinito..." (Aliás, neste esquema espacial, que acontece com o infinito, que é aqui o essencial, não apenas a *especificidade* irredutível do "movimento" mas também a sua especificidade *qualitativa*?) "Pode-se ainda precisar a sua natureza. Um trajeto em duas curvas afetado de um movimento para o alto, é uma subida em parafuso; duas linhas ascendentes separam-se, cruzam-se, afastam-se e juntam-se de novo para se prolongarem num traçado comum para lá da peça..." (sentido estrutural da expressão "para lá da peça"?) "...Paulina e Polyeucte encontram-se e separam-se no primeiro ato; encontram-se de novo, mais estreitamente e a um nível superior, no quarto, para de novo se afastarem; sobem ainda um degrau e voltam a encontrar-se uma vez mais no quinto ato, fase culminante da ascensão, a partir da qual se lançam num último impulso que vai uni-los definitivamente, no ponto supremo da liberdade e do triunfo, em Deus" (p. 16).

Mas Leibniz falava da criação e da inteligência divinas: "Sirvo-me destas comparações para esboçar uma semelhança imperfeita com a sabedoria divina... Mas não pretendo explicar com isto o grande mistério do qual depende todo o universo". Referente a qualidades, a forças e a valores, referente também a obras não divinas lidas por espíritos finitos, esta confiança na *representação* matemático-espacial parece-nos ser (à escala de toda uma civilização, pois não se trata aqui da linguagem de Rousset, mas da totalidade da nossa linguagem e do seu crédito) *análoga* à confiança dos artistas canacas[31], por exemplo, na representação planificada da profundidade. Confiança que o etnólogo estruturalista aliás analisa com maior prudência e menor ousadia que outrora.

Não opomos aqui, num simples movimento de balanço, de equilíbrio ou de destruição, a duração e o espaço, a qualidade e a quantidade, a força e a forma, a profundidade do sentido ou do valor e a superfície das figuras. Muito pelo contrário. Contra essa simples alternativa, contra a simples escolha de um dos termos ou de uma das séries, pensamos que é preciso procurar novos conceitos e novos modelos, uma *economia* que escape a esse sistema de oposições metafísicas. Esta economia não seria uma energética da força pura e informe. As diferenças consideradas seriam *ao mesmo tempo* diferenças de lugares e diferenças de força. Se aqui parecemos opor uma e outra série, é porque, no interior do sistema clássico, queremos fazer aparecer o privilégio não crítico simplesmente concedido, por um certo estruturalismo, à outra série. O nosso discurso pertence irredutivelmente ao sistema das oposições metafísicas. Só se pode anunciar a ruptura desta ligação através de uma *certa* organização, uma certa disposição *estratégica* que, no interior do campo e dos seus poderes próprios, voltando contra ele os seus próprios *estratagemas,* produza uma *força de deslocação* que se propague através de todo o sistema, rachando-o em todos os sentidos e de-limitando-o por todos os lados.

Supondo que, para evitar "o abstracionismo", prendamo-nos, como pretende teoricamente Rousset, à união da forma e do sentido, seria necessário portanto dizer que a aspiração para

---

31  Cf. por exemplo, Maurice Leenhardt, *L'Art océanien. Gens de la Grande Terre,* p. 99; *Do Kamo,* p. 19-21.

o alto, no "último impulso que os vai unir... em Deus" etc., aspiração passional, qualitativa, intensiva etc., encontra *a sua* forma no movimento em espiral. Mas então, dizer que esta união – que aliás autoriza *toda* a metáfora da elevação – é a *diferença própria*, o idioma de Corneille, será dizer muito? Se nisso residisse o essencial do "movimento corneliano", onde estaria Corneille? Por que razão há mais beleza em *Polyeucte* que em "um trajeto de duas curvas afetado de um movimento para o alto"? A força da obra, a força do gênio, a força também do que em geral procria, é o que resiste à metáfora geométrica e é o objeto próprio da crítica literária. Num sentido diverso do de G. Poulet, Rousset parece por vezes ter "pouco interesse pela arte".

A menos que Rousset considere que toda a linha, toda a forma espacial (mas toda a forma é espacial) é bela *a priori*, a menos pois que julgue, como o fazia uma certa teologia da Idade Média (Considerandos em particular), que a forma é transcendentalmente bela, pois que é e faz ser e que o Ser é Belo, de tal maneira que os próprios monstros, dizia-se, são belos naquilo que são, por uma linha, por uma forma que testemunha a ordem do universo criado e reflete a luz divina. *Formosus* quer dizer belo.

Não dirá também Buffon, no seu *Supplément à l'histoire naturelle* (t. XI, p. 410): "A maior parte dos monstros é monstruosa com simetria, a distorção das partes parece ter-se feito com ordem"?

Ora, Rousset não parece afirmar, na sua *Introdução* teórica, que toda a forma seja bela, mas apenas aquela que se entende com o sentido, aquela que se deixa entender por nós porque é em primeiro lugar conivente com o sentido. Então, por que razão, uma vez mais, tal privilégio do geômetra? E supondo, em último caso, que a beleza se deixe esposar ou esgotar pelo geômetra, no caso do sublime – e dizem que Corneille é sublime – o geômetra tem de praticar um ato de violência.

Depois, não se perde, em nome de um "movimento corneliano" essencial, aquilo que conta? Em nome desse essencialismo ou desse estruturalismo teleológico, reduz-se com efeito à aparência inessencial tudo o que ignora o esquema geométrico-mecânico: não só as peças que não se deixam submeter por curvas e espirais, não só a força e a qualidade, que são o próprio sentido, mas a *duração*, aquilo que, no movimento, é pura heterogeneidade qualitativa. Rousset compreende o movimento teatral ou romanesco como Aristóteles compreendia o movimento em geral: passagem ao ato que é repouso da forma desejada. Tudo se passa como se, na dinâmica do sentido corneliano e em cada peça de Corneille, tudo se animasse em vista de uma paz final, paz da Ενέργεια* estrutural: *Polyeucte*. Fora desta paz, antes e depois dela, o próprio movimento, na sua pura duração, no labor da sua organização, não passa de esboço ou detrito. Mesmo deboche, falta ou pecado em relação a *Polyeucte*, "primeiro sucesso impecável". Rousset anota, a propósito da palavra "impecável": "Cinna ainda peca a esse respeito" (p. 12).

Pré-formismo, teleologismo, redução da força, do valor e da duração, eis o que se liga ao geometrismo, eis o que faz estrutura. Estrutura *de fato* que norteia em grau maior ou menor todos os ensaios deste livro. Tudo o que, no primeiro Marivaux, não anuncia o esquema do "duplo registro" (narrativa e olhar sobre a narrativa) é "uma série de exercícios romanescos de juventude" com os quais "prepara não apenas os seus romances da maturidade, mas a sua obra dramática" (p. 47). "O *verdadeiro* Marivaux ainda está nelas *mais ou menos ausente*" (o grifo é nosso). "Na nossa perspectiva, um único fato a reter..." (idem). Seguem-se uma análise e uma citação acerca da qual se conclui:

> Este esboço de um diálogo por cima da cabeça dos personagens, através de uma narrativa intermitente na qual alternam a presença e a ausência do autor, é o esboço do verdadeiro Marivaux... Assim se esboça, numa primeira forma rudimentar, a combinação propriamente marivaudiana do espetáculo e do espectador, daquilo que é olhado e daquele que olha. Vê-la-emos aperfeiçoar-se... (p. 48).

As dificuldades acumulam-se, e com elas as nossas reticências, quando Rousset esclarece que esta "estrutura permanente de Marivaux"[32], embora invisível ou latente nas obras de juventude,

---

\* *Energeia*: energia, força ativa (N. da E.).

32 Eis algumas *formulações* desta "estrutura permanente": "Onde está a verdadeira peça? Está na sobreposição e no entrelaçamento dos dois planos, nos desníveis e nas trocas que entre eles se estabelecem que nos propõem o prazer sutil de uma atenção binocular e de uma dupla leitura" (56). "[...] Deste ponto de vista, poder-se-ia definir qualquer peça de Marivaux: um organismo de duplo nível, cujos planos se aproximam gradualmente até à sua completa junção. A peça termina quando os dois níveis se confundem,

FORÇA E SIGNIFICAÇÃO

"faz parte", como "dissolução planejada da ilusão romanesca", da tradição burlesca (p. 50), (cf. também p. 60). A originalidade de Marivaux, que só "retém" desta tradição "a livre conduta de uma narrativa que mostra simultaneamente o trabalho do autor e a reflexão do autor sobre o seu trabalho...", é a "consciência crítica" (p. 51). O idioma de Marivaux não está portanto na estrutura assim descrita mas na intenção que anima uma forma tradicional e cria uma nova estrutura. A verdade da estrutura geral assim restaurada não *descreve o* organismo marivaudiano nas suas linhas próprias. Menos ainda na sua força.

Contudo, descreve:

O fato de estrutura assim isolado: o duplo registro aparece como uma constante... Corresponde *ao mesmo tempo* [o grifo é nosso] ao conhecimento que o homem marivaudiano tem de si próprio: um "coração" sem olhar, tomado no campo de uma consciência que só é olhar (p. 64).

Mas de que modo um "fato de estrutura" tradicional nessa época (supondo que assim definido seja suficientemente determinado e original para pertencer a uma época) pode "corresponder" à consciência do "homem marivaudiano"? É à intenção mais singular de Marivaux que a estrutura corresponde? Ou Marivaux não será antes aqui um *bom exemplo* – e seria preciso então mostrar por que razão é *bom* – de uma estrutura literária da época? e, através dela, de uma estrutura da própria época? Não existirão aqui, por resolver, mil problemas metodológicos anteriores ao estudo estrutural *individual,* à monografia de um autor ou de uma obra?

isto é, quando o grupo dos heróis para o qual se olhava se vê tal como era visto pelos personagens espectadores. O desenlace real não é o casamento, que nos é prometido quando cai a cortina, é o encontro do coração e do olhar" (58). "[...] Somos convidados a seguir o desenvolvimento da peça em dois registros, que nos propõem dela duas curvas paralelas, mas destacadas, mas diferentes pela sua importância, pela sua linguagem e pela sua função: uma rapidamente esboçada, a outra desenhada em toda a sua complexidade, deixando a primeira adivinhar a direção que tomará a segunda, que dá o seu eco em profundidade e o sentido definitivo. Este jogo de reflexos interiores contribui para assegurar à peça de Marivaux a sua geometria rigorosa e leve, ao mesmo tempo que liga estreitamente os dois registros até nos movimentos do amor" (59).

Se o *geometrismo é* aparente, sobretudo nos ensaios sobre Corneille e Marivaux, é a propósito de Proust e de Claudel que triunfa o *pré-formismo*. E desta vez sob uma forma mais organicista do que topográfica. É também aí que se mostra mais fecundo e convincente. Em primeiro lugar porque a matéria que permite dominar é mais rica e é penetrada de maneira mais interior. (Que nos seja aliás permitido observá-lo: temos a sensação de que o melhor deste livro não diz respeito ao método mas à qualidade de uma atenção.) Em segundo lugar porque a estética proustiana e a estética claudeliana estão em acordo profundo com a de Rousset.

No próprio Proust – a demonstração que nos é feita a este respeito tira-nos quaisquer dúvidas que porventura tivéssemos –, a exigência estrutural era constante e consciente, a qual se manifesta por maravilhas de simetria (nem verdadeira, nem falsa), de recorrência, de circularidade, de esclarecimento retrospectivo, de sobreposição, sem adequação, do primeiro ao último etc. A teleologia não é aqui projeção do crítico, mas tema do autor. A implicação do fim no início, as estranhas relações entre o sujeito que escreve o livro e o sujeito do livro, entre a consciência do narrador e a do herói, tudo isto lembra o estilo do devir e a dialética do "nós" na *Phénoménologie de l´esprit*. É realmente da fenomenologia de um espírito que aqui se trata:

> Discernimos ainda outras razões para a importância dada por Proust a essa forma circular de um romance cujo fim se fecha na abertura. Vemos nas últimas páginas o herói e o narrador reunirem-se também, depois de uma longa marcha em que estiveram à procura um do outro, por vezes muito próximos, a maior parte das vezes muito afastados; coincidem no desenlace, que é o momento em que o herói se vai tornar o narrador, isto é, o autor da sua própria história. O narrador é na verdade o herói revelado a si próprio, é aquele que o herói no decorrer de toda a sua história deseja, mas jamais pode ser; toma agora o lugar deste herói e vai poder dedicar-se a edificar a obra que se termina, e em primeiro lugar a escrever esse *Combray* que está na origem do narrador tal como na do herói. O fim do livro torna possível e compreensível a existência do livro. Este romance está concebido de tal maneira que o seu fim gera o seu início (p. 144).

Finalmente, o método crítico e a estética de Proust não estão fora da obra, são o próprio âmago da criação: "Proust fará dessa estética o sujeito real da sua obra romanesca" (p. 135). Do mesmo modo que, em Hegel, a consciência filosófica, crítica, reflexiva, não é apenas um olhar sobre as operações e sobre as obras da história. É da *sua* história que se trata em primeiro lugar. Não cometeríamos um erro se disséssemos que esta estética, como conceito da obra, recobre exatamente a de Rousset. E é realmente, a bem dizer, um pré-formismo *praticado:* "O *último capítulo* do último volume, observa Proust, foi escrito logo após *o primeiro capítulo* do primeiro volume. Tudo o que está entre os dois foi escrito depois".

Por pré-formismo entendemos mesmo pré-formismo: doutrina biológica bem conhecida, oposta a um epigenetismo, e segundo a qual a totalidade dos caracteres hereditários estaria contida no germe, em ato e com dimensões reduzidas que já respeitariam contudo as formas e as proporções do futuro adulto. A teoria do *encaixamento* estava no centro deste pré-formismo que hoje faz sorrir. Mas de que sorrimos? Sem dúvida do adulto em miniatura, mas também de ver atribuir à vida natural mais do que a finalidade: a providência em ato e a arte consciente das suas obras. Mas quando se trata de uma arte que não imita a natureza, quando o artista é um homem e quando é a consciência que engendra, o pré-formismo não mais faz sorrir. O λόγος σπερματιχός* está nele, já não é exportado pois é um conceito antropomórfico. Vede: depois de ter feito aparecer na composição proustiana toda uma necessidade da *repetição,* Rousset escreve: "Seja o que for que pensemos do artifício que introduz *Un Amour de Swann,* rapidamente o esquecemos, de tal maneira é íntima e orgânica a ligação que une a parte ao todo. Uma vez terminada a leitura da *Recherche,* apercebemo-nos de que de maneira alguma se trata de um episódio isolável; sem ele, o conjunto seria ininteligível. *Un Amour de Swann* é um romance no romance ou um quadro no quadro..., lembra não as histórias intermédias que muitos romancistas do século XVII ou XVIII intercalam nas suas narrativas, mas sim as histórias interiores que se leem em

---

\* *Logos espermáticos:* expressão da filosofia estoica para designar a presença do *logos* na multiplicidade ordenada das coisas e dos fenômenos, podendo assim ser entendida como o desenvolvimento de uma lei divina ou natural nos seres particulares (N. do E.).

*Vie de Marianne,* em Balzac ou em Gide. Proust coloca numa das entradas do seu romance um pequeno espelho convexo que o reflete em miniatura" (p. 146). A metáfora e a operação do encaixamento impuseram-se, mesmo se as substituirmos finalmente por uma imagem mais fina, mais adequada, mas que significa no fundo a mesma relação de implicação. Implicação que desta vez reflete e representa.

É pelas mesmas razões que a estética de Rousset concorda com a de Claudel. A estética proustiana é aliás definida no início do ensaio sobre Claudel. E as afinidades são evidentes para além de todas as diferenças. O tema da "monotonia estrutural" reúne essas afinidades: "E repensando na monotonia das obras de Vinteuil, explicava a Albertina que os grandes literatos sempre fizeram uma só obra, ou melhor, refrataram através de meios diversos uma mesma beleza que trazem ao mundo" (p. 171). Claudel: "*Le Soulier de satin* é *Tête d'or* sob uma outra forma. Isto resume ao mesmo tempo *Tête d´or* e *Partage de midi*. É mesmo a conclusão de *Partage de midi*"[...] "*Um* poeta não faz outra coisa senão desenvolver um objetivo preestabelecido" (p. 172).

Esta estética que neutraliza a duração e a força, como *diferença* entre a bolota e o carvalho, não é autônoma em Proust nem em Claudel. Traduz uma metafísica. O "tempo no estado puro" é também designado por Proust como o "intemporal" ou o "eterno". A verdade do tempo não é temporal. O sentido do tempo, a *temporalidade* pura não é temporal. De maneira análoga (apenas análoga), o tempo como sucessão irreversível é, segundo Claudel, apenas o fenômeno, a epiderme, a imagem em superfície da verdade essencial do Universo tal como é pensado e criado por Deus. Esta verdade é a *simultaneidade* absoluta. Como Deus, Claudel, criador e compositor, tem "o gosto das coisas que existem conjuntamente" (*Art poétique*)[33].

---

33 Citado p. 189. Rousset comenta com justeza: "Uma declaração desta natureza, não isolada, vale para todas as ordens da realidade. Tudo obedece à lei de *composição*, é a lei do artista tal como é a lei: do Criador. Pois o universo é uma simultaneidade, pela qual as coisas afastadas levam uma existência concertante e formam uma solidariedade harmônica; à metáfora que as reúne corresponde, nas relações entre os seres, o amor, liame das almas separadas. E portanto natural para o pensamento claudeliano admitir que dois seres disjuntos pela distância sejam conjuntos pela sua simultaneidade e ressoem desde então como as duas notas de um acorde, como Prouhèze e Rodrigo, numa relação inextinguível".

Esta intenção metafísica autoriza em último recurso, através de uma série de mediações, todo o ensaio sobre Proust, todas as análises consagradas à "cena fundamental do teatro claudeliano" (p. 183), ao "estado puro da estrutura claudeliana" (p. 177) em *Partage de midi* e à totalidade desse teatro no qual, diz o próprio Claudel, "manipulamos o tempo como um acordeão, segundo a nossa vontade" e no qual "as horas duram e os dias são escamoteados" (p. 181).

Bem entendido, não examinaremos por si mesmas esta metafísica ou esta teologia da temporalidade. Que a estética por elas norteada é legítima e fecunda na leitura de Proust ou de Claudel, será concedido sem dificuldade: é a *sua* estética, filha (ou mãe) da *sua* metafísica. Conceder-nos-ão também facilmente que se trata aqui da metafísica implícita de todo o estruturalismo ou de todo o gesto estruturalista. Em especial, uma leitura estrutural pressupõe sempre, faz sempre apelo, no seu momento próprio, a essa simultaneidade teológica do livro e julga-se privada do essencial quando não tem acesso a ela. Rousset:

> De qualquer modo, a leitura, que se processa na duração, deverá, para ser global, tornar-se a obra simultaneamente presente em todas as suas partes... O livro, semelhante a um "quadro em movimento", só se descobre por fragmentos sucessivos. A tarefa do leitor exigente consiste em destruir esta tendência natural do livro, de maneira a este se apresentar totalmente ao olhar do espírito. Só há leitura completa quando esta transforma o livro numa rede simultânea de relações recíprocas: é então que surgem as surpresas... (p. XIII).

(Quais surpresas? Como pode a simultaneidade reservar surpresas? Pelo contrário, trata-se aqui de anular as surpresas do não-simultâneo. As surpresas brotam do diálogo entre o não-simultâneo e o simultâneo. Basta dizer que a *própria* simultaneidade estrutural tranquiliza.) J.-P. Richard: "A dificuldade de toda análise estrutural reside no fato de ser preciso descrever sucessivamente aquilo que na verdade existe simultaneamente" (op. cit., p. 28). Rousset evoca portanto a dificuldade do acesso, na leitura, ao simultâneo que é a verdade; J.-P. Richard, a dificuldade de dar conta, na escritura, do simultâneo que é a verdade. Nos dois casos, a simultaneidade é o mito, promovido a ideal regulador, de uma leitura ou de uma descrição totais. A busca do simultâneo explica esse fascínio pela imagem espacial: não é o espaço "a ordem das coexistências" (Leibniz)? Mas dizendo "simultaneidade" em vez de espaço, tenta-se *concentrar* o tempo em vez de o *esquecer*. "*A* duração assume assim a forma ilusória de um meio homogêneo, e o traço de união entre estes dois termos, espaço e duração, é a simultaneidade, que se poderia definir como a interseção do tempo com o espaço"[34]. Nesta exigência do plano e do horizontal é na verdade a riqueza, a implicação do *volume* que se torna intolerável ao estruturalismo, tudo o que da significação não pode ser disposto na simultaneidade de uma forma. Mas será por acaso que o livro é em primeiro lugar um volume?[35] E se o sentido do sentido (no sentido geral de sentido e não de sinalização) for a implicação infinita? O reenvio indefinido de significante a significante? Se a sua força residir numa certa equivocidade pura e infinita que não deixa tomar fôlego, que não permite nenhum descanso ao sentido significado, levando-o, na sua própria *economia*, a ainda fazer sinal e a *diferir?* Exceto no *Livre* irrealizado por Mallarmé, não há identidade a si do escrito.

*Irrealizado:* isto não significa que Mallarmé não tenha *conseguido realizar* um livro que fosse idêntico a si – Mallarmé simplesmente não o quis. Irrealizou a unidade do Livro fazendo abalar as categorias com as quais se julgava poder pensá-la com toda a segurança: embora falando de uma "identidade consigo" do Livro, sublinha que o Livro é ao mesmo tempo "o mesmo e outro", sendo "composto consigo". Oferece-se aqui não apenas a uma "dupla interpretação", mas por ele, diz Mallarmé, "Por assim dizer semeio aqui e ali dez vezes este duplo volume inteiro"[36].

Ter-se-á o direito de constituir em método geral do estruturalismo essa metafísica e essa estética tão bem adaptadas a

---

34 Henri Bergson, *Essai sur les données immédiates de la conscience.*
35 Para o homem do estruturalismo literário (e talvez do estruturalismo em geral), a letra dos livros – movimento, infinito, labilidade e instabilidade do sentido enrolado sobre si na casca, no volume – não substituiu ainda (poderá contudo fazê-lo?) a letra da Lei exposta, estabelecida: a prescrição nas Tábuas.
36 Sobre esta "identidade consigo" do livro mallarmeano, cf. Jacques Scherer, *Le "Livre" de Mallarmé*, p. 95 e folheto 94 e p. 77 e folheto 128-130.

FORÇA E SIGNIFICAÇÃO

Proust e Claudel?[37] É contudo o que faz Rousset na medida em que, pelo menos tentamos mostrá-lo, decide reduzir à indignidade do acidente ou da escória tudo o que não é inteligível à luz do esquema teleológico "preestabelecido" e percebido na sua simultaneidade. Mesmo nos ensaios consagrados a Proust e Claudel, ensaios guiados pela estrutura mais compreensiva, Rousset tem de decidir considerar como "acidentes de gênese" "cada episódio, cada personagem" acerca do qual seria necessário "constatar a sua eventual independência" (p. 164) em relação ao "tema central" ou da "organização geral da obra" (idem); tem de aceitar confrontar "o verdadeiro Proust" e o "romancista" ao qual pode aliás "prejudicar", podendo também o verdadeiro Proust faltar à "verdade" do amor segundo Rousset etc. (p. 166). Da mesma maneira que "o verdadeiro Baudelaire talvez esteja unicamente no *Balcon* e todo o Flaubert em *Madame Bovary*" (p. xix), também o verdadeiro Proust não está simultaneamente em toda a parte. Rousset tem também de concluir que os personagens de *L´Otage* estão desunidos não pelas "circunstâncias", mas "a bem dizer" pelas "exigências do esquema claudeliano" (p. 179); tem de utilizar uma enorme sutileza para demonstrar que em *Le Soulier de satin*, Claudel não "se desmente" e não "renuncia" ao seu "esquema constante" (p. 183).

O mais grave é que este método, "ultraestruturalista", como dissemos, em certos aspectos, parece contradizer aqui a mais preciosa e a mais original intenção do estruturalismo. Este, nos domínios biológico e linguístico em que se manifestou pela primeira vez, aspira principalmente a preservar a coerência e a completude de cada totalidade no seu nível próprio. Proíbe que se considere em primeiro lugar, numa dada configuração, a parte inacabada ou defeituosa, tudo aqui porque ela só apareceria como

---

37  Não insistiremos aqui neste tipo de problema. Problema banal, mas que é bem difícil de contornar e que aliás se coloca em cada etapa do trabalho de Rousset, quer se trate de um autor considerado à parte ou mesmo de uma obra isolada. Haverá de cada vez uma única estrutura fundamental e como reconhecê-la e privilegiá-la? O critério não pode ser nem uma acumulação empírico-estatística, nem uma intuição de essência. É o problema da indução que se coloca a uma ciência estruturalista referente a obras, isto é, a coisas cuja estrutura não é apriorística. Haverá um *a priori material* da obra? Mas a intuição do *a priori* material coloca enormes problemas prévios.

a antecipação cega ou o desvio misterioso de uma ortogênese pensada a partir de um *télos* ou de uma norma ideal. Ser estruturalista é prender-se em primeiro lugar à organização do sentido, à autonomia e ao equilíbrio próprio, à constituição acabada de cada momento, de cada forma; é recusar deportar para a categoria de acidente aberrante tudo o que um tipo ideal não permite compreender. O próprio patológico não é uma simples ausência de estrutura. É organizado. Não se compreende como deficiência, defecção ou decomposição de uma bela totalidade ideal. Não é uma simples derrota do *télos*.

É certo que a recusa do finalismo é uma regra de direito, uma norma metódica que o estruturalismo dificilmente pode aplicar. É a respeito do *télos* um voto de impiedade ao qual o trabalho jamais é fiel. O estruturalismo vive na e da diferença entre o seu voto e o seu fato. Quer se trate de biologia, de linguística ou de literatura, como perceber uma totalidade organizada sem proceder a partir do seu fim, pelo menos da presunção do seu fim? E se o sentido não for o sentido senão numa totalidade, como surgiria, se a totalidade não estivesse animada pela antecipação de um fim, por uma intencionalidade que aliás não é necessariamente e em primeiro lugar a de uma consciência? Se há estruturas, elas são possíveis a partir dessa estrutura fundamental pela qual a totalidade se abre e transborda para *ganhar sentido* na antecipação de um *télos* que é preciso entender aqui sob a sua forma mais indeterminada. Esta abertura é certamente o que libera o tempo e a gênese (confunde-se mesmo com eles), mas é também o que se arrisca a fechar o devir ao informá-lo. A fazer calar a força sob a forma.

Então reconhecemos que, na releitura à qual nos incita Rousset, o que do interior ameaça a luz é também o que ameaça metafisicamente todo o estruturalismo: esconder o sentido no próprio ato pelo qual o descobrimos. *Compreender* a estrutura de um devir, a forma de uma força é perder o sentido ganhando-o. O sentido do devir e da força, na sua qualidade pura e própria, é o repouso do começo e do fim, a paz de um espetáculo, horizonte ou rosto. Neste repouso e nesta paz, a qualidade do devir e da força é ofuscada pelo próprio sentido. O sentido do sentido é apolíneo por tudo aquilo que nele se mostra.

Dizer a força como origem do fenômeno é sem dúvida nada dizer. Quando ela é dita, a força é já fenômeno. Hegel mostrou bem que a explicação de um fenômeno por uma força é uma tautologia. Mas, ao dizer isto, é preciso visar uma certa impotência da linguagem a sair de si para dizer a sua origem, e não o *pensamento* da força. A força é o outro da linguagem sem o qual esta não seria o que é.

Mesmo assim seria preciso, para respeitar na linguagem este estranho movimento, para não o reduzir por sua vez, tentar voltar àquela metáfora da sombra e da luz (do mostrar-se e do esconder-se), metáfora fundadora da filosofia ocidental como metafísica. Metáfora fundadora não apenas enquanto metáfora fotológica – e neste aspecto toda a história da nossa filosofia é uma fotologia, nome dado à história ou ao tratado da luz –, mas já enquanto metáfora: a metáfora em geral, passagem de um sendo a outro, ou de um significado a outro, autorizado pela inicial submissão e pela deslocação *analógica* do ser sob o sendo, é o peso essencial que retém e detém irremediavelmente o discurso na metafísica. Destino que seria quase ingênuo considerar como o lamentável e provisório acidente de uma "história"; como um lapso, uma falta do pensamento *na* história (*in historia*). É, *in historiam,* a queda do pensamento na filosofia, pela qual a história é *encetada.* Basta dizer que a metáfora da "queda" merece as suas aspas. Nesta metafísica heliocêntrica, a força, cedendo o lugar ao *eidos* (isto é, à forma visível para o olhar metafórico), foi já separada do *seu sentido* de força, como a qualidade da música está separada de si na acústica[38]. Como compreender a força ou a fraqueza em termos de clareza e de obscuridade?

Que o estruturalismo moderno tenha surgido e se desenvolvido na dependência, mais ou menos direta e confessada, da fenomenologia, eis algo que bastaria para o tornar tributário da mais pura tradicionalidade da filosofia ocidental, aquela que, para além do seu antiplatonismo, reconduz Husserl a Platão.

---

38 "[...] O ponto de partida, que permite afirmar que tudo o que é qualitativo é quantitativo, encontra-se na acústica... (Teoria das cordas sonoras; relação dos intervalos; modo dórico)... Trata-se de encontrar por toda parte fórmulas matemáticas para as forças absolutamente impenetráveis." (Friedrich Nietzsche, *La Naissance de la philosophie à l'époque de la tragédie grecque*).

Ora procurar-se-ia em vão na fenomenologia um conceito que permitisse pensar a intensidade ou a força. Pensar o poder e não apenas a direção, a *tensão* e não apenas o *in* da intencionalidade. Todo o valor é em primeiro lugar constituído por um sujeito teorético. Nada se ganha ou se perde a não ser em termos de clareza e não-clareza, de evidência, de presença e de ausência para uma consciência, de tomada ou de perda de consciência. A diafaneidade é o valor supremo; e a univocidade. Daí as dificuldades de pensar a gênese e a temporalidade pura do *ego* transcendental, de dar conta da encarnação triunfante ou falhada do *télos,* e dessas misteriosas fraquezas que denominamos crises. E quando, ocasionalmente, Husserl deixa de considerar os fenômenos de crise e os fracassos do *télos* como "acidentes de gênese", como "inessencial" (*Unwesen*), é para mostrar que o esquecimento é eideticamente prescrito, e necessário, sob a espécie da "sedimentação", ao desenvolvimento da verdade. Ao seu desvendamento, à sua iluminação. Mas qual a razão destas forças e destas fraquezas da consciência, e desta força da fraqueza que dissimula no próprio ato em que revela? Se esta "dialética" da força e da fraqueza é a finitude do próprio pensamento na sua relação com o ser, não pode ser dita na linguagem da forma, por sombra e luz. Pois a força não é obscuridade, não está escondida sob uma forma da qual seria a substância, a matéria ou a cripta. A força não se pensa a partir do par de oposição, isto é, da cumplicidade entre a fenomenologia e o ocultismo. Nem, no interior da fenomenologia, como *o fato* oposto ao *sentido.*

É preciso portanto tentar libertarmo-nos desta linguagem. Não *tentar* libertarmo-nos dela, pois é impossível sem esquecer *a nossa* história. Não *libertarmo-nos* dela, o que não teria qualquer sentido e nos privaria da luz do sentido. Mas resistir-lhe tanto quanto possível. É preciso em todo o caso não nos abandonarmos a ela com esse abandono que é hoje a má embriaguez do formalismo estruturalista mais complexo.

A crítica, se deve um dia explicar-se e dialogar com a escritura literária, não tem de esperar que esta resistência se organize primeiro numa "filosofia", comandando uma metodologia estética da qual receberia os princípios. Pois a filosofia foi determinada na sua história como reflexão da inauguração poética. É, pensamento à parte, o crepúsculo das forças, isto é, a manhã ensolarada em que falam as imagens, as formas, os fenômenos, manhã das ideias e dos ídolos, em que o relevo das forças se torna repouso, aplana a sua profundidade na luz e estende-se na horizontalidade. Mas a empresa é desesperada se pensarmos que a crítica literária já se determinou, quer o saiba, quer não, quer o queira, quer não, como filosofia da literatura. Enquanto tal, isto é, enquanto não tiver iniciado expressamente a operação estratégica de que falamos mais acima e que não pode simplesmente pensar-se com o título de estruturalismo, a crítica não terá nem os meios, nem sobretudo motivo para renunciar à euritmia, à geometria, ao privilégio do olhar, ao êxtase apolíneo que "produz antes de mais nada a irritação dos olhos que dá aos olhos a faculdade de visão"[39]. Não poderá exceder-se até amar a força e o movimento que desloca as linhas, a amá-la como movimento, como desejo, em si mesmo, e não como o acidente ou a epifania das linhas. Até à escritura.

Daí essa nostalgia, essa melancolia, essa dionisíaca caída de que falávamos no início. Estaremos enganados ao apercebê-la através do elogio da "monotonia" estrutural e claudeliana que encerra *Forme et signification?*

Seria preciso concluir, mas o debate é interminável. O diferendo, a *diferença* entre Dioniso e Apolo, entre o impulso e a estrutura, não se apaga na história pois não está *na* história. É também, num sentido insólito, uma estrutura originária: a abertura da história, a própria historicidade. A *diferença* não pertence simplesmente nem à história nem à estrutura. Se é preciso dizer, com Schelling, que "tudo é apenas Dioniso", é preciso saber – e é escrever – que, como a força pura, Dioniso é trabalhado pela diferença. Vê e deixa-se ver. E arranca(-se) os olhos. Desde sempre, mantém relação com o seu exterior, com a forma visível, a estrutura, como com a sua morte. – É assim que aparece a si mesmo.

"Não há formas suficientes...", dizia Flaubert. Como entendê-lo? Será uma celebração do outro da forma? Das "coisas demasiadas" que o excedem e lhe resistem? Elogio de Dioniso?

---

39 F. Nietzsche, *Le Crépuscule des idoles.*

Não, não o cremos. É pelo contrário o suspiro de um "infelizmente não há formas suficientes". É uma religião da obra como forma. Aliás, as coisas para as quais não temos formas suficientes são já fantasmas de energia, "ideias" "mais amplas do que a plástica do estilo". Trata-se de um remoque contra Leconte de Lisle, remoque afetuoso, pois Flaubert "gosta muito desse moço"[40].

Nietzsche não se enganara a tal respeito: "Flaubert, reedição de Pascal, mas com os traços de um artista, tendo como base este juízo instintivo: 'Flaubert é sempre odiável, o homem não é nada, a obra tudo...'"[41].

Seria portanto necessário escolher entre a escritura e a dança.

Nietzsche teve o cuidado de nos recomendar uma dança da pena: "Saber dançar com os pés, com as ideias, com as palavras: será preciso dizer que é também necessário sabê-lo com a pena – que é preciso aprender a escrever?" Flaubert sabia bem, e tinha razão, que a escritura não pode ser completamente dionisíaca. "Só se pode pensar e escrever sentado", dizia. Veemente cólera de Nietzsche: "Te peguei, niilista! Permanecer sentado, eis precisamente o *pecado* contra o Espírito Santo. Só têm valor os pensamentos que nos ocorrem ao andar".

Mas Nietzsche adivinhava que o escritor jamais estaria de pé que a escritura é em primeiro lugar e para sempre algo sobre o que nos debruçamos. Melhor ainda quando as letras já não são números de fogo no céu.

Nietzsche adivinhava, mas Zaratustra tinha a certeza: "Eis-me rodeado de tábuas quebradas e de outras só meio gravadas. Estou na expectativa. Quando a minha hora chegar, a hora de voltar a descer e de perecer..." "*Die Stunde meines Niederganges, Unterganges*". Será preciso descer, trabalhar, inclinar-se para gravar e carregar a nova Tábua para os vales, lê-la e fazê-la ler. A escritura é a saída como descida para fora de si em si do sentido:

40   *Préface à la vie d´écrivain*, p. 111.
41   F. Nietzsche, *Le Crépuscule des idoles*, p. 68. Não será talvez destituído de interesse justapor este texto de Nietzsche à seguinte passagem de *Forme et signification*: "A correspondência de Flaubert é para nós preciosa, mas em Flaubert epistológrafo não reconheço Flaubert romancista; quando Gide declara preferir o primeiro, tenho a impressão de que escolhe o mau Flaubert, pelo menos aquele que o romancista se esforçou por eliminar" (p. xx).

metáfora-para-outrem-em-vista-de-outrem-neste-mundo, metáfora como possibilidade de outrem neste mundo, metáfora como metafísica em que o ser deve ocultar-se se quisermos que o outro apareça. Escavação no outro em direção do outro em que o mesmo procura o seu veio e o ouro verdadeiro do seu fenômeno. Submissão na qual sempre se pode perder. *Niedergang, Untergang*. Mas não é nada, não é ele próprio antes do risco de se perder. Pois o outro fraterno não está *primeiro* na paz do que se denomina a intersubjetividade, mas no trabalho e no perigo da interrogação; não está primeiro certo na paz da *resposta* em que duas afirmações *se esposam*, mas é chamado na noite pelo lavrar da interrogação. A escritura é o momento desse Vale originário do outro no ser. Momento da profundidade também como decadência Instância e insistência do grave.

"Olhai: eis uma nova tábua. Mas onde estão os meus irmãos que me ajudarão a carregá-la para os vales e a gravá-la nos corações de carne?"

*(Tradução de Maria Beatriz Marques Nizza da Silva)*

# Cogito **e** História da Loucura

*...O instante da Decisão é uma Loucura...*

KIERKEGAARD

*Não importa, era terrivelmente arriscado, esse livro.*
*Uma folha transparente o separa da loucura.*

J. JOYCE, sobre *Ulysses*

Estas reflexões têm como ponto de partida, como dava a entender claramente o título da conferência[1], o livro de Michel Foucault: *Folie et Déraison, Histoire de la folie à l'âge classique*[2].

Livro sob tantos aspectos admirável, livro vigoroso em seu alento e estilo: ainda mais intimidador para mim, pois guardo, por ter tido há algum tempo a oportunidade de receber os ensinamentos de Michel Foucault, uma consciência de discípulo admirador e agradecido. Ora, a consciência do discípulo, quando este começa, já não digo concorrer, mas a dialogar com o mestre, ou antes a proferir o diálogo interminável e silencioso que o constituía como discípulo, a consciência deste é nesse

---

1  À exceção de algumas notas e de uma breve passagem (entre colchetes), este estudo reproduz uma conferência proferida em 4 de março de 1963 no Collège Philosophique. Ao nos propor a publicação na *Revue de métaphysique et de morale*, M. Jean Wahl aceitou que o texto mantivesse sua forma original, que foi a da palavra viva, com suas próprias exigências e sobretudo com seus próprios defeitos: se, geralmente, já o escrito, segundo a palavra de *Fedra*, privado da "assistência de seu pai", "ídolo" frágil e caído do discurso "vivo e animado", não pode nunca "manter-se seguro", não estaria este mais exposto e mais sem munição do que nunca quando, imitando a improvisação da voz, ele deve recusar até os recursos e as mentiras do estilo?

2  Paris: Plon, 1961. Tradução brasileira: *História da Loucura*, São Paulo: Perspectiva, 1979.

momento uma consciência infeliz. Começando a dialogar no mundo, ou seja, a responder, ela se sente permanentemente já flagrada em erro, como a criança* que, por definição, como seu nome indica, não sabe falar, não deve de maneira alguma responder. E quando, como no caso presente, esse diálogo corre o risco de ser ouvido – erroneamente – como uma contestação, o discípulo não pode deixar de se sentir por isso mesmo já contestado pela voz do mestre que precede a sua. Ele se sente indefinidamente contestado, ou recusado, ou acusado: como discípulo, ele o é pelo mestre que fala nele antes dele para censurá-lo por levantar essa contestação e recusá-la de antemão, já que a desenvolveu antes dele; como mestre interior, ele é então contestado pelo discípulo que ele também é. Essa interminável desventura do discípulo se deve talvez a que ele não sabe ou ainda esconde de si mesmo que, assim como a vida verdadeira, o mestre talvez esteja sempre ausente.

É preciso então quebrar o vidro, ou antes o espelho, a reflexão, a especulação infinita do discípulo sobre o mestre. E começar a falar.

Como o caminho que seguirão essas considerações não será, e nem um pouco, retilíneo ou unilinear, sacrificarei qualquer outro preâmbulo e irei direto às questões mais gerais que estarão no centro destas reflexões. Questões gerais que teremos de determinar, de especificar ao longo do percurso, e dentre as quais muitas, a maioria, permanecerão em aberto.

Meu ponto de partida pode parecer estreito e artificial. Nesse livro, Michel Foucault consagra três páginas – ainda assim em uma espécie de prólogo ao segundo capítulo – a um certo trecho da primeira das *Meditações* de Descartes, em que a loucura, a extravagância, a demência, a insanidade parecem, notem que eu digo *parecem*, banidas, excluídas, votadas ao ostracismo, fora do círculo de dignidade filosófica, privadas da *carta de cidadania* filosófica, revogadas tão logo convocadas por Descartes diante do tribunal, diante da última instância do Cogito que, por essência, não *teria como* ser louco.

Pretendendo – com ou sem razão, como se poderá julgar – que o sentido de todo o projeto de Foucault pode se concentrar nessas poucas páginas alusivas e um pouco enigmáticas, preten-

---

\* No original *"enfant"*, do latim *infans*, de *in*, não, e *fari*, falar (N. do T.).

COGITO E HISTÓRIA DA LOUCURA 45

dendo que a leitura que nos é aqui proposta de Descartes e do Cogito cartesiano compromete em sua problemática a totalidade dessa *História da Loucura*, no sentido de sua intenção e das condições de sua possibilidade, eu me perguntarei, portanto, em duas séries de questões:

1. Primeiramente, questão de alguma forma prejudicial: a *interpretação* que nos é proposta da intenção cartesiana se justifica? Chamo aqui de interpretação a uma certa passagem, a uma certa relação semântica proposta por Foucault entre, *de um lado*, o que Descartes disse – ou o que se crê que ele disse ou quis dizer – e, *de outro lado*, digamos de propósito muito vagamente, por enquanto, uma certa "estrutura histórica", como se diz, uma determinada totalidade histórica repleta de sentido, um determinado projeto histórico total, que se costuma considerar indicado *particularmente* pelo que Descartes disse – ou o que se crê que ele disse ou quis dizer. Ao indagar a mim mesmo se a interpretação se justifica, já me pergunto então duas coisas, já me coloco duas questões prejudiciais em uma:

a) Foi bem compreendido o próprio *signo*, em si mesmo? Dito de outra maneira, foi bem entendido o que Descartes disse e quis dizer? Essa compreensão do signo em si mesmo, em sua matéria imediata de signo, se assim posso dizer, é apenas o primeiro momento, mas é também a condição indispensável de toda *hermenêutica* e de toda pretensão a passar do signo ao significado. Quando, de uma maneira geral, tentamos passar de uma linguagem patente a uma linguagem latente, é preciso que nos asseguremos antes, com todo o rigor, do sentido patente[3]. É preciso, por exemplo, que o analista fale de início a mesma língua que o doente.

---

3 Na *Traumdeutung* (cap. ii, i), sobre a ligação entre o sonho e a expressão, Freud lembra a observação de Ferenczi: toda língua tem sua língua de sonho. O conteúdo latente de um sonho (e de uma conduta ou de uma consciência em geral) se comunica com o conteúdo manifesto apenas através da unidade de uma língua; de uma língua que o analista deve então falar o melhor possível. (Sobre esse tema, D. Lagache, Sobre o Poliglotismo na Análise, *La Psychanalyse*, t. i, 1956.) *O melhor possível*: o progresso no conhecimento e na prática de uma língua sendo por natureza aberto ao infinito (*de início* em razão da equivocidade originária e essencial do significante na linguagem, ao menos, da "vida cotidiana", de sua indeterminação e de seu espaço de jogo que libera precisamente a diferença entre o escondido e o declarado; *em seguida*, em razão da comunicação essencial e original de línguas diferentes entre si, ao longo da história; *finalmente*,

b) Segunda implicação da primeira questão: uma vez entendida a intenção declarada de Descartes – como signo –, ela tem, com a estrutura histórica total a que se quer relacioná-la, a relação que se quer atribuir-lhe? *Tem essa intenção a significação histórica que se quer atribuir-lhe?*

"Tem essa intenção a significação histórica que se quer atribuir-lhe", ou seja, mais uma vez duas questões em uma:

– tem esta *a* significação *histórica* que se quer atribuir-lhe, tem a intenção *essa* significação, *tal* significação histórica que Foucault quer atribuir-lhe?

– tem esta a significação *histórica* que se quer atribuir-lhe? Essa significação esgota-se em sua historicidade? Dito de outra maneira, ela é plenamente e de parte a parte histórica no sentido clássico da palavra?

2. Segunda série de questões (e aqui nós iremos um pouco além do caso de Descartes, do caso do Cogito cartesiano que nós não examinaremos mais em si mesmo, mas como o índice de uma problemática mais geral): será que, à luz da releitura do cogito cartesiano que nós seremos levados a propor (ou antes a relembrar, pois, digo-o de uma vez, ela será de certa forma a mais clássica e mais banal leitura, ainda que não seja a mais fácil), não será possível interrogar *algumas* pressuposições filosóficas e metodológicas dessa história da loucura? *Algumas* somente, porque o empreendimento de Foucault é rico em demasia, aponta para direções demais para se deixar preceder por um método ou mesmo por uma *filosofia*, no sentido tradicional da palavra. E se é verdade, como o diz Foucault, como o confessa Foucault citando Pascal, que só se pode falar da loucura em relação a esse "*outro* acesso de loucura" que permite aos homens "não serem loucos", ou seja, em relação à razão[4], será talvez possível não acrescentar

em razão do jogo, da relação a si ou da "sedimentação" de cada língua), a insegurança ou a insuficiência da análise não seria principial ou irredutível? E o historiador da filosofia, quais sejam seu método e seu projeto, não estaria exposto às mesmas ameaças? Sobretudo se considerarmos um certo enraizamento da linguagem filosófica na linguagem não-filosófica.

4   Que toda história não possa ser, em última instância, que a história do sentido, ou seja, da Razão *em geral*, é o que Foucault não podia não sentir, voltaremos a esse ponto em seguida. O que ele não podia não sentir é que a significação mais geral de uma dificuldade por ele atribuída à "experiência clássica" vale bem além da "idade clássica". Por exemplo, *História da Loucura*, p. 518: "e quando se tratava, perseguindo-a em sua essência mais profunda, de delimitá-la em sua estrutura

algo ao que diz Foucault, mas talvez *repetir* uma vez mais, no lugar dessa *partilha* entre razão e loucura, de que Foucault fala tão bem, o sentido, um sentido desse Cogito, ou *dos* "Cogito", pois o Cogito de tipo cartesiano não é nem a primeira, nem a última forma do Cogito; e talvez sentir que se trata de uma experiência que, na sua mais fina extremidade, não seja menos aventurosa, perigosa, enigmática, noturna e patética que a da loucura, e que lhe é, creio eu, muito menos *adversa* e acusadora, acusativa, objetivante do que Foucault parece pensar.

Numa primeira etapa, praticaremos o gênero do *comentário*, acompanharemos ou seguiremos tão fielmente quanto possível a intenção de Foucault reinscrevendo a interpretação do Cogito cartesiano no esquema total da *História da Loucura*. O que deveria então aparecer, no curso dessa primeira etapa, seria o sentido do Cogito cartesiano tal como ele é lido por Foucault. É preciso para isso recordar o propósito geral do livro; e deixar à margem algumas questões destinadas a permanecer em aberto e a permanecer à margem.

Ao escrever uma história da loucura, Foucault quis – e esse é todo o preço mas também a impossibilidade mesma de seu livro – escrever uma história da *própria* loucura. *Ela própria*. Da própria loucura. Quer dizer, devolvendo-lhe a palavra. Foucault quis que a loucura fosse o *sujeito* de seu livro; o sujeito em todos os sentidos da palavra\*: o tema de seu livro

---

última, só se descobria, para formulá-la, a *própria linguagem da razão* desdobrada na impecável lógica do delírio: e isso, mesmo que a tornava acessível, esquivava-a como loucura". A própria linguagem da razão… Mas o que é uma linguagem que não seria da razão *em geral*? E se só há história da racionalidade e do sentido em geral, isso quer dizer que a linguagem filosófica, do momento que ela fala, recupera a negatividade – ou a esquece, o que é a mesma coisa – mesmo quando ela pretende confessá-la, reconhecê-la. Mais seguramente talvez então. A história da verdade é então a história dessa *economia* do negativo. É preciso então, é talvez tempo de voltar ao a-histórico num sentido radicalmente oposto ao da filosofia clássica: não para desconhecer, mas dessa vez para confessar – em silêncio – a negatividade. É ela, e não a verdade positiva, que é o fundo não histórico da história. Tratar-se-ia então de uma negatividade tão negativa que ela não poderia mais assim nomear-se. A negatividade sempre foi determinada pela dialética – ou seja, pela metafísica – como *trabalho* a serviço da construção do sentido. Confessar a negatividade em silêncio é alcançar uma dissociação de tipo não clássico entre o pensamento e a linguagem. E talvez entre o pensamento e a filosofia como discurso; sabendo que esse cisma pode se dizer, apagando-se aí, somente na filosofia.

\* No francês "*sujet*", sujeito ou tema (N. da T.).

e o sujeito falante, o autor de seu livro, a loucura falando de si. Escrever a história da *própria* loucura, ou seja, a partir de seu próprio instante, de sua própria instância, e não na linguagem da razão, na linguagem da psiquiatria *sobre* a loucura – a dimensão agonística e a dimensão retórica do *sobre* aqui se recobrindo –, sobre uma loucura já esmagada sob si mesma, dominada, derrubada, aprisionada, ou seja, constituída como objeto e exilada como o outro de uma linguagem e de um sentido histórico que se quis confundir com o próprio logos. "História não da psiquiatria", diz Foucault, "mas da própria loucura, na sua vivacidade, antes de qualquer captura pelo saber".

Trata-se então de escapar à armadilha ou à ingenuidade objetivistas que consistiriam em escrever, na linguagem da razão clássica, utilizando os conceitos que foram os instrumentos históricos de uma captura da loucura, na linguagem polida e policial da razão, uma história da loucura ela própria selvagem, tal como ela se mantém e respira antes de ser capturada e paralisada nas redes dessa mesma razão clássica. A vontade de evitar essa armadilha é constante em Foucault. Ela é o que há de mais audacioso, de mais sedutor nessa tentativa. E o que lhe confere também sua admirável tensão. Mas é também, digo isto sem brincar, o que há de *mais louco* no seu projeto. E é notável que essa vontade obstinada de evitar a armadilha, ou seja, a armadilha que a razão clássica colocou para a loucura e a armadilha que ela agora coloca para Foucault, que quer escrever uma história da própria loucura sem repetir a agressão racionalista, que essa vontade de contornar a razão se expresse de *duas maneiras* dificilmente conciliáveis numa primeira abordagem. Ou seja, que ela se expresse no mal-estar.

Logo Foucault recusa em bloco a linguagem da razão, que é a da Ordem (ou seja, ao mesmo tempo do sistema da objetividade ou da racionalidade universal, das quais a psiquiatria quer ser a expressão, e da ordem da cidade, a carta de cidadania filosófica recobrindo a carta de cidadania pura e simples, e o filósofo funcionando, na unidade de uma certa estrutura, como a metáfora ou a metafísica do político). Então ele escreve frases como esta (ele acaba de evocar o diálogo rompido entre razão e loucura no fim do século XVIII, ruptura que seria consolidada pela anexação da totalidade da linguagem – e

COGITO E HISTÓRIA DA LOUCURA

do direito à linguagem – à razão psiquiátrica, delegada pela razão social e pela razão de estado. Cortou-se a palavra à loucura): "A linguagem da psiquiatria, que é monólogo da razão *sobre* a loucura, só pôde estabelecer-se sobre um tal silêncio. Eu não quis fazer a história dessa linguagem; antes a arqueologia desse silêncio". E ao longo de todo o livro corre esse tema que liga a loucura ao silêncio, às "palavras sem linguagem" ou "sem sujeito falante",

murmúrio obstinado de uma linguagem que falaria sozinha, sem sujeito falante e sem interlocutor, comprimida sobre si mesma, presa na garganta, desabando antes de chegar a qualquer formulação e retornando sem brilho ao silêncio de onde ela nunca saiu. Raiz calcinada do sentido.

Fazer a história da própria loucura, portanto, fazer a arqueologia de um silêncio.

Mas, primeiramente, o silêncio tem ele próprio uma história? Em seguida, a arqueologia, ainda que do silêncio, não é uma lógica, ou seja, uma linguagem organizada, um projeto, uma ordem, uma frase, uma sintaxe, uma "obra"? Não seria a arqueologia do silêncio mais eficaz e mais sutil recomeço, a *repetição*, no sentido o mais irredutivelmente ambíguo dessa palavra, do ato perpetrado contra a loucura, e isso no momento mesmo em que ele é denunciado? Sem contar que todos os *signos* nos quais Foucault encontra a indicação da origem desse silêncio e dessa palavra cortada, de tudo o que teria feito da loucura essa palavra interrompida e proibida, atônita, todos esses signos, todos esses documentos são tomados de empréstimo, sem exceção, à zona jurídica da interdição.

Podemos desde agora nos perguntar – e em outros momentos que aqueles em que ele projeta falar do silêncio, Foucault se pergunta também (a meu ver, de maneira demasiadamente lateral e implícita): quais serão a fonte e o estatuto da linguagem dessa arqueologia, dessa linguagem que deve ser entendida por uma razão que não é a razão clássica? Qual é a responsabilidade histórica dessa lógica da arqueologia? Onde situá-la? Bastaria guardar em um ateliê fechado à chave os instrumentos da psiquiatria para reencontrar a inocência e para romper qualquer cumplicidade com a ordem racional ou política que mantém a loucura cativa? O psiquiatra é apenas o representante dessa ordem, um representante entre outros. Talvez não baste apenas prender ou exilar o representante, cortar-lhe por sua vez a palavra; talvez não baste privar-se do material conceitual da psiquiatria para desculpar sua própria linguagem. *Toda* nossa linguagem europeia, a linguagem de tudo que participou, de perto ou de longe, da aventura da razão ocidental, é a imensa delegação do projeto que Foucault define sob a espécie da captura ou da objetivação da loucura. *Nada* nessa linguagem e *ninguém* entre os que a falam podem escapar à culpabilidade histórica – se é que há uma e se é que esta é histórica em um sentido clássico – da qual Foucault parece querer fazer o processo. Mas esse é talvez um processo impossível, pois a instrução e o veredicto reiteram sem cessar o crime pelo simples fato de sua elocução. Se a *Ordem* de que falamos é tão poderosa, se seu poder é único em seu gênero, é precisamente por seu caráter sobredeterminante e pela universal, estrutural, universal e infinita cumplicidade com que ela compromete todos os que a entendem em sua linguagem, linguagem esta que ainda assim lhes proporciona mais uma vez a forma de sua denúncia. A ordem é denunciada na ordem.

Assim, afastar-se *totalmente* da *totalidade* da linguagem histórica que teria operado o exílio da loucura, liberar-se para escrever a arqueologia do silêncio, isso só pode ser tentado de duas maneiras:

*Ou* calar-se em um certo silêncio (um *certo* silêncio que mais uma vez só se determinará em uma *linguagem* e em uma *ordem* que evitarão que seja contaminado por qualquer mutismo que seja), *ou* seguir o louco no caminho de seu exílio. A tristeza dos loucos, a tristeza interminável de seu silêncio, é o fato de que os seus melhores porta-vozes são aqueles que melhor os traem; é o fato de que, quando se quer dizer o seu *próprio* silêncio, já se passou para o lado do inimigo e para o lado da ordem, mesmo se, na ordem, combate-se contra a ordem e coloca-se em questão a sua origem. Não há cavalo de Troia do qual não tenha razão a Razão (em geral). A grandeza inalcançável, insubstituível, imperial da ordem da razão, o que faz dela uma ordem ou uma estrutura *de fato*, uma estrutura histórica determinada, uma estrutura entre outras possíveis, é o fato de

COGITO E HISTÓRIA DA LOUCURA

que não podemos apelar contra ela a ninguém menos que ela mesma, só podemos protestar contra ela dentro dela, ela somente nos deixa, em seu próprio campo, o recurso ao estratagema e à estratégia. O que equivale a fazer comparecer uma determinação histórica da razão diante do tribunal da Razão em geral. A revolução contra a razão, sob a forma histórica da razão clássica, claro (mas esta é apenas um exemplo determinado da Razão em geral. E é em virtude dessa unicidade da Razão que a expressão "história da razão" é difícil de ser pensada, e consequentemente o é também uma "história da loucura"), a revolução contra a razão só se pode fazer nela mesma, segundo uma dimensão hegeliana à qual, de minha parte, fui bastante sensível no livro de Foucault, apesar da ausência de referência bem precisa a Hegel. Podendo somente operar no *interior* da razão desde o momento em que é proferida, a revolução contra a razão tem então permanentemente a extensão limitada do que se chama, precisamente na linguagem do ministério do *interior*, de uma agitação. Não se pode, sem dúvida, escrever uma história, ou até mesmo uma arqueologia, contra a razão, pois, apesar das aparências, o conceito de história sempre foi um conceito racional. É talvez a significação "história" ou "arquia" que teria sido necessário questionar inicialmente. Uma escrita excedente, a questioná-los, os valores de origem, de razão, de história, não se deixaria conter na clausura metafísica de uma arqueologia.

Como Foucault é o primeiro a ter consciência, uma consciência aguda, dessa hipótese e da necessidade de falar, de buscar sua linguagem na fonte de uma razão mais profunda do que aquela que aflora na idade clássica, como Foucault sente uma necessidade de falar que escapa ao projeto objetivista da razão clássica, necessidade de falar mesmo ao preço de uma guerra declarada da linguagem da razão contra ela própria, guerra em que a linguagem se retomaria, se destruiria ou recomeçaria incessantemente o gesto de sua própria destruição, então a pretensão à arqueologia do silêncio, pretensão purista, intransigente, não-violenta, não-dialética, essa pretensão é constantemente, no livro de Foucault, contrabalançada, equilibrada, eu diria quase contestada, por uma proposta que não é somente a confissão de uma dificuldade, mas a formulação de um outro projeto; que não é um último recurso, mas também um projeto diferente e talvez mais ambicioso, mais eficazmente ambicioso que o primeiro.

A confissão da dificuldade seria encontrada em frases como a seguinte, entre outras, que eu cito simplesmente para não lhes privar de sua densa beleza:

A percepção que busca apoderar-se deles em seu estado selvagem (trata-se das dores e dos murmúrios da loucura) pertence necessariamente a um mundo que já os capturou. A liberdade da loucura só se ouve do alto da fortaleza que a mantém prisioneira. Ora, ela só dispõe ali do moroso estado civil de suas prisões, de sua experiência muda de perseguida, e nós temos apenas seu assinalamento de evasão.

E, mais adiante, Foucault fala de uma loucura "da qual o estado selvagem não pode jamais ser restituído em si mesmo" e de "uma inacessível pureza primitiva" (p.VII).

Essa dificuldade ou essa impossibilidade devendo ressoar sobre a linguagem na qual essa história da loucura é descrita, Foucault reconhece, com efeito, a necessidade de manter seu discurso no que ele chama uma "relatividade sem recurso", ou seja, sem apoio no absoluto de uma razão ou de um logos. Necessidade e impossibilidade ao mesmo tempo do que Foucault chama em outra parte de "uma linguagem sem apoio", ou seja, recusando em princípio, se não de fato, articular-se sobre uma sintaxe da razão. Em princípio, se não de fato, mas o fato aqui não se deixa facilmente ser posto entre parênteses. "Aí, nesse simples problema de elocução", diz Foucault, "escondia-se e expressava-se a maior dificuldade do empreendimento".

Poderíamos dizer que a solução dessa dificuldade é mais *praticada* que *formulada*. Por necessidade. Quero com isso dizer que o silêncio da loucura não é *dito*, não pode ser dito no logos desse livro, mas tornado presente indiretamente, metaforicamente, se assim posso dizer, no *páthos* – tomo essa palavra em seu melhor sentido – desse livro. Novo e radical elogio da loucura cuja intenção não pode confessar-se, porque o *elogio* de um silêncio reside sempre *no logos*, em uma linguagem que objetiva; "falar bem da" loucura seria ainda anexá-la, sobretudo quando esse "falar bem de" é também, no caso presente, a sabedoria e a felicidade de um "bem falar".

Agora, falar a dificuldade, falar a dificuldade de falar, ainda não é ultrapassá-la; muito pelo contrário. Primeiramente, não é dizer a partir de qual linguagem, de qual instância falante a dificuldade é dita. Quem percebe, quem enuncia a dificuldade? Não se pode fazê-lo nem no silêncio inacessível e selvagem da loucura, nem simplesmente na linguagem do carcereiro, ou seja, a da razão clássica, mas na de alguém *para quem* tem um sentido e *a quem* aparece o diálogo ou a guerra, ou o mal-entendido, ou o enfrentamento, ou o duplo monólogo opondo razão e loucura na idade clássica. É então possível a liberação histórica de um logos no qual os dois monólogos ou o diálogo interrompido, ou sobretudo o ponto de ruptura do diálogo entre uma razão e uma loucura *determinadas*, puderam se produzir e podem ser hoje compreendidos e enunciados. (Supondo pelo menos que eles o possam ser; mas nós nos colocamos aqui na hipótese de Foucault.)

Portanto, se o livro de Foucault, apesar das impossibilidades e das dificuldades reconhecidas, pôde ser escrito, nós temos o direito de nos perguntar em que, como último recurso, ele apoiou essa linguagem sem recurso e sem apoio: quem enuncia o não-recurso? Quem escreveu e quem deve entender, em que linguagem e a partir de que situação histórica do logos, quem escreveu e deve entender esta história da loucura? Pois não é um acaso se um tal projeto pôde ser formado atualmente. É preciso supor, sem esquecer, *muito pelo contrário*, a audácia do gesto de pensamento na *História da Loucura*, que uma certa liberação da loucura começou, que a psiquiatria, por pouco que seja, se abriu, que o conceito de loucura como desrazão, se é que ele teve uma unidade algum dia, deslocou-se. E que foi na abertura desse deslocamento que um tal projeto pôde encontrar sua origem e sua passagem históricas.

Se Foucault é, mais do que qualquer outro, sensível e atento a esse tipo de questões, parece no entanto que ele não aceitou reconhecer nelas um caráter de preliminar metodológica ou filosófica. E é verdade que, uma vez a questão entendida, e também a dificuldade de direito, consagrar a esta um trabalho preliminar teria conduzido à esterilização ou à paralisação de toda a pesquisa. Esta pode provar em seu ato que o movimento da palavra ao sujeito da loucura é possível. Mas o fundamento dessa possibilidade não é ainda por demais clássico?

O livro de Foucault é daqueles que não se abandonam a essa alegria prospectiva na pesquisa. É por isso que, por trás da confissão da dificuldade no tocante à arqueologia do silêncio, é preciso fazer aparecer um projeto *diferente*, um projeto que contradiz talvez aquele da arqueologia do silêncio.

Visto que o silêncio do qual se quer fazer a arqueologia não é um mutismo ou uma não-palavra originária, mas um silêncio sobrevindo, uma palavra atônita *sobre a ordem*, trata-se então de, no interior de um logos que precedeu a divisão razão-loucura, no interior de um logos deixando dialogar nele o que chamaríamos mais tarde razão e loucura (desrazão), deixando livremente circular nele e alternar razão e loucura como se deixavam circular os loucos na cidade durante a Idade Média, trata-se de, no interior desse logos da livre-troca, chegar à origem do protecionismo de uma razão que persiste em se colocar ao abrigo e em se constituir ela mesma como parapeito. Trata-se então de atingir o ponto em que o diálogo foi rompido, partiu-se em dois solilóquios: ao que Foucault chama, com uma palavra muito forte, a *Decisão*. A Decisão liga e separa de um só golpe razão e loucura; ela deve ser entendida aqui ao mesmo tempo como originária de uma ordem, de um *fiat*, de um decreto, e como um rompimento, uma cesura, uma separação, uma descessão. Ou antes dissensão, para marcar bem que se trata de uma divisão de si, de uma divisão e de uma tormenta interior do sentido *em geral*, do logos em geral, de uma divisão no próprio ato do *sentire*. Como sempre, a dissensão é interna. O fora (é) o dentro, nele se introduz, e o divide segundo a abertura da *Entzweiung* hegeliana.

Assim parece que o projeto de exigir a dissensão primeira do logos é um outro projeto além daquele da arqueologia do silêncio e coloca diferentes problemas. Deveria tratar-se dessa vez de exumar o solo virgem e unitário sobre o qual o ato de decisão que liga e separa razão e loucura criou raiz obscuramente. Razão e loucura na idade clássica tiveram uma raiz comum. Mas essa raiz comum, que é um logos, esse fundamento unitário é bem mais velho que o período medieval brilhantemente mas brevemente evocado por Foucault em seu capítulo de abertura. Deve haver aí uma unidade fundadora que já carrega a livre-troca da Idade Média, e essa unidade já é a de um logos, ou seja, de uma razão; razão já histórica, certamente, mas razão bem menos determinada do que o será em sua forma dita clássica; ela não recebeu ainda a determinação de "a idade clássica". É no elemento dessa razão arcaica que a descessão e a dissensão vão ocorrer como uma modificação ou, se assim o quisermos, como uma perturbação, até mesmo uma revolução, mas uma revolução interna, sobre si mesmo, em si mesmo. Pois esse logos que está no começo é não somente o lugar-comum de toda dissensão, mas também – e isso não é menos importante – a própria atmosfera na qual se move a linguagem de Foucault, na qual *de fato* apareceu, mas também é *de direito* designada e desenhada em seus limites, uma história da loucura na idade clássica. É então para ao mesmo tempo dar conta da origem (ou da possibilidade) da decisão *e* da origem (ou da possibilidade) da narrativa que seria talvez necessário começar por refletir esse logos originário, no qual se operou a violência da Idade Clássica. Essa história do logos antes da Idade Média e antes da Idade Clássica não é, precisamos lembrar, uma pré-história noturna e muda. Seja qual for a ruptura momentânea, se é que houve uma, da Idade Média com a tradição grega, essa ruptura e essa alteração são tardias e advindas com relação à permanência fundamental da herança lógico-filosófica.

Que o enraizamento da decisão em seu verdadeiro solo histórico tenha sido deixado na penumbra por Foucault, isso é incômodo, pelo menos por duas razões:

1. É incômodo porque Foucault faz no começo uma alusão um pouco enigmática ao logos grego, do qual diz que, diferentemente da razão grega, ele "não tinha contrário". Eu cito:

Os gregos relacionavam-se com algo que eles chamavam de ϋ δρις*. Essa relação não era apenas de condenação; a existência de Trasímaco ou a de Cálicles basta como demonstração, mesmo se o discurso de ambos nos é transmitido já embalado pela dialética tranquilizadora de Sócrates. Mas o logos grego não tinha contrário.

---

* *Hybris*: excesso, desmedida (N. da E.).

[Seria então necessário supor que o logos grego não tinha contrário, ou seja, em uma palavra, que os gregos se atinham imediatamente ao Logos elementar, primordial e indiviso, no qual toda contradição em geral, toda guerra, aqui toda polêmica não poderiam ter aparecido a não ser ulteriormente. Nessa hipótese, seria necessário admitir, o que Foucault não faz de maneira alguma, que em sua *totalidade*, a história e a descendência da "dialética tranquilizadora de Sócrates" já estivessem em declínio e exiladas fora desse logos grego que não teria tido contrário. Pois, se a dialética socrática é tranquilizadora, no sentido em que a entende Foucault, é porque ela já expulsou, excluiu, objetivou ou, o que é curiosamente a mesma coisa, assimilou e dominou como um de seus momentos, "envolveu" o outro da razão, e porque ela tornou a si mesma serena, tranquilizada em uma certeza pré-cartesiana, em uma σωφροσύνη\*, em uma sabedoria, em um bom senso e em uma prudência razoável.

Consequentemente, é preciso: a) *ou* que o momento socrático e toda sua posteridade participem imediatamente desse logos grego que não teria contrário; e então que a dialética socrática não seja tranquilizadora (teremos talvez daqui a pouco a ocasião de mostrar que ela não o é mais que o Cogito cartesiano). Nesse caso, nessa hipótese, a fascinação pelos pré-socráticos, à qual Nietzsche e em seguida Heiddeger e alguns outros nos provocaram, comportaria uma parte de mistificação da qual restaria exigir as motivações histórico-filosóficas.

b) *ou* que o momento socrático e a vitória dialética sobre a *Ubris* calicliana já marquem uma deportação e um exílio do logos fora de si mesmo, e o ferimento nele de uma decisão, de uma diferença; e assim a estrutura que Foucault quer descrever em seu livro não teria nascido com a razão clássica. Ela seria consumada e tranquilizada e reassentada há séculos na filosofia. Ela seria essencial ao todo da história da filosofia e da razão. A idade clássica não teria então, em relação a isso, nem especificidade, nem privilégio. E todos os signos que Foucault reúne sob o título de *Stultifera navis* desenrolar-se-iam somente na superfície de uma dissensão inveterada.

---

\* *Sofrosine:* moderação (N. da E.).

A livre circulação dos loucos, além de não ser tão livre, não tão livre assim, seria apenas um epifenômeno socioeconômico na superfície de uma razão já dividida contra si própria desde o alvorecer de sua origem grega. O que me parece certo, de qualquer maneira, não importa qual seja a hipótese em que nos detenhamos a respeito daquilo que, sem dúvida, é apenas um falso problema e uma falsa alternativa, é que Foucault não pode salvar *ao mesmo tempo* a afirmação sobre a dialética já tranquilizadora de Sócrates e sua tese supondo uma especificidade da idade clássica cuja razão se tranquilizaria excluindo seu outro, ou seja, *constituindo* seu contrário como um *objeto* para dele se proteger e se desfazer. Para aprisioná-lo.

Ao querermos escrever a história da decisão, da partilha, da diferença, corremos o risco de transformar a divisão em acontecimento ou em estrutura sobrevindo à unidade de uma presença originária; e de confirmar assim a metafísica em sua operação fundamental.

Na verdade, para que uma ou outra dessas hipóteses seja verdadeira e para que se possa escolher entre uma e outra, é preciso supor, *geralmente*, que a razão pode ter um contrário, um outro da razão, que ela possa constituir ou descobrir um contrário, e que a oposição da razão e de seu outro seja de *simetria*. Está aí o fundo das coisas. Permitam-me manter distância.

Qualquer que seja a maneira pela qual se interprete a situação da razão clássica, notadamente em relação ao logos grego, que esta tenha ou não conhecido a dissensão *em todos os sentidos*, uma doutrina de *tradição*, da tradição do logos (haveria outra?), parece previamente implicada pelo empreendimento de Foucault. Qualquer que seja a relação dos gregos com a *Ubris*, relação que sem dúvida não era simples... Aqui colocarei um parêntese e uma questão: em nome de que sentido invariante da "loucura" Foucault aproxima, independentemente do sentido dessa aproximação, Loucura e *Ubris*? Um problema de tradução, um problema filosófico de tradução – e grave –,se apresenta, mesmo se, para Foucault, a *Ubris* não é a Loucura. Determinar a diferença supõe uma passagem linguística muito arriscada. A imprudência frequente dos tradutores a esse respeito deve nos tornar bastante desconfiados. (Penso particularmente – e de passagem – no que se traduz por loucura e fúria no *Filebo* (45º)[5]. Pois, se a loucura tem um tal sentido invariante, como é sua relação com essas modificações históricas, com esses *a posteriori*, com esses *acontecimentos* que balizam a análise de Foucault? Este procede apesar de tudo, mesmo se seu método não é empirista, por informação e pesquisa. O que ele faz é uma história, e o recurso ao acontecimento aí é em última instância indispensável e determinante, ao menos de direito. Ora, esse conceito de loucura, que nunca é submetido a uma apreciação temática por Foucault, não é, hoje em dia, fora da linguagem corrente e popular que sempre perdura mais tempo do que deveria após o seu questionamento pela ciência e pela filosofia, esse conceito não é um falso-conceito, um conceito desintegrado, de tal maneira que Foucault, recusando o material psiquiátrico ou o da filosofia que nunca cessou de aprisionar o louco, serve-se finalmente – e ele não tem escolha – de uma noção corrente, equívoca, tomada de empréstimo a uma reserva incontrolável. Não haveria nada de grave se Foucault somente utilizasse essa palavra entre aspas, como ele o faz com a linguagem dos outros, dos que, no período que estuda, utilizaram-se dessa palavra como um instrumento histórico. Mas tudo se passa como se Foucault *soubesse* o que "loucura" quer dizer. Tudo se passa como se, em permanência e em subjacência, uma pré-compreensão segura e rigorosa do conceito de loucura e, ao mesmo tempo, de sua definição nominal, fosse possível e adquirida. De fato, poderíamos mostrar que, na intenção de Foucault, se não no pensamento histórico que ele estuda, o conceito de loucura recupera tudo o que poderíamos colocar sob o título da *negatividade*. Pode-se imaginar o tipo de problemas que tal utilização da palavra suscita. Poderíamos levantar questões do mesmo tipo sobre a noção de verdade que aparece ao longo de todo o livro...) Fecho aqui esse longo parêntese. Então, não importando qual a relação dos gregos com a *Ubris*, e a de Sócrates com o logos originário, de qualquer forma é certo que a razão clássica e já a razão medieval tinham relação com a razão grega, e que é no meio dessa herança mais ou menos imediatamente percebida, mais ou menos misturada a outras linhas

---

5 Também, por exemplo, *O Banquete*, 217c/218b, *Fedro*, 244b-c/245a/249/265a sq, *Teeteto*, 257e, *O Sofista*, 228d 229a, *Timeu*, 86b, *A República*, 382c, *Leis* x, 888a.

COGITO E HISTÓRIA DA LOUCURA 59

tradicionais, que se desenvolveu a aventura ou a desventura da razão clássica. Se a dissensão data de Sócrates, então a situação do louco no mundo socrático e pré-socrático – supondo que havia então algo que se poderia chamar de louco – talvez merecesse ser questionada de início. Sem isso, e como Foucault não procede de maneira puramente *apriórica*, sua descrição histórica coloca os problemas banais mas inevitáveis da periodização, das limitações geográficas, políticas, etnológicas etc. Se, inversamente, a unidade sem contrário e sem exclusão do logos se preservou até a "crise" clássica, então esta é, se assim posso dizer, secundária e derivada. Ela não compromete a totalidade da razão. E, nesse caso, seja dito de passagem, o discurso socrático não teria nada de tranquilizador. A crise clássica se desenvolveria a partir de e dentro de uma tradição elementar de um logos que não apresenta contrário, mas que carrega em si e *diz* toda contradição determinada. Essa doutrina da tradição do sentido e da razão foi tão necessária que ela pode, por si somente, conferir um sentido e uma racionalidade *em geral* ao discurso de Foucault e a todo discurso sobre a guerra entre razão e desrazão. Pois esses discursos entendem ser entendidos.]

2. Afirmei ainda há pouco que era incômodo por *duas razões* deixar na penumbra a história do logos pré-clássico, história essa que não era uma pré-história. A segunda razão, que evocarei brevemente antes de passar a Descartes, diz respeito ao fato de Foucault ligar profundamente a partilha, a dissensão, à própria possibilidade da história. A partilha é a própria origem da história.

*A necessidade da loucura*, ao longo da história do Ocidente, está ligada a esse gesto de decisão que desprende do barulho de fundo e de sua monotonia contínua uma linguagem significativa que se transmite e se completa no tempo; em resumo, ela está ligada à *possibilidade da história*.

Consequentemente, se a decisão pela qual a razão se constitui excluindo e objetivando a subjetividade livre da loucura, se essa decisão é mesmo a origem da história, se ela é a própria historicidade, a condição do sentido e da linguagem, a condição da tradição do sentido, a condição da obra, se a estrutura de exclusão é estrutura fundamental de historicidade, então o momento "clássico" dessa exclusão, este que Foucault descreve, não tem nem privilégio absoluto, nem exemplaridade arquetípica. É um exemplo como amostra e não como modelo. Contudo, para fazer aparecer sua singularidade, que é indubitavelmente profunda, teria sido necessário talvez sublinhar não aquilo em que ela é estrutura de exclusão, mas aquilo em que e sobretudo aquilo pelo que sua estrutura de exclusão *própria* e *modificada* se distingue historicamente das outras, de qualquer outra. E colocar o problema de sua exemplaridade: trata-se de um exemplo entre outros possíveis ou de um "bom exemplo", de um exemplo revelador por privilégio? Problemas de uma dificuldade infinita, problemas formidáveis que assombram o livro de Foucault, mais presentes em sua intenção que em seu fato.

Enfim, *última questão*: se essa partilha é a própria possibilidade da história, a historicidade da história, o que quer dizer aqui "fazer a história dessa partilha"? Fazer a história dessa historicidade? Fazer a história da origem da história? A *usteron proteron* aqui não seria um simples "erro de lógica", um erro no interior de uma lógica, de um *ratio* constituído. E denunciá-lo não é raciocinar. Se há uma historicidade da razão em geral, a história da razão não é jamais aquela de sua origem que *já então* a requer, mas a história de uma de suas figuras determinadas.

Esse segundo projeto, que se esforçaria em direção à raiz comum do sentido e do não-sentido, e em direção ao logos originário no qual *uma* linguagem e *um* silêncio se dividem, não é de forma alguma um último recurso em relação ao que poderia ser reunido sob o título de "arqueologia do silêncio". Arqueologia que pretendia e renunciava ao mesmo tempo a dizer a *própria* loucura. A expressão "dizer a *própria* loucura" é em si contraditória. Dizer a loucura sem expulsá-la na objetividade é deixá-la dizer-se a si mesma. Ora, a loucura é por essência o que não se diz: é a "ausência de obra", diz profundamente Foucault.

Não é então um último recurso, mas um propósito diferente e mais ambicioso, que deveria conduzir a um elogio da razão (só há elogio, por essência, da razão), mas desta vez de

COGITO E HISTÓRIA DA LOUCURA

uma razão mais profunda do que aquela que se opõe e se determina em um conflito historicamente determinado. Mais uma vez Hegel, sempre ele... Não é então um último recurso, mas uma ambição mais ambiciosa, mesmo se Foucault escreve o seguinte:

> *Na falta* dessa inacessível pureza primitiva (da própria loucura), o estudo estrutural deve retroceder à decisão que liga e separa ao mesmo tempo razão e loucura; deve tender a descobrir a troca perpétua, a obscura razão comum, o enfrentamento originário que dá sentido tanto à unidade quanto à oposição do sentido e do insensato. [Grifos meus.]

Antes de descrever o momento em que a razão, na idade clássica, vai reduzir a loucura ao silêncio pelo que ele chama de um "estranho golpe de força", Foucault mostra como a exclusão e o aprisionamento da loucura encontram um tipo de abrigo estrutural preparado pela história de uma outra exclusão: a da lepra. Não posso infelizmente me deter sobre essas passagens brilhantes, do capítulo intitulado *Stultifera navis*. Este capítulo também nos colocaria numerosas questões.

Chego então ao "golpe de força", ao grande aprisionamento que, com a criação, na metade do século XVII, das casas de internação para loucos e alguns outros, seria o advento e a primeira etapa de um processo clássico que Foucault descreve ao longo de todo o seu livro. Sem que se saiba, aliás, se um acontecimento como a criação de uma casa de internação é um signo entre outros, um sintoma fundamental ou uma causa. Esse tipo de questão poderia parecer exterior a um método que se quer precisamente estruturalista; ou seja, para o qual, na totalidade estrutural, tudo é solidário e circular, de tal forma que os problemas clássicos da causalidade teriam por origem um mal-entendido. Talvez. Mas me pergunto se, quando se trata de história (e Foucault quer escrever uma história), um estruturalismo estrito é possível, e se este pode sobretudo evitar, mesmo que apenas pela ordem e na ordem de suas descrições, qualquer questão etiológica, qualquer questão que conduza, digamos, ao centro de gravidade da estrutura. Renunciando legitimamente a um certo estilo de causalidade, talvez não tenhamos o direito de renunciar a toda e qualquer exigência etiológica.

A passagem consagrada a Descartes é precisamente o capítulo sobre "O Grande Aprisionamento". Ele próprio abre então o livro e sua situação no começo do capítulo é bastante insólita. Mais que em outras partes, a questão que acabei de colocar me parece aqui inelutável. Não se sabe se esse trecho sobre a primeira das *Meditações*, que Foucault interpreta como um aprisionamento *filosófico* da loucura, é destinado a dar o tom, como prelúdio ao drama histórico e político-social, ao drama *total* que vai ser encenado. Esse "golpe de força", descrito na dimensão do saber teorético e da metafísica, é um sintoma, uma causa, uma linguagem? O que é preciso supor ou elucidar para que essa questão ou essa dissociação seja anulada em seu sentido? E se esse golpe de força tem uma solidariedade estrutural com a totalidade do drama, qual é o estatuto dessa solidariedade? Afinal, não importa qual seja o lugar reservado à filosofia nessa estrutura histórica total, por que a escolha do único exemplo cartesiano? Qual é a exemplaridade cartesiana, quando tantos filósofos, na mesma época, estiveram interessados na loucura ou – o que não é menos significativo – se desinteressaram dela de diversas maneiras?

Foucault não responde diretamente a nenhuma dessas questões, sumariamente evocadas mas inevitáveis, e que são mais que metodológicas. Uma só frase, no prefácio, resolve o problema. Eu a leio:

> Fazer a história da loucura significará então: fazer um estudo estrutural do conjunto histórico – noções, instituições, medidas jurídicas e policiais, conceitos científicos – que mantém cativa uma loucura cujo estado selvagem não pode nunca ser restituído em si próprio.

Como se organizam esses elementos no "conjunto histórico"? O que é uma "noção"? As noções filosóficas têm um privilégio? Como se relacionam com os conceitos científicos? Tantas questões cercam esse empreendimento.

Não sei até que ponto Foucault concordaria em dizer que a condição prévia de uma resposta a essas questões passa primeiro pela análise interna e autônoma do conteúdo filosófico do discurso filosófico. Somente quando a totalidade desse conteúdo se tiver tornado patente para mim em seu sentido (mas isso é impossível), é que eu poderei situá-la em todo rigor na sua forma histórica total. É somente então que sua reinserção não lhe fará violência, que ela será reinserção legítima *desse próprio* sentido filosófico. Particularmente no tocante a Descartes, não se pode responder a nenhuma questão histórica que lhe diga respeito – concernente ao sentido histórico latente de sua proposta, concernente à sua pertinência a uma estrutura total – antes de uma análise interna rigorosa e exaustiva de suas intenções patentes, do sentido patente de seu discurso filosófico.

É nesse sentido patente, que não é legível numa imediatidade de encontro, é nessa intenção propriamente filosófica que iremos nos interessar neste momento. Mas primeiro lendo por cima do ombro de Foucault.

> *Torheit musste erscheien, damit*
> *die Weisheit sie überwinde...*
>
> HERDER

O golpe de força seria desferido por Descartes na primeira das *Meditações* e consistiria bem resumidamente em uma expulsão sumária da possibilidade da loucura fora do próprio pensamento.

Leio primeiro a passagem decisiva de Descartes, aquela que Foucault cita. Depois seguiremos a leitura desse texto por Foucault. Enfim, faremos dialogar Descartes e Foucault.

Descartes escreve o seguinte (isso no momento em que ele empreende se desfazer de todas as opiniões que tinha até então "em sua confiança" e começar tudo de novo, desde os fundamentos: *a primis fundamentis*. Para isso, é suficiente para ele arruinar os fundamentos antigos, sem ter de duvidar de suas opiniões uma a uma, pois a ruína dos fundamentos traz consigo todo o resto do edifício. Um desses fundamentos frágeis da consciência, o mais naturalmente aparente, é a sensibilidade. Os sentidos enganam-me algumas vezes, então eles podem enganar-me sempre: também vou submeter à dúvida todo conhecimento de origem sensível):

> Tudo o que recebi até hoje de mais verdadeiro, e seguro, eu aprendi dos sentidos ou pelos sentidos: ora, senti por vezes que esses sentidos eram enganadores, e é prudente não confiar jamais completamente naqueles que uma vez nos enganaram.

Descartes prossegue.

"*Mas*", (*sed forte...* eu insisto sobre o *forte* que o duque de Luynes não traduziu, omissão que Descartes não julgou necessário corrigir quando reviu a tradução. É então melhor, como diz Baillet, "conferir o francês com o latim" quando se lê as *Meditações*. É somente na segunda edição francesa de Clerselier que o *sed forte* toma todo o seu valor e é traduzido por um "mas pode ser que ainda que". Eu assinalo esse ponto que revelará daqui a pouco sua importância). Prossigo minha leitura:

> Mas pode ser que ainda que os sentidos nos enganem por vezes em relação às coisas *pouco sensíveis, e muito distantes*, talvez se

COGITO E HISTÓRIA DA LOUCURA

encontrem muitas outras, das quais não se pode razoavelmente duvidar, ainda que as conheçamos pelo meio... [Grifos meus.]

Haveria então, *talvez haveria aí então* conhecimentos de origem sensível dos quais não seria razoável duvidar.

Por exemplo [prossegue Descartes] que eu esteja aqui, sentado perto do fogo, vestido de um roupão, tendo esse papel entre as mãos e outras coisas dessa natureza. E como poderia eu negar que essas mãos e esse corpo sejam meus? Talvez somente se me comparar a esses insensatos, cujo cérebro é de tal maneira perturbado e ofuscado pelos negros vapores da bile, que eles asseguram constantemente que são reis, quando são muito pobres, que são vestidos de ouro e de púrpura, quando estão nus ou imaginam ser um jarro, ou ter um corpo de vidro...

Eis a frase a mais significativa aos olhos de Foucault: "Mas claro, são loucos, *sed amentes sunt isti*, e eu não seria menos extravagante (*demens*) se me pautasse por seus exemplos".

Interrompo minha citação não neste fim de parágrafo, mas na primeira palavra do parágrafo seguinte, que reinscreve as linhas que acabo de ler em um movimento retórico e pedagógico cujas articulações são muito fechadas. Essa primeira palavra é *Praeclare sane*... Também traduzida por *todavia*. E esse é o começo de um parágrafo em que Descartes imagina que ele pode estar sonhando sempre e que o mundo pode não ser mais real que seu sonho. E ele generaliza por hipérbole a hipótese do sono e do sonho ("Suponhamos então agora que adormecemos"), hipótese e hipérbole que servirão para desenvolver a dúvida fundada sobre as razões naturais (porque há também um momento hiperbólico dessa dúvida) para deixar fora de seu alcance somente as verdades de origem não sensível, notadamente as matemáticas, que são verdadeiras "esteja eu acordado, esteja eu dormindo" e que somente cederão sob o assalto artificial e metafísico do Gênio Maligno.

Que leitura faz Foucault desse texto?

Segundo ele, Descartes, ao encontrar assim a loucura *ao lado* (a expressão *ao lado* é a utilizada por Foucault) do sonho e de todas as formas de erros sensíveis, ele não aplicaria a elas, se posso assim dizer, o mesmo tratamento. "Na economia da dúvida", diz Foucault, "há um desequilíbrio fundamental entre loucura de um lado e erro de outro…" (Eu noto que em outra parte Foucault denuncia frequentemente a redução clássica da loucura ao erro…) Ele prossegue: "Descartes não evita o perigo da loucura da mesma maneira como ele contorna a eventualidade do sonho ou do erro".

Foucault então coloca em paralelo dois seguintes procedimentos:

1. aquele pelo qual Descartes mostraria que os sentidos somente podem nos enganar sobre as coisas "pouco sensíveis" e "muito disfarçadas". Este seria o erro de origem sensível. E, na passagem que acabo de ler, Descartes dizia: "Ainda que os sentidos nos enganem por vezes em relação a coisas sensíveis e muito distantes, há muitas outras, das quais não se pode razoavelmente duvidar…" A não ser que se seja louco, hipótese que Descartes parece excluir no princípio na mesma passagem.

2. o procedimento pelo qual Descartes mostra que a imaginação e o sonho não podem criar os elementos simples e universais que eles fazem entrar em sua composição, como, por exemplo, "a natureza corporal em geral e sua extensão, a quantidade, o número etc.", tudo o que precisamente não é de origem sensível e constitui o objeto das matemáticas e da geometria, invulneráveis à dúvida natural. É então tentador crer com Foucault que Descartes quer encontrar na *análise* (uso essa palavra em seu sentido estrito) do sonho e da sensibilidade um núcleo, um elemento de proximidade e de simplicidade irredutível à dúvida. É *no* sonho e *na* percepção que eu supero ou, como diz Foucault, que eu "contorno" a dúvida e reconquisto um solo de certeza.

Foucault assim escreve:

Descartes não evita o *perigo* da loucura da maneira como ele contorna a *eventualidade* do sonho ou do erro… Nem o sonho povoado por imagens, nem a consciência clara de que os sentidos se enganam podem levar a dúvida ao ponto extremo de sua universalidade; admitamos que os olhos nos enganem, "suponhamos agora que estamos dormindo", a verdade não escorregará por inteiro na noite. Para a loucura, acontece outra coisa. [Mais adiante] Na economia da dúvida, há um desequilíbrio fundamental entre loucura de um lado e erro de outro. Sua situação é diferente em relação à verdade e em relação àquele que a procura; sonhos ou ilusões são superados na estrutura da verdade; mas a loucura é excluída pelo sujeito que duvida.

Parece realmente, com efeito, que Descartes não se aprofunda na experiência da loucura até o encontro de um núcleo irredutível mas interior à própria loucura. Ele não se interessa pela loucura, ele não acolhe a hipótese desta, ele não a considera. Ele a exclui por decreto. Eu seria extravagante se acreditasse que tenho um corpo de vidro. Ora, esta é excluída, visto que eu penso. Antecipando-se ao momento do Cogito, que deverá esperar etapas numerosas e muito rigorosas em sua consequência, Foucault escreve... "impossibilidade de ser louco, essencial não ao objeto do pensamento, mas ao sujeito que pensa". É da própria interioridade do pensamento que a loucura seria expulsa, recusada, denunciada em sua própria possibilidade.

Foucault é o primeiro, que eu saiba, a ter assim isolado, nessa *Meditação*, o delírio e a loucura da sensibilidade e dos sonhos. A tê-los isolado em seu sentido filosófico e em sua função metodológica. É a originalidade de sua leitura. Mas se os intérpretes clássicos não tinham julgado essa dissociação oportuna, seria por desatenção? Antes de responder a essa questão, ou melhor, antes de continuar a colocá-la, notemos com Foucault que esse decreto de exclusão que anuncia o decreto político do grande aprisionamento, ou responde a ele, ou o traduz, ou o acompanha, que é em todos os casos solidário, esse decreto teria sido impossível por um Montaigne, por exemplo, de quem se sabe o quanto era assombrado pela possibilidade de ser ou tornar-se louco, no ato mesmo de seu pensamento e de parte a parte. O decreto cartesiano marca então, diz Foucault, "o advento de um ratio". Mas, como o advento de um ratio não "se esgota no progresso do racionalismo", Foucault deixa Descartes nesse momento para se interessar pela estrutura histórica (político-social) da qual o gesto cartesiano é apenas um dos signos. Pois "mais de um signo", diz Foucault, "trai o acontecimento clássico".

Tentamos ler Foucault. Tentemos agora reler ingenuamente Descartes e ver, antes de responder à questão da relação entre o "signo" e a "estrutura", tentemos ver, como eu tinha anunciado, o que pode ser o *sentido do próprio signo*. (Visto que o signo aqui tem já a autonomia de um discurso filosófico, já é uma relação de significante a significado.)

Relendo Descartes, observo duas coisas:

1. Que no trecho ao qual nos referimos e que corresponde à fase da *dúvida* fundada sobre razões *naturais*, Descartes *não contorna* a eventualidade do erro sensível e do sonho, ele não as "sobrepuja na estrutura da verdade" pela simples razão de que, parece, ele não as sobrepuja nem as contorna em nenhum momento e de forma alguma; e que ele não descarta em nenhum momento a possibilidade do erro total para *qualquer* conhecimento que tenha sua origem nos sentidos e na composição imaginativa. É preciso compreender aqui que a hipótese do sonho é a radicalização ou, se preferirmos, o exagero hiperbólico da hipótese em que os sentidos poderiam *às vezes* me enganar. No sonho, a *totalidade* das minhas imagens sensíveis é ilusória. Segue daí que uma certeza invulnerável ao sonho também o seria *a fortiori* à ilusão *perceptiva* de ordem sensível. Basta portanto examinar o caso do sonho para tratar, no nível que é no momento o nosso, o da dúvida natural, do caso do erro sensível em geral. Ora, quais são a certeza e a verdade que escapam à percepção, logo ao erro sensível e à composição imaginativa e onírica? São certezas e verdades de origem não-sensível e não-imaginativa. São coisas *simples* e *inteligíveis*.

Com efeito, se eu durmo, tudo o que eu percebo em sonho pode ser, como diz Descartes, "falsa ilusão" e em particular a existência das minhas mãos, de meu corpo, e do fato de abrirmos os olhos, de remexer a cabeça etc. Dito de outra forma, o que ele parecia excluir mais acima, segundo Foucault, como extravagância, é aqui admitido como possibilidade do sonho. E em breve veremos por quê. Mas, diz Descartes, suponhamos que todas as minhas representações oníricas sejam ilusórias. Mesmo nesse caso, de coisas tão naturalmente certas como meu corpo, minhas mãos etc., é preciso que haja representação, por mais ilusória que essa representação seja, por mais falsa que seja com relação ao representado. Ora, nessas representações, essas imagens, essas ideias, no sentido cartesiano, tudo pode ser falso e fictício, como as representações desses pintores cuja imaginação, diz expressamente Descartes, é por demais "extravagante" para inventar algo de tão novo que nunca tenhamos visto nada parecido. Mas ao menos há, no caso da pintura, um último elemento que não se deixa decompor em ilusão, que os pintores não podem fingir, e que é a *cor*. Esta é apenas uma *analogia*, pois Descartes não propõe a existência necessária da cor em geral: é uma coisa sensível entre outras. Mas, *assim como* em um quadro, por mais inventivo e imaginativo que seja, resta uma parte de simplicidade irredutível e real – a cor –, *assim também* há no sonho uma parte de simplicidade não fingida, suposta por qualquer composição clássica e irredutível a qualquer decomposição. Mas dessa vez – e é por isso que o exemplo do pintor e da cor não era analógico – essa parte não é nem sensível, nem imaginativa: ela é *inteligível*.

Esse é um ponto no qual Foucault não se detém. Leio o trecho de Descartes que nos interessa aqui...

Porque, na verdade, os pintores, mesmo quando se dedicam *com o maior artifício* a representar sereias e sátiros por formas estranhas e excepcionais, não lhes podem conferir formas e naturezas totalmente novas, mas fazem somente certa mistura e composição dos membros de diferentes animais; ou então, se por acaso *sua imaginação for suficientemente extravagante* para criar algo tão novo, que nunca tenhamos visto e que desta forma sua obra nos represente uma coisa puramente falsa, com certeza as cores com que eles as executam devem ser verdadeiras. Pelo mesmo motivo, ainda que essas coisas gerais, isto é, olhos, cabeça, mãos e outras análogas, possam ser imaginárias, é necessário confessar que existem outras bem mais simples e universais, que são verdadeiras e existentes, de cuja mistura, nem mais, nem menos do que da mistura de algumas cores verdadeiras, são formadas todas essas imagens das coisas que se situam em nosso pensamento, quer verdadeiras e reais, quer fictícias e fantásticas. Desse gênero de coisas é a natureza corpórea em geral e sua extensão; juntamente com a figura das coisas extensas, sua quantidade, ou grandeza, e seu número; como também o lugar em que se encontram, o tempo que mede sua duração e outras coisas análogas. Talvez seja por isso que nós não concluamos mal se afirmarmos que a física, a astronomia, a medicina e todas as outras ciências dependentes da consideração das coisas compostas são muito dúbias e incertas; mas que a aritmética, a geometria e outras ciências desta natureza, que só se dedicam a coisas bastante simples e gerais, sem se preocuparem muito se elas existem ou não na natureza, encerram alguma coisa de certo e incontestável. Pois, quer eu esteja acordado, quer eu esteja dormindo, dois mais três formarão sempre o número cinco e o quadrado jamais terá mais do que quatro lados; e não parece possível que verdades tão evidentes possam ser suspeitas de alguma falsidade ou dúvida.

E eu observo que o parágrafo seguinte começa também por um "todavia" (*verumtamen*) ao qual nos interessaremos daqui a pouco.

Assim, a certeza dessa simplicidade ou generalidade *inteligível* – que será pouco depois submetida à dúvida metafísica, artificial e hiperbólica com a ficção do Gênio Maligno – não é de forma alguma obtida por uma redução contínua descobrindo, enfim, a resistência de um núcleo de certeza sensível ou imaginativo. Há passagem para uma outra ordem ou descontinuidade. O núcleo é puramente inteligível, e a certeza, ainda natural e provisória, que assim se atinge, supõe uma ruptura radical com os sentidos. Nesse momento de análise, *nenhuma* significação sensível ou imaginativa, enquanto tal, está salva, *nenhuma* invulnerabilidade do sensível à dúvida é experimentada. *Qualquer* significação, *qualquer* "ideia" de origem sensível é *excluída* do domínio da verdade, *da mesma forma que a loucura*. E não há nada aí de espantoso: a loucura é apenas um caso particular, e não o mais grave, aliás, de ilusão sensível que interessa aqui a Descartes. Podemos então constatar que:

2. A hipótese da extravagância parece – nesse momento da ordem cartesiana – não receber nenhum tratamento privilegiado e não ser submetida a nenhuma explicação particular. Releiamos, com efeito, o trecho em que aparece a extravagância e que é citado por Foucault. Situemo-lo de novo. Descartes acaba de observar que os sentidos nos enganam por vezes, "é prudente não confiar nunca inteiramente naqueles que nos enganaram por vezes". Ele prossegue e começa pelo *sed forte*, para o qual chamei há pouco a atenção de vocês. Ora, todo o parágrafo que se segue exprime não o pensamento definitivo e irrevogável de Descartes, mas a objeção e o espanto do não-filósofo, do noviço em filosofia a quem essa dúvida apavora e

COGITO E HISTÓRIA DA LOUCURA

que protesta, e que diz: eu até quero que você duvide de certas percepções sensíveis concernentes às coisas "pouco sensíveis e bem distanciadas", mas as outras! Que você esteja sentado aqui, perto do fogo, usando essa linguagem, esse papel entre as mãos e outras coisas de mesma natureza! Então Descartes assume o espanto desse leitor ou interlocutor ingênuo, ele finge levá-lo em conta quando escreve: "E como poderia eu negar que essas mãos e esse corpo sejam meus? Talvez somente se me comparar a esses insensatos, cujo... etc." "E eu não seria menos extravagante se me pautasse por seus exemplos..."

Vê-se qual é o sentido pedagógico e retórico do *sed forte* que comanda esse parágrafo inteiro. É o "mas talvez" da objeção fingida. Descartes acaba de dizer que todos os conhecimentos de origem sensível podem enganá-lo. Ele finge dirigir a si mesmo a objeção espantada do não-filósofo imaginário a quem uma tal audácia apavora e que diz a ele: não, não todos os conhecimentos sensíveis, sem o que você seria louco, e seria insensato pautar-se pelos loucos, nos propor um discurso de louco. Descartes *se faz o eco* dessa objeção: visto que estou aqui, que eu escrevo, que vocês me ouvem, não sou louco nem vocês, e nós estamos entre gente sensata. Portanto, o exemplo da loucura não é revelador da fragilidade da ideia sensível. Tudo bem. Descartes aquiesce a esse ponto de vista natural ou antes ele finge entregar-se a esse conforto natural para melhor e mais radicalmente e mais definitivamente deixá-lo e inquietar seu interlocutor. Tudo bem, diz ele, vocês pensam que eu seria louco de duvidar que eu esteja sentado perto do fogo etc., que eu seria extravagante se me pautasse pelo exemplo dos loucos. Eu vou então propor a vocês uma hipótese que parecerá bem mais natural, que não lhes desorientará, porque se trata de uma experiência mais comum e também mais universal que a da loucura: é a do sono e do sonho. Descartes desenvolve então essa hipótese que arruinará *todos* os fundamentos *sensíveis* do conhecimento e colocará a nu somente os fundamentos *intelectuais* da certeza. Essa hipótese, sobretudo, não se afastará da possibilidade de extravagâncias – epistemológicas – bem mais graves que aquelas da loucura.

Essa referência ao sonho não está então, e muito pelo contrário, em retirada com relação à possibilidade de uma loucura que Descartes teria submetido ou mesmo excluído. Ela constitui, na ordem metódica que é aqui a nossa, a exasperação hiperbólica da hipótese da loucura. Esta somente afetava, de maneira contingente e parcial, determinadas regiões da percepção sensível. Não se trata aliás aqui, para Descartes, de determinar o conceito da loucura, mas de servir-se da noção corrente de extravagância com fins jurídicos e metodológicos, para colocar questões de direito concernentes somente à *verdade* das ideias[6]. O que é preciso reter aqui é que, *desse ponto de vista*, aquele que dorme ou aquele que sonha é mais louco do que o louco. Ou, ao menos, o sonhador, considerado o problema do conhecimento que interessa aqui a Descartes, está mais longe da percepção verdadeira do que o louco. É no caso do sono, e não no da extravagância, que a *totalidade absoluta* das ideias de origem sensível se torna suspeita, fica privada de "valor objetivo", segundo a expressão de M. Guéroult. A hipótese da extravagância não era portanto um bom exemplo, um exemplo revelador; não era um bom instrumento de dúvida. E isso no mínimo por duas razões.

a) Ela não abarca a *totalidade* do campo da percepção sensível. O louco não se engana sempre e em tudo; ele não se engana o suficiente, ele não é nunca louco o suficiente.

b) É um exemplo ineficaz e infeliz na ordem pedagógica, pois ele encontra a resistência do não-filósofo que não tem a audácia de seguir o filósofo quando este admite que ele bem poderia ser louco no momento em que fala.

Devolvamos a palavra a Foucault. Diante da situação do texto cartesiano, cujo princípio acabo de indicar, Foucault poderia – e desta vez somente prolongo a lógica de seu livro sem me apoiar em nenhum texto –, Foucault poderia nos lembrar *duas verdades* que justificariam numa segunda leitura sua interpretação, esta diferindo então apenas em aparência da leitura que acabei de propor.

---

6  *A loucura, tema ou índice*: o que é significativo é que Descartes, no fundo, não fala nunca da própria loucura nesse texto. Esta não é seu tema. Ele a trata como índice para uma questão de direito e de valor epistemológico. Talvez aí esteja, poderíamos dizer, o signo de uma exclusão profunda. Mas esse silêncio sobre a própria loucura significa simultaneamente o contrário da exclusão, visto que *não se trata da loucura* nesse texto, ela não está em questão, mesmo se fosse para excluí-la. Não é nas *Meditações* que Descartes fala da própria loucura.

COGITO E HISTÓRIA DA LOUCURA

1. O que aparece, nessa segunda leitura, é que para Descartes a loucura é pensada somente como um caso, entre outros, e não o mais grave, de erro sensível. (Foucault se colocaria então na perspectiva da determinação de fato e não da do uso jurídico do conceito de loucura por Descartes.) A loucura é somente um erro dos sentidos e do corpo, um pouco mais grave do que a que espreita todo homem acordado mas normal, muito menos grave, na ordem epistemológica, do que aquela a que sempre nos entregamos no sonho. Então não há, indagaria sem dúvida Foucault, nessa redução da loucura a um exemplo, a um caso do erro sensível, uma exclusão, um aprisionamento da loucura, e sobretudo uma colocação em abrigo do Cogito e de tudo o que sobressai ao intelecto e à razão? Se a loucura é apenas uma perversão dos sentidos – ou da imaginação –, ela é coisa do corpo, ela está do lado do corpo. A distinção real das substâncias expulsa a loucura para as trevas exteriores ao Cogito. Ela é, para retomar a expressão que Foucault propõe em outra parte, aprisionada no interior do exterior e no exterior do interior. Ela é a outra do Cogito. Não posso ser louco quando penso e quando tenho ideias claras e distintas.

2. Ao instalar-se em nossa hipótese, Foucault poderia também nos lembrar o seguinte: inscrevendo sua alusão à loucura em uma problemática do conhecimento, fazendo da loucura não somente uma coisa do corpo mas um *erro* do corpo, ocupando-se da loucura apenas como uma modificação da ideia, da representação ou do juízo, Descartes neutralizaria a loucura em sua originalidade. Ele seria até mesmo condenado a fazer dela, em última instância, não somente, como de qualquer erro, uma deficiência epistemológica, mas também uma falha moral ligada a uma precipitação da vontade que só por ela pode consagrar como erro a finititude intelectual da percepção. Daí a fazer da loucura um pecado seria apenas um passo, facilmente transposto logo em seguida, como efetivamente mostra Foucault em outros capítulos.

Foucault teria perfeitamente razão, recordando-nos essas duas verdades, se permanecêssemos na etapa ingênua, natural e pré-metafísica do itinerário cartesiano, etapa marcada pela dúvida natural tal como esta intervém na passagem citada por Foucault. Ora, parece que essas duas verdades tornam-se por sua vez vulneráveis a partir do momento em que abordamos a fase propriamente filosófica, metafísica e crítica da dúvida[7].

1. Notemos primeiro como, na retórica da primeira das *Meditações*, ao primeiro *todavia* que anunciava a hipérbole "natural" do sonho (quando Descartes acabava de dizer "mas claro, são loucos, e eu não seria menos extravagante" etc.) sucede, no começo do parágrafo seguinte, um outro "todavia". Ao primeiro "todavia", marcando o *momento hiperbólico no interior da dúvida natural*, vai responder um "todavia", marcando o *momento hiperbólico absoluto*, fazendo-nos sair da dúvida natural e chegar à hipótese do Gênio Maligno. Descartes acaba de admitir que a aritmética, a geometria e as noções primitivas escapavam à primeira dúvida, e ele escreve: "Todavia, faz muito tempo que conservo em meu espírito uma certa opinião de que existe um Deus que tudo pode... etc.". E esse é o engodo do movimento bem conhecido que conduz à ficção do Gênio Maligno.

Ora, o recurso à hipótese do Gênio Maligno vai tornar presente, vai convocar a possibilidade de uma *loucura total*, de um enlouquecimento total que eu não saberia controlar, visto que este me é infligido – hipoteticamente –e do qual não sou mais o responsável; enlouquecimento total, ou seja, uma loucura que não seria mais apenas uma desordem do corpo, do objeto, do corpo objeto fora das fronteiras da *res cogitans*, fora da cidade policiada e assegurada pela subjetividade pensante, mas uma loucura que introduzirá a subversão no pensamento puro, em seus objetos puramente inteligíveis, no campo das ideias claras e distintas, no domínio das verdades matemáticas que escapam à dúvida natural.

---

7  Seria necessário precisar, para sublinhar essa vulnerabilidade e chegar à maior dificuldade, que as expressões "erro dos sentidos e do corpo" ou "erro do corpo" não teriam nenhuma significação para Descartes. Não há erro do corpo, em particular na doença: a palidez ou a melancolia são apenas as *ocasiões* de um erro que nascerá somente com o consentimento ou a afirmação da vontade no julgamento, quando "nós julgamos que tudo é amarelo" ou quando "olhamos como realidade os fantasmas de nossa imaginação doente" (*Regra XII*. Descartes insiste bastante nesse ponto: a experiência sensível ou imaginativa a mais anormal, considerada nela mesma, em seu nível e em seu próprio momento, nunca nos engana; não engana nunca o entendimento, "se ele se guia para ter a intuição pura do que se apresenta a ele tal qual ele o tem, seja nele mesmo, seja na imaginação, e se ainda mais ele não julga que a imaginação representa fielmente os objetos dos sentidos, nem que os sentidos capturam as verdadeiras figuras das coisas, nem finalmente que a realidade exterior é sempre como ela aparenta").

COGITO E HISTÓRIA DA LOUCURA

Dessa vez a loucura, a extravagância não poupa mais nada nem a percepção de meu corpo, nem as percepções puramente intelectuais. E Descartes admite sucessivamente:

a. o que ele fingia não admitir ao conversar com o não-filósofo. Eu leio (Descartes acaba de convocar esse "certo gênio mau não menos ardiloso e enganador que potente"):

> Eu pensaria que o Céu, o ar, a terra, as cores, as figuras, os sons e todas as coisas exteriores que nós vemos são apenas ilusão e engano, de que ele se serve para enganar minha credulidade. Eu me consideraria a mim mesmo como não tendo mãos, olhos, carne, sangue, como não tendo nenhum sentido, mas crendo falsamente ter todas essas coisas...

Essa proposição será retomada na segunda das *Meditações*. Estamos então bem longe da dispensa cedida mais acima à extravagância...

b. o que escapava à dúvida natural: "Pode ser que ele (trata--se aqui do Deus enganador antes do recurso ao Gênio Maligno) tenha querido que eu me engane todas as vezes que eu faça a adição de dois e três ou que o número dos lados de um quadrado etc."[8].

Assim nem as ideias de origem sensível, nem as ideias de origem intelectual estarão ao abrigo nessa nova fase da dúvida, e o que estava descartado ainda há pouco sob o nome de extravagância é agora acolhido na mais essencial interioridade do pensamento.

Trata-se de uma operação filosófica e jurídica (mas a primeira fase da dúvida já o era), de uma operação que não mais nomeia a loucura e que coloca a nu as possibilidades de direito. *De direito*, nada se opõe à subversão nomeada extravagância na primeira dúvida, apesar de que com efeito e de um ponto de vista natural, para Descartes, para seu leitor e para nós, não é possível nenhuma inquietude natural quanto a essa subversão de fato. (Na verdade, para ir ao fundo das coisas, seria necessário abordar diretamente e por ela própria a questão do fato

---

8 Trata-se aqui da ordem das razões tal como é seguida nas *Meditações*. Sabemos que no *Discurso* (parte quatro) a dúvida atinge de maneira bem inicial "as mais simples matérias de geometria" em que os homens, por vezes, "fazem paralogismos".

e do direito nas relações entre Cogito e loucura.) Sob esse conforto natural, sob essa confiança aparentemente pré-filosófica, se esconde o reconhecimento de uma verdade de essência e de direito: a saber, que o discurso e a comunicação filosóficos (ou seja, a própria linguagem), caso devam ter um sentido inteligível, ou seja, estar em conformidade com sua essência e sua vocação de discurso, devem escapar de fato e simultaneamente de direito à loucura. Eles devem trazer em si mesmos a normalidade. E isso não é uma fraqueza cartesiana (ainda que Descartes não aborde a questão de sua própria linguagem)[9], não é um defeito ou uma mistificação ligada a uma estrutura histórica determinada; é uma necessidade de essência universal da qual nenhum discurso pode escapar, porque ela pertence ao sentido do sentido. É uma necessidade de essência da qual nenhum discurso pode escapar, nem mesmo aquele que denuncia uma mistificação ou um golpe de força. E, paradoxalmente, o que estou dizendo aqui é estritamente foucaultiano. Pois nós percebemos agora a profundidade dessa afirmação de Foucault que curiosamente também salva Descartes das acusações lançadas contra ele. Foucault diz: "A loucura é a ausência de obra". É uma nota básica em seu livro. Ora, a obra começa com o mais elementar discurso, com a primeira articulação de um sentido, com a *frase*, com o primeiro esboço sintático de um "como tal"[10], visto que formar uma frase é *manifestar* um sentido possível. A frase é por essência normal. Ela traz a normalidade em si, ou seja, *o sentido*, em todos os sentidos dessa palavra, em particular aquele de Descartes. Ela traz em si a normalidade e o sentido, qualquer que seja, aliás, o estado, a saúde ou a loucura daquele que a profere ou por quem ela passa e sobre quem, em quem ela se articula. Na mais pobre sintaxe, o logos é a razão, e uma razão já histórica. E se a loucura é, geralmente, para além de toda

---

9 Como Leibniz, Descartes confia na linguagem "sábia" ou "filosófica", que não é necessariamente a que se ensina nas escolas (*Regra III*) e que também é preciso distinguir dos "termos da linguagem ordinária" que podem por si só nos "decepcionar" (*Meditações, II*).

10 Ou seja, a partir do momento em que, mais ou menos implicitamente, se *faz apelo ao ser* (antes mesmo da determinação em essência e existência); o que pode significar somente *deixar-se chamar pelo ser*. O ser não seria o que ele é se a palavra o precedesse ou *simplesmente* o chamasse. O último parapeito da linguagem é o sentido do ser. Trata-se menos de um *ponto* do que de uma originalidade temporal em geral.

COGITO E HISTÓRIA DA LOUCURA

estrutura histórica factícia e determinada, a ausência de obra, então a loucura é, por essência e geralmente, o silêncio, a palavra cortada, em uma cesura e em uma ferida que *iniciam* tanto a vida quanto a *historicidade em geral*. Silêncio não determinado, não imposto antes nesse momento que em outro, mas ligado por essência a um golpe de força, a uma proibição que abrem a história e a palavra. *Em geral*. É na dimensão da historicidade em geral, que não se confunde nem com uma eternidade a-histórica, nem com algum momento histórico determinado da história dos fatos, a parte do silêncio irredutível que porta e persegue a linguagem, e somente fora da qual e somente *contra* a qual ela pode surgir; "contra" designando aqui ao mesmo tempo o fundo contra o qual a forma se retira pela força e o adversário contra o qual eu me asseguro e me tranquilizo pela força. Ainda que o silêncio da loucura seja a ausência de obra, ele não é simplesmente a legenda da obra, ele não está fora da obra para a linguagem e o sentido. Ele é também, como o não-sentido, o limite e o recurso profundo desta. É claro, ao essencializar desse modo a loucura, corremos o risco de dissolver a determinação de fato desta no trabalho psiquiátrico. É uma ameaça permanente, mas esta não deveria desencorajar o psiquiatra exigente e paciente.

De tal modo que, para voltar a Descartes, todo filósofo ou todo sujeito falante (e o filósofo é o *sujeito falante* por excelência), devendo evocar a loucura do *interior* do pensamento (e não somente do corpo e de alguma instância extrínseca), pode fazê-lo somente na dimensão da *possibilidade* e na linguagem da ficção ou na ficção da linguagem. Por aí mesmo, ele se tranquiliza em sua linguagem contra a loucura de fato – que pode às vezes parecer muito tagarela, esse é outro problema –, ele toma distância, a distância indispensável para poder continuar a falar e a viver. Mas não existe nesse caso uma fraqueza ou uma busca de segurança própria a essa ou àquela linguagem histórica (por exemplo, a procura da "certeza" no estilo cartesiano), mas à essência e ao próprio projeto de qualquer linguagem em geral; e mesmo aparentemente dos mais loucos; e mesmo e sobretudo daqueles que, pelo elogio da loucura, pela cumplicidade com a loucura, medem-se o mais próximo da loucura. Sendo a linguagem a própria ruptura com a loucura, ela está ainda mais em conformidade com sua essência e com sua vocação, ela rompe melhor ainda com a loucura caso ela se mensure mais livremente com relação a esta e desta se aproxime mais: até estar separada apenas pela "folha transparente" de que fala Joyce, por si mesma, pois a diafanidade não é nada mais do que a linguagem, o sentido, a possibilidade e a discrição *elementar* de um nada que tudo neutraliza. Nesse sentido, eu me sentiria tentado a considerar o livro de Foucault como um vigoroso gesto de proteção e de aprisionamento. Um gesto cartesiano para o século xx. Uma recuperação da negatividade. Aparentemente, é a razão que ele aprisiona, mas, como o fez Descartes, é a razão de outrora que ele escolhe como alvo, e não a possibilidade do sentido em geral.

2. Quanto à segunda verdade que Foucault teria podido nos opor, ela também parece valer apenas para a fase natural da dúvida. Descartes não somente não expulsa a loucura na fase da dúvida radical, ele não somente instala a possibilidade ameaçadora da loucura no coração do inteligível, como também não permite que nenhum conhecimento determinado escape de direito a esta. Ameaçando a totalidade do conhecimento, a extravagância – a hipótese da extravagância – não é uma modificação interna desta. Em nenhum momento o conhecimento poderá então, por si só, dominar e controlar a loucura, ou seja, objetivá-la. Ao menos enquanto a dúvida não for eliminada. Pois o fim da dúvida coloca um outro problema que abordaremos mais adiante.

O ato do Cogito e a certeza de existir escapam bem, pela primeira vez, da loucura; mas além de não se tratar aqui, pela primeira vez, de um conhecimento objetivo e representativo, não se pode mais dizer literalmente que o Cogito escapa da loucura porque ele se manteria fora de seu alcance ou porque, como diz Foucault, "*eu que penso, não posso estar louco*", mas sim porque em seu instante, em sua instância própria, o ato do Cogito vale *mesmo se sou louco, mesmo se* meu pensamento é louco do começo ao fim. Há um valor e um sentido do Cogito assim como da existência que escapam da alternativa de uma loucura e de uma razão determinadas. Diante da experiência penetrante do Cogito, a extravagância, como afirma o *Discurso do Método*, está irremediavelmente do lado do ceticismo.

O pensamento então não mais teme a loucura: "As mais extravagantes suposições dos céticos não são capazes de abalá-la" (*Discurso do Método*, parte IV). A certeza assim conquistada não está protegida de uma loucura aprisionada, ela é conquistada e assegurada na própria loucura. Ela vale *mesmo se sou louco*. Suprema segurança que parece não exigir nem exclusão, nem contorno. Descartes jamais aprisiona a loucura, nem na etapa da dúvida natural, nem na etapa da dúvida metafísica. *Ele apenas finge excluí-la na primeira fase da primeira etapa, no momento não-hiperbólico da dúvida natural.*

A audácia hiperbólica do Cogito cartesiano, sua louca audácia que talvez nós não compreendamos mais tão bem como audácia porque, diferentemente do contemporâneo de Descartes, nós nos tranquilizamos demais, por demais rompidos por seu esquema mais que por sua experiência penetrante, sua louca audácia consiste então em retornar para um ponto originário que não mais pertence ao par de uma razão e uma desrazão *determinadas*, à sua oposição ou à sua alternativa. Que eu seja ou não louco, *Cogito, sum*. Em todos os sentidos dessa palavra, a loucura é então apenas um *caso* do pensamento (*no* pensamento). Trata-se então de recuar em direção a um ponto em que toda contradição *determinada* sob a forma de tal estrutura histórica de fato pode aparecer, e aparecer como relativa a esse marco-zero em que o sentido e o não-sentido determinados reúnem-se em sua origem comum. Desse marco-zero, determinado como Cogito por Descartes, poderíamos talvez dizer isso, do ponto de vista que é nesse momento o nosso.

Invulnerável a qualquer contradição determinada entre razão e desrazão, este é o ponto a partir do qual a história das formas determinadas dessa contradição, desse diálogo iniciado ou rompido pode aparecer como tal e ser dito. Esse é o ponto de certeza indivisível em que se enraíza a possibilidade da narrativa foucaultiana, como narrativa, assim como da totalidade, ou antes de *todas* as formas determinadas das trocas entre razão e loucura. Esse é o ponto em que se enraíza o projeto de pensar a totalidade escapando dela. Escapando dela, ou seja, excedendo a totalidade, o que só é possível – no ente – em direção ao infinito ou ao nada: mesmo se a totalidade do que eu penso é afetada por falsidade ou por loucura, mesmo se a totalidade do mundo não existe, mesmo se o não-sentido invadiu a totalidade do mundo, inclusive o conteúdo de meu pensamento, eu penso, eu sou *enquanto* eu penso. Mesmo se eu não alcanço aqui *de fato* a totalidade, se eu não a compreendo nem a abraço de fato, eu formulo tal projeto, e esse projeto tem um sentido tal que ele se define somente no que diz respeito a uma pré-concepção de totalidade infinita e indeterminada. Esse é o motivo por que, nesse excesso do possível, do direito e do sentido sobre o real, o fato e o ente, esse projeto é louco e reconhece a loucura como sua liberdade e sua própria possibilidade. Esse é o motivo por que ele não é humano no sentido de factualidade antropológica, mas sim metafísica e demoníaca: ele se reconhece primeiro em sua guerra com o demônio, o Gênio Maligno do não-sentido, e se mede à sua altura, resiste a esta reduzindo em si o homem natural. Nesse sentido, nada é menos tranquilizador que o Cogito em seu momento inaugural e próprio. Esse projeto de exceder a totalidade do mundo, como totalidade daquilo que eu posso pensar em geral, não é mais tranquilizador do que a dialética de Sócrates quando esta transborda também a totalidade da *étantité** nos fixando na luz de um sol escondido que é *epekeina tes ousias*. E Gláucon não se enganou a esse respeito, quando então exclamava: "Deus! Que hipérbole demoníaca? ('δαιμονίας ὑπερδογῆς')", o que se traduz, de maneira muito rasa talvez, por "maravilhosa transcendência". Essa hipérbole demoníaca vai mais longe do que a paixão da *hybris*, se ao menos virmos nesta apenas a modificação patológica do ente chamado homem. Uma tal *hybris* se mantém no interior do mundo. Ela implica, supondo que ela seja desregramento e desmedida, o desregramento e a desmedida fundamental da hipérbole que abre e funda o mundo como tal, excedendo-o. A *hybris* é excessiva e excedente somente *dentro* do espaço aberto pela hipérbole demoníaca.

Na medida em que *aponta*, na dúvida e no Cogito cartesiano, o projeto de um excesso inaudito e singular, de um excesso para o não-determinado, para o Nada ou o Infinito, de um excesso que vai além da totalidade daquilo que se pode pensar, a totalidade da *étantité* e do sentido determinados, a totalidade da história de

---

\*  Possibilidade ou atributo que os entes possuem de se apresentar, de aparecer como fenômeno (N. da E.).

COGITO E HISTÓRIA DA LOUCURA

fato, nessa medida, todo empreendimento tentando reduzi-la em uma estrutura histórica determinada, por mais abrangente que seja, arrisca-se a perder o essencial, de amaciar a própria *ponta*. Ela se arrisca a causar-lhe violência por sua vez (pois há violências com respeito aos racionalistas e com respeito ao sentido, ao *bom* senso; e é talvez o que mostra em definitivo Foucault, pois as vítimas de quem ele nos fala são sempre os portadores do sentido, os *verdadeiros* portadores do *verdadeiro* e do *bom* senso dissimulado, oprimido pelo "bom senso" *determinado*, aquele da "partilha", aquele que não se partilha o suficiente e que se determina rápido demais), esta se arrisca por sua vez de causar-lhe violência, e uma violência de estilo autoritário e historicista que perde o sentido e a origem do sentido[11]. Entendo "totalitário" no sentido estruturalista da palavra, mas não estou seguro de que os dois sentidos dessa palavra não se façam signo na história. O totalitarismo estruturalista operaria aqui um ato de aprisionamento do Cogito que seria do mesmo tipo que aquele das violências da idade clássica. Não estou dizendo que o livro de Foucault seja totalitário, visto que, ao menos no início, ele coloca a questão da origem da historicidade *em geral*, liberando-se assim do historicismo: estou dizendo que ele corre o risco de fazê-lo na elaboração do projeto. Vamos deixar bem claro: quando digo que fazer entrar no mundo o que não está aí e que supõe o mundo, quando digo que o "compelle intrare" (legenda do capítulo sobre o "grande aprisionamento") se torna *a própria violência* ao se voltar para a hipérbole para fazê-la entrar no mundo, quando digo que essa redução à intramundanidade é a origem e o próprio sentido do que se chama a violência e torna possível em seguida todas as camisas-de-força, eu não apelo para um *outro mundo*, para algum álibi ou transcendência evasiva. Tratar-se-ia de uma outra possibilidade de violência, aliás muitas vezes cúmplice da primeira.

Creio então que se pode reduzir tudo a uma totalidade histórica determinada (em Descartes), exceto o projeto hiperbólico. Ora, esse projeto está do lado da narrativa narrante e não da narrativa narrada de Foucault. E ele não se deixa contar, ele não se deixa objetivar como acontecimento em uma história determinante.

---

11  Ela se arrisca a apagar o excesso pelo qual toda filosofia (do sentido) se relaciona em alguma região de seu discurso ao sem-fundo do não-sentido.

Bem entendo que não há somente, no movimento que chamamos de *Cogito cartesiano*, essa ponta hiperbólica que deveria ser, com toda loucura pura em geral, silenciosa. A partir do momento em que ele atinge essa ponta, Descartes procura se tranquilizar, a garantir o próprio Cogito em Deus, a identificar o ato do Cogito com o ato de uma razão razoável. E ele o faz desde o momento em que *profere* e *reflete* o Cogito. Ou seja, desde o momento em que ele tem que temporalizar o Cogito que ele próprio vale apenas no momento da intuição, do pensamento atento a si próprio, nesse ponto ou nessa ponta do instante. E é a esse laço entre o Cogito e o movimento da temporalização que se deveria aqui prestar atenção. Pois se o Cogito vale mesmo para o louco mais louco, é preciso não ser efetivamente louco para refleti-lo, retê-lo, comunicá-lo, comunicar seu sentido. E aqui com Deus *e* com uma certa memória[12] começariam a fraqueza e a crise essenciais. E aqui

12  No antepenúltimo parágrafo da sexta das *Meditações*, o tema da normalidade comunica com aquele da memória, no momento em que esta é, aliás, garantida pela Razão absoluta como "verdade divina" etc.

De forma geral, a garantia da lembrança das evidências por Deus não significa que só a infinitude positiva da razão divina pode reconciliar em absoluto a temporalidade e a verdade? Somente no infinito, para além das determinações, das negações, das "exclusões" e dos "aprisionamentos", produz-se essa reconciliação do tempo e do pensamento (da verdade) da qual Hegel dizia que era a tarefa da filosofia após o século XIX, quando a reconciliação entre o pensamento e a extensão fora o projeto dos racionalismos ditos "cartesianos". Que a infinitude divina seja o lugar, a condição, o nome ou horizonte dessas duas reconciliações nunca foi contestado por nenhum *metafísico*, nem por Hegel, nem pela maior parte daqueles que, tal qual Husserl, quiseram pensar e nomear a temporalidade ou a hitoricidade essenciais da verdade e do sentido. Para Descartes, a crise da qual falamos teria finalmente sua origem intrínseca (ou seja, aqui, *intelectual*) no próprio tempo como ausência de ligação necessária entre as partes, como contingência e descontinuidade da passagem entre os instantes; o que supõe que nós seguíamos aqui todas as interpretações que se opõem à de Laporte a respeito do papel do instante na filosofia de Descartes. Somente a criação continuada, unindo a conservação e a criação que "somente diferem com relação à nossa maneira de pensar", reconcilia em última instância a temporalidade e a verdade. É Deus quem exclui a loucura e a crise, ou seja, as "compreende" na presença resumindo o vestígio e a diferença. O que é o mesmo que dizer que a crise, a anomalia, a negatividade etc. são irredutíveis na experiência da finitude ou na de um momento finito, na de uma *determinação* da razão absoluta ou da razão em geral. Querer negar isto e pretender assegurar a positividade (do verdadeiro, do sentido, da norma etc.) fora do horizonte dessa razão infinita (da razão em geral e fora para além de suas determinações) seria querer apagar a negatividade, esquecer a finitude no momento mesmo em que pretendíamos denunciar como uma mistificação o teologismo dos grandes racionalistas clássicos.

COGITO E HISTÓRIA DA LOUCURA

começaria o repatriamento precipitado da errância hiper-bólica e louca vindo resguardar-se, tranquilizar-se na ordem das razões para retomar a posse das verdades abandonadas. Ao menos no texto de Descartes, o aprisionamento se repro-duz nesse ponto. É aqui que a errância hiperbólica e louca se torna novamente itinerário e método, encaminhamento "as-segurado" e "resoluto" sobre nosso mundo existente que Deus nos devolveu como terra firme. Pois só Deus, finalmente, me permitindo sair de um Cogito que pode sempre permanecer, em seu momento próprio, uma loucura silenciosa, só Deus garante minhas representações e minhas determinações cog-nitivas, ou seja, meu discurso contra a loucura. Pois não há nenhuma dúvida de que, para Descartes, só[13] Deus me protege contra uma loucura à qual o Cogito *em sua própria instância*

---

13 Mas Deus, esse é o outro nome do absoluto da *própria* razão, da razão e do sentido em geral. E o que poderia excluir, reduzir ou, o que é a mesma coisa, *compreender absolutamente* a loucura, senão a razão em geral, a razão ab-soluta e sem determinação, cujo outro nome é Deus para os racionalistas clássicos? Não se pode acusá-los, indivíduos ou sociedades, que têm por re-curso Deus contra a loucura, de procurar se *resguardar*, para se assegurar contra os parapeitos, das fronteiras asiladoras, que, fazendo deste abrigo um abrigo *finito*, no mundo, fazendo de Deus um terço ou uma potência finita, ou seja, enganando-se; enganando-se não sobre o conteúdo e a finalidade efetiva desse gesto na história, mas sobre a especificidade filosófica do pen-samento e do nome de Deus. Se a filosofia ocorreu – o que sempre se pode contestar –, foi somente na medida em que ela formou o projeto de pensar para além do abrigo finito. Ao descrever essa constituição histórica desses pa-rapeitos finitos, no movimento dos indivíduos, das sociedades e de todas as totalidades finitas em geral, pode-se, em última instância, tudo descrever – e essa é uma tarefa legítima, imensa, necessária –, menos o próprio projeto filosófico. E menos o projeto dessa descrição ela própria. Não se pode pre-tender que o projeto filosófico dos racionalismos infinitistas serviu como ins-trumento e como álibi para uma violência histórico-político-social finita, no mundo (o que aliás não deixa nenhuma dúvida) sem dever *primeiro* reconhe-cer e respeitar o sentido intencional do próprio projeto. Ora, em seu próprio sentido intencional, ele se dá como pensamento do infinito, ou seja, daquilo que não se deixa esgotar por nenhuma totalidade finita, por nenhuma função ou determinação instrumental, técnica ou política. Dar-se como tal, podería-mos dizer, aí está sua mentira, sua violência e sua mistificação; ou ainda, sua má-fé. E é preciso sem dúvida descrever com rigor a estrutura que liga essa intenção excedente à totalidade histórica finita, é preciso determinar sua eco-nomia. Mas essas astúcias econômicas somente são possíveis, como qualquer astúcia, por palavras e intenções finitas, substituindo uma finitude por outra. Não se mente quando *não* se diz *nada* (de finito ou determinado), quando se diz Deus, o Ser ou o Nada, quando não se modifica o finito no sentido decla-rado da palavra, quando se diz o infinito, ou seja, quando se deixa o infinito (Deus, nação ôntica entre outras) se dizer e se pensar. O tema da veracidade

somente poderia abrir-se da forma mais hospitaleira possível. E a leitura de Foucault me parece forte e iluminadora, não na parte do texto que ele cita, que é anterior e inferior ao Cogito, mas a partir do momento imediatamente após a experiência instantânea do Cogito em sua mais aguda ponta, em que razão e loucura não estão ainda separadas, quando tomar partido do Cogito não é tomar o partido da razão como ordem razoável, nem o da desordem e da loucura, mas reapoderar-se da fonte a partir da qual razão *e* loucura podem se determinar e se dizer. A interpretação de Foucault me parece iluminadora a partir do momento em que o Cogito deve se refletir e se proferir num discurso filosófico organizado. Ou seja, *quase o tempo todo*. Pois, se o Cogito vale mesmo para o louco, ser louco – se, mais uma vez, essa expressão tem um sentido filosófico unívoco, no que eu não acredito: ela diz simplesmente o outro de cada forma determinada do logos – é não poder refletir e dizer o Cogito, ou seja, fazê-lo aparecer como tal para um outro; um outro que pode ser eu mesmo. A partir do momento em que Descartes enuncia o Cogito, ele o inscreve em um sistema de deduções e de proteções que traem sua fonte viva e constrangem a errância própria do Cogito para contornar o erro. No fundo, passando sob silêncio o problema de palavra que o Cogito coloca, Descartes parece subentender que pensar *e* dizer o claro e o distinto é a mesma coisa. Pode-se dizer *aquilo que* se pensa e *que* se pensa sem traí-lo. De forma análoga – apenas análoga – Santo Anselmo via no *insipiens*, no insensato, alguém que não pensava porque não podia pensar o que dizia. A loucura era também para ele um silêncio, o silêncio tagarela de um pensamento que não pensava suas palavras. Esse é também um ponto sobre o qual seria preciso estender-se mais. Em todo caso, o Cogito é obra desde que se reassegure em seu dizer. Mas ele é loucura antes de ser obra.

divina e a diferença entre Deus e o Gênio Maligno se esclarecem assim com uma luz que é indireta apenas aparentemente.

Em suma, Descartes sabia que o pensamento finito não teria nunca – sem Deus – o *direito* de excluir a loucura etc. O que é o mesmo que dizer que ela somente o exclui *efetivamente*, violentamente, na história; ou antes, que essa exclusão, essa *diferença* entre o fato e o direito, são a historicidade, a própria possibilidade da história. Diz Foucault outra coisa? *"A necessidade da loucura... está ligada à possibilidade da história."* [É o autor que grifa].

COGITO E HISTÓRIA DA LOUCURA

O louco, caso pudesse recusar o Gênio Maligno, não poderia de qualquer maneira dizê-lo a si mesmo. Ele não pode então dizê-lo. Em todo caso, Foucault tem razão na medida em que o projeto de constranger a errância já então animava uma dúvida que sempre se propôs como metódica. Essa identificação do Cogito e da razão razoável –normal – não precisa nem mesmo esperar – de fato, se não de direito – as provas da existência de um Deus veraz como supremo carcereiro de loucos. Essa identificação intervém desde o momento em que Descartes *determina* a *luz natural* (que em sua fonte indeterminada deveria valer mesmo para os loucos), o momento em que ele se desprende da loucura determinando a luz natural por uma série de princípios e de axiomas (axioma de causalidade segundo o qual deve haver pelo menos realidade tanto na causa quanto no efeito; em seguida, após esse axioma permitir provar a existência de Deus, o axioma da "luz natural que nos ensina que o engano depende necessariamente de algum defeito" provará a veracidade divina). Esses axiomas, cuja determinação é dogmática, escapam à dúvida, não são nem mesmo a esta submetidos, são fundados apenas *em retorno* a partir da existência e da veracidade de Deus. Dessa maneira, eles caem sob o golpe de uma história do conhecimento e das estruturas determinadas da filosofia. Por isso o ato do Cogito, no momento hiperbólico em que este se mensura com a loucura ou antes se deixa por ela mensurar, esse ato deve ser repetido e distinto da linguagem ou do sistema dedutivo no qual Descartes deve inscrevê-lo a partir do momento em que o propõe à inteligibilidade e à comunicação, ou seja, a partir do momento em que ele o reflete para o outro, o que significa para si. É nessa relação com o outro como outro eu que o sentido se acautela contra a loucura e o não-sentido... E a filosofia talvez seja essa segurança tomada o mais próximo da loucura contra a angústia de ser louco. Poderíamos chamar de *patético* esse momento silencioso e específico. Quanto ao funcionamento da hipérbole na estrutura do discurso de Descartes e na ordem das razões, nossa leitura está então, apesar da aparência, profundamente afinada com a de Foucault. É exatamente Descartes – e tudo o que ele indica sob esse nome –, é exatamente o sistema da certeza que tem primeiramente por função controlar, dominar, limitar a hipérbole, determinando esta no éter de uma luz natural cujos axiomas são de saída subtraídos à dúvida hiperbólica, e fazendo de sua instância um ponto de passagem solidamente mantido no encadeamento das razões. Mas pensamos que esse movimento somente pode ser descrito em seu lugar e em seu momento próprios caso tenhamos previamente desprendido a ponta da hipérbole, o que Foucault, ao que parece, não fez. No momento tão fugidio e por essência inapreensível em que ele ainda escapa à ordem linear das razões, à ordem da razão em geral e às determinações da luz natural, será que o Cogito cartesiano não se deixa reiterar, até um certo ponto, pelo Cogito husserliano e pela crítica de Descartes que aí está implicada?

Este seria apenas um exemplo, porque descobriremos um dia qual é o solo dogmático e historicamente determinado – o nosso – sobre o qual a crítica do dedutivismo cartesiano, o impulso e a loucura da redução husserliana da totalidade do mundo tiveram de se repousar, e depois decair, para se dizerem. Poderemos fazer por Husserl o que Foucault fez por Descartes: mostrar como a neutralização do mundo factual é uma neutralização (no sentido em que neutralizar também é dominar, reduzir, deixar livre dentro de uma camisa), uma neutralização do não-sentido, a forma mais sutil do golpe de força. E, na verdade, Husserl associava cada vez mais o tema da normalidade ao da redução transcendental. O enraizamento da fenomenologia transcendental na metafísica da presença, toda a temática husserliana do presente vivo, é a *segurança* profunda do *sentido* em sua certeza.

Separando, no Cogito, *por um lado* a hipérbole (da qual digo que não pode deixar-se aprisionar em uma estrutura histórica de fato e determinada porque ela é projeto de exceder toda totalidade finita e determinada), e *por outro lado*, o que na filosofia de Descartes (ou também naquela que sustenta o Cogito agostiniano ou o Cogito husserliano) pertence a uma estrutura histórica de fato, eu não proponho separar em cada filosofia o joio do trigo em nome de alguma *philosophia perennis*. É até mesmo exatamente o contrário. Trata-se de dar conta da própria historicidade da filosofia. Creio que a historicidade em geral seria impossível sem uma história da filosofia e creio que esta seria por sua vez impossível se houvesse

COGITO E HISTÓRIA DA LOUCURA    87

somente a hipérbole por um lado, ou caso houvesse, por outro lado, apenas estruturas históricas determinadas, *Weltanschauungen* finitas. A historicidade própria à filosofia tem seu lugar e se constitui nessa passagem, nesse diálogo entre a hipérbole e a estrutura finita, entre o excesso sobre a totalidade e a totalidade fechada, na diferença entre história e historicidade; ou seja, no lugar ou, antes, no momento em que o Cogito e tudo o que ele simboliza aqui (loucura, desmedida, hipérbole etc.) se dizem, se tranquilizam e decaem, se esquecem necessariamente até sua reativação, seu despertar em um outro dizer do excesso que será também, mais tarde, uma outra decadência e uma outra crise. Desde seu primeiro sopro, a palavra, submetida a esse ritmo temporal de crise e despertar, somente abre seu espaço de palavra aprisionando a loucura. Esse ritmo não é, aliás, uma alternância que seria de aumento temporal. É o movimento da própria temporalização naquilo que a une ao movimento do logos. Mas essa liberação violenta da palavra é somente possível e somente pode prosseguir na medida em que ela se guarda, em que ela é o traço desse gesto de violência originário, e na medida em que ela se mantém resolutamente, em consciência, o mais próximo do abuso que é o uso da palavra, próximo o suficiente para *dizer* a violência, para dialogar consigo mesma como violência irredutível, longe o suficiente para *viver* e viver como palavra. É nisso que a crise ou o esquecimento não é talvez o acidente, mas o destino da filosofia falante que não pode viver a não ser aprisionando a loucura, masque morreria como pensamento e sob uma violência ainda pior se uma nova palavra a cada instante não liberasse a antiga loucura ao mesmo tempo em que aprisionasse nela, em seu presente, o louco do dia. É graças somente a essa opressão da loucura que pode reinar um pensamento-finito, ou seja, uma história. Sem se prender a um momento histórico determinado, mas estendendo essa verdade a uma historicidade em geral, poderíamos dizer que o reino de um pensamento-finito não pode se estabelecer a não ser sobre o aprisionamento e a humilhação e o encadeamento e a irrisão mais ou menos disfarçada do louco em nós, de um louco que não pode nunca ser outro que o louco de um logos, como pai, como mestre, como rei.

Mas isso é uma outra proposta e uma outra história. Concluirei citando mais uma vez Foucault. Muito depois do trecho sobre Descartes, umas trezentas páginas à frente, Foucault escreve, no fôlego de um remorso, para anunciar *O Sobrinho de Rameau*:

> No momento em que a dúvida abordava seus maiores perigos, Descartes tomava consciência de que ele não podia ser louco – pronto a reconhecer, ainda por muito tempo e até o Gênio Maligno, que todas as potências da desrazão vigiavam ao redor de seu pensamento.

O que nós tentamos fazer esta noite foi nos instalarmos no intervalo desse remorso, remorso de Foucault, remorso de Descartes segundo Foucault; no espaço desse "pronto a reconhecer, ainda por muito tempo...", tentamos não apagar essa *outra* luz, essa luz negra e tão pouco natural: a vigília das "potências da desrazão" ao redor do Cogito. Tentamos nos *absolver* para com o gesto pelo qual Descartes absolve a si mesmo em relação às potências ameaçadoras da loucura como origem adversa da filosofia.

Dentre todos os títulos de minha gratidão a Foucault, há então também o de me fazer pressentir melhor, melhor por seu livro monumental do que pela leitura ingênua das *Meditações*, a que ponto o ato filosófico não podia mais não ser cartesiano em sua essência e em seu projeto, não podia mais não ser em memória do cartesianismo, se ser cartesiano é, como o entendia sem dúvida o próprio Descartes, querer ser cartesiano. Ou seja, como ao menos tentei mostrar, querer-dizer-a-hipérbole-demoníaca a partir da qual o pensamento se anuncia a si próprio, se *assusta* a si próprio e se *tranquiliza* no mais alto de si próprio contra seu aniquilamento ou seu naufrágio na loucura e na morte. *No mais alto de si próprio*, a hipérbole, a abertura absoluta, a despesa *aneconômica* é sempre tomada e surpreendida em uma *economia*. A relação entre a razão, a loucura e a morte é uma economia, uma estrutura de diferença cuja irredutível originalidade é preciso respeitar. Esse querer-dizer-a-hipérbole-demoníaca não é um querer entre outros; não é um querer que seria ocasionalmente e eventualmente completado pelo dizer, como pelo

COGITO E HISTÓRIA DA LOUCURA

objeto, o complemento de objeto de uma subjetividade voluntária. Esse querer dizer, que não é tampouco o antagonismo do silêncio, mas sim sua condição, é a profundidade originária de todo querer em geral. Nada seria aliás mais incapaz de reapoderar-se desse querer do que um voluntarismo, pois esse querer como finitude e como história é também uma paixão primeira. Ele guarda em si o traço de uma violência. Antes que se dizer, ele se escreve, ele *se economiza*. A economia dessa escrita é uma relação regrada entre o excedente e a totalidade excedida: a *diferença* de um excesso absoluto.

Definir a filosofia como querer-dizer-a-hipérbole é confessar – e a filosofia talvez seja essa gigantesca confissão – que no dito histórico no qual a filosofia se acalma e exclui a loucura, ela se trai a si própria (ou ela se trai como pensamento), ela entra numa crise e num esquecimento de si que são um período essencial e necessário de seu movimento. Eu não filosofo a não ser no *terror*, mas no terror *confesso* de ser louco. A confissão é ao mesmo tempo, em seu presente, esquecimento e desvelamento, proteção e exposição: economia.

Mas essa crise na qual a razão é mais forte do que a loucura – pois ela é não-sentido e esquecimento – e em que a loucura é mais racional do que a razão, pois ela se acha mais próxima da fonte viva, ainda que silenciosa ou murmurante, do sentido, essa crise sempre já começou e é interminável. É o bastante dizer que se ela é clássica, ela não o é talvez no sentido da *idade clássica*, mas no sentido do clássico essencial e eterno, ainda que histórico num sentido insólito.

E em parte alguma e jamais o conceito de *crise* pode enriquecer e reunir todas as virtualidades, toda energia também de seu sentido, tanto quanto, talvez, a partir do livro de Michel Foucault. Aqui, a crise é, por um lado, no sentido husserliano, o perigo ameaçando a razão e o sentido sob a espécie do objetivismo, do esquecimento das origens, do próprio recobrimento pelo desvelamento racionalista e transcendental. Perigo como movimento da razão ameaçada pela sua própria segurança etc.

A crise é também a decisão, a cesura de que fala Foucault, a decisão no sentido de χρίνειν\*, da escolha e da partilha entre

---

\* *Krisein:* decidir escolher (N. da E.).

as duas vias separadas por Parmênides em seu poema, a via do logos e a não-via, o labirinto, o "palintropo" em que se perde o logos; a via do sentido e a do não-sentido; do ser e do não-ser. Partilha a partir da qual, depois da qual o logos, na violência necessária de sua erupção, separa-se de si como loucura, exila- -se e esquece sua origem e sua própria possibilidade. O que chamamos de finitude não é a possibilidade como crise? Uma certa identidade entre a consciência de crise e o esquecimento da crise? Entre o pensamento da negatividade e a redução da negatividade?

Crise de razão enfim, acesso à razão e acesso de razão. Pois o que Michel Foucault nos ensina a pensar é que existem crises de razão estranhamente cúmplices daquilo que o mundo chama de crises de loucura.

*(Tradução de Pedro Leite Lopes)*\*

---

\* Publicado anteriormente em J. Derrida; M. Foucault, *Três Tempos sobre a História da Loucura*, Rio de Janeiro: Relume Dumará, 2001.

# Edmond Jabès
# e a Questão do Livro

Doravante reler-se-á melhor *Je bâtis ma demeure*[1]. Uma certa hera ameaçava esconder o seu sentido ou aspirá-lo, desviá-lo para si. Humor e jogos, risos e rodas, canções enrolavam-se graciosamente em torno de uma palavra que, por não ter ainda amado a sua verdadeira raiz, vergava um pouco ao vento. Ainda não se erguia para afirmar ao menos a retidão e a rigidez do dever poético.

Em *Le Livre des questions*[2], a voz não se altera nem a intenção se rompe, mas o acento torna-se mais grave. É exumada uma poderosa e velha raiz e nela é posta a nu uma ferida sem idade (pois o que Jabès nos ensina é que as raízes falam, que as palavras querem crescer e que o discurso poético está *cravado* numa ferida): trata-se de um certo judaísmo como nascimento e paixão da escritura. Paixão *da* escritura, amor e sofrimento *da* letra, acerca da qual não se poderia dizer se o *sujeito* é o judeu ou

---

1 *Je bâtis ma demeure* (Poemas, 1943-1957), Gallimard, 1959. Esta antologia era apresentada por um prefácio admirável de Gabriel Bounoure. Agora importantes estudos têm sido consagrados a Jabès. Maurice Blanchot, L'Interruption, *N. R. F.*, mai. de 1964; Gabriel Bounoure, Edmond Jabès la demeure et le livre, *Mercure de France*, jan. de 1965; Edmond Jabèsou la guérison par le livre, *Les Lettres Nouvelles*, jul.-set. de 1966.
2 Gallimard, 1963.

a própria Letra. Talvez raiz comum de um povo e da escritura. Em todo o caso destino incomensurável, que insere a história de uma *"raça saída do livro..."* na origem radical do sentido como letra, isto é, na própria historicidade. Pois não poderia haver história sem o sério e o labor da literalidade. Dolorosa dobra de si pela qual a história se reflete a si própria ao dar-se o número. Esta reflexão é o seu início. A única coisa que começa pela reflexão é a história. E essa dobra, e essa ruga, é o judeu. O judeu que elege a escritura que elege o Judeu numa troca pela qual a verdade de parte a parte se enche de historicidade, e a história se consigna na sua empiricidade.

*"[...] dificuldade de ser Judeu, que se confunde com a dificuldade de escrever; pois o judaísmo e a escritura constituem uma única espera, uma única esperança, uma única usura."*

Que esta troca entre o Judeu e a escritura seja pura e instauradora, troca sem prerrogativa em que o apelo originário é, em primeiro lugar, num outro sentido desta palavra, *convocação*, eis a afirmação mais obstinada do *Livre des questions*:

*"Tu és aquele que escreve e que é escrito."*

. . . . . . . . . . . . . .

*"E Reb Ildé: 'Que diferença há entre escolher e ser escolhido quando não podemos fazer outra coisa senão submeter-nos à escolha'?"*

E por uma espécie de deslocamento silencioso rumo à essência, que faz deste livro uma longa metonímia, a situação judaica torna-se exemplar da situação do poeta, do homem de palavra e de escritura. Este se encontra, na própria experiência da sua liberdade, entregue à linguagem e liberto por uma palavra da qual é contudo o senhor.

*"As palavras elegem o poeta..."*

. . . . . . . . . . . . . .

*"A arte do escritor consiste em levar, a pouco e pouco, as palavras a interessarem-se pelos seus livros" (Je bâtis ma demeure).*

Trata-se realmente de um trabalho, de um parto, de uma geração lenta do poeta pelo poema do qual é pai.

*"A pouco e pouco o livro terminar-me-á" (L´Espace blanc).*

Portanto, o poeta é na verdade o *assunto* do livro, a sua substância e o seu senhor, o seu servidor e o seu tema. E o livro é na verdade o sujeito do poeta, ser falante e conhecedor que escreve *no* livro *sobre* o livro. Este movimento pelo qual o livro, *articulado* pela voz do poeta, se dobra e se liga a si, torna-se sujeito em si e para si, este movimento não é uma reflexão especulativa ou crítica, mas em primeiro lugar poesia e história. Pois o sujeito nele se quebra e se abre ao representar-se. A escritura escreve-se, mas estraga-se também na sua própria representação. Assim, no interior deste livro, que se reflete infinitamente a si próprio, que se desenvolve como uma dolorosa interrogação sobre a sua própria possibilidade, a forma do livro representa-se a si própria: *"O romance de Sara e de Yukel, através de diversos diálogos e meditações atribuídos a rabinos imaginários, é a narrativa de um amor destruído pelos homens e pelas palavras. Tem a dimensão do livro e a amarga obstinação de uma questão errante".*

Veremos que por uma outra direção da metonímia –mas até que ponto é outra? – é a geração do próprio Deus que *Le Livre des questions* assim descreve. A sabedoria do poeta realiza portanto a sua liberdade nesta paixão: traduzir em autonomia a obediência à lei da palavra. Sem o que, e se a paixão se tornar sujeição, aparece a loucura.

*"O louco é a vítima da rebelião das palavras"* (*Je bâtis ma demeure*).

Deste modo, ao ouvir esta assinação da raiz e deixando-se inspirar por esta injunção da Lei, talvez Jabès tenha renunciado à *verve*, isto é, ao *capricho* das primeiras obras, mas em nada abdicou a sua liberdade de palavra. Reconheceu mesmo que a liberdade tem de ser coisa de terra e de raiz ou será apenas vento:

*"Ensinamento que Reb Zalé traduziu por esta imagem: 'Crês que é o pássaro que é livre. Estás enganado; é a flor...'"*

... *"E Reb Lima: 'A liberdade desperta-se a pouco e pouco, à medida que tomamos consciência dos nossos laços como aquele que dorme com os seus sentidos; então os nossos atos têm enfim um nome.'"*

A liberdade entende-se e permuta-se com aquilo que a retém, com aquilo que recebe de uma origem enfurnada, com a gravidade que situa o seu centro e o seu lugar. Um lugar cujo culto não é necessariamente pagão. Desde que este lugar não seja um lugar, um espaço fechado, uma localidade de exclusão, uma província ou um *gueto*. Quando um Judeu ou um poeta proclamam o Lugar, não declaram a guerra. Pois chamando-nos desde a além-memória, este lugar, esta terra estão sempre Lá-embaixo. O Lugar não é o Aqui empírico e nacional de um território. Imemorial, é portanto também um futuro. Melhor: a tradição como aventura. A liberdade só é concedida à Terra não pagã se dela estiver separada pelo Deserto da Promessa. Isto é, pelo Poema. Quando se deixa dizer pela palavra poética, a Terra reserva-se sempre fora de toda a proximidade, *illic*:

"*Yukel, nunca te sentiste bem, nunca estiveste Lá, mas Noutro Lugar...*"

"*Em que pensas? – Na Terra. – Mas estás sobre a Terra. – Penso na Terra em que estarei. – Mas estamos em frente um do outro. E temos os pés na Terra. – Só conheço as pedras do caminho que conduz, dizem, à Terra.*"

O Poeta e o Judeu não nasceram *aqui* mas *lá embaixo*. Erram, separados do seu verdadeiro nascimento. Autóctones apenas da palavra e da escritura. Da Lei. "*Raça saída do livro*" porque filhos da Terra que está para vir.

Autóctones do Livro. Autônomos também, dizíamos. O que pressupõe que o poeta não receba simplesmente a sua palavra e a sua lei de Deus. A heteronomia judaica não precisa da intercessão dum poeta. A poesia está para a profecia tal como o ídolo para a verdade. É talvez por esta razão que em Jabès o poeta e o Judeu nos parecem tão unidos e ao mesmo tempo tão desunidos; e que todo *Le Livre des questions* é também uma explicação com a comunidade judaica vivendo na heteronomia e à qual o poeta não pertence verdadeiramente. A autonomia poética, semelhante a nenhuma outra, supõe quebradas as Tábuas.

"*E Reb Lima: 'A liberdade foi, na origem, gravada dez vezes nas Tábuas da Lei, mas merecemo-las tão pouco que o Profeta colérico as quebrou'.*"

Entre os fragmentos da Tábua quebrada surge o poema e enraíza-se o direito à palavra. Recomeça a aventura do texto como erva daninha, fora da Lei, longe da "*pátria dos Judeus*" que "*é um texto sagrado no meio dos comentários...*". A necessidade do comentário é, como a necessidade poética, a própria forma da palavra exilada. No começo é hermenêutica. Mas esta *comum* impossibilidade de se juntar ao *meio* do texto sagrado e esta necessidade *comum* da exegese, este imperativo da interpretação é interpretado diferentemente pelo poeta e pelo rabino. A diferença entre o horizonte do texto original e a escritura exegética torna irredutível a diferença entre o poeta e o rabino. Não podendo nunca se reunir, e contudo tão próximos um do outro, como alcançariam eles o *meio?* A abertura originária da interpretação significa essencialmente que haverá sempre rabinos e poetas. E duas interpretações da interpretação. A Lei torna-se então *Questão* e o direito à palavra confunde-se com o dever de interrogar. O livro do homem é um livro de questão.

"*A toda pergunta, o Judeu responde com uma pergunta...*" *Reb Lima.*

Mas se este direito é absoluto, é porque não depende de qualquer acidente *na* história. A ruptura das Tábuas diz em primeiro lugar a ruptura em Deus como origem da história.

"*Não esqueças que és o núcleo de uma ruptura.*"

Deus separou-se de si para nos deixar falar, nos espantar e nos interrogar. Não o fez falando, mas sim calando-se, deixando o silêncio interromper a sua voz e os seus sinais, deixando quebrar as Tábuas. No *Êxodo,* Deus arrependeu-se e disse-o pelo menos duas vezes, antes das primeiras e antes das novas Tábuas, entre a palavra e a escritura originárias e, na Escritura, entre a origem e a repetição (32-14; 33-17). A escritura é portanto originariamente hermética e segunda. Certamente a nossa, mas já a Sua que começa com a voz embargada e com a dissimulação da sua Face. Esta diferença, esta negatividade em Deus, é a nossa liberdade, a transcendência e o verbo que só reencontram a pureza da sua origem negativa na possibilidade da pergunta. A pergunta, "a ironia de Deus" de que falava Schelling, volta-se em primeiro lugar, como sempre, para si.

"*Deus está em perpétua revolta contra Deus...*"

"*... Deus é uma interrogação de Deus...*"

Kafka dizia: "Somos pensamentos niilistas que se erguem no cérebro de Deus". Se Deus inicia a pergunta em Deus, se é a própria abertura da Pergunta, não há *simplicidade* de Deus. O que era impensável para os racionalistas clássicos torna-se aqui evidência. Deus, procedendo na duplicidade do seu próprio questionar, não age pelas vias mais simples; não é veraz, não é sincero. A sinceridade, que é a simplicidade, é uma virtude enganadora. Pelo contrário, é necessário aceder à virtude da mentira.

"*Reb Jacó, que foi o meu primeiro mestre, acreditava na virtude da mentira porque, dizia ele, não há escritura sem mentira e porque a escritura é o caminho de Deus.*" Caminho desviado, escuso, equívoco, *emprestado,* por Deus e a Deus. Ironia de Deus, astúcia de Deus, caminho oblíquo, saída de Deus, caminho em direção a Deus e do qual o homem não é o simples desvio. Desvio infinito. Caminho *de* Deus. "*Yukel, fala-me desse homem que é mentira de Deus.*"

Este caminho, que nenhuma verdade precede para lhe prescrever a direitura, é o caminho no Deserto. A escritura é o momento do deserto como momento da Separação. O seu nome o indica – em arameu: os fariseus, esses incompreendidos, esses homens da letra, eram também homens "separados". Deus não nos fala mais, calou-se: é preciso arcar com as palavras. É preciso separar-se da vida e das comunidades, e confiar-se aos traços, tornar-se homem de olhar porque se deixou de ouvir a voz na imediata proximidade do jardim. "*Sara, Sara, com que coisa começa o mundo? – Com a palavra? – Com o olhar?…*". A escritura desloca-se numa linha quebrada entre a palavra perdida e a palavra prometida. A *diferença* entre a palavra e a escritura é a falta, a cólera de Deus que sai de si, a imediatidade perdida e o trabalho fora do jardim. "*O jardim é palavra, o deserto escritura. Em cada grão de areia, um sinal surpreende.*" A experiência judaica como reflexão, separação entre a vida e o pensamento, significa a travessia do livro como anacorese *infinita* entre as duas imediatidades e as duas identidades a si. "*Yukel, quantas páginas a viver, a morrer te separam de ti, do livro ao abandono do livro?*" O livro desértico é de areia, "*de areia louca*", de areia infinita, inumerável e vã. "*Apanha um pouco de areia, escrevia Reb Ivri…, tu conhecerás então a vaidade do verbo.*"

A consciência judaica é realmente a consciência infeliz, e *Le Livre des questions* é o seu poema; inscrito à margem da fenomenologia do espírito com a qual o Judeu só quer fazer uma parte do caminho, sem provisão escatológica, para não limitar o seu deserto, fechar o seu livro e cicatrizar o seu grito. "*Marca com um carimbo vermelho a primeira página do livro, pois a ferida está inscrita no seu início. Reb Alceu.*"

Se a ausência é a alma da pergunta, se a separação não pode sobrevir a não ser na ruptura de Deus – com Deus –, se a distância infinita do Outro só é *respeitada* nas areias de um livro em que a errância e a miragem sempre são possíveis, então *Le Livre des questions* é ao mesmo tempo o canto interminável da ausência e um livro sobre o livro. A ausência tenta produzir-se a si própria no livro e perde-se ao dizer-se; ela se sabe perdedora e perdida, e nesta medida permanece intacta e inacessível. Aceder a ela é perdê-la; mostrá-la é dissimulá-la; confessá-la é mentir. "*O Nada é a nossa principal preocupação, dizia Reb Idar*", e o Nada – como o Ser – só pode calar-se e esconder-se.

Ausência. Em primeiro lugar, *ausência de lugar*. "*Sara: A palavra elimina a distância, desespera o lugar. Somos nós que a formulamos ou será ela que nos modela?*" "*A ausência de lugar*" é o título de um poema recolhido em *Je bâtis ma demeure*. Começava assim: "*Terreno vago, página obcecada…*". E *Le Livre des questions* mantém-se resolutamente no terreno vago, no não-lugar, entre a cidade e o deserto, onde a raiz é igualmente repelida ou esterilizada. Nada floresce na areia ou entre os paralelepípedos, a não ser as palavras. A cidade e o deserto, que nem são países, nem paisagens, nem jardins, fazem o cerco à poesia de Jabès e asseguram aos seus gritos um eco necessariamente infinito. Simultaneamente a cidade e o deserto, isto é, o Cairo de onde nos vem Jabès que também teve, como se sabe, a sua saída do Egito. A habitação que o poeta constrói com os seus "*punhais roubados ao anjo*" é uma frágil tenda, feita de palavras no deserto em que o Judeu nômade é tomado de infinito e de letra. Destruído pela Lei destruída. Partilhado em si (A língua grega dir-nos-ia sem dúvida muita coisa sobre a estranha relação da lei, da errância e da não-identidade consigo mesmo, sobre a raiz comum – νέμειν* – da partilha, da norma e do nomadismo). O poeta de escritura só pode entregar-se à "infelicidade" que Nietzsche chama sobre aquele – ou promete àquele – que "esconde em si desertos". O poeta – ou o Judeu – protege o deserto que protege a sua palavra que só pode falar no deserto; que protege a sua escritura que só pode fazer sulcos no deserto. Isto é, inventando, sozinha, um caminho inencon-

---

\* *Nemein*: repartir, distribuir e, sob um ponto de vista ético-jurídico, ser uma norma geral não de igualdade (N. da E.).

trável e não-assinalado, cuja linha reta e cuja saída nenhuma *resolução* cartesiana pode assegurar-nos. "*Onde está o caminho? O caminho está sempre por encontrar. Uma folha branca está cheia de caminhos... Voltaremos a fazer o mesmo caminho dez vezes, cem vezes...*". Sem o saber, a escritura ao mesmo tempo desenha e reconhece, no deserto, um labirinto invisível, uma cidade na areia. "*Voltaremos a fazer o mesmo caminho dez vezes, cem vezes... E todos estes caminhos têm os seus caminhos próprios. – De outro modo não seriam caminhos.*" Toda a primeira parte do *Livre de l´absent* pode ser lida como uma meditação sobre o caminho e a letra. "*Encontrou-se ao meio-dia, diante do infinito, da página branca. Toda marca de passos, a pista tinha desaparecido. Sepultadas.*" E ainda esta passagem do deserto à cidade, esse Limite que é o único *habitat* da escritura: "*Quando reencontrou o seu bairro e a sua casa – um nômade o conduzira num camelo até ao posto de controle mais próximo onde se acomodou num caminhão militar que se dirigia para a cidade –, tantos vocábulos o solicitavam. Obstinou-se porém em evitá-los*".

Também *ausência* do escritor. Escrever é retirar-se. Não para a sua tenda para escrever, mas da sua própria escritura. Cair longe da sua linguagem, emancipá-la ou desampará-la, deixá-la caminhar sozinha e desmunida. Abandonar a palavra. Ser poeta é saber abandonar a palavra. Deixá-la falar sozinha, o que ela só pode fazer escrevendo. (Como diz *Fedro*, o escrito, privado da assistência do seu pai, "vai sozinho", cego, "rolar para a direita e para a esquerda" "indiferentemente junto daqueles que o entendem e junto daqueles que não se interessam por ele"; errante, perdido porque está escrito não na areia desta vez, mas, o que vem a dar no mesmo, "na água", diz Platão que também não acredita nos "jardins de escritura" nem naqueles que querem semear servindo-se de um caniço.) *Abandonar* a escritura é só lá estar para lhe dar passagem, para ser o elemento diáfano da sua procissão: tudo e nada. Em relação à obra, o escritor é ao mesmo tempo tudo e nada. Como Deus:

"*Se, por vezes, escrevia Reb Servi, pensas que Deus não te vê, é porque ele se fez tão humilde que o confundes com a mosca que zumbe no vidro da tua janela. Mas tens aí a prova da Sua onipotência; pois Ele é, ao mesmo tempo, o Todo e o Nada.*"

Como Deus, o escritor:

*"Quando criança, ao escrever pela primeira vez o meu nome,
tive a consciência de começar um livro. Reb Stein."*
*"... Mas não sou esse homem
pois esse homem escreve
e o escritor não é ninguém."*

..............

*"Eu, Sérafi o ausente, nasci para escrever livros."*
*"(Estou ausente, pois sou o contador. Só o conto é real)."*

E contudo (isto é apenas um exemplo das postulações contraditórias que constantemente dilaceram as páginas do *Livre des questions;* as dilaceram necessariamente: já Deus se contradiz), só o escrito me faz existir nomeando-me. É portanto simultaneamente verdade que as coisas chegam à existência e perdem a existência ao serem nomeadas. Sacrifício da existência à palavra, como dizia Hegel, mas também consagração da existência pela palavra. Aliás, não basta ser escrito, é preciso escrever para ter um nome. É preciso chamar-se. O que supõe que *"O meu nome é uma pergunta... Reb Eglal." "... Sem os meus escritos sou mais anônimo do que um lençol ao vento, mais transparente do que um vidro de janela."*

Esta necessidade de *trocar* a sua existência com ou pela letra – de perdê-la e de ganhá-la – impõe-se também a Deus: *"Não te procurei, Sara. Procurava-te. Através de ti remonto à origem do signo, à escritura não formulada que o vento esboça na areia e no mar, à escritura selvagem do pássaro e do peixe ladino. Deus, Senhor do vento, Senhor da areia, Senhor dos pássaros e dos peixes, esperava do homem o livro que o homem esperava do homem; um para ser finalmente Deus, o outro para ser finalmente homem...".*
*"Todas as letras formam a ausência.
Assim Deus é filho do Seu nome."*

*Reb Tal.*


Mestre Eckart dizia: "Deus torna-se Deus quando as criaturas dizem Deus". Este auxílio dado a Deus pela escritura do homem não é contraditória com a impossibilidade que ela tem de "se dar auxílio" (*Fedro*). O divino – o desaparecimento do homem – não será anunciado por esta miséria da escritura?

Se a ausência não se deixa reduzir pela letra, é porque constitui o seu éter e a sua respiração. A letra é separação e limite no qual o sentido se liberta de ser aprisionado na solidão aforística. Pois toda a escritura é aforística. Nenhuma "lógica", nenhuma proliferação de lianas conjuntivas pode acabar com a sua descontinuidade e com a sua inatualidade essenciais, com a genialidade dos seus silêncios *subentendidos.* O outro colabora originariamente no sentido. Há um *lapsus* essencial entre as significações, que não é a simples e positiva impostura de uma palavra nem mesmo a memória noturna de toda a linguagem. Pretender reduzi-lo pela narrativa, pelo discurso filosófico, pela ordem das razões ou pela dedução, é desconhecer a linguagem e que ela é a *própria* ruptura da totalidade. O fragmento não é um estilo ou um fracasso determinados, é a forma do escrito. A menos que o próprio Deus escreva; e mesmo assim é preciso que seja então o Deus dos filósofos clássicos, que não se interrogou nem se interrompeu a si próprio, que não suspendeu o fôlego como o de Jabès. (Mas precisamente o Deus dos clássicos, cuja infinidade atual era intolerante à pergunta, não tinha a necessidade vital da escritura.) Contrariamente ao Ser e ao Livro leibnizianos, a racionalidade do Logos pela qual a nossa escritura é responsável obedece ao princípio da descontinuidade. Não só a cesura termina e fixa o sentido: "O aforismo, diz Nietzsche, a frase em que me tornei mestre entre os alemães, são as formas da eternidade". Mas em primeiro lugar a cesura faz surgir o sentido. Não sozinha, bem entendido; mas sem a interrupção – entre as letras, as palavras, as frases, os livros – nenhuma significação poderia surgir. *Supondo* que a Natureza recusa o *salto,* compreende-se por que razão a Escritura jamais será a Natureza. Só procede por saltos. O que a torna perigosa. A morte passeia entre as letras. Escrever, o que se denomina escrever, supõe o acesso ao espírito pela coragem de perder a vida, de morrer para a natureza.

Jabès mostra-se extremamente atento a esta distância generosa entre os signos.

"*A luz está na sua ausência que tu lês…*"

"*… Todas as letras formam a ausência…*"

A ausência é a permissão dada às letras para se soletrarem e significarem, mas é também, na torção sobre si da linguagem,

EDMOND JABÈS E A QUESTÃO DO LIVRO

*o que* dizem as letras: dizem a liberdade e a vacância concedida, o que elas "formam" ao fechá-la na sua rede.

Finalmente ausência como sopro da letra, pois a letra *vive*. "É preciso que o nome germine, sem isso é falso", diz A. Breton. Significando a ausência e a separação, a letra vive como aforismo. É solidão, diz a solidão e vive de solidão. Seria letra morta fora da diferença e se rompesse a solidão, se rompesse a interrupção, a distância, o respeito, a relação com o outro, isto é, uma certa não-relação. Há portanto uma quase animalidade da letra que assume as formas do seu desejo, da sua inquietação e da sua solidão.

"*A tua solidão*
*é um alfabeto de esquilos*
*para uso das florestas*"
("La Clef de voûte" em *Je bâtis ma demeure*.)

Como o deserto e a cidade, a floresta, onde formigam os *signos* amedrontados, diz sem dúvida o não-lugar e a errância, a ausência de caminhos prescritos, a ereção solitária da raiz ofuscada, fora do alcance do sol, em direção a um céu que se esconde. Mas a floresta é também, além da rigidez das linhas, das árvores em que se agarram as letras enlouquecidas, a madeira que a incisão poética fere.

"*(Gravavam o fruto na dor da árvore*
*da solidão...*
. . . . . . . . . . . . . .
*Como o marinheiro que enxerta um nome*
*ao do mastro*
*no signo tu estás sozinho.*"

A árvore da gravura e do enxerto já não pertence ao jardim; é a árvore da floresta ou do mastro. A árvore está para o mastro tal como o deserto está para a cidade. Como o Judeu, como o poeta, como o homem, como Deus, os signos só têm escolha entre uma solidão de natureza ou uma solidão de instituição. Então são *signos* e o outro torna-se possível.

É certo que a animalidade da letra aparece em primeiro lugar como *uma* metáfora entre outras. (Por exemplo, em *Je bâtis ma demeure,* o sexo é uma vogal etc. ou, então, "*Por vezes, ajudado por um cúmplice, a palavra muda de sexo e de alma*", ou ainda: "*As vogais, sob a sua pena, parecem-se com cabeças de peixes fora d´água perfuradas pelo anzol; as consoantes com escamas esbulhadas. Vivem apertadamente nos seus atos, no seu tugúrio de tinta. O infinito os obceca...".*) Mas é sobretudo *a* própria metáfora, a origem da linguagem como metáfora, em que o Ser e o Nada, condições além-metáfora, da metáfora, jamais se dizem a si próprios. A metáfora, ou animalidade da letra, é a equivocidade primeira e infinita do significante como Vida. Subversão *psíquica* da literalidade inerte, isto é, da natureza ou da palavra que voltou a ser natureza. Esta superpotência como vida do significante produz-se na inquietação e na errância da linguagem sempre mais rica que o saber, tendo sempre movimento para ir mais longe do que a certeza pacífica e sedentária *"Como dizer o que eu sei / com palavras cuja significação / é múltipla?"*

Já traída pela citação, a potência organizada do canto, em *Le Livre des questions,* mantém-se fora do alcance do comentário. Mas podemos ainda interrogar-nos sobre a sua origem. Não nascerá ela aqui, em especial, de uma extraordinária confluência que pesa sobre a barragem das palavras, sobre a singularidade pontual da experiência de Edmond Jabès, sobre a sua voz e sobre o seu estilo? Confluência em que se reúnem, se apertam e se recordam o sofrimento, a reflexão milenária de um povo, essa "dor", já, *"cujo passado e cuja continuidade se confundem com os da escritura",* o destino que interpela o Judeu e o interpõe entre a voz e o número; e chora a voz perdida com lágrimas negras como manchas de tinta. *Je bâtis ma demeure* é um verso tirado de *La Voix de l'encre* (1949). E *Le Livre des questions:* "*Tu adivinhas que dou um grande valor ao que é dito, talvez mais do que ao que é escrito; pois, no que é escrito, falta a minha voz e acredito nela. – Ouço a voz criadora, não a voz cúmplice que é uma serva".*

(Encontraríamos em E. Levinas a mesma hesitação, o mesmo movimento inquieto na diferença entre o socratismo e o hebraísmo, a miséria e a elevação da letra, o pneumático e o gramático.)

Na afasia originária, quando falta a voz do deus ou do poeta, é preciso contentarmo-nos com estes vigários da palavra: o grito e a escritura. É *Le Livre des questions,* a repetição nazi, a revolução poética do nosso século, a extraordinária

EDMOND JABÈS E A QUESTÃO DO LIVRO

reflexão do homem que tenta hoje finalmente – e para sempre em vão – retomar, por todos os meios, por todos os caminhos, posse da sua linguagem, como se isso tivesse um sentido, e reivindicar a sua responsabilidade contra um Pai do Logos. Podemos por exemplo ler em *Le Livre de l'absent:*

> Uma batalha decisiva em que os vencidos, que a ferida trai, descrevem, ao caírem, a página de escritura que os vencedores dedicam ao eleito que a desencadeou sem dar por isso. De fato, foi para afirmar a supremacia do verbo sobre o homem, do verbo sobre o verbo que se travou o combate.

Esta confluência, *Le Livre des questions?*

Não. O canto não mais cantaria se a tensão só fosse de confluência. A confluência tem de repetir a origem. Canta este grito porque faz aflorar, no seu enigma, a água de um rochedo fendido, a fonte única, a unidade de uma ruptura que brota. Depois as "correntes", as "afluências", as "influências". Um poema corre sempre o risco de não ter sentido e ele nada seria sem este risco. Para que o poema de Jabès corra o risco de ter um sentido, para que a sua *pergunta* pelo menos corra a risco de ter um sentido, é preciso adivinhar a fonte, e que a unidade não é uma unidade de encontro, mas que neste encontro hoje recorda um outro encontro. Encontro primeiro, principalmente encontro único, pois foi separação, como a de Sara e Yukel. O encontro é separação. Semelhante proposição, que contradiz a "lógica", rompe a unidade do Ser – no frágil elo do "é" – acolhendo o outro e a diferença na origem do sentido. Mas, dirão, é sempre preciso pensar já o ser para dizer estas coisas, o encontro e a separação, de que e de quem, e sobretudo que o encontro *é* separação. É certo, mas o "é sempre preciso já" significa precisamente o exílio originário fora do reino do ser, o exílio como pensamento do ser, e que o Ser não é nem se mostra nunca a si *próprio,* nunca está *presente, agora,* fora da diferença (em todos os sentidos exigidos hoje por esta palavra). Quer seja o ser ou o senhor do sendo, o próprio Deus é, aparece como o que é na diferença, isto é, como a diferença e na dissimulação.

Se ao acrescentar, o que aqui fazemos, miseráveis grafitos a um imenso poema, pretendêssemos reduzi-lo à sua "estrutura temática", como se diz, seríamos realmente obrigados a reconhecer que nada é nele original A pergunta em Deus, a negatividade em Deus como liberação da historicidade e da palavra humana, a escritura do homem como desejo e pergunta *de* Deus (e a dupla genitividade é ontológica antes de ser gramatical, ou melhor, o enraizamento do ontológico e do gramatical no *graphein*), a história e o discurso como cólera de Deus saindo de si etc., etc., eis aqui motivos suficientemente constatados: em primeiro lugar, não são próprios de Boehme, do romantismo alemão, de Hegel, do último Scheler etc., etc. A negatividade em Deus, o exílio como escritura, a vida da letra enfim, é já a Cabala. Que quer dizer a própria "Tradição". E Jabès tem consciência das ressonâncias cabalísticas do seu livro. Por vezes, joga mesmo com elas. (Cf. por exemplo *Le Livre de l'absent*, 12).

Mas a tradicionalidade não é ortodoxia. Outros falarão talvez de todos os aspectos pelos quais Jabès se separa *também* da comunidade judaica, supondo que esta última noção tenha aqui um sentido ou o seu sentido clássico. Não se separa dela apenas no que diz respeito aos dogmas. Mais profundamente ainda. Para Jabès, que reconhece ter descoberto muito tarde uma certa afinidade com o judaísmo, o Judeu não passa de alegoria sofredora: *Vós sois todos judeus, mesmo os anti-semitas, pois fostes designados para o martírio.* Tem então de se explicar com os seus irmãos de raça e com rabinos que já não são imaginários. Todos o censurarão por este universalismo, este essencialismo, este alegorismo descarnados; esta neutralização do acontecimento no simbólico e no imaginário.

"*Dirigindo-se a mim, meus irmãos de raça disseram: Tu não és Judeu. Não frequentas a sinagoga...*

. . . . . . . . . . . . . .

*Os rabinos, cujas palavras citas, são charlatães. Alguma vez existiram? E te alimentaste com as suas palavras ímpias.*" [...]

[...] "*Tu és Judeu para os outros e tão pouco para nós.*"

"*Dirigindo-se a mim, o mais ponderado dos meus irmãos de raça disse-me:*

*Não fazer qualquer diferença entre um Judeu e aquele que não o é, não será já não ser Judeu?*" E acrescentaram: "*A fraternidade é dar, dar, dar, e tu jamais poderás dar senão aquilo que és*" / *Batendo no peito com o punho, pensei: / "Nada sou. /*

*Tenho a cabeça cortada. / Mas um homem não vale outro homem? / E o decapitado, o crente?"*

Neste diálogo Jabès não é um acusado, traz em si o diálogo e a contestação. Nesta não-coincidência de si consigo, é mais judeu e menos judeu do que o Judeu. Mas a identidade do Judeu consigo mesmo talvez não exista. Judeu seria o outro nome dessa impossibilidade de ser ele próprio. O Judeu está quebrado e o está em primeiro lugar entre estas duas dimensões da letra: a alegoria e a literalidade. A sua história seria apenas uma história empírica entre outras se se estabelecesse, se se estatizasse na diferença e na literalidade. Não teria história alguma absolutamente se se extenuasse na álgebra de uma universalidade abstrata.

Entre a carne demasiado viva do acontecimento literal e a pele fria do conceito corre o sentido. É assim que passa no livro. Tudo se passa no livro. Tudo deverá habitar o livro. Os livros também. Por tal razão o livro jamais está acabado. Permanece sempre em sofrimento e vigília.

"– *Uma lâmpada está sobre a minha mesa e a casa está no livro*

– *Habitarei finalmente a casa."*

. . . . . . . . . . . . . .

"– *Onde se situa o livro?*

– *No livro."*

Toda saída para fora do livro faz-se no livro. Não há dúvida de que o fim da escritura se situa para lá da escritura: "A escritura que acaba em si mesma não passa de uma manifestação de desprezo". Se não for dilaceramento de si em direção ao outro na confissão da separação infinita, se for deleite de si, prazer de escrever por escrever, contentamento do artista, destrói-se a si própria. Sincopa-se no arredondado do ovo e na plenitude do Idêntico. É verdade que ir em direção ao outro é também negar-se, e o sentido aliena-se na passagem da escritura. A intenção ultrapassa-se e arranca-se a si para se dizer. "*Odeio o que é pronunciado onde já não estou."* Também não há dúvida de que, do mesmo modo que o fim da escritura passa além da escritura, a sua origem ainda não está no livro. O escritor, construtor e sentinela do livro, permanece à entrada da casa. O escritor é um passante e o seu destino tem sempre uma significação liminar. "– *Quem és? – O guarda da casa. –* ... Estás no *livro? – O meu lugar é no limiar.*"

Mas – e está nisso o fundo das coisas – toda esta exterioridade em relação ao livro, toda essa negatividade do livro produz-se *no livro.* Diz-se a saída para fora do livro, diz-se o outro e o limiar *no livro.* O outro e o limiar só podem escrever-se, confessar-se ainda nele. Não se sai do livro a não ser no livro, dado que, para Jabès, o livro não está no mundo, mas o mundo no livro.

"*O mundo existe porque o livro existe...*" "*O livro é obra do livro.*" "[...] *O livro multiplica o livro.*" Ser é ser-no-livro, mesmo que o ser não seja essa natureza criada a que a Idade Média muitas vezes chamava o Livro de Deus. O próprio Deus surge no livro que liga assim o homem a Deus e o ser a si. "*Se Deus existe, é porque está no livro.*" Jabès sabe que o livro está investido e ameaçado, que a sua "*resposta é ainda uma pergunta, que esta habitação está constantemente ameaçada*". Mas o livro só pode ser ameaçado pelo nada, pelo não-ser, pelo não-sentido. Se chegasse a *ser,* a ameaça – como é aqui o caso – seria confessada, dita, domesticada. Seria da casa e do livro.

Toda a inquietação histórica, toda a inquietação poética, toda a inquietação judaica atormentam portanto este poema da interminável pergunta. Todas as afirmações e todas as negações, todas as perguntas contraditórias nele são acolhidas na unidade do livro, numa lógica sem semelhança com nenhuma outra, na Lógica. Aqui seria necessário dizer a Gramática. Mas esta inquietação e esta guerra, este tumultuar de todas as águas não repousará no fundo calmo e silencioso de uma não-pergunta? A escritura da pergunta não será, por decisão, por resolução, o começo do repouso e da resposta? A primeira violência em relação à pergunta? A primeira crise e o primeiro esquecimento, o começo necessário da errância como história, isto é, como a própria dissimulação da errância?

A não-pergunta de que falamos não é ainda um dogma; e o ato de fé no livro pode preceder, sabemo-lo, a crença na Bíblia. Sobreviver-lhe também. A não-pergunta de que falamos é a certeza não enfraquecida de que o ser é uma Gramática; e o mundo, na sua totalidade, um criptograma a constituir ou a reconstituir por inscrição ou decifração poéticas; que o livro

EDMOND JABÈS E A QUESTÃO DO LIVRO

é originário, que toda a coisa é no *livro* antes de ser para vir *ao mundo*, só pode nascer *abordando* o livro, só pode morrer malogrando *em vista* do livro; e que sempre a margem impassível do livro está *primeiro*.

Mas se o Livro não fosse, em todos os sentidos da palavra, senão uma *época* do ser (época moribunda que deixaria ver o Ser nas pálidas luzes da sua agonia ou no relaxamento do seu abraço, e que multiplicaria, como uma última doença, como a hipermnésia faladora e tenaz de certos moribundos, os livros sobre o livro morto)? Se a forma do livro já não devesse ser o modelo do sentido? Se o ser estivesse radicalmente fora do livro, fora da sua letra? De uma transcendência que já não se deixaria tocar pela inscrição e pela significação, que não se deitaria na página e que sobretudo se levantaria antes dela? Se o ser se perdesse nos livros? Se os livros fossem a dissipação do ser? Se o ser-mundo, a sua presença, o seu sentido de ser, se revelasse apenas na ilegibilidade, numa ilegibilidade radical que não seria cúmplice de uma legibilidade perdida ou procurada, de uma página que ainda se não tivesse cortado em qualquer enciclopédia divina? Se o mundo nem mesmo fosse, segundo a expressão de Jaspers, o "manuscrito de um outro", mas em primeiro lugar o outro de todo o manuscrito possível? E se sempre fosse demasiado cedo para dizer que "*a revolta é uma página amarrotada no cesto de papéis...*"? Sempre demasiado cedo para dizer que o mal é apenas *indecifrável*, pelo efeito de algum *lapsus calami* ou cacografia de Deus e que "*a nossa vida, no Mal, tem a forma de uma letra deitada, excluída, porque ilegível do Livro dos Livros?*" E se a Morte não se deixasse inscrever *a si própria* no livro em que, como aliás se sabe, o Deus dos Judeus todos os anos inscreve o nome unicamente daqueles que poderão viver? E se a alma morta fosse mais ou menos, em todo o caso outra coisa diferente da letra morta que sempre deveria poder ser despertada? Se o livro só fosse o esquecimento mais seguro da morte? A dissimulação de uma escritura mais velha ou mais nova, de uma idade diferente da do livro, da gramática e de tudo o que nela se anuncia sob o nome de sentido do ser? de uma escritura ainda ilegível?

A ilegibilidade radical de que falamos não é a irracionalidade, o não-sentido desesperante, tudo o que pode suscitar a angústia perante o incompreensível e o ilógico. Uma tal interpretação – ou determinação – do ilegível pertence já ao livro, está já envolvida na possibilidade do volume. A ilegibilidade originária não é um momento simplesmente interior ao livro, à razão ou ao logos; também não é o contrário, não mantendo com eles nenhuma relação de simetria, sendo incomensurável em relação a eles. Anterior ao livro (no sentido não cronológico), é portanto a própria possibilidade do livro e, nele, de uma oposição, ulterior e eventual, do "racionalismo" e do "irracionalismo". O ser que se anuncia no ilegível está para além destas categorias, para além do seu próprio nome ao escrever-se.

Que estas perguntas não sejam formuladas em *Le Livre des questions* é algo que não podemos censurar a Jabès. Estas perguntas só podem dormir no ato literário que tem necessidade ao mesmo tempo da sua vida e da sua letargia. A escritura morreria quer com a vigilância pura quer com o simples desaparecimento da pergunta. Escrever não é ainda confundir a ontologia e a gramática? Esta gramática na qual se inscrevem ainda todas as deslocações da sintaxe morta, todas as agressões da palavra contra a língua, todos os questionamentos da própria letra? As perguntas escritas dirigidas à literatura, todas as torturas a ela infligidas, são sempre por ela e nela transfiguradas, enervadas, esquecidas; tornadas modificações de si, por si, em si, das mortificações, isto é, como sempre, das astúcias da vida. Esta só se nega a si própria na literatura para melhor sobreviver. Para melhor ser. Não se nega mais do que se afirma: difere-se e escreve-se como diferência\*. Os livros são sempre livros de *vida* (o arquétipo seria o *Livro da Vida* mantido pelo Deus dos Judeus) ou da *sobrevida* (os arquétipos seriam os *Livros dos Mortos* mantidos pelos egípcios). Quando Blanchot escreve: "Será o homem capaz de uma interrogação radical, isto é, afinal de contas, será o homem *capaz* de literatura?" poder-se-ia igualmente dizer, a partir de um certo pensamento da vida, "incapaz", outras tantas vezes. Exceto se admitirmos que a literatura pura é a não-literatura, ou a própria morte. A pergunta sobre a origem do livro, a interrogação

---

\* Sobre *différence* e *différance,* que traduzimos por *diferência,* ver o artigo de Jacques Derrida "La Différance", em *Théorie d´ensemble,* ed. du Seuil, 1968 (N. da T.).

EDMOND JABÈS E A QUESTÃO DO LIVRO

absoluta, a interrogação sobre todas as interrogações possíveis, a "interrogação de Deus" jamais pertencerá a qualquer livro. A menos que se esqueça a si própria na articulação da sua memória, no tempo da interrogação, no tempo e na tradição da sua *frase*, e que a memória de si, sintaxe ligando-a a si, não faça dela uma afirmação disfarçada. Já um livro de pergunta que se afasta da sua origem.

Então, para que Deus fosse realmente, como diz Jabès, *uma interrogação de Deus*, não seria preciso transformar uma última afirmação em pergunta? Talvez a literatura só fosse então o deslocamento sonâmbulo desta pergunta:

*"Há o Livro de Deus pelo qual Deus se interroga e há o livro do homem que é à medida do de Deus".*
*Reb Rida*

(*Tradução de Maria Beatriz Marques Nizza da Silva*)

# Violência e Metafísica

## ensaio sobre o pensamento de Emmanuel Lévinas[1]

> *Hebraísmo e Helenismo – entre esses dois pontos de influência, move-se o mundo. Ora tende ele mais fortemente para um, ora para o outro; e devia estar, embora nunca esteja, calma e prazerosamente equilibrado entre eles.*
>
> MATTHEW ARNOLD, *Culture and anarchy.*

Que a filosofia tenha morrido ontem, a partir de Hegel ou de Marx, de Nietzsche ou de Heidegger – e a filosofia ainda deveria vagar rumo ao sentido de sua morte – ou que sempre tenha vivido de saber-se moribunda, o que se confessa em silêncio, na sombra trazida pela própria fala que *declarou* a *philosophia perennis*; que tenha morrido *um dia, na* história, ou que sempre tenha vivido de agonia e de abrir violentamente a história arrebatando sua possibilidade contra a não-filosofia, seu fundo adverso, seu passado ou seu fato, sua morte e seu

---

1 Emmanuel Lévinas, *Théorie de l'intuition dans da phénoménologie de Husserl*, 1. ed., Alcan, 1930; 2. ed., Vrin, 1963; *De l'existence à l'éxistant (Fontaine*, 1947); *Le Temps et l'autre*, em Le Choix, le monde, l'existence (*Cahiers du Collège philosophique*, Arthaud, 1949); *En Découvrant l'existence. Avec Husserl et Heidegger*, Vrin, 1949; *Totalité et infini, Essai sur l'extériorité*, Haia, M. Nijhoff, 1961; *Difficile liberté, Essais sur le judaïsme*, Albin Michel, 1963.
   Também nos referiremos a diversos artigos que mencionaremos quando for o momento. As obras principais serão designadas pelas iniciais de seu título: *Théorie de l'intuition...*: THI; *De l'existence à l'existant*: EE; *Le Temps et l'Autre*: TA; *En Découvrant l'existence*: EDE; *Totalité et Infini*: TI; *Difficile Liberté*: DL.
   Este ensaio estava escrito quando apareceram dois importantes textos de Emmanuel Lévinas: La trace de l'autre, *Tijdschrift voor Filosofie*, set. 1963, e La Signification et le sens, *Revue de métaphysique et de morale*, 1964, n. 2. Não podemos aqui, infelizmente, fazer a eles senão breves alusões.

recurso; que para além dessa morte ou dessa mortalidade da filosofia, talvez mesmo graças a elas, o pensamento tenha um porvir ou mesmo, o que hoje se diz, esteja todo ele por vir a partir daquilo que ainda se reservava na filosofia; mais estranhamente ainda, que o próprio porvir tenha assim um porvir – essas são indagações impossíveis de responder. São, de nascença e por uma vez ao menos, problemas que se levantam para a filosofia como problemas que ela não pode resolver.

Talvez essas questões não sejam mesmo *filosóficas*, não sejam mais *filosofia*. Deveriam ser, contudo, as únicas a poder hoje fundar a comunidade do que, no mundo, ainda chamamos de filósofos, por uma lembrança, ao menos, de que seria preciso interrogar sem desamparar, e apesar da diáspora dos institutos ou das línguas, das publicações ou das técnicas, que se desencadeiam, que se geram a si mesmas e crescem como o capital e a miséria. Comunidade da pergunta, portanto, nesta frágil instância em que a pergunta ainda não está suficientemente determinada para que a hipocrisia de uma resposta já se tenha convidado sob a máscara da pergunta, para que sua voz já se tenha deixado articular em fraude na própria sintaxe da pergunta. Comunidade da decisão, da iniciativa, da inicialidade absoluta, mas ameaçada, em que a pergunta ainda não encontrou a linguagem que ela decidiu procurar, ainda não está em si mesma segura de sua própria possibilidade. Comunidade da pergunta sobre a possibilidade da pergunta. É pouco – é quase nada – mas aí se refugiam e se resumem hoje uma dignidade e um dever inencetáveis de decisão. Uma inencetável responsabilidade.

Por que inencetável? Porque o impossível já *aconteceu*. O impossível segundo a totalidade do questionado, segundo a totalidade do sendo, dos objetos e das determinações, o impossível segundo a história dos fatos aconteceu: há uma história da pergunta, uma memória pura da pergunta pura que talvez autorize, em sua possibilidade, toda herança e toda memória pura em geral e como tal. A pergunta já começou, nós o sabemos, e essa estranha certeza que concerne a uma *outra* origem absoluta, uma outra decisão absoluta, buscando apoio no passado da pergunta, libera um ensinamento incomensurável: a disciplina da pergunta. Através (através, o que quer dizer que é preciso *já*

# VIOLÊNCIA E METAFÍSICA

saber ler) dessa disciplina, que nem mesmo é ainda a tradição já inconcebível do negativo (da determinação negativa)e que antecede de muito a ironia, a maiêutica, a ἐποχή* e a dúvida, uma injunção se anuncia: a pergunta deve ser guardada. Como pergunta. A liberdade *da pergunta* (duplo genitivo) deve ser dita e abrigada. Moradia alicerçada, tradição realizada da pergunta que permaneceu pergunta. Se esse comando tem um significado ético, não é o de pertencer ao *domínio* da ética, mas de autorizar – ulteriormente – toda lei ética em geral. Não há lei que não se diga, não há mandamento que não se dirija a uma liberdade de fala. Não há, pois, nem lei, nem mandamento que não confirme e *não encerre* – isto é, não dissimule ao pressupor – a possibilidade da pergunta. Assim, a pergunta está sempre fechada, jamais aparece de imediato como tal, mas apenas através do hermetismo de uma proposição em que a resposta já começou a determiná-la. Sua pureza não faz mais que se anunciar ou ser lembrada através da diferença de um trabalho hermenêutico.

Assim, os que questionam sobre a possibilidade, a vida e a morte da filosofia já estão presos, surpreendidos no diálogo da pergunta sobre si própria e consigo mesma, já estão, em memória da filosofia, comprometidos na correspondência da pergunta com ela mesma. Compete, pois, essencialmente ao destino dessa correspondência, que ela venha a especular, a refletir-se, a questionar sobre si em si. Começa, então, a objetivação, a interpretação segunda e a determinação de sua própria história no mundo; começa, então, um combate que se trava na diferença entre a pergunta em geral e a "filosofia" como momento e modo determinados – finitos ou mortais – da própria pergunta. Diferença entre a filosofia como poder ou aventura *da* própria pergunta e a filosofia como acontecimento ou guinada determinados *na* aventura.

Hoje essa diferença é mais bem pensada. O fato de que surja e seja pensada *como tal* constitui sem dúvida o traço mais inaparente ao historiador dos fatos, das técnicas ou das ideias, o mais inessencial a seus olhos. Mas talvez seja, compreendida com todas as suas implicações, a característica mais profundamente inscrita de nossa época. Pensar melhor

---

\* *Epoché*: suspensão do julgamento, estado de dúvida (N. da E.).

114          A ESCRITURA E A DIFERENÇA

essa diferença não seria particularmente saber que, se alguma coisa ainda deve provir da tradição na qual os filósofos se sabem sempre surpreendidos, será com a condição de requerer--lhe incessantemente a origem e fazer rigorosamente esforços para conservar-se o mais próximo dela? O que não significa balbuciarmos e aninharmo-nos preguiçosamente no colo da infância. Mas exatamente o contrário.

Próximas de nós e a partir de Hegel, à sua sombra imensa, as duas grandes vozes pelas quais essa aula total nos foi ditada, chamou-nos de volta, melhor, se reconheceu como a primeira urgência filosófica, são, sem dúvida alguma, as de Husserl e de Heidegger. Ora, apesar das mais profundas dessemelhanças, esse apelo à tradição – que nada tem de tradicionalismo – é orientado por uma intenção comum à fenomenologia husserliana e ao que chamaremos, provisoriamente, por aproximação e comodidade, de "ontologia"[2] heideggeriana.

Assim, muito resumidamente:

1. a história da filosofia é, toda ela, pensada a partir de sua fonte *grega*. Não se trata, sabemos, de ocidentalismo ou de historicismo[3]. Simplesmente os conceitos fundadores da filosofia

2 Após ter querido restaurar a intenção propriamente ontológica adormecida dentro da metafísica, após ter despertado a "ontologia fundamental" sob a "ontologia metafísica", Heidegger propõe finalmente, diante da tenacidade de equívoco tradicional, que doravante renunciemos aos termos "ontologia", "ontológico" (*Introduction à la métaphysique*). A questão de ser não se submete a nenhuma ontologia.

3 Isto é, de relativismo: a verdade da filosofia não depende de sua relação com a factualidade de acontecimento grego ou europeu. É mister, ao contrário, ter acesso ao *eidos* grego ou europeu a partir de uma irrupção ou de um apelo cuja proveniência é diversamente determinada por Husserl e Heidegger. O fato é que para ambos "a irrupção da filosofia" (Aufbruch oder Winbrush der Philosophie, Husserl, *Krisis*) é o "fenômeno originário" que caracteriza a Europa como "figura espiritual" (idem). Para ambos, "a palavra φιλοσοφία nos diz que a filosofia é algo que, primeiramente e antes de tudo, determina a existência do mundo grego. E mais – a φιλοσοφία também determina, em sua base, o mais interior dos veios de nossa história ocidental-europeia. A repisada locução'filosofia ocidental-europeia' é, na verdade, uma tautologia. Por quê? Porque a filosofia é grega no seu próprio ser – e grego quer dizer aqui: a filosofia é, em seu ser original, de tal natureza que foi de início o mundo grego, e somente ele, que ela agarrou, dele se valendo para florescer –ela'. Heidegger, *Qu' est-se que la philosophie?* , tradução de K. Axelos e J. Beaufret. Sobre a maneira como é preciso entender, mais precisamente,essas alusões à Grécia, cf. também *Chemins*, tradução de W. Brokmeier.

VIOLÊNCIA E METAFÍSICA

são primeiramente gregos e não seria possível filosofar ou pronunciar a filosofia fora do elemento desses conceitos. Que Platão seja, aos olhos de Husserl, o instituidor de uma razão e de uma tarefa filosóficas cujo *télos* ainda dormia na sombra; que, ao contrário, marque para Heidegger o momento em que o pensamento do ser se esquece e se determina em filosofia, essa diferença só é decisiva ao fim de uma raiz comum que é grega. A diferença é fraternal na descendência, inteiramente sujeita à mesma dominação. Dominação do mesmo, a também, que não se apagará nem na fenomenologia, nem na "ontologia".

2. a arqueologia à qual, por vias diferentes, Husserl e Heidegger nos conduzem prescreve, de cada vez, uma subordinação ou uma transgressão, ou, em todo o caso, uma redução da metafísica. Ainda que esse gesto tenha, em cada caso, pelo menos na aparência, um sentido muito diferente.

3. enfim, a categoria da *ética* está aí não somente dissociada da metafísica, mas ordenada em relação a outra coisa que não ela mesma, em relação a uma instância anterior e mais radical. Quando a ela não se relaciona, quando a lei, o poder de resolução e a relação com o outro reencontra a ἀρχή (arqué)*, aí perdem sua especificidade ética[4].

Ordenados segundo a fonte única da filosofia única, esses três motivos indicariam a única direção possível para todo e qualquer recurso filosófico em geral. Se um diálogo está aberto entre a fenomenologia husserliana e a "ontologia" heideggeriana, em toda a parte em que elas se encontram mais ou menos diretamente implicadas, é somente no interior da tradicionalidade grega que ele parece poder ser ouvido. No momento em que a conceitualidade fundamental resultante da aventura greco--europeia está se apoderando de toda a humanidade, esses três motivos predeterminariam, portanto, a totalidade do logos e da situação histórico-filosófica mundial. Nenhuma filosofia seria capaz de abalá-los sem começar por submeter-se a eles ou sem acabar por destruir-se ela própria como linguagem filosófica.

---

*   *Arqué*: princípio, fonte de causa (N. da E.).

4   Husserl: "A Razão não suporta ser dividida em 'teórica', 'prática' ou estética etc." (*La philosophie comne prise de conscience de l'humanité*, tradução francesa de P. Ricoeur, *Vérité et liberté*). Heidegger: "Os termos tais como 'lógica' e 'física' só aparecem no momento em que o pensamento original entra em decadência". *Lettre sur l'humanisme*, tradução francesa de R. Munier.

A uma profundidade histórica que a ciência e as filosofias da história não podem mais que pressupor, nós nos sabemos, pois, confiados à segurança do elemento grego, num saber e numa confiança que não seriam nem hábitos, nem confortos, mas permitir-nos-iam, pelo contrário, pensar todo perigo e viver toda inquietude ou toda aflição. Por exemplo, a consciência de crise, para Husserl, significa apenas a recuperação provisória, quase necessária, de um motivo transcendental, motivo em que, na obra de Descartes e de Kant, começava a realizar o objetivo grego: a filosofia como ciência. Quando Heidegger diz, por exemplo, que "faz muito tempo, faz já tempo demais que o pensamento está no seco", como peixe em terra, o elemento ao qual ele quer devolvê-lo é ainda – já – o elemento grego, o pensamento grego do ser, o pensamento do ser cuja irrupção ou cujo apelo teriam produzido a Grécia. O saber e a segurança de que falamos não estão, portanto, no mundo: e muito menos a possibilidade de nossa linguagem e o assentamento de nosso mundo.

É a essa profundidade que o pensamento de Emmanuel Lévinas nos faria tremer.

No fundo da secura, no deserto que cresce, esse pensamento que não quer mais ser, por fundação, pensamento do ser e da fenomenalidade, faz-nos sonhar com uma desmotivação e com uma despossessão inauditas:

1. Em grego, na nossa língua, numa língua rica de todos os aluviões de sua história – e nossa pergunta já se anuncia –, numa língua que a si própria se acusa de um poder de sedução com o qual brinca sem cessar, esse pensamento nos chama para a deslocação do logos grego, para a deslocação de nossa identidade e quiçá da identidade em geral; pede-nos que deixemos o lugar grego e talvez o lugar em geral, rumo ao que não é mais nem fonte, nem lugar (demasiado acolhedores para os deuses), rumo a uma *respiração*, a uma palavra profética que já tenha soprado não apenas em direção contrária a Platão, não apenas em direção contrária aos pré-socráticos, mas aquém de toda origem grega, rumo ao outro do Grego (mas o outro do Grego será o não-Grego? Poderá ele, sobretudo, *chamar-se* de o não-Grego? E nossa pergunta se aproxima). Pensamento para o qual a totalidade do logos grego já sobreveio, humo

VIOLÊNCIA E METAFÍSICA

apaziguado não sobre um solo, mas em torno de um vulcão mais antigo. Pensamento que quer, sem filologia, apenas pela fidelidade à nudez imediata, mas submersa na própria experiência, libertar-se da dominação grega do Mesmo e do Um (outros nomes para a luz do ser e do fenômeno) como de uma opressão, que certamente não é semelhante a nenhuma outra no mundo, opressão ontológica e transcendental, mas também origem e álibi de toda opressão no mundo. Pensamento, enfim, que quer libertar-se de uma filosofia fascinada pela "face do ser que se mostra na guerra" e "fixa-se no conceito de totalidade que domina a filosofia ocidental" (TI, x).

2. Esse pensamento quer, contudo, definir-se em sua possibilidade primeira como metafísica (noção grega, no entanto, se seguirmos o fio de nossa questão). Metafísica que Lévinas quer reerguer de sua subordinação e cujo conceito ele quer restaurar contra a totalidade da tradição vinda de Aristóteles.

3. Esse pensamento refere-se à relação ética – relação não--violenta com o infinito, como infinitamente-outra, com outrem –, única a poder abrir o espaço da transcendência e libertar a metafísica. Isso sem apoiar a ética e a metafísica em outra coisa que não nelas próprias e sem misturá-las a outras águas na nascente.

Trata-se, portanto, de uma poderosa vontade de explicação com a história da palavra grega. Poderosa porque, embora não sendo a primeira tentativa no gênero, atinge no diálogo a uma altura e a uma penetração a qual os Gregos – e para começar estes dois Gregos que ainda são Husserl e Heidegger – veem-se intimados a responder. A escatologia messiânica em que se inspira Lévinas, embora não querendo nem se assimilar ao que chamamos de evidência filosófica, nem mesmo "completar" (TI, x) a evidência filosófica, não se desenvolve, todavia, em seu discurso nem como uma teologia, nem como uma mística judias (pode-se, mesmo, entendê-la como o processo da teologia e da mística), nem como uma dogmática, nem como *uma* religião, nem mesmo como *uma* moral. Jamais busca apoio, em última-instância, na autoridade de teses ou de textos hebraicos. Quer fazer-se entender dentro de um *recurso à própria experiência*. A experiência propriamente dita é o que há de mais irredutível na experiência: passagem e saída rumo ao outro; o outro propriamente dito, no que há de mais irredutivelmente outro: outrem.

Recurso que não se confunde com o que sempre chamamos de um procedimento filosófico, mas que a atinge num ponto em que a filosofia, ultrapassada em seus limites, não pode estar interessada. Na verdade, a escatologia messiânica jamais é literalmente proferida: trata-se apenas de designar, na experiência nua, um espaço, um oco onde ela possa ser ouvida e onde deva ressoar. Esse oco não é uma abertura entre outras. É a abertura propriamente dita, a abertura da abertura, aquilo que não se deixa fechar em nenhuma categoria ou totalidade, isto é, tudo aquilo que, da experiência, não se deixa mais descrever na conceitualidade tradicional, resistindo mesmo a todo e qualquer filosofema.

O que significam essa explicação e essa extravasão recíprocas de duas origens e de duas palavras históricas, o hebraísmo e o helenismo? Um novo impulso, alguma estranha comunidade aí se anunciam, que não sejam o retorno espiralado da promiscuidade alexandrina? Se imaginarmos que Heidegger também quer abrir passagem para uma antiga palavra que, apoiando-se na filosofia, leva para além ou para aquém da filosofia, o que significam aqui essa outra passagem e essa outra palavra? E, sobretudo, o que significa esse apoio requerido à filosofia em que elas ainda dialogam? Foi esse espaço de interrogação que escolhemos para uma leitura – muito parcial[5] – da obra de Lévinas. Naturalmente,

---

5  Parcial não apenas em virtude do ponto de vista escolhido, da amplitude da obra de Lévinas, dos limites, materiais e outros, deste ensaio. Mas também porque a escritura de Lévinas, por si só merecedora de todo um estudo e onde o gesto estilístico, sobretudo em *Totalité et Infini*, deixa-se, menos que nunca, distinguir da intenção, proíbe essa desencarnação prosaica no esquema conceitual que é a primeira violência de todo comentário. Lévinas, não há dúvida, recomenda o bom uso da prosa que rompe o encanto ou a violência dionisíacos e proíbe o arroubo poético, mas isso nada muda no caso: em *Totalité et Infini*, o emprego da metáfora, por ser aí admirável e, o mais das vezes, se não sempre, situar-se além do abuso retórico, abriga em seu *páthos* os mais decisivos movimentos do discurso. Quando renunciamos, com excessiva frequência, a reproduzi-los em nossa prosa desencantada, estaremos sendo fiéis ou infiéis? Além do mais, o desenvolvimento dos temas não é, em *Totalité et Infini*, nem puramente descritivo, nem puramente dedutivo. Desenrola-se com a insistência das águas contra uma praia: retorno e repetição, sempre, da mesma onda contra a mesma margem, onde, no entanto, a cada vez que se resume, tudo infinitamente se renova e enriquece. Por todos esses desafios ao comentador e ao crítico, *Totalité et Infini* é uma obra e não um tratado.

VIOLÊNCIA E METAFÍSICA

não temos a ambição de explorar esse espaço, ainda que a título de tímido começo. Na medida do possível, tentaremos indicá--lo. Gostaríamos, de início, no estilo do comentário (e apesar de alguns parênteses e notas nos quais se encerrará nossa perplexidade), de nos mantermos fiéis aos temas e às audácias de um pensamento. Bem como à sua história, cuja paciência e inquietude já resumem e trazem consigo a interrogação recíproca de que queremos falar[6]. Tentaremos, em seguida, levantar algumas questões. Se conseguirem aproximá-las à alma dessa explicação, não serão, de forma alguma, objeções: serão nada mais que as questões que *nos* são levantadas por Lévinas.

Acabamos de dizer "temas" e "história de um pensamento". A dificuldade é clássica e não reside apenas no método. A brevidade destas páginas não fará mais que agravá-la. Não faremos escolhas. Recusar-nos-emos a sacrificar a história do pensamento e das obras de Lévinas à ordem ou ao feixe de temas – cumpre não dizer sistema – que se reúnem e se enriquecem no grande livro: *Totalidade e Infinito*. Pois a lhe darmos crédito, por uma vez, o maior acusado do processo instruído nesse livro, o resultado nada é sem o devir. Mas não sacrificaremos ainda mais a unidade fiel a si da intenção ao devir que então não seria mais que pura desordem. Não escolheremos entre a abertura e a totalidade. Seremos, portanto, incoerentes, mas sem nos reduzirmos sistematicamente à incoerência. A possibilidade do sistema impossível estará no horizonte para proteger-nos do empirismo. Sem refletirmos aqui sobre a filosofia dessa hesitação, observemos entre parênteses que, por sua simples elocução, já abordamos a problemática própria de Lévinas.

## I. VIOLÊNCIA DA LUZ

A saída da Grécia estava discretamente premeditada na *Teoria da Instituição na Fenomenologia de Husserl*. Essa foi, em 1930, na França, a primeira grande obra consagrada à totalidade do pensamento husserliano. Através de uma notável explanação sobre os desenvolvimentos da fenomenologia, tais como eram

---

6 Encontraremos no final de *Difficile Liberté*, sob o título "Signature", os pontos de referência para uma biografia filosófica de Lévinas.

então acessíveis com base nas obras publicadas e no ensinamento do mestre, através das precauções que já levavam em conta as "surpresas" que a meditação e os inéditos de Husserl poderiam "reservar", a reticência estava declarada. O imperialismo da θεωρὶα* já inquietava Lévinas. Mais do que qualquer outra filosofia, a *fenomenologia*, seguindo os passos de Platão, devia estar banhada em luz. Não tendo sabido reduzir a última ingenuidade, a do olhar, ela predeterminava o ser como objeto.

A acusação ainda permanece tímida e não vem em bloco.

*a*. Primeiramente, é difícil erguer um discurso filosófico contra a luz. E trinta anos mais tarde, quando as queixas contra o teoretismo e a fenomenologia husserliana se tornarem os motivos essenciais da ruptura com a tradição, será ainda mister que se ofereça a um certo aclaramento a nudez do rosto de outrem, essa "epifania" de uma certa não-luz diante da qual deverão calar-se e desarmar-se todas as violências. Particularmente a que se alia à fenomenologia.

*b*. Em seguida, é difícil negligenciá-lo, Husserl predetermina tão pouco o ser como objeto que, em *Idées I*, a existência absoluta só é reconhecida pela consciência pura. Com frequência pretendeu-se, é verdade, que a diferença não contava quase nada e que uma filosofia da consciência era sempre filosofia do objeto. A leitura de Husserl por Lévinas sempre foi, sobre esse ponto, matizada, flexível, contrastada. Já na *Teoria da Intuição* [...], a teoria distingue-se corretamente da objetividade em geral. Veremos isso mais adiante: a consciência prática, axiológica etc., também é, para Husserl, uma consciência de objeto. Lévinas reconhece-o com clareza. A acusação visaria, portanto, na realidade, ao primado irredutível da correlação sujeito-objeto. Mais tarde, porém, Lévinas insistirá naquilo que, dentro da fenomenologia husserliana, nos leva para além ou para aquém da "correlação sujeito-objeto". É, por exemplo, a intencionalidade enquanto "relação com a alteridade" como "exterioridade que não é objetiva", é a sensibilidade, a gênese passiva, o movimento da temporalização[7] etc.

---

\* *Theoria*: ação de observar, contemplar, meditar (N. da E.).

7 Cf. Husserl, La Technique phénoménologique, *Cahiers de Royaumont*, e Intentionalité et métaphysique, *Revue philosophique*, 1959.

*c.* Depois, o sol do (ἐπέχεινα τῆς οὐσίας.\*) sempre iluminará para Lévinas o despertar puro e a fonte inesgotável do pensamento. Ele é não somente o ancestral grego do Infinito que transcende a totalidade (totalidade do ser ou do noema, do mesmo ou do eu)[8], mas o instrumento de uma destruição da ontologia e da fenomenologia submetidas à totalidade neutra do Mesmo como ser ou como Eu. Todos os ensaios agrupados em 1947 sob o título: *Da Existência ao Existente* serão colocados sob o signo da "fórmula platônica que coloca o Bem para além do Ser" (em *Totalidade e Infinito*, a "Fenomenologia do Eros" descreve o movimento do *epekeinatês ousias*, na própria experiência da carícia). Em 1947, esse movimento, que não é teológico, que não é transcendência rumo a "uma existência superior", é chamado por Lévinas de "ex-cendência". Estribando-se no ser, a ex-cendência é uma "saída do ser e das categorias que o descrevem". Essa ex-cendência ética já desenha o lugar – ou melhor, o não-lugar – da metafísica como meta-teologia, meta-ontologia, meta-fenomenologia. Devemos voltar a essa leitura da *epekeina tês ousias* e a suas relações com a ontologia. Observemos, por ora, já que se trata de luz, que o movimento platônico é interpretado de tal maneira que ele não mais conduz ao sol, mas para além mesmo da luz e do ser, da luz *do* ser: "Encontramos *à nossa maneira* a ideia platônica do Bem para além do Ser", é o que se lê no final de *Totalidade e Infinito*, a propósito de criação e de fecundidade (o grifo é nosso). *À nossa maneira*, isto é, a ex-cendência ética não projeta rumo à neutralidade do bem, mas rumo a outrem, e o que (é) *epekeina tês ousias* não é essencialmente luz, mas fecundidade ou generosidade. A criação não é criação a não ser *do* outro, só é possível como paternidade, e as relações do pai com o filho escapam a todas as categorias da lógica, da ontologia e da fenomenologia nas quais o absoluto do outro é

---

\* *Epekeina tês ousias*: além da essência (N. da E.).

8 O outro antepassado, o latim, será cartesiano: ideia do Infinito que se anuncia ao pensamento como aquilo que sempre dele extravasa. Acabamos de designar os dois únicos gestos filosóficos que, com exclusão de seus autores, foram totalmente absolvidos, reconhecidos como inocentes por Lévinas. Fora essas duas antecipações, a tradição jamais teria conhecido, sob o nome de infinito, senão o "falso-infinito" impotente para exceder absolutamente o Mesmo: o infinito como horizonte indefinido ou como transcendência da totalidade às partes.

necessariamente o mesmo. (Mas o sol platônico, já então, não iluminava o sol visível e a ex-cendência, não zombava ela, na metá-fora, desses dois sóis? Não era o Bem a fonte – necessariamente noturna – de toda luz? Luz (além) da luz. O coração da luz é negro, conforme muitas vezes se observou[9]. De resto, o sol de Platão não ilumina apenas: ele gera. O bem é o pai do sol visível que dá aos seres a "gênese, o crescimento e o alimento" (*República*, 508a 509b).

*d*) Enfim, não há dúvida de que Lévinas está muito atento a tudo aquilo que, nas análises de Husserl, tempera ou complica a primordialidade da consciência teórica. Num parágrafo consagrado à *Consciência-não-teórica*, admite-se que o primado da objetividade em geral não se confunde necessariamente, em *Ideias I*, com o da atitude teórica. Existem atos e objetos não-teóricos de uma "estrutura ontológica nova e irredutível". "Por exemplo [diz Husserl], o ato de *valorização* constitui um objeto (*Gegenständlichkeit*) *axiológico*, específico em relação ao mundo das coisas, constitui um ser de uma nova região". Lévinas também admite, várias vezes, que a importância atribuída à objetividade teorética deve-se ao guia transcendental frequentemente escolhido em *Ideias I*: a percepção da coisa estendida. (Já se sabia, no entanto, que esse fio condutor podia ser apenas um exemplo provisório.)

Apesar de todas essas precauções, apesar de uma constante oscilação entre a letra e o espírito do husserlianismo (sendo aquele frequentemente contestada em nome deste[10]), apesar

---

9   Ver exemplos filosóficos e poéticos dados por G. Bachelard em *La Terre et les Rêveries du repos*, p. 22 e s.

10  Esse esquema é que sempre comanda a relação de Lévinas com Husserl. O teoretismo e o objetivismo seriam a conclusão e a letra husserlianas que traem o espírito da análise intencional e da fenomenologia. Ver, por exemplo, *Intentionnalité et métaphysique*: "A grande contribuição da fenomenologia husserliana está ligada à ideia de que a intencionalidade ou a relação com a alteridade não se imobiliza ao polarizar-se como sujeito-objeto. Certamente, a maneira como o próprio Husserl interpreta e analisa essa extravasão da intencionalidade objetivante pela intencionalidade transcendental, consiste em trazer esta última de volta a outras intuições e como que a 'pequenas percepções'". (Teria Husserl subscrito essa interpretação de sua "interpretação"? Estamos longe de ter uma ideia formada sobre o assunto e aqui não é lugar para discutirmos a questão.) Segue-se uma descrição da esfera pré-objetiva de uma experiência intencional que sai absolutamente de si para o outro (descrição que, no entanto, jamais nos pareceu exceder uma certa literalidade husserliana). O mesmo esquema em *La*

VIOLÊNCIA E METAFÍSICA

da insistência sobre o que é chamado de "flutuação no pensamento de Husserl", declarou-se uma ruptura significativa que impede o caminho de volta. A redução fenomenológica, cujo "papel histórico [...] não chega a ser um problema" para Husserl, fica prisioneira da atitude natural, possível por ela "na medida em que esta é teórica[11]". "Husserl dá-se a liberdade da teoria, assim como ele se dá essa mesma teoria". O capítulo IV da obra *A Consciência Teórica* designa, no interior de uma análise meticulosa e matizada, o lugar da separação: é impossível manter-se ao mesmo tempo o primado do ato objetivante e a originalidade irredutível da consciência não-teórica. E se "a concepção de consciência na *5ª Untersuchung* parece-nos não apenas afirmar um primado da consciência teórica mas nela ver apenas o acesso ao que faz o *ser* do objeto", se "o mundo existente, que nos é revelado, tem o modo de existência do objeto que se oferece ao olhar teórico", se "o mundo real é o mundo do conhecimento", se "em sua filosofia [a de Husserl] [...], o conhecimento, a representação[12], não é um modo de vida do mesmo grau que os outros nem um modo secundário", então "teremos de separar-nos disso".

Já é de prever a que desconforto se irá devotar mais tarde um pensamento que, recusando a excelência da racionalidade teórica, jamais cessará, no entanto, de recorrer ao racionalismo e ao universalismo mais desarraigados contra as violências da

*Technique phénoménologique* e em *Totalité et Infini*: ao "ensinamento essencial" de Husserl opõe-se "a letra". "Que importa se na fenomenologia husserliana, lida ao pé da letra, esses horizontes insuspeitados interpretam-se, por sua vez, como pensamentos que visam a objetos!"

11 Proposição que Husserl não teria, sem dúvida, aceitado facilmente. Assim também, toda a análise consagrada à tese dóxica e ao parágrafo 117 das *Idées* (THI, p. 192) leva em conta a extraordinária ampliação das noções de *tese* e de *doxa* realizada por Husserl que já se mostra tão preocupado com respeitar a originalidade do prático, do axiológico, do estético? Quanto ao significado histórico da redução, é bem verdade que, em 1930 e em suas obras publicadas, Husserl ainda não fizera disso um tema. Voltaremos ao assunto. Nosso interesse, no momento, não se direciona para a verdade husserliana, mas para o itinerário de Lévinas.

12 Quanto à representação, motivo importante da divergência, quanto à sua dignidade e ao seu estatuto na fenomenologia husserliana,Lévinas parece, contudo, jamais ter deixado de hesitar. Mas ainda é, quase sempre, entre o espírito e a letra. Às vezes também entre o direito e o fato. Acompanharemos esse movimento através das seguintes passagens: THI, p. 90 e s.; EDE, p. 22-23 e, sobretudo, p. 52, *La Technique Phénoménologique*, p. 98-99, TI, p. 95 e s.

mística e da história, contra o arrebatamento do entusiasmo e do êxtase. São de prever também as dificuldades de uma caminhada que leva a uma metafísica da separação através de uma redução do teoretismo. Pois era, até aqui, à separação, à distância ou à impassibilidade que visavam as objeções clássicas contra o teoretismo e o objetivismo. Haverá, ao contrário, mais força – e perigo – em denunciar a cegueira do teoretismo, sua incapacidade de sair de si rumo à exterioridade absoluta, rumo ao totalmente-outro, rumo ao infinitamente-outro, "mais objetivo do que a objetividade" (TI). A complexidade da objetividade teórica e da comunhão mística, este será o verdadeiro alvo de Lévinas. Unidade pré-metafísica de uma única e mesma violência. Alternância que modifica sempre o mesmo aprisionamento do outro.

Em 1930, Lévinas volta-se para Heidegger contra Husserl. É quando se publica *Sein und Zeit* e o ensinamento de Heidegger começa a irradiar-se. Tudo o que extravasa do comentário e da "letra" do texto husserliano orienta-se para a "ontologia", "no sentido muito especial que Heidegger atribui a esse termo" (THI). Em sua crítica a Husserl, Lévinas retém aqui dois temas heideggerianos: 1. malgrado "a ideia, tão profunda, de que, na ordem ontológica, o mundo da ciência é posterior ao mundo concreto e vago da percepção, e dele depende", Husserl "talvez se tenha enganado ao ver, nesse mundo concreto, um mundo de objetos previamente percebidos" (THI). Heidegger vai mais longe: para ele esse mundo não é de início dado a um olhar, mas (formulação sobre a qual nos perguntamos se teria sido aceita por Heidegger) "em seu próprio ser, como um centro de ação, como um campo de atividade ou de *solicitude*" (idem). 2. Se teve razão contra o historicismo e a história naturalista, Husserl não levou em conta "a situação histórica do homem [...] considerada num outro sentido"[13]. Há uma historicidade e uma temporalidade do homem que não são somente predicados seus, mas "a substancialidade mesma de

---

13  Em EDE, numa época (1940-1949) em que as surpresas a respeito não eram mais olhadas com reserva, o tema dessa crítica ainda será central: "Em Husserl, o fenômeno do sentido nunca foi determinado pela história". (Não queremos aqui dizer que essa frase esteja *finalmente* em contradição com as intenções então conhecidas de Husserl. Mas já não são estas, seja embora na base e em definitivo, mais problemáticas do que parece crer Lévinas?)

sua substância". É "essa estrutura [...] que ocupa lugar tão importante no pensamento de um Heidegger" (idem).

Já é de prever a que desconforto, mais tarde, irá votar-se um pensamento que, rejeitando a excelência de uma "filosofia" que "parece [...] tão independente da situação histórica do homem quanto a teoria que procura tudo considerar *sub specie aeternitatis*" (THI), não cessará mais tarde de recorrer, da mesma forma que à experiência, à "escatológica" que, "como o 'além' da história, subtrai os seres à jurisdição da história" (TI). Não existe aqui contradição, mas um deslocamento de conceitos – no caso do conceito de história – que devemos seguir. Talvez então a aparência de contradição desapareça como o fantasma de uma filosofia murada em sua conceitualidade elemental. Contradição que acompanha o que Lévinas chamará frequentemente de "lógica formal".

Sigamos esse deslocamento. O que respeitosa e moderadamente é censurado em Husserl, num estilo heideggeriano, não tardará a tornar-se ponto de acusação num requisitório voltado desta vez contra Heidegger e cuja violência não cessará de crescer. Não se trata, certamente, de denunciar como teoretismo militante um pensamento que, desde seu primeiro ato, recusou tratar a evidência do objeto como seu último recurso; e para o qual a historicidade do sentido, segundo os próprios termos de Lévinas, "arruína a clareza e a constituição como modos de existência autênticos do espírito" (EDE); para o qual, enfim, "a evidência não é mais o modo fundamental da intelecção", "a existência é irredutível à luz da evidência" e "o drama da existência" é encenado "antes da luz" (idem). No entanto, a uma singular profundidade – o que só torna, porém, fato e acusação ainda mais significativos –, Heidegger teria ainda questionado e reduzido o teorismo em nome e no interior de uma tradição greco-platônica vigiada pela instância do olhar e pela metáfora da luz. Isto é, pelo casal espacial do dentro-fora (mas será, de parte a parte, um casal *espacial?*), de que vive a oposição sujeito-objeto. Ao pretender reduzir esse último esquema, Heidegger teria mantido o que o tornava possível e necessário: a luz, o desvelamento, a compreensão ou a pré-compreensão. Isso é o que nos é dito em textos escritos após *Descobrindo a Existência*. "A preocupação heideggeriana, inteiramente iluminada pela compreensão (ainda que essa mesma compreensão se dê como preocupação), já é determinada pela estrutura 'dentro-fora' que caracteriza a luz". Ao abalar a estrutura "dentro-fora" no ponto em que ela teria resistido a Heidegger, Lévinas de modo algum pretende apagá-la ou negar-lhe sentido e existência. Muito menos, aliás, quando se trata da oposição sujeito-objeto ou *cogito-cogitatum*. Num estilo pelo qual se reconhece aqui o pensamento forte e fiel (que é também o estilo de Heidegger), Lévinas respeita a zona ou a categoria de verdade tradicional; e as filosofias cujas pressuposições ele descreve não são, em geral, nem refutadas nem criticadas. Aqui, por exemplo, trata-se simplesmente de fazer aparecer por sob essa verdade, alicerçando-a e nela se dissimulando, "uma situação que precede a cisão do ser num dentro e num fora". E contudo instaurar, num sentido que deverá ser novo, totalmente novo, uma metafísica da separação e da exterioridade radicais. Pressente-se que essa metafísica terá dificuldade em encontrar sua linguagem no elemento de um logos tradicional inteiramente controlado pela estrutura "dentro-fora", "interioridade-exterioridade".

Assim, "sem ser conhecimento, a temporalidade de Heidegger é um êxtase, o 'ser fora de si'. De maneira alguma transcendência da teoria, mas já saída de uma interioridade rumo a uma exterioridade". A estrutura do *Mitsein*[14] será ela própria interpretada como herança platônica e pertinência ao mundo da luz. Com efeito, através da experiência do eros e da paternidade, através da espera da morte, deveria surgir uma relação com o outro que não mais se deixasse compreender como modificação da "noção eleática do Ser" (TA). Esta exigiria que a multiplicidade fosse compreendida e submetida ao império da unidade. Ela ainda imporia a filosofia de Platão, segundo Lévinas, até em seu conceito de feminilidade (pensada como matéria nas categorias da atividade e da passividade) e até em seu conceito da cidade que "deve imitar o mundo das ideias" (TA).

"É... para um pluralismo que não se molda em unidade que nos desejaríamos encaminhar; e, na possibilidade da ousadia, romper com Parmênides" (TA). É, portanto, a um segundo parricídio que exortamos Lévinas. Faz-se necessário matar o

---

14 *Mitsein* (alemão) ou, ainda, *Le pour-l'autre* (francês) são termos que Lévinas usa para caracterizar o ser humano como ser antes de tudo ético, ou seja, necessariamente devotado à interdependência.

VIOLÊNCIA E METAFÍSICA

pai grego que ainda nos mantém sob sua lei, aquilo a que um Grego – Platão – jamais pôde sinceramente decidir-se, diferindo-o num assassínio alucinatório. Alucinação já na alucinação da fala. Mas o que um Grego aqui não pôde fazer, conseguirá um não-Grego fazê-lo sem disfarçar-se de Grego, sem *falar* grego, sem fingir que fala grego para aproximar-se do rei? E como se trata de matar uma fala, saberemos um dia quem é a última vítima desse fingimento? Podemos fingir que falamos uma linguagem? O Estrangeiro eleata e discípulo de Parmênides teve de dar-lhe razão para vencer-lhe a resistência: obrigando o não-ser a ser, precisara "dizer adeus a não sei que contrário do ser" e confinar o não-ser em sua relatividade ao ser, isto é, no movimento da alteridade.

Por que, segundo Lévinas, a repetição do assassínio era necessária? Porque o gesto platônico será ineficaz enquanto a multiplicidade e a alteridade não forem entendidas como *solidão* absoluta do *existente* em seu *existir*. Foi então por "razões de eufonia" (TA) a tradução escolhida por Lévinas para *Seiendes* e *Sein*. Escolha que não cessa de suscitar certo equívoco: por *existente*, Lévinas entende de fato quase sempre, se não sempre, o sendo-homem, sendo-o na forma do *Dasein*. Ora, assim compreendido, o existente não é o sendo (*Seiendes*) em geral, mas remete – e primeiramente porque a raiz é a mesma – ao que Heidegger chama de *Existenz*, "modo do ser e, precisamente, o ser desse sendo que se mantém aberto para a 'abertidade'\* do ser e nela". "Was bedeutet 'Existenz' in Sein und Zeit? Das Wort nennt eine Weise des Seins, und zwar das Sein desjenigen Seienden, das offen steht für die Offenheit des Seins, ih der es steht, indem es sie aussteht"\*\* (Introdução a *Was ist Metaphysik*).

Ora, essa solidão do "existente" em seu "existir" seria primeira, não poderia pensar-se a partir da unidade neutra do *existir* (que Lévinas descreve amiúde e tão profundamente sob

---

\* Em francês, *apérité*, neologismo do autor, baseado no latim *aperire* (abrir, expor, manifestar), *apertibilis* (aperiente, que se abre) e correspondente ao uso que Heidegger faz das palavras Offenheit ou Öffnung (capacidade de abrir-se ou expor-se) (N. da E.).

\*\* O que significa existente em Ser e Tempo? A palavra indica um modo do ser e, na verdade, o ser entre aqueles sendo-ente que está aberto para a abertura-aperidade do ser, abertura na qual ele se encontra, enquanto a sustenta (*O que é isso, a Metafísica?*) (N. da E.).

o título de *Há*. Mas não é o "há" a totalidade do *sendo* indeterminado, neutro, anônimo etc. mais do que o próprio ser? Seria necessário confrontar sistematicamente esse tema do "há" com as alusões que Heidegger faz ao "es gibt" ([Ser e Tempo, *Carta sobre o Humanismo*]). Confrontar também o horror ou o terror que Lévinas opõe à angústia heideggeriana com a experiência do pavor (*Scheu*), que, no dizer de Heidegger, no epílogo de *Was ist Metaphysik*, "mora perto da angústia essencial".

Do fundo dessa solidão surge a relação com o outro. Sem ela, sem esse segredo primeiro, o parricida é uma ficção teatral da filosofia. Partir da unidade do "existir" para compreender o segredo, sob o pretexto de que ele *existe* ou de que ele *é* o segredo do existente, "é encerrar-se na unidade e deixar que Parmênides escape de todos os parricídios" (TA). É, pois, na direção de um pensamento da diferença originária que, a partir de então, Lévinas se orienta. Estará esse pensamento em contradição com as intenções de Heidegger? Haverá uma diferença entre essa diferença e a diferença de que fala este último? A aproximação de ambos será apenas verbal? E qual a diferença mais originária? Essas são questões que examinaremos mais adiante.

Mundo de luz e de unidade, "filosofia de um mundo da luz, de um mundo sem tempo". Nessa heliopolítica,

> o ideal do social será buscado num ideal de fusão [...] o sujeito [...] mergulhando numa representação coletiva, num ideal comum[...] É a coletividade que diz "nós", que, voltada para o sol inteligível, para a verdade, sente o outro a seu lado, e não à sua frente [...] O *Miteinander sein** continua sendo, também ele, a coletividade do com e é ao redor da verdade que ele se revela em sua forma autêntica.

Ora, "esperamos mostrar, de nossa parte, que não é a preposição *mit* que deve descrever a relação original com o outro". Sob a solidariedade, sob o companheirismo, antes do *Mitsein* que seria apenas uma forma derivada e modificada da relação originária com o outro, Lévinas já tem em mira o face a face e o encontro do rosto. "Face a face sem intermediário" nem "comunhão". Sem intermediário e sem comunhão, nem

---

\* O ser que vive juntamente com outro (N. da E.).

VIOLÊNCIA E METAFÍSICA

mediatidade, nem imediatidade, esta é a verdade de nossa relação com o outro, a verdade para a qual o logos tradicional é para sempre inóspito. Verdade impensável da experiência viva à qual volta incessantemente Lévinas e que a palavra filosófica não pode tentar abrigar, sem logo mostrar, em sua própria luz, miseráveis rachas, e sua rigidez que havíamos interpretado como solidez. Poderíamos sem dúvida mostrar que a escritura de Lévinas tem essa peculiaridade de moer-se sempre, em seus momentos decisivos, ao longo dessas rachas, progredindo com maestria por negações e negação contra negação. Seu caminho não é o de um "ou bem... ou bem", mas de um "nem... nem tampouco". A força poética da metáfora é amiúde o vestígio dessa alternativa recusada e dessa ferida na linguagem. Através dela, em sua abertura, é a experiência que se mostra em silêncio.

Sem intermediário e sem comunhão, proximidade e distância absolutas: "eros onde, na proximidade do outro, é integralmente mantida a distância, cujo patético é feito a um tempo dessa proximidade e dessa dualidade". Comunidade da não-presença e, portanto, da não-fenomenalidade. Não comunidade sem luz, não sinagoga de olhos vendados, mas comunidade anterior à luz platônica. Luz antes da luz neutra, antes da verdade que vem como um terceiro, "em direção à qual olhamos juntos", verdade de julgamento e de arbítrio. Sozinho, o outro, o inteiramente-outro, pode manifestar-se como o que ele é, antes da verdade comum, numa certa não-manifestação e numa certa ausência. Só dele podemos dizer que seu fenômeno é uma certa não-fenomenalidade, que sua presença *é* uma certa ausência. Não ausência pura e simples, pois a lógica com isso voltaria a ganhar terreno, mas uma certa ausência. Uma tal formulação mostra-o claramente: nessa experiência do outro, a lógica da não-contradição, tudo o que Lévinas designará com o nome de "lógica formal" acha-se contestado na raiz. Essa raiz seria não só a da nossa linguagem, mas a de toda a filosofia ocidental[15] e, em particular, da fenomenologia e da ontologia.

15 O próprio Hegel não escaparia à regra. A contradição seria, sem cessar e no fim das idades, superada. A extrema audácia consistiria aqui em voltar contra Hegel a acusação de formalismo e em denunciar a reflexão especulativa como lógica do entendimento, como tautológica. Imaginamos a dificuldade da tarefa.

Essa ingenuidade impedi-las-ia de pensar o outro (isto é, de pensar; e a razão passaria, assim, a ser – mas não foi Lévinas quem o disse – "o inimigo do pensamento") e de ordenar-lhe os discursos. A consequência disso seria dupla: *a.* não pensando o outro, elas não têm o tempo. Não tendo o tempo, não têm a história. A alteridade absoluta dos instantes, sem a qual não haveria tempo, não pode ser produzida – constituída – na identidade do sujeito ou do existente. Ela vem ao tempo por outrem. Bergson e Heidegger tê-lo-iam ignorado (EE). Husserl mais ainda. *b.* Mais gravemente, privar-se do outro (não por alguma abstinência, dele se separando, o que é justamente relacionar-se com ele, respeitá-lo, mas ignorando-o, isto é, conhecendo-o, identificando-o, assimilando-o), privar--se do outro e fechar-se numa solidão (má solidão de solidez e de identidade a si) e reprimir a transcendência ética. De fato, se a tradição parmenidiana – agora sabemos o que isso quer dizer para Lévinas – ignora a irredutível solidão do "existente", é por aí mesmo que ignora a relação com o outro. Ela não pensa a solidão, não se manifesta como solidão porque ela é solidão de totalidade e de opacidade. "O solipcismo não é nem uma aberração, nem um sofisma; é a estrutura da própria razão." Há, portanto, um solilóquio da razão e uma solidão da luz. Incapazes de respeitar o outro em seu ser e em seu sentido, fenomenologia e ontologia seriam, pois, filosofias da violência. Através delas, toda a tradição filosófica seria cúmplice, em seu sentido e em profundidade, da opressão e do totalitarismo do mesmo. Velha amizade oculta entre a luz e o poder, velha cumplicidade entre a objetividade teórica e a possessão técnico-política[16]. "Se pudéssemos possuir, agarrar e conhecer o outro, ele não seria o outro. Possuir, conhecer, agarrar são sinônimos do poder" (TA). Ver e saber, ter e poder só se desenvolvem na identidade opressiva

---

16 Outro desconforto: a técnica nunca é simplesmente condenada por Lévinas. Ela pode salvar de uma violência pior, da violência "reacionária", a do arrebatamento sagrado, de enraizamento, da proximidade natural da paisagem. "A técnica arranca-nos do mundo heideggeriano e das superstições do Lugar." Oferece a oportunidade de "deixar luzir o rosto humano em sua nudez" (DL). Voltaremos ao assunto. Não queremos aqui deixar pressentir que toda filosofia da não-violência não pode nunca, *na história* – mas teria ela sentido alhures? –, senão escolher a menor violência numa *economia da violência*.

VIOLÊNCIA E METAFÍSICA

e luminosa do mesmo e permanecem, aos olhos de Lévinas, como as categorias fundamentais da fenomenologia e da ontologia. Tudo o que me é dado na luz parece ter-me sido dado a mim mesmo por mim mesmo. Doravante, a *metáfora* heliológica só nos faz desviar o olhar e fornece um álibi à violência histórica da luz: deslocamento da opressão técnico-política rumo à falsa inocência do discurso filosófico. Pois sempre se acreditou que as metáforas inocentassem, tirassem o peso das coisas e dos atos. Se não há história senão através da linguagem, e se a linguagem (salvo quando designa o propriamente dito ou o nada: quase nunca) é elementarmente metafórica, Borges tem razão: "Talvez a história universal não seja mais que a história de algumas metáforas". Dessas "algumas metáforas", a luz é apenas um exemplo, mas que exemplo! Quem o dominará, quem um dia expressará sem sentido, sem se deixar primeiro por ele dizer? Que linguagem um dia dele escapará? Como dele se libertará, por exemplo, a metafísica do rosto como *epifania* do outro? Talvez a luz não tenha contrário, sobretudo não a noite. Se todas as linguagens nela se batem, *modificando somente* a mesma metáfora e escolhendo a *melhor* luz, Borges, algumas páginas mais adiante, tem ainda razão: "Talvez a história universal seja apenas a história das diversas *entonações* de algumas metáforas". (*A Esfera de Pascal*. O grifo é nosso.)

## II. FENOMENOLOGIA, ONTOLOGIA, METAFÍSICA

Esses progressos eram críticos, mas obedeciam à voz de certezas plenas. Estas apareciam somente através dos ensaios, das análises concretas e sutis, que falam do exotismo, da carícia, da insônia, da fecundidade, do trabalho, do instante, da fadiga, nesse ponto, nessa ponta do indescritível indestrutível que enceta a conceitualidade clássica e busca a sua entre recusas. *Totalidade e Infinito*, a grande obra, não só enriquece essas análises concretas como as organiza no interior de uma poderosa arquitetura.

O movimento positivo que se dirige para além do desprezo ou do desconhecimento do outro, isto é, para além de apreciação ou da captura, da compreensão e do conhecimento do outro, é chamado por Lévinas de *metafísica* ou *ética*. A transcendência metafísica é *desejo*.

Esse conceito do desejo é, tanto quanto possível, anti-hegeliano. Não designa o movimento de negação e de assimilação, a negação da alteridade de início necessária para tornar-se "consciência de si", "certa de si" (*Fenomenologia do Espírito* e *Enciclopédia*). Ao contrário, o desejo é para Lévinas o respeito e o conhecimento do outro como outro, momento ético-metafísico que a consciência *deve* proibir-se de transgredir. Ao contrário, esse gosto de transgressão e de assimilação seria uma necessidade essencial, segundo Hegel. Lévinas nele vê uma necessidade natural, pré-metafísica, e separa, em belas análises, o desejo da fruição, coisa que, ao que me consta, não é o que faz Hegel. A fruição somente diferida no trabalho: a fruição hegeliana não seria senão a necessidade no sentido de Lévinas. Mas as coisas pareceriam mais complicadas, prevê-se, quando seguimos minuciosamente o movimento da certeza e da verdade do desejo na *Fenomenologia do Espírito*. Apesar de seus protestos antikierkegaardianos, Lévinas volta a reunir aí os temas de *Temor e Tremor*. O movimento do desejo só pode ser o que é como paradoxo, como renúncia ao desejado.

Nem a intencionalidade teórica, nem a afetividade da necessidade esgotam o movimento do desejo: elas têm por sentido e por fim realizarem-se, planificarem-se, satisfazerem-se na totalidade e na identidade do mesmo. O desejo, ao contrário, deixa-se chamar pela exterioridade absolutamente irredutível do outro ao qual deve permanecer infinitamente inadequado. Só se iguala ao incomensurável. Totalidade alguma jamais se fechará sobre ele. A metafísica do desejo é, portanto, metafísica da separação infinita. Não consciência da separação como consciência judaica, como consciência infeliz: na Odisseia hegeliana, a infelicidade de Abraão é determinada como provisão, como necessidade provisória de uma figura e de uma passagem no horizonte da reconciliação, do retorno a si e do saber absoluto. Aqui, nada de retorno. Além do mais, o desejo não é infeliz. É abertura e liberdade. Daí por que o infinito desejado pode comandá-lo mas jamais saciá-lo com sua presença. "E se o desejo devesse cessar com Deus/ Ah! eu te desejaria, inferno." (Ser-nos-á permitido citar Claudel para

VIOLÊNCIA E METAFÍSICA

comentar Lévinas, quando este polemiza também contra esse "espírito admirado desde [nossa] juventude?" DL).

O infinitamente outro é o invisível, visto que vê-lo não abre senão a exterioridade ilusória e relativa da teoria e da necessidade. Exterioridade provisória, que nos damos *a fim* de consumá-la, de consumi-la. Inacessível, o invisível é o altíssimo. Essa expressão – habitada, talvez, pelas ressonâncias platônicas evocadas por Lévinas, mas sobretudo por outras que reconheceremos mais depressa – rasga, pelo excesso superlativo, a carta espacial da metáfora. Por mais alta que seja, a altura é sempre acessível; o altíssimo, ele, é mais alto que a altura. Nenhum acréscimo de altura seria capaz de medi-lo. Ele não pertence ao espaço, ele não é do mundo. Mas qual a necessidade dessa inscrição da linguagem no espaço no momento mesmo em que ela o excede? E se o polo da transcedência metafísica é não-altura espacial, o que, em última instância, legitima a expressão de trans-ascendência tomada de empréstimo a J. Wahl? O tema do rosto talvez nos ajude a compreendê-la.

O eu é o mesmo. A alteridade ou a negatividade interior do eu, a diferença interior é apenas aparência: uma *ilusão*, um "jogo do Mesmo", o "modo de identificação" de um eu cujos momentos essenciais chamam-se o corpo, a posse, a casa, a economia etc. Lévinas consagra-lhes belas descrições. Mas esse jogo do mesmo não é monótono, não se repete no monólogo e na tautologia formal. Trabalho de identificação e produção concreta do egoísmo, ele comporta uma *certa* negatividade. Negatividade finita, modificação interna e relativa pela qual o eu finge ser ele mesmo em seu movimento de identificação. Altera-se, assim, rumo a si em si.

A resistência oferecida ao trabalho, ao provocá-lo, permanece um momento do mesmo, momento finito que forma sistema e totalidade com o agente. Consequentemente, Lévinas descreve a *história* como cegueira em relação ao outro e procissão laboriosa do mesmo. Caberá perguntar se a história pode ser a história, *se há história* quando a negatividade é fechada no círculo do mesmo e quando o trabalho não se choca verdadeiramente com a alteridade, dá-se a si próprio sua resistência. Perguntar-se-á se a própria história não começa com essa relação com o outro que Lévinas coloca para além da história. O esquema dessa questão poderia comandar toda a leitura de *Totalidade e Infinito*. Em todo o caso, assiste--se, assim, a esse deslocamento do conceito de historicidade de que falávamos acima. É mister reconhecer que, sem esse deslocamento, nenhum anti-hegelianismo poderia ser consequente de princípio a fim. A condição *necessária* desse anti--hegelianismo é, portanto, satisfeita.

É preciso tomar cuidado: esse tema da tautologia concreta (não-formal) ou da falsa heterologia (finita), esse tema difícil é proposto bastante discretamente no início de *Totalidade e Infinito*, mas condiciona todas as afirmações desse livro. Se a negatividade (trabalho, história etc.) jamais tem relação com o outro, se o outro não é a simples negação do mesmo, então nem a separação, nem a transcendência metafísica se pensam sob a categoria da negatividade. Assim como – isso já vimos acima – a simples consciência interna não saberia, sem a interrupção do inteiramente-outro, dar-se o tempo e a alteridade absoluta dos instantes, assim também o eu não pode gerar em si a alteridade sem o encontro de outrem.

Se essas proposições iniciais que autorizam a equação do eu ao mesmo não forem suficientes para nos convencer, nada mais nos convencerá. Se não seguirmos Lévinas quando este afirma que as coisas oferecidas ao trabalho ou ao desejo – no sentido hegeliano (por exemplo, a objetividade natural) pertencem ao eu, à sua economia (ao mesmo), não lhe oferecem a resistência absoluta reservada ao outro (outrem), se não formos tentados a pensar que essa última resistência supõe, em seu sentido mais próprio, mas sem confundir-se com ela, a possibilidade da resistência das coisas (a existência do mundo que não é eu e no qual eu sou, da maneira mais original que se queira, por exemplo, como origem do mundo no mundo...), se não seguirmos Lévinas quando afirma que a verdadeira resistência ao mesmo não é a das coisas, não é *real*, mas *inteligível*[17], se formos rebeldes à noção de resistência puramente inteligível, não mais seguiremos Lévinas. E não seguiremos sem um indefinível mal-estar as operações conceituais que a dissimetria clássica do mesmo e do outro libera ao deixar-se

---

17  Liberté et commandement, *Revue de métaphysique et de morale*, 1953.

VIOLÊNCIA E METAFÍSICA

derrubar; ou (diria uma cabeça clássica) *ao fingir* que se deixa
derrubar, continuando, no entanto, a *mesma*, impassível sob
uma substituição algébrica.

Qual é, portanto, esse encontro do absolutamente outro?
Nem representação, nem limitação, nem relação conceitual
com o mesmo. O eu e o outro não se deixam suplantar, não se
deixam totalizar por um conceito de relação. E, em primeiro
lugar, porque o conceito (matéria da linguagem), sempre *dado*
*ao outro*, não pode fechar-se sobre o outro, compreendê-lo. A
dimensão dativa ou vocativa que abre direção originária da linguagem não poderia, sem violência, deixar-se compreender e
modificar na dimensão acusativa ou atributiva do objeto. A linguagem não pode, portanto, totalizar sua própria possibilidade
e *compreender* em si sua própria origem ou seu próprio fim.

A bem dizer, não nos cabe perguntar *qual* é esse encontro.
Ele é *o* encontro, a única saída, a única aventura fora de si, rumo
ao imprevisivelmente-outro. *Sem esperança de retorno*. Em todos os sentidos dessa expressão; daí por que essa escatologia que
*nada* espera parece às vezes infinitamente desesperada. A bem
dizer, em *O Rastro do Outro*, a escatologia não "parece" somente
desesperada. Ela se apresenta como tal, e a renúncia pertence
ao seu significado essencial. Ao descrever a liturgia, o desejo e a
obra como rupturas da Economia e da Odisseia, como impossibilidade do retorno ao mesmo, Lévinas fala de uma "escatologia
sem esperança para si ou libertação em relação a meu tempo".

Não há, portanto, conceitualidade do encontro: esta é possível pelo outro, pelo imprevisível, "refratário à categoria".
O conceito supõe uma antecipação, um horizonte em que a
alteridade se *amortece* ao anunciar-se e deixar-se prever. O
infinitamente-outro não se amarra num conceito, não se pensa
a partir de um horizonte que é sempre horizonte do mesmo, a
unidade elementar na qual os surgimentos e as surpresas são
sempre acolhidos por uma compreensão são reconhecidos.
Deve-se assim pensar contra uma evidência a respeito da qual
se podia acreditar – impossível é ainda não acreditar – que ela
é o próprio éter do nosso pensamento e da nossa linguagem.
Tentar pensar o contrário corta a respiração. E não se trata
apenas de pensar o *contrário*, que ainda é seu cúmplice, mas
de libertar seu pensamento e sua linguagem para o encontro

além da alternativa clássica. Sem dúvida esse encontro, que pela primeira vez não tem a forma do contato intuitivo (na ética, no sentido que lhe dá Lévinas, a proibição principal, central, é a do contato), mas a da separação (o encontro como separação, outra fratura da "lógica formal"[18]), sem dúvida esse encontro do imprevisível *propriamente dito* é a única abertura possível do tempo, o único porvir puro, o único dispêndio puro para além da história como economia. Mas esse porvir, esse para além não é um outro tempo, um amanhã da história. Ele é *presente* no coração da experiência. Presente não de uma presença total, mas do *rastro*. A experiência propriamente dita é, portanto, escatológica pela origem e, de parte a parte, anterior a todo dogma, a toda conversão, a todo artigo de fé ou de filosofia.

Cara a cara com o outro num olhar *e* numa fala que mantêm a distância e interrompem todas as totalidades, esse estar-junto como separação precede e ultrapassa a sociedade, a coletividade, a comunidade. Lévinas dá-lhe o nome de *religião*. Ela abre a ética. A relação ética é uma relação religiosa (DL). Não *uma* religião, a religiosidade do religioso. Essa transcendência para além da negatividade não se realiza na intuição de uma presença positiva, "ela somente instaura a linguagem em que nem o não, nem o sim são a primeira palavra" (TI), mas a interrogação. Interrogação não teórica, porém, pergunta total, aflição e desenlace, súplica, prece exigente dirigida a uma liberdade, isto é, mandamento: o único imperativo ético possível, a única não-violência encarnada, visto que é respeito pelo outro. Respeito imediato pelo outro como outro, visto que não passa, poderíamos talvez dizer sem seguir nenhuma indicação literal de Lévinas, pelo elemento neutro do universal e pelo respeito – no sentido kantiano[19] – à Lei.

---

18 Entre as numerosas passagens que denunciam a impotência da chamada "lógica formal" em face das significações da experiência nua, assinalemos, em particular, TI, p. 168, 237 e 345, em que a descrição da fecundidade deve reconhecer "uma dualidade do Idêntico". (Um em dois, um em três... Já não havia o logos grego sobrevivido a abalos dessa ordem? Não os tinha ele, mais que isso acolhido em si próprio?)

19 Afirmação a um tempo profundamente fiel a Kant ("O respeito sempre se aplica unicamente às pessoas", *Raison pratique*) e essencialmente antikantiana, visto que se o elemento formal da universalidade, sem a ordem pura da lei, o respeito do outro, o respeito e o outro não mais escapam à imediatidade empírica e patológica. Como escapam a ela, contudo, segundo Lévinas? Talvez

VIOLÊNCIA E METAFÍSICA

Essa restauração da metafísica permite então radicalizarmos e sistematizarmos as reduções anteriores da fenomenologia e da ontologia. O *ver* é, sem dúvida, já de início, um conhecimento respeitoso, e a luz é encarada como o elemento que, mais fielmente, da maneira mais neutra, como terceiro, deixa o conhecido ser. A relação teórica não foi por acaso o esquema preferido da relação metafísica (cf. TI). Quando o terceiro termo é, em sua mais neutra indeterminação, luz do ser – que não é nem um sendo, nem um não-sendo, enquanto que o mesmo e o outro *são* – a relação teórica é ontologia. Esta, segundo Lévinas, sempre traz de volta o outro ao seio do mesmo em favor da unidade do ser. E a liberdade teorética, que tem acesso ao pensamento do ser, não é senão a identificação do mesmo, luz onde me dou o que digo encontrar, liberdade *econômica* no sentido específico que Lévinas atribui a essa palavra. Liberdade na imanência, liberdade pré--metafísica, poder-se-ia quase dizer física, liberdade empírica mesmo que na história ela se chame razão. A razão seria natureza. A metafísica abre-se quando a teoria se critica como ontologia, como dogmatismo e espontaneidade do mesmo, quando, saindo de si, ela deixa-se questionar pelo outro no movimento ético. Posterior de fato, a metafísica, como crítica da ontologia, é, de direito e filosoficamente, primeira. Se é verdade que "a filosofia ocidental foi, o mais das vezes, uma ontologia" dominada, a partir de Sócrates, por uma Razão que só recebe o que ela se dá[20], que só faz lembrar-se de si própria, se

lamentemos aqui que não se tenha organizado nenhuma confrontação sistemática e paciente, em particular com Kant. Que saibamos, fez-se unicamente alusão, e apenas de passagem, num artigo, a "ecos kantianos" e "à filosofia prática de Kant da qual nos sentimos particularmente próximos". ("L'ontologie est-elle fundamentale?" *Revue de métaphysik e de morale*, 1951. Retomado em *Phénoménologie, Existence*). Esse confronto seria chamado não somente pelos temas éticos, mas já pela diferença entre totalidade e infinito para a qual Kant, entre outros e talvez mais que outros, também teve alguns pensamentos.

20  Lévinas põe no banco dos réus o mestrado de Sócrates que nada ensina, que só ensina o já conhecido e faz tudo sair de si, isto é, do Euou do Mesmo como Memória. A anamnese também seria uma procissão do Mesmo. (Pelo menos sobre esse ponto, Lévinas não poderá opor-se a Kierkegaard (ver, por exemplo, J. Wahl, *Etudes kierkegaardiennes*, p. 308-309): a crítica que ele dirige ao platonismo é aqui literalmente kierkegaardiana. É verdade que Kierkegaard opunha Sócrates a Platão toda vez que tratasse de reminiscência. Esta pertenceria à "especulação" platônica da qual Sócrates se "separa" (*Post-scriptum*).

a ontologia é uma tautologia e uma egologia, ela sempre *neutralizou*, portanto, o outro em todos os sentidos dessa palavra. A neutralização fenomenológica – seríamos, talvez, tentados a dizer – dá sua forma mais sutil e mais moderna a essa neutralização histórica, política e policial. Só a metafísica poderia libertar o outro dessa luz do ser ou do fenômeno que "rouba do ser a resistência".

A "ontologia" heideggeriana, apesar das sedutoras aparências, não escaparia desse esquema. Continuaria sendo "egologia" e mesmo "egoísmo":

> *Sein und Zeit* talvez não tenha sustentado senão uma única tese: o ser é inseparável da compreensão do ser (que decorre como tempo), o ser já é apelo à subjetividade. O primado da ontologia heideggeriana não repousa sobre o truísmo: "Para conhecer o sendo, é necessário ter compreendido o ser do sendo". Afirmar a prioridade do *ser* em relação ao *sendo* já é pronunciarmo-nos sobre a essência da filosofia, subordinarmos a relação com *alguém* que é um sendo (a relação ética) a uma relação com o *ser do sendo*, que, impessoal, permite a captura, a dominação do sendo (numa relação de saber), subordina a justiça à liberdade [...], maneira de permanecer o Mesmo no seio do Outro.

Malgrado todos os mal-entendidos que se possam alojar nesse tratamento do pensamento heideggeriano –, nós os estudaremos isoladamente mais adiante –, a intenção de Lévinas, em todo o caso, parece clara. O pensamento neutro do ser neutraliza outrem como sendo: "A ontologia como filosofia primeira é uma filosofia do poder", filosofia do neutro, tirania do estado como universalidade anônima e inumana. Aqui se fixam as premissas de uma crítica da alienação estadística mediante a qual o anti-hegelianismo não seria nem subjetivista, nem marxista, nem anarquista, pois é uma filosofia do "princípio, que só é possível como mandamento". As "possibilidades" heideggerianas continuam sendo poderes. Apesar de pré-técnicas e pré-objetivas, nem por isso oprimem e possuem menos. Por um outro paradoxo, a filosofia do neutro comunica com uma filosofia do lugar, do enraizamento, das violências pagas, do rapto, do entusiasmo, filosofia oferecida ao sagrado, isto é, ao divino anônimo, ao divino sem Deus

(DL). "Materialismo vergonhoso", por ser completo, pois no fundo o materialismo não é de início um sensualismo, mas a primazia atribuída ao neutro (TI). A noção de *primazia*, tão frequentemente utilizada por Lévinas, traduz bem o gesto de toda a sua crítica. Segundo a indicação presente na noção de *arché*, o começo filosófico é imediatamente transposto para mandamento ético ou político. O *primado* é, para começo de conversa, princípio *e* chefe. Assim, todos os pensamentos clássicos interrogados por Lévinas são arrastados para a ágora, intimados a explicarem-se numa linguagem ético-política que nem sempre quiseram ou acreditaram querer falar, intimados a transporem-se, confessando seu desígnio violento; e que já falavam na cidade, que diziam bem, através das sutilezas e apesar do aparente desinteresse da filosofia, a quem o poder devia retornar. Aqui se fixam as premissas de uma leitura não- -marxista da filosofia como ideologia. Os caminhos de Lévinas são decididamente difíceis: ao recusar o idealismo e as filosofias da subjetividade, deve ele também denunciar a neutralidade de um "Logos que não é verbo de ninguém" (idem). (Poder-se-ia, sem dúvida, mostrar que Lévinas, desconfortavelmente ins- talado – e já pela história de seu pensamento – na diferença entre Husserl e Heidegger, critica sempre um num estilo e se- gundo um esquema emprestados do outro, terminando por mandá-los juntos para os bastidores como compadres no "jogo do Mesmo" e cúmplices no mesmo golpe de força histórico- -filosófico). O verbo deve não ser apenas verbo de alguém; deve extravasar para o outro o que chamamos de sujeito fa- lante. Nem as filosofias do neutro nem as filosofias da subje- tividade podem reconhecer esse trajeto da fala que nenhuma fala pode totalizar. Por definição, se o outro é o outro e se toda fala é para o outro, nenhum logos como saber absoluto pode *com- preender* o diálogo e o trajeto em direção ao outro. Essa in- compreensibilidade, essa ruptura do logos não é o começo do irracionalismo, mas ferida ou inspiração que abre a fala e torna em seguida possível todo logos ou todo racionalismo. Um logos total deveria ainda, para ser logos, deixar-se ofere- cer ao outro para além de sua própria totalidade. Se há, por exemplo, uma ontologia ou um logos da compreensão do ser (do sendo), é porque "esta já se diz ao sendo" que ressurge por trás do tema em que ele se oferece. Esse "dizer a Outrem" – essa relação com Outrem como interlocutor, essa relação com um *sendo* – precede toda ontologia. É a relação última no ser. A ontologia supõe a metafísica" (TI). "Ao desvelamento do ser em geral, como base do conhecimento e como sentido do ser, preexiste a relação com o sendo que se exprime; ao plano da ontologia, o plano ético". A ética é, portanto, a metafísica. "A moral não é um ramo da filosofia, mas a filosofia primeira."

A extravasão absoluta da ontologia – como totalidade e unidade do mesmo: o ser – pelo outro produz-se como infinito, visto que totalidade alguma pode abarcá-lo. O infinito irredutível à *representação* do infinito, excedendo o *ideatum* no qual ele é pensado, pensado como mais do que posso pensar, como o que não pode ser objeto ou simples "realidade objetiva" da ideia, esse é o polo da transcendência metafísica. A ideia cartesiana do infinito, após o *epekeinia tês ousias*, faria com que, pela segunda vez, a metafísica aflorasse na ontologia ocidental. Mas o que nem Platão, nem Descartes reconheceram (com alguns outros, se nos permitem não acreditar, como o faz Lévinas, na solidão deles em meio a uma multidão filosófica que não entende nem a verdadeira transcendência, nem a estranha ideia do infinito) é que a expressão desse infinito é o *rosto*.

Rosto que não é apenas a face que pode ser superfície das coisas ou fisionomia animal, aspecto ou espécie. Que não é apenas, como quer a origem da palavra, o que é *visto*, visto porque nu. Que é também o que vê. Não tanto o que vê as coisas – relação teórica –, mas o que troca seu olhar com outro olhar. A cara só é cara *no* cara a cara. Como dizia Scheler (mas nossa citação não nos deve fazer esquecer de que Lévinas é nada menos que scheleriano): "Eu não vejo apenas os olhos de um outro, vejo também que ele me olha".

Já não o dizia Hegel?

Mas se nos perguntarmos em qual desses órgãos a alma toda aparece como alma, logo pensamos nos olhos, pois é nos olhos que a alma se acha concentrada; ela não apenas vê através dos olhos, mas neles, por seu turno, deixa-se ver. Assim como, ao falarmos do exterior do corpo humano, dissemos que toda a sua superfície, por oposição à do animal, revela a presença e as pulsações do coração, diremos da arte que ela tem como tarefa fazer de maneira que, em todos os pontos de sua superfície, o fenomenal se torne o olho, sede da alma e que torna visível o espírito[21]

Talvez caiba aqui ressaltar num ponto preciso um tema sobre o qual nos estenderemos mais adiante: Lévinas está muito próximo de Hegel, muito mais próximo do que o desejaria ele próprio, e isso no momento em que a ele se opõe da maneira aparentemente mais radical. Essa é uma situação que ele deve partilhar com todos os pensadores anti-hegelianos e sobre cujo significado último precisaríamos meditar. Aqui, em particular, sobre a relação entre o desejo e o olho, o som e a teoria, a convergência é tão profunda quanto a diferença, e não se acrescenta nem se justapõe simplesmente a ela. De fato, como Lévinas, Hegel pensava que o olho, por não visar a "consumir", interrompesse o desejo. Ele é o próprio limite do desejo (e talvez por isso seu recurso) e o primeiro sentido teórico. Não é com base na fisiologia, mas na relação entre a morte e o desejo que é preciso pensar a luz e a abertura do olho. Após ter falado do paladar, do tato e do olfato, Hegel escreve ainda na *Estética*:

A visão, ao contrário, tem uma relação puramente teórica com os objetos, por intermédio da luz, essa matéria imaterial, que deixa os objetos completamente em liberdade, aclamando-os e iluminando-os, mas sem consumi-los, como o fazem o ar e o fogo, de maneira imperceptível ou manifesta. A visão isenta de desejos vaga sobre tudo o que existe materialmente no espaço, mas que, conservando sua integridade, só se manifesta pela forma e pela cor.

Essa neutralização do desejo constitui a excelência da visão para Hegel. Mas ela é além disso, para Lévinas, e pelas mesmas razões, a primeira violência, ainda que o rosto não seja o que é quando o olhar está ausente. A violência seria, portanto, a solidão de um olhar mudo, de um rosto sem fala, a *abstração* do ver. Segundo Lévinas, o olhar, *por si só*, contrariamente ao que se poderia crer, não *respeita* o outro. O respeito, para além da captura ou do contato, do toque, do olfato e do paladar, só é possível como desejo, e o desejo metafísico não busca, como o desejo hegeliano ou como a necessidade, consumir. Daí por

---

21 Hegel, Sobre o Olho e a Integridade da Alma, *Estética*. Ver também as longas e belas páginas que não podemos aqui citar, em t. III, 1ª parte.

que Lévinas ouve o som acima da luz. ("O pensamento é linguagem e se pensa num elemento análogo ao som e não à luz." O que quer dizer aqui essa *analogia,* diferença e semelhança, relação entre o som sensível e o som do pensamento como palavra inteligível, entre a sensibilidade e a significação, os sentidos e o sentido? Também Hegel levanta essa questão, ao admirar a palavra *Sinn*.)

Em *Totalidade e Infinito,* o movimento da metafísica é, portanto, também a transcendência do ouvir em relação ao ver. Mas também na *Estética,* de Hegel:

> A audição é o outro sentido teórico. Aqui se produz o contrário do que acontece com a visão. A audição relaciona-se não com a cor, com a forma etc. [...], mas com os *sons*, com as vibrações de corpos, vibrações que não são um processo de dissociação ou de evaporação, como no caso dos objetos percebidos pelo olfato, mas um simples estremecer do objeto que permanece, ele próprio, objeto, intacto. Esse movimento ideal pelo qual, diríamos, se manifesta a simples subjetividade, a alma do corpo ressoante, percebe-o a orelha da mesma maneira teórica que aquela com a qual o olho percebe a cor ou a forma, transformando-se, assim, a interioridade do objeto na do próprio sujeito. [Mas] A audição que, como a visão, faz parte não dos sentidos práticos mas dos sentidos teóricos [...], é até mais ideal do que a visão. Pois, dado que a contemplação calma, desinteressada das obras de arte, longe de procurar suprimir os objetos, deixa-os ao contrário subsistir tais como são e lá onde estão, o que é captado pela vista não é o ideal em si, mas, ao contrário, persevera em sua existência sensível. A orelha, ao contrário, sem se virar praticamente na direção dos objetos, percebe o resultado desse estremecimento interior do corpo pelo qual se manifesta e se revela, não a figura material, mas uma primeira idealidade que vem da alma.

A questão da *analogia* reconduzir-nos-ia, assim, a essa noção de *estremecimento*, que nos parece decisiva na *Estética,* de Hegel, visto que abre caminho para a idealidade. Por outro lado, para confrontarmos sistematicamente os pensamentos de Hegel e de Lévinas sobre o tema do rosto, teríamos de consultar não somente as páginas que a *Fenomenologia do Espírito* consagra à fisiognomonia, mas o parágrafo 411 da *Enciclopédia* sobre o espírito, o rosto e a linguagem.

VIOLÊNCIA E METAFÍSICA

Por motivos que nos são agora familiares, o cara a cara escapa a toda e qualquer categoria. Pois o rosto aí se dá simultaneamente como expressão e fala. Não somente olhar, mas unidade original do olhar e da fala, dos olhos e da boca – que fala, mas também diz sua fome. Ele também é, portanto, o que *ouve* o invisível, pois "o pensamento é linguagem" e "pensa-se num elemento análogo ao som e não à luz". Essa unidade do rosto precede, em sua significação, a dispersão dos sentidos e dos órgãos de sensibilidade. Sua significação, portanto, é irredutível. Aliás, o rosto não *significa*. Não encarna, não reveste, não assinala outra coisa que não eu, alma, subjetividade etc. O pensamento é fala; é, portanto, imediatamente, rosto. Nisso, a temática do rosto pertence à mais moderna filosofia da linguagem e do próprio corpo. O outro não se assinala por seu rosto, ele é esse rosto: "absolutamente presente, em seu rosto, Outrem – sem nenhuma metáfora – me encara"[22]. O outro não se dá, portanto, "em pessoa" e sem alegoria senão no rosto. Lembremos o que dizia a respeito Feuerbach, que também estabelecia comunicação entre os temas da altura, da substância e do rosto:

O que mais alto se situa no espaço é também, quanto à qualidade, a parte mais alta do homem, o que lhe está mais próximo, o que dele não mais podemos separar – e é a *cabeça*. Se vejo a cabeça de um homem, é a ele mesmo que vejo; mas se dele vejo apenas o tronco, nada mais vejo que seu tronco[23].

*O que não mais podemos separar de...* é a substância em seus predicados essenciais e "em si". Lévinas diz também frequentemente χαθό αὐτο* e "substância", ao falar do outro como rosto. O rosto é presença, οὐσία**.

O rosto não é uma metáfora, o rosto não é uma figura. O discurso sobre o rosto não é uma alegoria nem, como seríamos tentados a acreditar, uma prosopopeia. Doravante, a altura do rosto (em relação ao resto do corpo) determina talvez *em parte* (apenas em parte, como veremos mais adiante) a expressão de *altíssimo* sobre a qual há pouco nos interro-

---

22 A priori et subjectivité, *Revue de métaphysique et de morale*, 1962.
23 Ludwig Feuerbach, *Manifestes philosophiques*, tradução francesa de L. Althusser.
\* *Kata autó*: inteiramente em si (N. da E.).
\*\* *Ousía*: essência (N. da E.).

gávamos. Se a altura do altíssimo, ousaríamos dizer, *não pertence* ao espaço (e daí por que o superlativo deve destruir o espaço construindo a metáfora), não é por ser estranho ao espaço, mas por ser (no) espaço a origem do espaço, por orientar o espaço a partir da fala e do olhar, do rosto, do chefe que comanda, de cima, o corpo e o espaço (Aristóteles compara, é fato, o princípio transcendente do bem ao chefe dos exércitos; ignora, porém, o rosto e que o deus dos exércitos é A Face). O rosto não significa, não se apresenta como um signo, mas *exprime-se*, dando-se *em pessoa*, em si, *Kata autó*: "A coisa em si exprime-se". Exprimir-se é estar *por trás* do signo. E estar por trás do signo não será *em primeiro lugar* assistir (à) sua fala, prestar-lhe socorro, segundo o que diz *Fedra* ao pleitear contra Tot (ou Hermes), expressão de que Lévinas se apropria por diversas vezes? Só a viva fala, em sua maestria e sua magistralidade, pode prestar-se socorro, só ela é expressão e não signo servente. Desde que seja verdadeiramente palavra, "a voz criadora, não a voz cúmplice, é que é serva" (E. Jabès). E nós sabemos que todos os deuses da escritura (Grécia, Egito, Assíria, Babilônia) têm o estatuto de deuses auxiliares, secretários servis do grande deus, barqueiros lunares e astutos que às vezes destronam o rei dos deuses mediante procedimentos desonrosos. Para Lévinas, o escrito e a obra não são expressões, mas signos.

Com a referência à *epekeina tês ousias*, temos aí pelo menos o segundo tema platônico de *Totalidade e Infinito*. Voltamos a encontrá-lo também em Nicolau de Cusa. "No momento em que o operário abandona sua obra, que, a seguir, empreende seu destino independente, o verbo do professor é inseparável da pessoa mesma que o profere"[24]. A crítica da obra assim implicada separa, por uma vez ao menos, Hegel de Nicolau de Cusa.

Seria preciso abordar essa problemática separadamente e por ela mesma. Será "o discurso oral a plenitude do discurso"? Será o escrito somente "linguagem que voltou a ser signo"? Ou, em outro sentido, "fala atividade" onde eu "me ausento e falto a meus produtos" que mais me traem do que me exprimem? A "franqueza" da expressão está essencialmente do lado

---

24  M. de Gandillac, *Introduction aux oeuvres choisies de Nicolas de Cues*, p. 35.

VIOLÊNCIA E METAFÍSICA

da palavra viva para quem não é Deus? Essa pergunta sem dúvida não tem sentido para Lévinas que pensa o rosto na "semelhança" do homem e de Deus. A altura e a magistralidade do ensinamento não estão do lado da escritura? Não podemos inverter todas as proposições de Lévinas sobre esse ponto? Mostrando, por exemplo, que a escritura pode prestar-se socorro, pois ela *tem o tempo* e a liberdade, escapando, melhor do que a fala, da urgência empírica? Que, neutralizando as petições da "economia" empírica, ela é de essência mais "metafísica" (no sentido de Lévinas) do que a fala? Que o escritor ausenta-se melhor, isto é, exprime-se melhor como outro, e dirige-se ao outro melhor que o falante? E que, ao privar-se das *fruições* e dos efeitos de seus signos, ele renuncia melhor à violência? É verdade que ele apenas pretende multiplicá-los ao infinito, esquecendo-se assim – pelo menos – do outro, do infinitamente outro como morto, praticando assim a escritura como *diferença* e *economia da morte*? O limite entre a violência e a não-violência talvez não passe, portanto, entre a fala e a escritura, mas no interior de cada uma delas. A temática do *rastro* (que Lévinas distingue do efeito, da pista ou do signo que não se referem ao outro como invisível absoluto), deveria levar e uma certa reabilitação da escritura. O "Ele", cuja transcendência e generosa ausência se enunciam sem volta no rastro, não é ele mais facilmente o autor da escritura que o da fala? A obra, a trans-economia, o dispêndio puro, tal como Lévinas o determina, não é nem o jogo, nem a morte. Não se confunde simplesmente nem com a letra, nem com a fala. Não é um signo, e seu conceito não saberia, portanto, abarcar o conceito de obra que encontramos em *Totalidade e Infinito*. Lévinas está, portanto, ao mesmo tempo, muito perto e muito longe de Nietzsche e de Bataille.

M. Blanchot manifesta seu desacordo a respeito dessa preeminência do discurso oral que se assemelha à "tranquila fala humanista e socrática que aproxima de nós aquele que fala"[25]. Como, aliás, poderia o hebraísmo rebaixar a letra, da qual Lévinas sabe tão bem redigir o elogio? Por exemplo: "Admitir a ação da literatura sobre os homens – é talvez a última

---

25  Connaissance de l'inconnu, *N.R.F.*, dez. 1961.

sabedoria do Ocidente onde o povo da Bíblia se reconhecerá" (DL), e "O espírito é livre na letra e está acorrentado na raiz"; e em seguida: "Amar a Torá mais do que a Deus" é "proteção contra a loucura de um contato direto com o Sagrado" (DL). Bem se vê o que Lévinas quer salvar da fala viva e originária propriamente dita. Sem sua possibilidade, fora de seu horizonte, a escritura nada é. Nesse sentido, ela será sempre segunda. Libertá-la dessa possibilidade e desse horizonte, dessa secundaridade essencial, é negá-la como escritura e dar espaço aberto à gramática e ao léxico sem linguagem, à cibernética ou à eletrônica. Mas é em Deus somente que a fala, como presença, como origem e horizonte da escritura, se realizasem desfalecimento. Seria mister poder mostrar que só essa referência à fala de Deus distingue a intenção de Lévinas da de Sócrates no *Fedro*; que, para um pensamento da finitude originária, essa distinção não é mais possível. E que se a escritura é, nesse caso, segunda, nada no entanto acontece antes dela.

No que concerne a suas relações com Blanchot, parece-nos que, apesar das aproximações frequentes propostas por Lévinas, as afinidades, profundas e incontestáveis, pertencem todas ao momento da crítica e da negatividade, nesse oco da finitude na qual a escatologia messiânica vem ressoar, nessa espera da espera, em que Lévinas começou a ouvir uma resposta. Essa resposta, com certeza, ainda se chama espera, mas essa espera, para Lévinas, já não se faz esperar. A afinidade cessa, parece-nos, no momento em que a positividade escatológica vem esclarecer de retorno o caminho comum, erguer a finitude e a negatividade pura da questão, quando o neutro se determina. Blanchot poderia, sem dúvida, estender a todas as proposições de Lévinas o que diz da dissimetria no espaço da comunicação: "Eis aí, creio eu, o que é decisivo na afirmação que devemos ouvir e que será necessário manter independentemente do contexto teológico no qual essa afirmação se apresenta". Mas será isso possível? Tornado independente de seu "contexto teológico" (expressão que Lévinas, sem dúvida, rejeitaria), todo esse discurso não desmoronaria?

Estar por trás do signo que está no mundo é, *em seguida*, permanecer invisível ao mundo na epifania. No rosto, o outro entrega-se em pessoa *como outro*, isto é, como o que não se

VIOLÊNCIA E METAFÍSICA

revela, como o que não se deixa tematizar. Eu não saberia falar de outrem, fazer dele um tema, dizê-lo como objeto, no acusativo. Posso somente, *devo* somente falar a outrem, chamá-lo no vocativo que não é uma categoria, um *caso* da fala, mas o surgimento, a própria elevação da fala. É preciso que as categorias falhem para que outrem não seja frustrado; mas para que outrem não seja frustrado, é preciso que ele se apresente como ausência e apareça como não-fenomenalidade. Sempre por trás de seus signos e de suas obras, em sua interioridade perenemente secreta e discreta, interrompendo por sua liberdade de fala todas as totalidades de história, o rosto não é "do mundo". É sua origem. Só posso falar *dele*, falando-*lhe*; e não *posso* atingi-lo senão como *devo* atingi-lo. Mas só posso *atingi-lo* como o inacessível, o invisível, o intangível. O segredo, a separação, a invisibilidade de Gyges ("condição mesma do homem") são o estado mesmo, o estatuto do que chamamos de psique. Essa separação absoluta, esse ateísmo natural, essa liberdade de mentira, em que se enraízam a verdade e o discurso, tudo isso é "uma grande glória para o criador". Afirmação que, por uma vez ao menos, pouco confundirá.

Para que o rosto apresente o outro sem metáfora, a fala não deve apenas traduzir o pensamento. É mister, sem dúvida, que o pensamento já seja fala, mas é sobretudo necessário que o corpo também permaneça linguagem. É preciso que o conhecimento racional não seja a primeira palavra das palavras. A crer em Lévinas, Husserl e Heidegger teriam, no fundo, aceitado a subordinação clássica da linguagem ao pensamento e a do corpo à linguagem. Merleau-Ponty, ao contrário, "melhor que outros", teria mostrado "que o pensamento desencarnado, pensando a fala antes de falá-la, o pensamento que constitui o mundo da fala era um mito". Mas, pela força de um movimento que lhe é próprio, Lévinas não assume a extrema audácia "moderna" senão para curvá-la na direção de um infinitismo que ela lhe parece dever supor e cuja forma é, frequentemente, muito clássica, mais pré-kantiana que hegeliana. Assim, os temas do corpo próprio como linguagem e intencionalidade não podem contornar as escolhas clássicas, e o pensamento não pode ser *de início* linguagem, a não ser que se reconheça que ele é *de início* e irredutivelmente relação com o outro (o que, segundo nos parece, não havia escapado a Merleau-Ponty[26]), mas com um outro irredutível que me convoca sem retorno para fora, pois nele se apresenta o infinito, sobre o qual um pensamento não pode deter-se, e que proíbe o monólogo, "embora tendo ele 'a intencionalidade corporal' de Merleau-Ponty". Contra todas as aparências e todos os hábitos, deveríamos, portanto, reconhecer aqui que a dissociação entre pensamento e linguagem e a subordinação desta àquele são a característica de uma filosofia da finitude. E essa demonstração nos reconduziria ainda ao Cogito cartesiano da terceira das *Meditações,* além de a Merleau-Ponty, Heidegger e Husserl. Segue isso um esquema que nos parece sustentar a totalidade deste pensamento: o outro só é o outro se sua alteridade for absolutamente irredutível, isto é, infinitamente irredutível; e o infinitivamente-Outro não pode ser senão o Infinito.

Fala e olhar, o rosto não está, portanto, no mundo, visto que ele abre e excede a totalidade. Daí por que ele marca o limite de todo poder, de toda violência e a origem da ética. Num sentido, o assassínio sempre se dirige ao rosto, mas é para nunca acertá-lo. "O assassínio exerce um poder sobre aquilo que escapa ao poder. Ainda poder, pois o rosto exprime-se no sensível; mas já impotência, por que o rosto rasga o sensível." "Outrem é o único ser que posso querer matar", mas o único também que me ordena o "não matarás" e limita absolutamente o meu poder. Não ao me opor a uma outra força no mundo, mas falando-me e olhando-me a partir de uma *outra* origem do mundo, a partir daquilo que nenhum poder finito saberia abarcar. Estranha, impensável noção de resistência não real. A partir de seu artigo de 1953 (já citado), Lévinas, que o saibamos, não diz mais "resistência inteligível" – expressão cujo sentido ainda pertence, ao menos por sua literalidade, à esfera do Mesmo e que não fora utilizada, ao que parece, senão para significar uma resistência não-real. Em *Totalidade e Infinito*, Lévinas fala de "resistência ética".

O que escapa ao conceito como poder não é, portanto, a existência em geral, mas a existência de outrem. E inicialmente

---

26 É verdade que para Merleau-Ponty – e diferentemente de Lévinas –o fenômeno da alteridade era primordial, se não exclusivamente, o do movimento da temporalização.

porque não há, apesar das aparências, conceito de outrem. Seria preciso refletir de maneira artesanal, na direção em que filosofia e filologia se controlam, unem sua preocupação e seu rigor, sobre esta palavra "Outrem", visada em silêncio pela maiúscula que engrandece a neutralidade do *outro*, e da qual tão familiarmente nos servimos, quando, na verdade, ela é a própria desordem da conceitualidade. Será um substantivo comum sem conceito? Mas, primeiro que tudo, será um substantivo? Não é um adjetivo nem um pronome, é, portanto, um substantivo – e assim a classificam os dicionários –, mas um substantivo que não é, como de costume, uma espécie de nome: nem nome comum, pois não suporta, como na categoria do outro em geral, o ἕτερον*, o artigo definido. Nem o plural. "Na locução de chancelaria *o outrem*, cumpre não se entender *o* como o artigo de *outrem:* está aí subentendido *bem, direito; o bem, o direito de outrem*", observa Littré que começara assim: "*Outrem, de alter-huic,* este outro, num caso regime: eis por que *outrem* está sempre no regime, e porque outrem é menos geral do que *os outros*". Seria necessário, portanto, sem fazermos da língua o acidente do pensamento, explicarmos o seguinte: que o que está na língua – sempre "no regime" e na menor generalidade –seja, em seu sentido, indeclinável e além-do-gênero. Qual a origem desse *caso* do sentido na língua, desse *regime,* em que a língua coloca o sentido? Outrem não é tampouco um nome próprio, embora seu anonimato não signifique senão recurso inominável de todo nome próprio. Seria preciso refletirmos pacientemente sobre tudo o que ocorre na língua quando o pensamento grego do *heteron* parece perder fôlego diante do *alter-huic,* parece tornar-se impotente para dominar o que só ele, contudo, permite pré-compreender dissimulando como *alteridade* (outro em geral), o que de retorno lhe revelará o centro irredutível de seu sentido (o outro *como* outrem). Seria preciso refletirmos sobre a cumplicidade dessa dissimulação e dessa pré-compreensão, que não se produz no interior de um movimento conceitual, pois a palavra francesa *autrui* não designa uma espécie do gênero *outro*. Seria preciso refletir mais sobre esse pensamento do outro *em geral* (que não é um gênero), pensamento grego no interior do qual essa *diferença*

---

\* *Heteron*: outro, diferente, diverso (N. da E.).

não específica (se) produz (em) nossa história. Mais prontamente: o que significa *outro* antes da determinação grega do *heteron* e da determinação judaico-cristã de *outrem*? Esse é o tipo de questão que Lévinas parece recusar em profundidade: segundo ele, só a irrupção de outrem permite que tenhamos acesso à alteridade absoluta e irredutível do outro. Seria preciso, portanto, refletirmos sobre esse *Huic* de outrem, cuja transcendência ainda não é a de um tu. É aqui que ganha sentido a oposição de Lévinas a Buber ou a G. Marcel. Após haver oposto a altura magistral do *Vós* à reciprocidade íntima do Eu-Tu (TI), é para uma filosofia do *Ille*, do *ele* (do próximo como estrangeiro longínquo, segundo a ambiguidade original da palavra que se traduz como "próximo" que devemos amar) que parece orientar-se Lévinas em sua meditação do *Rastro*. De um *Ele* que não seria o objeto impessoal oposto ao *tu*, mas a transcendência invisível de outrem[27]. Se no rosto a expressão não é revelação, o não-revelável exprime-se para além de toda tematização, de toda análise constitutiva, de toda fenomenologia. A constituição transcendental do *alter ego*, em suas diversas etapas, tal como Husserl tenta reunir sua descrição na quinta das *Meditações Cartesianas*, pressuporia aquilo cuja gênese ela pretende (segundo Lévinas) seguir. Outrem não seria constituído como um *alter ego*, fenômeno do

27  Embora se defendendo de ter "a ridícula pretensão de 'corrigir' Buber" (TI), acusa, substancialmente, a relação Eu-Tu: 1. de ser recíproca e simétrica, violentando a altura, e, sobretudo, a separação e o segredo; 2. de ser formal, podendo "unir o homem às coisas tanto quanto o Homem ao homem" (TI); 3. de preferir a preferência, a "relação privada", a "clandestinidade" do casal "autossuficiente e esquecido do universo" (TI). Pois há também no pensamento de Lévinas, apesar do protesto contra a neutralidade, uma solicitação do terceiro, da testemunha universal, da face do mundo que nos protege do "espiritualismo desdenhoso" do eu-tu. Outros, talvez, dirão se Buber reconhecer-se-ia nessa interpretação. Pode-se já notá-lo de passagem, Buber parece ter antecipado essas reticências. Não precisara ele que a relação eu-tu não era nem uma preferência, nem uma exclusiva, sendo anterior a todas essas modificações empíricas e eventuais? Alicerçado no Eu-Tu absoluto que nos dirige para Deus, ele abre, ao contrário, a possibilidade de toda relação com outrem. Compreendido em sua autenticidade originária, ele não nos aparta nem nos desvia do fim visado. Como muitas das contradições nas quais quiseram enredar Buber, esta cede, diz-nos o *Post-scriptum au "Je et TV"*, "a um nível superior de julgamento" e "à designação paradoxal de Deus pessoa absoluta [...] Deus... faz participar seu caráter de absoluto da relação na qual ele entra com o homem. Voltando-se para ele, o homem não tem, portanto, necessidade de desviar-se de nenhuma relação de Eu-Tu. Ele os conduz para ele, legitimamente, e oferece-lhes a possibilidade de transfigurarem-se 'à face de Deus'".

VIOLÊNCIA E METAFÍSICA

ego, por e para um sujeito monádico que procede por analogia apresentativa. Todas as dificuldades encontradas por Husserl estariam "superadas" se a relação ética fosse reconhecida como cara a cara originário, como surgimento da alteridade absoluta, de uma exterioridade que não se deixa nem derivar, nem engendrar, nem constituir a partir de outra instância que não ela mesma. Exterior absoluto, exterioridade que extravasa infinitamente a mônada do *ego cogito*. Aqui ainda, Descartes contra Husserl, o Descartes da terceira das *Meditações* que Husserl teria desprezado. Enquanto na reflexão sobre o *cogito*, Descartes toma consciência de que o infinito não só não pode ser constituído como objeto (dubitável), mas já o tornou possível como *cogito* extravasando-o (extravasão não espacial sobre a qual se rompe a metáfora), ele, Husserl, "vê no *cogito* uma subjetividade sem nenhum apoio fora dele, constitui a ideia mesma do infinito, e a dá a si como objeto" (TI). Ora, o infinita(mente) (outro) não pode ser objeto, visto que é fala, origem do sentido e do mundo. Fenomenologia alguma pode, portanto, explicar a ética, a fala e a justiça.

Mas embora toda justiça comece com a fala, nem toda fala é justa. A retórica pode retornar à violência da teoria que *reduz* o outro quando ela o *conduz*, na psicagogia, na demagogia, na própria pedagogia que não é ensinamento. Este desce da altura do mestre cuja exterioridade absoluta não fere a liberdade do discípulo. Para além da retórica, a fala descobre a nudez do rosto sem a qual nenhuma nudez teria sentido. Todas as nudezas, "mesmo a nudez do corpo sentida no pudor", são "figuras" para a nudez sem metáfora do rosto. O tema já está muito explícito em "É a Ontologia Fundamental?" "A nudez do rosto não é uma figura de estilo." E, sempre na forma da teologia negativa, mostra-se que essa nudez não é nem mesmo abertura, pois a abertura é relativa a "uma plenitude circundante". A palavra de "nudez" destrói-se, portanto, após ter servido para indicar além de si mesma. Toda uma leitura e toda uma interrogação de *Totalidade e Infinito* poderiam ser desenvolvidas em torno dessa afirmação. Esta parece-nos sustentar muito – quiçá demasiado – implicitamente a partilha decisiva entre o que Lévinas chama de o rosto e *o para além do Rosto*, seção que trata, além da *Fenomenologia do Eros*, do

Amor, da Fecundidade, do Tempo. Essa nudez do rosto, fala e olhar, não sendo nem teoria, nem teorema, é oferecida e exposta como desenlace, súplica exigente, unidade impensável de uma fala que pode socorrer-se a si mesma e de um olhar que pede socorro.

A assimetria, a não-luz, o mandamento seriam a própria violência e a própria injustiça – e é bem assim que comumente o entendemos – se pusessem em relação seres finitos ou se o outro não fosse senão uma determinação negativa do mesmo (finito ou infinito). Mas vimos que ele não era nada disso. O infinito (como infinitamente outro)não pode ser violento como a totalidade (que é, portanto, sempre *definida* por Lévinas, sempre determinada por uma opção, uma decisão inicial do discurso, como *totalidade finita:* totalidade quer dizer, para Lévinas, totalidade finita. Essa determinação é um axioma silencioso). Daí por que só Deus impede que o mundo de Lévinas seja o da pior e pura violência, o mundo da própria imoralidade. As estruturas de experiência viva e nua descritas por Lévinas são as mesmas de um mundo onde a guerra imporia a desordem –estranho condicional – se o infinitamente outro não fosse o infinito, se por ventura fosse um homem nu, finito e só. Mas nesse caso, diria sem dúvida Lévinas, nem mesmo haveria mais guerra, pois não haveria mais rosto nem verdadeira assimetria. Não estaríamos, portanto, diante da experiência nua e viva em que Deus *já* começou a falar. Em outras palavras, num mundo em que o rosto fosse plenamente respeitado (como algo que não é do mundo), não haveria mais guerra. Deus, portanto, está misturado à guerra. Seu nome é também, como nome da paz, uma função no sistema da guerra, o único a partir do qual poderíamos falar, o único cuja linguagem poderia algum dia falar. Sem Deus ou com Deus, não haveria a guerra. Esta supõe e exclui Deus. Só nos podemos relacionar com Deus num tal sistema. A guerra – *pois existe a guerra* – é, portanto, a diferença entre o rosto e o mundo finito sem rosto. Mas não é essa diferença aquilo que sempre chamamos de o Mundo, no qual se representa a ausência-presença de Deus? Só a representação do mundo permite *pensar a essência* de Deus. Num sentido que nossa língua acolheria mal – e Lévinas também –, a representação do mundo precede Deus.

VIOLÊNCIA E METAFÍSICA

Para Lévinas, o cara a cara não é, portanto, originalmente determinado como um frente a frente de dois homens iguais e de pé. Este supõe o cara a cara do homem de cabeça voltada para cima e olhos erguidos para a altura de Deus. A linguagem é bem a possibilidade do cara a cara e do estar-de-pé, mas não exclui a inferioridade, a humildade do olhar dirigido ao pai, como o olhar de criança em memória de ter sido expulsa antes de saber andar, de ter sido entregue, liberta, deitada e amante, nas mãos dos mestres adultos. O homem, poderíamos dizer, é um Deus que chegou cedo demais, isto é, um Deus que se sabe para sempre atrasado em relação ao já-ali do Ser. Mas supomos que essas últimas observações não pertençam – é o mínimo que podemos dizer – ao gênero do comentário. E não fazemos aqui referência aos temas conhecidos sob o nome de psicanálise nem a hipóteses da embriologia ou da antropologia sobre o nascimento estruturalmente prematuro do filhote de homem. Basta que saibamos que o homem nasce[28].

O nome de Deus é frequentemente pronunciado, mas esse retorno à experiência e "às coisas mesmas" como relação com o infinita(mente) outro não é teológica, ainda que seja a única a poder alicerçar em seguida o discurso teológico que, até aqui, "tratou imprudentemente em termos de ontologia a ideia de relação entre Deus e a criatura" (TI). No retorno às coisas mesmas, reencontrar-se-ia o fundamento da metafísica – no sentido que lhe atribui Lévinas –, raiz comum do humanismo e da teologia: a semelhança entre o homem e Deus, o rosto do homem e a Face de Deus. "Outrem se assemelha a Deus" (idem). Pela passagem dessa semelhança, a palavra do homem pode de novo subir em direção a Deus, *analogia* quase inaudita que é o movimento mesmo do discurso de Lévinas sobre o discurso. Analogia como diálogo com Deus: "O Discurso é o discurso com Deus [...] A metafísica é a essência dessa linguagem com Deus". Discurso com Deus e não em Deus como *participação*. Discurso com Deus e não sobre Deus e seus atributos como *teologia*. E a dissimetria de minha relação com

---

28  Sobre o tema da altura de Deus em suas relações com a posição deitada da criança ou do homem (por exemplo, em seu leito de doença ou de morte), sobre as relações da *clínica* e da *teologia*, ver, por exemplo, Feuerbach, op. cit., p. 233).

o outro, essa "curvatura do espaço intersubjetivo significa a intenção divina de toda verdade". Ela "é, talvez, a própria presença de Deus". Presença como separação, presença-ausência, ruptura ainda com Parmênides, Spinoza e Hegel, que só pode ser consumada pela "ideia da criação *ex nihilo*". Presença como separação, presença-ausência como semelhança, mas semelhança que não é a "marca ontológica" do operário impressa sobre sua obra (Descartes) ou sobre "seres criados à sua imagem e semelhança" (Malebranche[29]), semelhança que não se deixa compreender nem em termos de comunhão ou de conhecimento, nem em termos de participação ou de encarnação. Semelhança que não é nem o signo, nem o efeito de Deus. Nem o signo, nem o efeito excedem o Mesmo. Estamos "no Rastro de Deus". Proposição que corre o risco de ser incompatível com toda alusão "à própria presença de Deus". Proposição toda pronta para converter-se em ateísmo: e se Deus fosse um *efeito de rastro*? Se a ideia da presença divina (vida, existência, *parusia* etc.), se o nome de Deus não fosse senão o movimento de apagar o rastro na presença? Trata-se de saber se o rastro permite pensar a presença em seu sistema ou se a ordem inversa é a verdadeira. Ela é sem dúvida a *ordem verdadeira*. Mas é exatamente a *ordem da verdade* que está aqui em questão. O pensamento de Lévinas mantém-se entre essas duas postulações.

A Face de Deus sempre se esquiva ao mostrar-se. Assim se acham reunidas na unidade de sua significação metafísica, no fulcro da experiência desnudada por Lévinas, as diversas evocações da Face de Yahweh, que jamais, com certeza, é chamado pelo nome em *Totalidade e Infinito*. A face de Yahweh é a pessoa *total* e a presença *total* do "Eterno que fala cara a cara com Moisés", mas que também lhe diz:

Tu não poderás ver minha face, pois o homem não me pode ver e viver [...] ficarás sobre o rochedo. Quando minha glória passar, pôr-te-ei num vão do rochedo e cobrir-te-ei com minha mão até que eu tenha passado. E quando eu retirar minha mão, ver-me--ás por trás, mas minha face não poderá ser vista (*Êxodo*).

---

29 Seria necessário, aqui, interrogar Malebranche que também se debate com o problema da luz e da face de Deus (ver, sobretudo, *X$^e$ Eclaircissement*).

VIOLÊNCIA E METAFÍSICA                    155

A face de Deus, que comanda ocultando-se, é, ao mesmo
tempo, mais e menos rosto do que os rostos. Daí, talvez, malgrado as precauções, essa cumplicidade equivoca entre teologia
e metafísica em *Totalidade e Infinito*. Subscreveria Lévinas esta
frase infinitamente ambígua do *Livro das Perguntas* de E. Jabès:
"Todos os rostos são o Seu; isso porque Ele não tem rosto"?

O rosto não é nem a face de Deus, nem a figura do homem: é
sua semelhança. Uma semelhança que precisaríamos, no entanto,
pensar antes do socorro do Mesmo ou sem ele[30].


## III. DIFERENÇA E ESCATOLOGIA

As questões cujo princípio tentaremos agora indicar são, todas elas, questões de linguagem: questões de linguagem e a
questão da linguagem. Mas se nosso comentário não foi demasiadamente infiel, já nos devemos ter convencido de que
não há nada no pensamento de Lévinas que não se ache com-
prometido com tais questões.


### Da Polêmica Originária

Digamo-lo, primeiramente, para nos tranquilizar: tal é o caminho do pensamento de Lévinas que todas as nossas questões já pertencem a seu diálogo interior, movimentam-se em seu
discurso e, a distâncias e em sentidos múltiplos, não fazem senão escutá-lo.

a. Assim, por exemplo, *Da Existência ao Existente* e *O Tempo
e o Outro* pareciam haver proscrito a "lógica do gênero" e as categorias do Mesmo e do Outro. Faltava a estas a originalidade

---

30  Não iremos além desse esquema. Seria inútil pretendermos aqui entrar nas
descrições consagradas à interioridade, à economia, à fruição, à habitação, ao
feminino, ao Eros, a tudo o que é proposto sob o título Para Além do Rosto
e cuja situação mereceria, sem dúvida, muitas perguntas. Essas análises não
são somente uma incansável e interminável destruição da "lógica formal":
são tão finas e tão livres em relação à conceitualidade tradicional que um comentário de algumas páginas as trairia desmesuradamente. Que nos baste saber que elas dependem, sem dela serem deduzidas, mas regenerando-a sem
cessar, da matriz conceitual que acabamos de desenhar.

da experiência à qual Lévinas queria reconduzir-nos: "Ao cosmos, que é o mundo de Platão, opõe-se o mundo do espírito onde as implicações do eros não se reduzem à lógica do gênero, onde o eu substitui o *Mesmo* e outrem substitui o *outro*". Ora, em *Totalidade e Infinito*, em que as categorias do Mesmo e do Outro retornam com toda a força, a *vis demonstrandi* e a energia de ruptura com a tradição residem precisamente na adequação do Eu ao mesmo, e de Outrem ao Outro. Sem servir-se desses mesmos termos, Lévinas amiúde nos pusera de sobreaviso contra a confusão entre a *identidade* e a *ipseidade*, entre o Mesmo e o Eu: idem e *ipse*. Essa confusão que, de alguma maneira, é imediatamente praticada pelos conceitos gregos de αὐτός* e o alemão de *selbst*, não se pode produzir tão espontaneamente em francês e volta a ser, todavia, apesar das advertências anteriores, uma espécie de axioma silencioso em *Totalidade e Infinito*[31]. Vimos isso: segundo Lévinas, não haveria diferença interior, alteridade fundamental e autóctone no eu. Se a interioridade, o segredo, a separação originária haviam recentemente permitido romper com o uso clássico das categorias gregas do Mesmo e do Outro, o amálgama do Mesmo e do Eu (tornado homogêneo, e homogêneo ao conceito como à totalidade finita) permite agora envolver na mesma condenação as filosofias gregas e as mais modernas filosofias da subjetividade, as mais preocupadas em distinguir, como outrora Lévinas, o Eu do mesmo e Outrem do outro. Se não atentássemos para esse duplo movimento, para esse progresso que parece contestar sua própria condição e sua primeira etapa, deixaríamos escapar a originalidade desse protesto contra o conceito, o Estado e a totalidade: ele não se ergue, como em geral ocorre, em nome da existência subjetiva, mas contra ela. Ao mesmo tempo contra Hegel e contra Kierkegaard.

Lévinas amiúde nos põe de sobreaviso contra a confusão – tão tentadora – de seu anti-hegelianismo com um subjetivismo ou um existencialismo de estilo kierkegaardiano,

---

\* *Autós*: próprio, por si (N. da E.).

31 Sobre esses temas decisivos da identidade, da ipseidade e da igualdade, para confrontar Hegel e Lévinas, ver, principalmente, Jean Hyppolite, *Genèse et structure de la phénoménologie de l'esprit*, t. I, p. 147 e s. , e Heidegger, *Identität und Differenz*.

que continuaria sendo, a seu ver, egoísmos violentos e pré-metafísicos: "Não sou eu que me recuso ao sistema, como o pensava Kierkegaard, é o Outro" (TI). Não podemos nós apostar que Kierkegaard não teria dado ouvidos a essa distinção? E que, por sua vez, teria protestado contra essa conceitualidade? É na qualidade de existência subjetiva – teria ele talvez observado – que o Outro se recusa ao sistema. O Outro não é eu, sem dúvida – e quem, algum diz, sustentou tal coisa? –, mas é *um* Eu, o que deve supor Lévinas para sustentar seu discurso. Essa passagem do Eu ao Outro como a *um Eu* é a passagem à *egoidade* essencial, não empírica, da existência subjetiva *em geral*. Não é por Sören Kierkegaard *somente* que pleiteia o filósofo Kierkegaard ("grito egoísta da subjetividade ainda preocupada com a felicidade ou com a salvação de Kierkegaard"), mas pela existência subjetiva em geral (expressão não contraditória) e daí por que seu discurso é filosófico e não deriva do egoísmo empírico. O nome de um sujeito filosófico, quando ele diz *Eu*, é sempre, de certa maneira, um pseudônimo. Essa é uma verdade que Kierkegaard assumiu de maneira sistemática, sempre protestando contra a "possibilização" da existência individual pela essência.É a essência da existência subjetiva que recusa o conceito. E essa essência da existência subjetiva não é ela pressuposta pelo respeito do Outro que não pode ser o que ele é – o Outro – senão como existência subjetiva. Para recusar a noção kierkegaardiana de existência subjetiva, Lévinas deveria, portanto, sair em busca até da noção de *essência* e de *verdade* da existência subjetiva (de Eu e, em primeiro lugar, do Eu do Outro). Isso, aliás, estaria na lógica da ruptura com a fenomenologia e a ontologia. O mínimo que podemos dizer é que Lévinas não o faz e não pode fazê-lo sem renunciar ao discurso filosófico. E se quisermos, *através* do discurso filosófico do qual é impossível nos separar totalmente, tentar uma brecha na direção de seu para-além, não conseguiremos chegar a isso *na linguagem* (Lévinas reconhece que não existe pensamento antes da linguagem e fora dela) senão colocando *formalmente* e *tematicamente o problema das relações entre a pertinência e a brecha*, o *problema do muro*. Formalmente, isto é, o mais concretamente possível e da maneira mais formal, mais formalizada: não numa *lógica*, ou seja, numa filosofia, mas numa descrição inscrita, numa inscrição das relações entre o filosófico e o não-filosófico, numa espécie de *gráfica* inaudita, no interior da qual a conceitualidade filosófica não teria mais que uma *função*.

Acrescentemos, para fazer-lhe *justiça*, que Kierkegaard tinha alguma noção da relação com a irredutibilidade do Totalmente-Outro, não no para-aquém egoísta e estético, mas no para-além religioso do conceito, do lado de um certo Abrão. E já que é preciso dar a palavra ao Outro, não teria ela, por seu turno, visto na Ética, momento da Categoria e da Lei, o esquecimento, no anonimato, da subjetividade e da religião? O momento ético é, a seu ver, o próprio hegelianismo, e isso ele o diz expressamente. O que não o impede de reafirmar a ética na repetição e de criticar Hegel por não haver constituído a moral. É bem verdade que a Ética, no sentido de Lévinas, é uma Ética sem lei, sem conceito, que só conserva sua pureza não-violenta antes de sua determinação em conceitos e leis. Isso não é uma objeção: não nos esqueçamos de que Lévinas não nos quer propor leis ou regras morais, não quer determinar *uma* moral mas a essência da relação ética em geral. Tendo em vista, porém, que essa determinação não se dá como *teoria* da Ética, trata-se de uma Ética da Ética. É grave, talvez, nesse caso, que ela não possa dar vez a *uma* ética determinada, a leis determinadas, sem ela própria negar-se e esquecer-se de si. Ademais, está essa Ética da Ética para além de toda lei? Não é ela uma Lei das leis? Coerência que rompe a coerência do discurso contra a coerência. Conceito infinito, oculto no protesto contra o conceito.

Se a aproximação com Kierkegaard se nos impôs com frequência, apesar das advertências do autor, sentimos bem que, sobre o essencial e em sua primeira inspiração, o protesto de Lévinas contra o hegelianismo em nada se aproxima do de Kierkegaard. Em contraposição, um confronto do pensamento de Lévinas com o anti-hegelianismo de Feuerbach e sobretudo de Jaspers, e também com o anti-husserlianismo deste último, parece-nos dever descobrir convergências e afinidades mais profundas, que a meditação do Rastro mais uma vez iria confirmar. Falamos aqui de convergências e não de influência: primeiramente, porque essa é uma noção cujo sentido filosófico

VIOLÊNCIA E METAFÍSICA

não nos é claro; e, em seguida, porque Lévinas, que saibamos, em parte alguma faz alusão a Feuerbach e a Jaspers.

Mas por quê, ao tentar essa passagem tão difícil para além do debate – que é também uma cumplicidade – entre o hegelianismo e o anti-hegelianismo clássico, recorre Lévinas a categorias que parecia ter previamente recusado?

Não denunciamos aqui uma incoerência de linguagem ou uma contradição de sistema. Perguntamo-nos sobre o sentido de uma necessidade: a de instalar-se na conceitualidade tradicional para destruí-la. Por que essa necessidade finalmente se impôs a Lévinas? É ela extrínseca? Afeta ela apenas um instrumento, uma "expressão" que poderíamos colocar entre aspas? Ou esconde algum recurso indestrutível e imprevisível do logos grego? Algum poder ilimitado de envolvimento no qual quem quisesse repelir seria para sempre já *surpreendido*?

b. Na mesma época, Lévinas descartara o conceito de *exterioridade*. Este fazia à unidade iluminada do espaço uma referência que neutralizava a alteridade radical: relação com o outro, relação dos Instantes uns com os outros, relação com a Morte etc., que não são relação de um Dentro com um Fora. "A relação com o outro é uma relação com um Mistério. É sua exterioridade ou, antes, sua alteridade, pois a exterioridade é uma propriedade do espaço e traz o sujeito a ele mesmo pela luz, que constitui todo o seu ser" (TA). Ora, *Totalidade e Infinito*, subtitulado *ensaio sobre a exterioridade*, não usa somente com abundância da noção de exterioridade. Lévinas pretende aí mostrar que a *verdadeira* exterioridade não é espacial, que há uma exterioridade absoluta, infinita – a do Outro – que não é espacial, pois o espaço é o lugar do Mesmo. O que quer dizer que o Lugar é sempre lugar do Mesmo. Por que é preciso ainda nos servirmos da palavra "exterioridade" (que, se tem um sentido, se não for um *x* algébrico, aponta obstinadamente para o espaço e para a luz) para significar uma relação não espacial? E se toda a "relação" é espacial, por que é preciso ainda designar como "relação" (não-espacial) o respeito que absolve o Outro? Por que é necessário *obliterar* essa noção de exterioridade sem apagá-la, sem torná-la ilegível, dizendo que sua verdade é sua não-verdade, que a *verdadeira* exterioridade não é espacial, isto é, não é exterioridade? O fato de precisarmos dizer *na* linguagem da totalidade o *excesso* do infinito sobre a totalidade, de precisarmos dizer o Outro na linguagem do Mesmo, de precisarmos pensar a *verdadeira* exterioridade como não-exterioridade, isto é, ainda através de estrutura Dentro-Fora e da metáfora espacial, de precisarmos ainda habitar na metáfora em ruínas, vestir os farrapos da tradição e os andrajos do diabo, talvez isso signifique que não existe logos filosófico que não deva *inicialmente* deixar-se expatriar na estrutura Dentro-Fora. Essa deportação para fora de seu lugar para o Lugar, para a localidade espacial, essa *metáfora* ser-lhe-ia congênita. Antes de ser procedimento retórico na linguagem, a metáfora seria o surgimento da própria linguagem. E a filosofia não é senão essa linguagem; não pode, no melhor dos casos e num sentido insólito dessa expressão, senão *falá-la*, dizer a *própria* metáfora, o que é o mesmo que *pensá*-la no horizonte silencioso da não-metáfora: o Ser. Espaço como ferida e finitude de nascimento (do nascimento), sem o qual não se poderia nem mesmo abrir a linguagem, nem caberia falar de exterioridade, verdadeira ou falsa. Podemos, pois, usando dele, *usar* as palavras da tradição, esfregá-las como a uma velha moeda safada e desvalorizada, podemos dizer que a verdadeira exterioridade é a não-exterioridade sem ser interioridade, podemos escrever por riscos e riscos de riscos: e risco escreve, ele ainda desenha no espaço. Não apagamos a sintaxe do Lugar cuja inscrição arcaica não é legível *sobre* o metal da linguagem: ela é esse mesmo metal, sua dureza demasiado sombria e seu brilho demasiado luminoso. Linguagem, filha da terra e do sol: escritura. Em vão tentaríamos, para privá-la da exterioridade e da interioridade, para privá-la da privação, esquecer as palavras "dentro", "fora", "exterior", "interior" etc., colocá-las fora do jogo por decreto; não reencontraríamos uma linguagem sem ruptura de espaço, linguagem aérea ou aquática na qual a alteridade estaria, aliás, ainda mais seguramente perdida. Pois os significados que se irradiam a partir do Dentro-Fora, da Luz-Noite etc., não residem apenas nas palavras proscritas; alojam-se, em pessoa ou por procuração, no cerne da própria conceitualidade. Isso provém do fato de que elas não significam uma imersão *no* espaço. A estrutura Dentro-Fora ou Dia-Noite não tem nenhum sentido *num* espaço puro abandonado a si mesmo e des-orientado. Ela surge a partir de uma origem *compreendida*, de um oriente *inscrito* que não está nem dentro nem fora do espaço. Esse texto do olhar é *também* o da palavra. Podemos, pois, chamá-lo de Rosto. Mas não será mais necessário, doravante, esperar que se separem a linguagem e o espaço, fazer o vazio do espaço na linguagem ou arrebatar a palavra da luz, falar enquanto uma Mão esconde a Glória. É inútil exilarmos tal ou tal palavra ("dentro", "fora", "exterior", "interior" etc.), é inútil queimarmos ou fecharmos as cartas de luz, a linguagem inteira já despertou como queda na luz. Isto é, se preferirmos, ela se levanta com o sol. Mesmo se "o sol não é designado, [...] seu poder está entre nós" (Saint-John Perse). Dizer que a exterioridade infinita do Outro *não* é espacial, é *não*-exterioridade e não-interioridade, não poder designá-la senão por via negativa não é reconhecer que o infinito (também ele designado em sua positividade atual por via negativa: in-finito) não se diz? Não é isso o mesmo que reconhecer que a estrutura "dentro-fora", que é a própria linguagem, marca a finitude originária da palavra e do que advém à palavra? Jamais nenhuma língua filosófica poderá reduzir essa naturalidade da práxis espacial na linguagem; e seria necessário meditarmos sobre a unidade do que Leibnitz distinguia sob os nomes de "linguagem civil" e "linguagem culta" ou filosófica. Seria necessário meditarmos aqui mais pacientemente sobre essa cumplicidade irredutível, malgrado todos os esforços retóricos do filósofo, entre a linguagem da vida cotidiana e a linguagem filosófica. Uma certa naturalidade indesarraigável, uma certa ingenuidade originária da linguagem filosófica poderia ser verificada a propósito de cada conceito especulativo (salvo, sem dúvida, a propósito desses não-conceitos que são o nome de *Deus* e o verbo *Ser*). A linguagem filosófica pertence a um sistema de língua(s). O que é assim importado para a especulação por essa ascendência não-especulativa é sempre uma certa equivocidade. Por ser essa equivocidade originária e irredutível, é mister quiçá que a filosofia a assuma, a pense e nela se pense, que acolha a duplicidade e a diferença na especulação, na pureza mesma do sentido filosófico. Ninguém o tentou mais profundamente que Hegel, ao que nos parece. Seria necessário refazermos para cada conceito, sem usarmos ingenuamente da categoria da sorte, da predestinação feliz ou do encontro fortuito, o que Hegel faz para a noção alemã da *Aufhebung*, cuja equivocidade e presença na língua alemã ele julga *divertidas*:

> *Aufheben* tem na língua um duplo sentido: o de conservar, de guardar e o de fazer cessar, de *pôr um termo*. Conservar tem, além do mais, um significado negativo [...]. Lexicologicamente, essas duas determinações do *Aufheben* podem ser consideradas como dois *significados* da palavra. É notável que uma língua tenha chegado a empregar uma só e mesma palavra para dois significados contrários. O pensamento especulativo *diverte-se* em achar [o grifo é nosso] na língua palavras que têm por elas mesmas um sentido especulativo, e a língua alemã possui várias delas. (*Ciência da Lógica*, 1.93-94.)

Nas *Lições sobre a Filosofia da História*, Hegel observa assim que, "em nossa língua", a união de dois significados (*historia rerum gestarum* e *res gestas*) na palavra *Geschichte* não é uma "simples contingência exterior".

Por conseguinte, se não posso designar a alteridade irredutível (infinita) de outrem senão através da negação da exterioridade espacial (finita), isso talvez seja porque seu sentido é finito, não é positivamente infinito. O infinitamente Outro, a infinidade do Outro não é o Outro *como* infinidade positiva, Deus ou semelhança com Deus. O infinitamente outro não seria o que é, outro, se não fosse infinidade positiva e se não guardasse nele a negatividade do in-definido, do ἄπειρον*. "Infinitamente outro" não significa, primeiramente, aquilo que não posso conseguir apesar de um trabalho e de uma experiência intermináveis. Podemos respeitar o Outro como Outro e expulsar a negatividade, o trabalho, para fora da transcendência como o desejaria Lévinas? O Infinito positivo (Deus), se é que essas palavras têm um sentido, não pode ser infinitamente Outro. Se pensarmos, como Lévinas, que o Infinito positivo tolera e mesmo exige a alteridade infinita, será então preciso renunciar

---

\* *Apeiron*: indeterminado (N. da E.).

a toda linguagem e, em primeiro lugar, à palavra *infinito* e à palavra *outro*. O infinito só se entende como Outro sob a forma do in-finito. A partir do momento em que queremos pensar o Infinito como plenitude positiva (polo, na transcendência não-negativa de Lévinas), o Outro torna-se impensável, impossível, indizível. É talvez para esse impensável-impossível--indizível que nos chama Lévinas para além do Ser e do Logos (da tradição). Mas esse chamado *não deve poder nem se pensar, nem se dizer*. Em todo o caso, o fato de a plenitude positiva do infinito clássico não poder traduzir-se na linguagem, senão traindo-se por uma palavra negativa (in-finito), talvez situe o ponto em que, mais profundamente, o pensamento rompe com a linguagem. Ruptura que não cessará de ecoar através de toda a linguagem. Daí por que os pensamentos modernos que não querem mais distinguir nem hierarquizar o pensamento e a linguagem são essencialmente, com certeza, pensamentos da finitude originária. Mas deveriam eles então abandonar a palavra "finitude", prisioneira para todo o sempre do esquema clássico. É isso possível? E o que significa *abandonar* uma noção clássica?

O outro não pode ser o que ele é, infinitamente outro, senão na finitude e na mortalidade (a minha *e* a sua). A partir do momento em que ele vem para a linguagem, seguramente, e só então, e apenas se a palavra *outro* tiver um sentido; mas não foi Lévinas quem nos ensinou que não há pensamento antes da linguagem? Daí por que nossas perguntas incomodariam certamente menos um infinitismo clássico, de tipo cartesiano, por exemplo, que dissociava o pensamento e a linguagem, por não ir esta nunca tão rápido e tão longe quanto aquele. Essas perguntas não só o incomodariam menos como poderiam ser as suas. Em outras palavras: querer neutralizar o espaço na descrição do Outro, para assim liberar a infinidade positiva, não é neutralizar a finitude essencial de um rosto (olhar-fala) que *é corpo* e não – Lévinas insiste bastante nisso – metáfora corporal de um pensamento etéreo? Corpo, isto é, *também* exterioridade, localidade no sentido plenamente espacial, literalmente espacial dessa palavra; ponto zero, origem do espaço, certamente, mas origem que não tem nenhum sentido antes do *de*, que não pode ser separada da genitividade e do espaço que ela engendra e orienta: origem *inscrita*. A *inscrição* é a origem escrita: traçada e, a partir de então, *inscrita em* um sistema, numa figura que ela não mais comanda. Sem o que não mais haveria corpo próprio. Se o rosto do Outro não fosse *também*, *irredutivelmente*, exterioridade espacial, seria ainda necessário distinguir entre a alma e o corpo, o pensamento e a fala; ou, na melhor das hipóteses, entre um verdadeiro rosto, não espacial, e sua máscara ou sua metáfora, sua figura espacial. E aí toda a Metafísica do Rosto cairia por terra. Ainda uma vez, essa pergunta poderia proceder tanto de um infinitismo clássico (dualismo do pensamento e da linguagem, mas também do pensamento e do corpo), quanto do mais moderno pensamento da finitude. Essa estranha aliança na pergunta significa, talvez, que não seríamos capazes de, na filosofia e na linguagem, no *discurso filosófico* (supondo-se que haja outros), salvar *de uma só vez* o tema da infinidade positiva e o tema do rosto (unidade não metafórica do corpo, do olhar, da fala e do pensamento). Esta última unidade não nos parece poder ser pensamento senão no horizonte da alteridade infinita (indefinida) como horizonte irredutivelmente *comum* da Morte e de Outrem. Horizonte da finitude ou finitude do horizonte.

Mas isso, repetimos, *no discurso filosófico*, em que o pensamento da Morte *propriamente dita* (sem metáfora) e o pensamento do Infinito positivo nunca puderam entender-se. Se o rosto *é corpo*, ele é mortal. A alteridade infinita como morte não pode conciliar-se com a alteridade infinita como positividade e presença (Deus). A transcendência metafísica não pode ser ao mesmo tempo transcendência em direção ao Outro, como Morte, e em direção ao Outro, como Deus. A menos que Deus não queira dizer Morte, o que, no fim, jamais foi *excluído* senão pela totalidade da filosofia clássica dentro da qual nós o entendemos como Vida e Verdade do Infinito, da Presença positiva. Mas o que significa essa *exclusão* senão a exclusão de toda *determinação* particular? E que Deus *não é nada* (de determinado), não é nenhuma vida porque é *tudo*? É, portanto, a um tempo, o Tudo e o Nada, a Vida e a Morte. O que significa que Deus é ou aparece, *é designado* na diferença entre o Tudo e o Nada, a Vida e a Morte etc. Na diferença e, no fundo, como a própria Diferença. Essa diferença é o que chamamos de História. Deus nela está *inscrito*.

VIOLÊNCIA E METAFÍSICA

Alguém dirá que é precisamente contra esse discurso filosófico que se levanta Lévinas. Mas nesse combate ele já se privou da melhor arma: o desprezo do discurso. De fato, diante das clássicas dificuldades de linguagem que evocamos, Lévinas não pode dar-se os recursos clássicos. Às voltas com problemas que foram tanto os da teologia negativa quanto os do bergsonismo, ele não se dá o direito de falar como eles numa linguagem resignada com sua própria falência. A teologia negativa pronunciava-se numa palavra que se sabia falida, finita, inferior ao logos como entendimento de Deus. Sobretudo não se tratava de um Discurso com Deus no cara a cara e no boca a boca de duas falas, livres, malgrado a humildade e a altura, para romperem ou empreenderem a troca. De maneira análoga, Bergson tinha o direito de anunciar a intuição da duração e de denunciar a espacialização intelectual numa linguagem devotada ao espaço. Não se tratava de salvar, mas de destruir o discurso na "metafísica", "ciência que pretende abster-se de símbolos" (Bergson). A multiplicação das metáforas antagonistas dedicava-se metodicamente a essa autodestruição da linguagem e convidava à intuição metafísica silenciosa. Uma vez definida como resíduo histórico, não havia nenhuma incoerência em utilizar a linguagem, bem ou mal, para denunciar sua própria traição e em abandoná-la em seguida à sua própria insuficiência, rebotalho retórico, *fala perdida para a metafísica*. Como a teologia negativa, uma filosofia da comunhão intuitiva dava-se (com ou sem razão, isso é outro problema) o direito de atravessar o discurso filosófico como um elemento estranho. Mas o que acontece quando não mais nos damos esse direito, quando a possibilidade da metafísica é possibilidade da fala? Quando a responsabilidade da metafísica é responsabilidade da linguagem porque "o pensamento consiste em falar" (TI), e a metafísica é uma linguagem com Deus? Como pensar o Outro se este não se fala senão como exterioridade e através da exterioridade, isto é, da não-alteridade? E se a fala que deve instaurar e manter a separação absoluta está, na essência, enraizada no espaço que ignora a separação e a alteridade absolutas? Se, como diz Lévinas, só o discurso pode ser justo (e não o contato intuitivo) e se, por outro lado, todo discurso retém essencialmente em si o espaço e o Mesmo, não significa isso que o discurso é originalmente violento? E que a guerra reside no logos filosófico, só no qual, no entanto, é possível proclamar a paz? A distinção entre discurso e violência[32] seria sempre um inacessível horizonte. A não-violência seria o *télos* e não a essência do discurso. Dir-se-á, talvez, que alguma coisa como o discurso tem sua essência em seu *télos* e a presença de seu presente em seu porvir. Certamente, mas com a condição de que seu porvir e seu *télos* sejam não-discursos: a paz como um *certo* silêncio, um certo para além da fala, uma certa possibilidade, um certo horizonte silencioso da fala. E o *télos* sempre teve a forma da presença, mesmo que de uma presença futura. Não há guerra senão após a abertura do discurso, e a guerra só se extingue com o fim do discurso. A paz, como o silêncio, é a vocação estranha de uma linguagem chamada para fora de si por si. Mas como o silêncio *finito* também é o elemento da violência, a linguagem não pode nunca senão tender indefinidamente para a justiça, reconhecendo e praticando a guerra em si. Violência

---

32 Pensamos aqui na distinção, comum em particular a Lévinas e a E. Weil, entre discurso e violência. Não tem ela o mesmo sentido na obra de um e na obra do outro. Lévinas observa-o de passagem e, ao reverenciar E. Weil pelo "emprego sistemático e vigoroso do termo violência em sua oposição ao discurso", afirma dar a essa distinção "um sentido diferente" (DL). Diríamos mesmo um sentido diametralmente oposto. O discurso que E. Weil reconhece como não-violento é ontologia, projeto de ontologia (ver *Logique de la philosophie*, p. ex., p. 28 e s. *la Naissance de l'ontologie, le Discours*). "O acordo entre os homens estabelecer-se-á naturalmente se os homens não estiverem voltados para si mesmos, mas para aquilo que é"; seu polo é a coerência infinita, e seu estilo, pelo menos, é hegeliano. Essa coerência na ontologia é a própria violência para Lévinas: o "final da história" não é Lógica absoluta, coerência absoluta do Logos consigo em si, não é acordo no Sistema absoluto, mas Paz na separação, a diáspora dos absolutos. Inversamente, o discurso pacífico, segundo Lévinas, o que respeita a separação e recusa o horizonte da coerência ontológica, não é ele a própria violência para E. Weil? Esquematizemos: segundo E. Weil, a violência não será ou, antes, não seria reduzida senão com a redução da alteridade ou da vontade de alteridade. Já Lévinas pensa o contrário. Mas isso porque para ele a coerência é sempre finita (totalidade, no sentido dado por ele a essa palavra, recusando toda significação à noção de totalidade infinita). Para E. Weil, é a noção de alteridade que, ao contrário, implica a finitude irredutível. Mas para ambos só o infinito é não-violento, e ele só pode anunciar-se no discurso. Seria necessário interrogar as pressuposições comuns dessa convergência e dessa divergência. Seria necessário perguntarmo-nos se a pré-determinação comum a esses dois pensamentos, da violação e do logos puros, sobretudo da incompatibilidade deles, remete a uma evidência absoluta ou talvez já a uma época da história do pensamento, da história do Ser. Observemos que Bataille também se inspira, em *L'Érotisme*, nos conceitos de E. Weil, declarando-o explicitamente.

contra violência. *Economia* da violência. Economia que não pode reduzir-se ao que visa Lévinas sob essa palavra. Se a luz é o elemento da violência, é preciso combatermos a luz com uma outra luz para evitarmos a pior violência, a do silêncio e da noite que precede ou reprime o discurso. Essa *vigilância* é uma violência escolhida como a violência menor por uma filosofia que leva a história, isto é, a finitude, a sério; filosofia que se sabe *histórica*, de ponta a ponta (num sentido que não tolera nem a totalidade finita, nem a infinidade positiva), e que se sabe, como diz, em outro sentido, Lévinas, *economia*. Mas ainda uma economia que para ser história não pode estar *em casa* nem na totalidade finita, que Lévinas chama de o Mesmo, nem na presença positiva do Infinito. A fala é, sem dúvida, a primeira derrota da violência, mas, paradoxalmente, esta não existia antes da possibilidade da fala. O filósofo (o homem) *deve* falar e escrever nessa guerra da luz na qual ele se sabe para sempre já empenhado e da qual sabe que não poderia escapar senão renegando o discurso, isto é, arriscando incorrer na violência pior. Daí por que essa confissão da guerra no discurso, confissão que ainda não é a paz, significa o contrário de um belicismo; do qual bem sabemos – e quem o mostrou melhor que Hegel? –que é o irenismo, *na história*, o seu melhor cúmplice. *Na história*, da qual não pode o filósofo escapar porque ela não é a história no sentido que lhe dá Lévinas (totalidade), mas a história das saídas para fora da totalidade, história como o movimento mesmo da transcendência, do excesso sobre a totalidade, sem o qual nenhuma totalidade apareceria. A história não é a totalidade transcendida pela escatologia, pela metafísica ou pela palavra. É a própria transcendência. Se a palavra é um movimento de transcendência metafísica, ela é a história e não o para além da história. É difícil pensarmos a origem da história numa totalidade perfeitamente finita (o Mesmo), tanto quanto, aliás, num infinito perfeitamente positivo. Se, nesse sentido, o movimento de transcendência metafísica é história, ainda é violento, pois – esta é a evidência legítima na qual se inspira sempre Lévinas – a história é violência. A metafísica é *economia*: violência contra violência, luz contraluz: a filosofia (em geral). Da qual podemos dizer, transpondo a intenção de Claudel, que tudo ali "é pintado sobre a luz como se fosse com luz condensada, à semelhança do ar que *se torna* orvalho congelado".

Esse tornar-se é a guerra. Essa polêmica é a própria linguagem. Sua inscrição.

## Da Violência Transcendental

Por isso, não podendo escapar à ascendência da luz, a metafísica supõe sempre uma fenomenologia, em sua própria crítica da fenomenologia, e sobretudo se quiser ser, como a de Lévinas, discurso e ensinamento.

a. Essa fenomenologia, ela a supõe apenas como método, como técnica, no sentido estreito de tais palavras? Sem dúvida, rejeitando a maior parte dos resultados literais da pesquisa husserliana, Lévinas atém-se à herança do método: "A apresentação e o desenvolvimento das noções empregadas devem tudo ao método fenomenológico" (TI. DL). Mas não são a apresentação e o desenvolvimento das noções senão uma vestimenta do pensamento? E o método, pode ele ser emprestado como uma ferramenta? Não era Lévinas quem sustentava, trinta anos antes, na esteira de Heidegger, que é impossível isolarmos o método? Este abriga sempre, e sobretudo no caso de Husserl, "uma visão antecipada do 'sentido' do ser que abordamos" (THI). Lévinas escrevia então: "Não poderemos, por conseguinte, separar, em nossa explanação, a teoria da intuição, como método filosófico, daquilo que poderíamos chamar de a *ontologia* de Husserl" (THI).

Ora, esse método fenomenológico remete, explicitamente e em última instância – e isso seria facílimo de mostrar –, à decisão mesma da filosofia ocidental de escolher-se, a partir de Platão, como ciência, como teoria, isto é, precisamente ao que Lévinas desejaria colocar em questão pelos caminhos e pelo método da fenomenologia.

b. Além do método, o que Lévinas pretende reter ao "ensinamento essencial de Husserl" (TI) não é apenas a flexibilidade e a exigência descritivas, a fidelidade ao sentido da experiência: é o conceito da intencionalidade. De uma intencionalidade ampliada para além de sua dimensão representativa e teorética, para além da estrutura noético-noemática que Husserl teria erradamente reconhecido como estrutura primordial. A repres-

VIOLÊNCIA E METAFÍSICA

são do infinito teria impedido Husserl de ter acesso à verdadeira profundidade da intencionalidade como desejo e transcendência metafísica em direção ao outro para além do fenômeno ou do ser. Repressão essa que se produziria de duas maneiras.

De *um lado*, no valor da *adequação*. Visão e intuição teorética, a intencionalidade husserliana seria adequação. Esta esgotaria e interiorizaria toda distância e toda alteridade verdadeiras. "A visão é, de fato, essencialmente uma adequação da exterioridade à interioridade: a exterioridade aí se reabsorve na alma que contempla e, como *ideia adequada*, revela-se *a priori*, resultando de uma *Sinngebung\** " (TI). Ora, "a intencionalidade, na qual o pensamento permanece *adequação* ao objeto, não define... a consciência em seu nível fundamental". Sem dúvida, Husserl não é citado aqui no momento exato em que Lévinas fala da intencionalidade como adequação, e sempre cabe pensar que pela expressão "a intencionalidade, na qual o pensamento permanece *adequação*", ele entende: "Uma intencionalidade tal que etc., uma intencionalidade em que ao menos etc.". Mas o contexto, numerosas outras passagens, a alusão à *Sinngebung* deixam claramente entender que Husserl, na letra de seus textos, não teria sabido reconhecer que "todo saber, enquanto intencionalidade, já supõe a ideia do infinito, a *inadequação* por excelência" (TI). Assim, supondo-se que Husserl tenha pressentido os horizontes infinitos que extravasam da objetividade e da intuição adequada, ele os teria interpretado, *literalmente*, como "pensamentos que visam a objetos": "Que importa se na fenomenologia husserliana, interpretada ao pé da letra, esses horizontes insuspeitados se interpretam, por seu turno, como pensamentos que visam a objetos!" (op. cit.).

De *outro lado*, supondo-se que o *Cogito* husserliano esteja aberto sobre o infinito, seria, segundo Lévinas, sobre um infinito-objeto, infinito sem alteridade, falso-infinito: "Se Husserl vê no *cogito* uma subjetividade sem nenhum apoio fora dela, ele constitui a própria ideia do infinito, e a dá a si como objeto". O "falso-infinito", expressão hegeliana que Lévinas jamais emprega, talvez, ao que nos parece, por ser hegeliana, está, no entanto, presente em numerosos atos de denúncia em *Totalidade e Infinito*.

---

\*   Atribuição de sentido (N. da E.).

Assim como para Hegel, o "falso-infinito" seria para Lévinas o indefinido, a forma *negativa* de infinito. Mas, visto que Lévinas pensa a alteridade *verdadeira* como não-negatividade (transcendência não-negativa), pode ele fazer do outro o verdadeiro infinito e do mesmo (estranhamente cúmplice da negatividade) o falso-infinito. O que teria parecido absolutamente insensato para Hegel (e para toda a metafísica que nele se expande e se repensa): como separar a alteridade da negatividade, como separar a alteridade do "falso-infinito"? Como o verdadeiro infinito não seria o mesmo? Ou, inversamente, como o mesmo absoluto não seria infinito? Se o mesmo fosse, como o diz Lévinas, totalidade violenta, isso significaria que ele é totalidade finita, e, portanto, abstrata e, portanto, ainda, diferente da outra (de outra totalidade) etc. O mesmo como totalidade finita não seria o mesmo, mas ainda o outro. Lévinas falaria do outro sob o nome do mesmo e do mesmo sob o nome do outro etc. Se a totalidade finita fosse o mesmo, ela não saberia pensar-se ou colocar-se como tal sem tornar-se outra que não ela própria (é a guerra). Se não o fizesse, não poderia entrar em guerra com as outras (totalidades finitas) nem ser violenta. A partir de então, não sendo violenta, não seria o mesmo no sentido de Lévinas (totalidade finita). Ao entrar em guerra – e a guerra existe –, ela se pensa, sem dúvida, como o outro do outro, isto é, ela tem acesso ao outro como um outro (si). Mas ainda uma vez, ela então não mais é totalidade no sentido de Lévinas. Podemos, nessa linguagem, que é a única linguagem da filosofia ocidental, não repetir o hegelianismo, que não é senão essa mesma linguagem que toma absolutamente posse de si?

Nessas condições, a única posição eficaz para não nos deixarmos envolver por Hegel poderia parecer, por um instante, ser a seguinte: considerar como irredutível o falso-infinito (isto é, num sentido profundo, a finitude originária). Talvez seja isso, no fundo, o que faz Husserl ao mostrar a irredutibilidade do inacabamento intencional e, portanto, da alteridade, e que a consciência-de, por ser irredutível, jamais seria capaz de, na essência, tornar-se consciência-si nem de congregar-se de modo absoluto perto de si na *parusia* de um saber absoluto. Mas pode isso *dizer-se*, podemos nós pensar o "falso-infinito" como tal (numa palavra, o tempo), nele nos determos como na verdade da experiência, sem termos *já* (um *já* que permite pensar o tempo!) deixado anunciar-se, apresentar-se, pensar-se e dizer-se o *verdadeiro* infinito que é necessário então reconhecermos como tal? O que chamamos de filosofia, que não é talvez a totalidade do pensamento, não pode pensar o falso nem mesmo escolher o falso sem prestar homenagem à anterioridade e à superioridade do verdadeiro (Mesma relação entre o outro e o mesmo). Esta última pergunta, que bem poderia ser a de Lévinas a Husserl, demonstraria que, a partir do momento em que *ele fala* contra Hegel, Lévinas não pode senão confirmar Hegel, *já* o confirmou.

Mas existe um tema mais rigorosamente e, sobretudo, mais literalmente husserliano que o da inadequação? E da extravasão infinita dos horizontes? Quem mais que Husserl ateve-se obstinadamente em mostrar que a visão era original e essencialmente inadequação da interioridade e da exterioridade? Que a percepção da coisa transcendente e estendida era, na essência e para sempre, inacabada? Que a percepção imanente se fazia no horizonte infinito do fluxo do vivido (ver, por exemplo, *Ideias I*, § 83 e *passim*)? E, sobretudo, quem melhor que Lévinas nos fez de início compreender esses temas husserlianos? Não se trata, portanto, de lembrarmos a existência deles, mas de nos perguntar se finalmente Husserl *resumiu* a inadequação e reduziu à condição de *objetos* disponíveis os horizontes infinitos da experiência. Isso pela interpretação segunda de que o acusa Lévinas.

Custa-nos acreditar nisso. Nas duas direções intencionais das quais acabamos de falar, a *Ideia do sentido kantiano* designa a extravasão infinita de um horizonte que, em razão de uma necessidade de essência absoluta, absolutamente principial e irredutível, *jamais* poderá tornar-se ela mesma objeto ou deixar-se preencher, *igualar* por uma intuição de objeto. Nem mesmo a de um Deus. O horizonte não pode ser ele próprio objeto, pois é o recurso inobjetivável de todo objeto em geral. A impossibilidade da adequação é tão radical que nem a *originariedade*, nem a *apoditicidade* das evidências são necessariamente adequações (ver, por exemplo, *Ideias I*, § 3, *Meditações cartesianas*, § 9 e *passim*). (Isso não implica, bem entendido, que certas possibilidades de evidências adequadas – particulares e fundadas – sejam ignoradas por Husserl.) A importância do conceito de horizonte está precisamente em não poder *fazer o objeto* de nenhuma constituição e de abrir *ad infinitum* o trabalho da objetivação. O *cogito* husserliano, ao que nos parece, não constitui a ideia de infinito. Na fenomenologia, não há jamais constituição dos horizontes, mas horizontes de constituição. O fato de que a infinidade do horizonte husserliano tenha a forma da abertura indefinida, que se ofereça sem fim possível à negatividade da constituição (do trabalho de objetivação), não é isso mesmo que mais seguramente o protege contra toda totalização, contra a ilusão da presença imediata de um infinito de plenitude em que o outro se torna repentinamente impossível de achar? Se a consciência da inadequação infinita ao infinito (e mesmo ao finito!) é própria de um pensamento preocupado em respeitar a exterioridade, não vemos como, pelo menos nesse ponto, pode Lévinas separar-se de Husserl. Não é a intencionalidade esse mesmo respeito? A irredutibilidade para sempre do outro ao mesmo, mas do outro *que aparece como* outro ao mesmo? Pois, sem esse fenômeno do outro como outro, não haveria respeito possível. O fenômeno do respeito supõe o respeito à fenomenalidade. E a ética, a fenomenologia.

Nesse sentido, a fenomenologia é o respeito propriamente dito, o desenvolvimento, o tornar-se-linguagem desse mesmo respeito. É a isso que visava Husserl ao dizer que a razão não se deixava distinguir em teórica, prática etc. (acima citado). Isso não significa que o respeito como ética seja *derivado* da fenomenologia, que ele a suponha como suas premissas ou como um valor anterior ou superior. A pressuposição da fenomenologia é de uma ordem única. Não "comanda" nada, no sentido mundano (real, político etc.) do comando. É a própria neutralização desse tipo de comando. Mas não o neutraliza para substituí-lo por outro. É profundamente alheia a toda hierarquia. Ou seja: a ética não só se dissolve na fenomenologia como a ela não se submete; nela encontra seu sentido próprio, sua liberdade e sua radicalidade. O fato de os temas da não-presença (temporalização e alteridade) serem contraditórios com o que faz da fenomenologia uma metafísica da presença, parece-nos, aliás, incontestável, e sobre ele insistiremos alhures.

c. Pode Lévinas separar-se mais legitimamente de Husserl a propósito do teoretismo e do primado da consciência de objeto? Não nos esqueçamos de que o "primado" aqui em questão

VIOLÊNCIA E METAFÍSICA

é o do objeto ou da objetividade *em geral*. Ora, a fenomenologia com nada teria contribuído se não tivesse infinitamente renovado, ampliado, flexibilizado essa noção de objeto em geral. A última jurisdição da evidência está aberta *ad infinitum* a todos os tipos de objetos possíveis, isto é, a todo sentido pensável, ou seja, presente a uma consciência em geral. Nenhum discurso (por exemplo, o que, em *Totalidade e Infinito*, quer despertar as evidências éticas para sua independência absoluta etc.) teria sentido, poderia ser pensado ou entendido, se não se inspirasse nessa categoria da evidência fenomenológica em geral. Basta que o sentido ético seja *pensado* para que Husserl tenha razão. Não só as definições nominais, mas, antes delas, as possibilidades de essência que guiam os conceitos já estão pressupostas quando falamos de ética, de transcendência, de infinito etc. Tais expressões devem ter um sentido para uma consciência concreta em geral, sem o quê nenhum discurso e nenhum pensamento seriam possíveis. Esse domínio de evidências absolutamente "prévias" é o da fenomenologia transcendental na qual se enraíza uma fenomenologia da ética, enraizamento que não é *real*, não significa uma dependência real, e em vão reprovaríamos a fenomenologia transcendental por ser *de fato* impotente para engendrar valores ou comportamentos éticos (ou, o que dá na mesma, por poder, mais ou menos diretamente, reprimi-los). Uma vez determinado todo sentido, pensado todo sentido, todo noema (por exemplo, o sentido da ética) que suponha a possibilidade de um *noema em geral*, convém começarmos *de direito* pela fenomenologia transcendental. Começarmos *de direito* pela possibilidade em geral de um noema que, lembremos esse ponto decisivo, não é um momento *real* (*reell*) para Husserl, e, portanto, não tem nenhuma relação real (hierárquica ou outra) com o outro qualquer que ele seja: visto que o que quer que seja outro só pode ser pensado na noematicidade. Isso significa, em particular, que, aos olhos de Husserl, a ética não poderia *de fato*, na existência e na história, estar *subordinada* à neutralização transcendental e estar a ela, de fato, de algum modo submetida. Nem a ética, nem, aliás, qualquer outra coisa no mundo. A neutralização transcendental é, por princípio e em seu sentido, estranha a toda facticidade, a toda existência em geral.

Ela não está, de fato, nem antes, nem depois da ética. Nem antes, nem depois do que quer que seja.

Podemos, portanto, falar de objetividade ética, de valores ou de imperativos éticos como objetos (noemas) com toda a originalidade ética deles, sem reduzirmos essa objetividade a nenhuma daquelas que fornecem erradamente (mas não é esse o erro de Husserl) seu modelo ao que comumente entendemos por objetividade (objetividade teorética, política, técnica, natural etc.). Na verdade, há dois sentidos do teorético: o sentido corrente, particularmente visado pelo protesto de Lévinas; e o sentido mais oculto, no qual se mantém o *aparecer* em geral, o aparecer do não-teorético (no primeiro sentido) em particular. Neste segundo sentido, a fenomenologia é efetivamente um teoretismo, mas na medida em que todo pensamento e toda linguagem, de fato e de direito, aliam-se com o teoretismo. A fenomenologia mede essa medida. Eu sei com um saber teorético (em geral) qual o sentido do não-teorético (por exemplo, o ético, o metafísico no sentido de Lévinas) como tal, e eu o respeito como tal, como o que ele é, em seu sentido. Tenho um olhar para reconhecer o que não se olha como uma coisa, como uma fachada, como um teorema. Tenho um olhar para o rosto propriamente dito.

d. Mas sabemos que a divergência fundamental entre Lévinas e Husserl não está aí. Tampouco reside na a-historicidade do sentido pela qual Husserl foi outrora censurado e a propósito da qual este "reservara surpresas" (como a escatologia de Lévinas devia surpreender-nos ao falar-nos, trinta anos mais tarde, "*para além da totalidade* ou da história" [TI]). O que supõe, ainda uma vez, que a totalidade seja finita (o que não está, de maneira alguma, inscrito em seu conceito), que a história como tal possa ser totalidade finita e que não haja história para além da totalidade finita. Seria, talvez, necessário mostrar, como mais atrás sugeríamos, que a história é impossível, não tem sentido na totalidade finita, que ela é impossível e não tem sentido na infinidade positiva e atual: e que se mantém na diferença entre a totalidade e o infinito, que ela é precisamente o que Lévinas chama de transcendência e escatologia. Um *sistema* não é nem finito, nem infinito. Uma totalidade estrutural escapa, em

VIOLÊNCIA E METAFÍSICA

seu jogo, a essa alternativa. Escapa ao arqueológico e ao escatológico e os inscreve nela mesma.

É a propósito de outrem que a divergência parece definitiva. Vimos isso: segundo Lévinas, ao fazer do outro, notadamente nas *Meditações Cartesianas,* um fenômeno do ego, constituído por apresentação analógica a partir da esfera de pertinência própria do ego, Husserl não teria levado em conta a alteridade infinita do outro e a teria reduzido ao mesmo. Fazer do outro um *alter ego,* diz com frequência Lévinas, é neutralizar sua alteridade absoluta.

a. Ora, seria fácil mostrar até que ponto, particularmente nas *Meditações Cartesianas,* Husserl se mostra preocupado com respeitar, em sua significação, a alteridade de outrem. Trata-se para ele de descrever como o outro *enquanto outro,* em sua alteridade irredutível, apresenta-se a mim. Apresenta-se a mim, veremos isso mais adiante, como não-presença originária. É o outro enquanto outro que é fenômeno do ego: fenômeno de uma certa não-fenomenalidade irredutível para o ego como ego em geral (o eidos ego). Pois é impossível encontrar o *alter ego* (na forma mesma do encontro[33] descrita por

33 No fundo, é à própria noção de "constituição do *alter ego*" que Lévinas nega toda dignidade. Sem dúvida, diria ele como Sartre: "Outrem a gente *encontra,* não o constitui" (*L'Être et le néant*). Temos aí a palavra "constituição" entendida num sentido contra o qual Husserl frequentemente previne seu leitor. A constituição não se opõe a nenhum encontro. Consequentemente, ela não cria, não constrói, não gera nada: nem a existência – ou o fato, o que é natural, nem mesmo o sentido, o que é menos evidente, mas igualmente certo desde que se tomem e respeitem algumas precauções pacientes; desde que, sobretudo, se distingam os momentos de passividade e de atividade na intuição no sentido husserliano, é esse momento em que a distinção se torna impossível. Isto é, em que toda a problemática que opõe "encontro" a "constituição" não tem mais sentido, ou tem apenas um sentido derivado ou dependente. Não nos podendo meter aqui nessas dificuldades, lembremos simplesmente esta advertência de Husserl, entre tantas outras: "Aqui também, assim como a respeito do *alter ego,* 'efetuação de consciência' (*Bewusstseinleistung*) não quer dizer que eu invente (*erfinde*) e que eu faça (*mache*) essa transcendência suprema". (Trata-se de Deus.) (L.F.T., trad. fr. de S. Bachelard).

Inversamente, a noção de "encontro" à qual é mister sem dúvida recorrer se rejeitarmos toda constituição, no sentido husserliano do termo, além de estar sob a mira de empirismo, não a deixa entender que há um tempo e uma experiência sem "outro" *antes* do "encontro"? Podemos imaginar a que dificuldades somos então levados. A prudência filosófica de Husserl é, a esse respeito, exemplar. As *Méditations cartésiennes* amiúde sublinham que, *de fato* e *realmente,* nada *precede* a experiência de outrem.

Lévinas), é impossível respeitá-lo na experiência e na linguagem sem que esse outro, em sua alteridade, *apareça* para um ego (em geral). Não poderíamos nem falar nem ter qualquer sentido que seja do totalmente-outro, se não houvesse um fenômeno do totalmente-outro, uma evidência do totalmente-outro como tal. Ninguém mais que Husserl foi sensível ao fato de que o estilo dessa evidência e desse fenômeno seja irredutível e singular, de que o que nele se mostra seja uma não-fenomenalização originária. Mesmo se não quisermos nem pudermos tematizar o outro de que não falamos, mas a quem falamos, essa impossibilidade e esse imperativo não podem eles próprios ser tematizados (como o faz Lévinas) senão a partir de um certo aparecer do outro como outro a um ego. É desse *sistema*, desse aparecer e dessa impossibilidade de tematizar o outro em pessoa que nos fala Husserl. É *seu* problema:

> Eles (os outros *ego*) não são, contudo, simples representações e objetos representados em mim, unidades sintéticas de um processo de verificação que se desenrola "em mim", mas justamente "outros" [...] sujeitos para esse mesmo mundo [...], sujeitos que percebem o mundo [...] e que por aí têm a experiência de mim, como eu tenho a experiência do mundo e nele dos "outros" (MC, trad. Lévinas).

É esse aparecer do outro como aquilo que eu jamais posso ser, é essa não-fenomenalidade originária que é interrogada como *fenômeno intencional* do ego.

b. Pois – e nós nos atemos aqui ao sentido mais manifesto e mais pesadamente incontestável dessa quinta das *Meditações Cartesianas*, cujo curso é tão labiríntico – a afirmação mais central de Husserl diz respeito ao caráter *irredutivelmente mediato* da intencionalidade que visa ao outro como outro. É evidente, de uma evidência essencial, absoluta e definitiva, que o outro como outro transcendental (outro, origem absoluta, e outro, ponto zero na orientação do mundo) jamais me pode ser dado de maneira originária e em pessoa, mas só por apresentação analógica. A necessidade de recorrer à apresentação analógica, longe de significar uma redução analógica e assimilante do outro ao mesmo, confirma e respeita a separação, a necessidade inexcedível da mediação (não-objetiva). Se eu não me dirigisse para o outro mediante apresentação analógica, se não o atingisse imediata e originariamente, em silêncio e por comunhão com sua própria vivência, o outro deixaria de ser o outro. Contrariamente às aparências, o tema da transposição apresentativa traduz o reconhecimento da separação radical das origens absolutas, a relação dos absolutos absolvidos e o respeito não-violento do segredo: o contrário da assimilação vitoriosa.

Os corpos, as coisas transcendentes e naturais são outros em geral para a minha consciência. Estão fora e sua transcendência é o sinal de uma alteridade já irredutível. Lévinas não pensa assim. Husserl pensa e pensa que "outro" já quer dizer algo quando se trata das coisas. O que é levar a sério a realidade do mundo exterior. Outro sinal dessa alteridade em geral, que as coisas aqui partilham com outrem, é que algo nelas sempre também se oculta e só se indica por antecipação, analogia e apresentação. Diz Husserl, na quinta de suas *Meditações Cartesianas*: a apresentação analógica pertence, de um lado, a *toda percepção*. Mas no caso do outro como coisa transcendente, a possibilidade de princípio de uma apresentação originária e original da face oculta está sempre aberta por princípio e *a priori*. Essa possibilidade é absolutamente recusada no caso de outrem. A alteridade da coisa transcendente, embora já seja irredutível, só o é pelo inacabamento indefinido de minhas percepções originárias. Ela não tem, portanto, medida comum com a alteridade também irredutível de outrem que acrescenta à dimensão do inacabamento (o corpo de outrem no espaço, a história de nossas relações etc.) uma dimensão de não-originariedade mais profunda, a impossibilidade radical de dar a volta para ver as coisas do outro lado. Mas sem a primeira alteridade, a do corpo (e outrem também é, já de entrada, um corpo), a segunda não poderia surgir. É necessário pensar em conjunto o sistema dessas duas alteridades, inscritas uma na outra. A alteridade de outrem é, portanto, irredutível por um duplo poder de indefinidade. O estrangeiro é infinitamente outro, visto que, por essência, nenhum enriquecimento dos perfis pode dar-me a face subjetiva de sua vivência,*de seu lado*, tal como é vivido por ele. Jamais essa vivência me será dada no original como tudo o que é *mir eigenes*, o que me é *próprio*. Essa transcendência do não-

-próprio não é mais a do todo inacessível com base em esboços sempre parciais: transcendência do *Infinito*, não da *Totalidade*.

Lévinas e Husserl estão aqui muito próximos. Mas, ao reconhecer a este infinitamente outro *como tal* (que aparece como tal) o estatuto de uma modificação intencional do ego em geral, Husserl dá-se *o direito de falar* do infinitamente outro como tal, presta contas da origem e da legitimidade de sua linguagem. Descreve o sistema da fenomenalidade da não--fenomenalidade. Lévinas fala *de fato* do infinitamente outro, mas, ao recusar-se a nele reconhecer uma modificação intencional do ego – o que para ele seria um ato totalitário e violento –, priva-se do fundamento mesmo e da possibilidade de sua própria linguagem. O que o autoriza a dizer "infinitamente outro" se o infinitamente outro não aparece como tal nesta zona que ele chama de o mesmo e que é o nível neutro da descrição transcendental? Voltar, como ao único ponto de partida possível, ao fenômeno intencional em que o outro aparece como outro e se presta à linguagem, a *toda linguagem possível*, é, talvez, entregar-se à violência, fazer-se, pelo menos, cúmplice dela e *dar direito* – no sentido crítico – à violência do fato. Mas trata-se, então, de uma zona irredutível da facticidade, de uma violência originária, transcendental, anterior a toda escolha ética, suposta mesmo pela não-violência ética. Terá algum sentido falarmos em violência pré-ética? A "violência" transcendental à qual aludimos, se está ligada à fenomenalidade mesma e à possibilidade da linguagem, situar-se--ia na raiz do sentido e do logos, antes mesmo que este venha a determinar-se como retórica, psicagogia, demagogia etc.

c. Escreve Lévinas: "Outrem, enquanto outrem, não é somente um *alter ego*. Ele é o que eu não sou" (EB e TA). A "decência" e a "vida do dia a dia" fazem-nos acreditar erradamente que "o outro é conhecido pela simpatia, como um outro eu--mesmo, como o *alter ego*" (TA). É isso exatamente o que Husserl não faz. Ele quer somente reconhecê-lo como outrem em sua forma de ego, em sua forma de alteridade, que não pode ser a das coisas no mundo. Não querer ver nele um ego nesse sentido é, na ordem ética, o gesto mesmo de toda violência. Se o outro não fosse reconhecido como ego, toda a sua alteridade desmoronaria. Não se pode, portanto, ao que me parece, sem maltratar suas intenções mais permanentes e mais declaradas, supor que Husserl faz do outro um outro eu-mesmo (no sentido factual dessa palavra), uma modificação *real* de *minha vida*. Se outrem fosse um momento real da minha vida egológica, se "a inclusão de uma outra mônada na minha" (MC) fosse real, eu a perceberia *originaliter*. Husserl não cessa de sublinhar que essa é uma impossibilidade absoluta. O outro como *alter ego*, isto significa o outro como outro, irredutível ao *meu* ego, precisamente porque ele é ego, por que ele tem a forma do ego. A egoidade do outro permite-lhe dizer "ego" como eu, e isso explica por que ele é outrem e não uma pedra ou um ser sem fala *em sua economia real*. Isso explica por que, digamos, ele é rosto, pode falar-me, ouvir-me e, eventualmente, dar-me ordens. Nenhuma dissimetria seria possível sem essa simetria que não é do mundo e que, nada sendo de real, não impõe nenhum limite à alteridade, à dissimetria, mas, pelo contrário, torna-a possível. Essa dissimetria é uma *economia* num sentido novo, que, sem dúvida, seria igualmente intolerável para Lévinas.

É, a despeito do absurdo lógico desta formulação, a simetria transcendental de duas assimetrias empíricas. O outro é para mim um ego do qual eu sei que ele se relaciona comigo como com um outro. Onde são esses movimentos mais bem descritos do que em *Fenomenologia do Espírito*? O movimento de transcendência em direção ao outro, tal como o evoca Lévinas, não teria sentido se não comportasse, como um de seus significados essenciais, que eu saiba, em minha ipseidade, outro para o outro. Sem isso, "Eu" (em geral: a egoidade), não podendo ser o outro do outro, jamais seria vítima de violência. A violência de que fala Lévinas seria uma violência sem vítima. Mas como, na simetria por ele descrita, o autor da violência jamais seria capaz de ser o outro ele próprio, mas sempre o mesmo (ego) e como todos os egos são outros para os outros, a violência sem vítima seria também uma violência sem autor. E podemos inverter todas essas proposições sem qualquer dificuldade. Logo perceberemos que se o Parmênides do *Poema* nos faz crer que, por fantasmas históricos interpostos, ele, várias vezes, se dispôs ao parricídio, a grande sombra branca e temível que falava ao jovem Sócrates continua a sorrir quando encetamos grandes discursos sobre os seres separados, a unidade, a diferença, o mesmo e o outro. A que exercícios se entregaria Parmênides à margem de *Totalidade e Infinito* se tentássemos fazê-lo entender que *ego* é igual a *mesmo* e que o Outro não é o que é senão como absoluto, infinitamente outro absolvido de sua relação com o Mesmo! Por exemplo: 1. O infinitamente outro, diria ele talvez, não pode ser o que ele é se não for outro, isto é, outro *diferente de*. *Outro diferente de* deve ser *outro diferente de mim*. A partir de então, ele não mais está absolvido da relação com um ego. Não mais é, portanto, infinitamente, absolutamente outro. Não mais é o que ele é. Se fosse absolvido, não seria mais o Outro, mas o Mesmo. 2. O infinitamente outro não pode ser o que ele é – infinitamente outro – senão não sendo absolutamente o mesmo. Isto é, especificamente, sendo outro diferente de si (não ego). Ao ser outro diferente de si, ele não é o que ele é. Não é, portanto, infinitamente outro etc.

Esse exercício, acreditamos, não seria, no fundo, verbosidade ou virtuosidade dialética no "jogo do Mesmo". Significaria que a expressão "infinitamente outro" ou "absolutamente outro" não pode a um tempo ser dita e pensada; que o Outro não pode ser absolutamente exterior[34] ao mesmo sem deixar de ser outro e que, consequentemente, o mesmo não é uma totalidade fechada em si, uma alteridade jogando consigo, apenas com a aparência de alteridade, no que Lévinas chama de economia, trabalho, história. Como poderia haver um "jogo do Mesmo" se a própria alteridade já não estivesse *no* Mesmo, num sentido da inclusão que a palavra *em* sem dúvida trai? Sem a alteridade *em* o Mesmo, como poderia produzir-se o "jogo do Mesmo", no sentido da atividade lúdica ou no sentido da deslocação, numa máquina ou numa totalidade orgânica que *joga* ou que *trabalha*? E poder-se-ia mostrar que para Lévinas o *trabalho*, sempre fechado na totalidade e na história, permanece, fundamentalmente, um jogo. Proposição que aceitaremos, com algumas precauções, mais facilmente que ele.

---

34 Ou pelo menos não pode *ser* nem ser o que quer que seja, e é exatamente a autoridade do ser que Lévinas rejeita profundamente. Seu discurso ainda deve submeter-se à instância contestada, necessidade cuja regra é mister tentarmos inscrever sistematicamente no texto.

VIOLÊNCIA E METAFÍSICA

Confessemos, por fim, que somos totalmente surdos a proposições do tipo: "O ser produz-se como múltiplo e como cindido em Mesmo e em Outro. É sua estrutura última" (TI). O que é a cisão *do ser entre* o mesmo e o outro, uma cisão *entre* o mesmo e o outro, e que não supõe, ao menos, que o mesmo *seja* o outro do outro e o outro o mesmo que si próprio? Não pensemos mais apenas no exercício de Parmênides jogando com o jovem Sócrates. O Estrangeiro do *Sofista*, que parece romper com o eleatismo, como Lévinas, em nome da alteridade, sabe que alteridade não se pensa senão como negatividade, não se *diz*, sobretudo, senão como negatividade – o que Lévinas começa por recusar – e que, diferentemente do ser, o outro é sempre relativo, diz-se *pros eteron*, o que não o impede de ser um *eidos* (ou um *gênero*, num sentido não conceitual), isto é, de ser o mesmo que si mesmo ("mesmo que si" que já supõe, como observa Heidegger em *Idendität und Differenz*, precisamente a propósito do *Sofista*, mediação, relação e diferença: ἕκαστον ἑαυτῷ ταὐτόν*). Por seu lado, Lévinas recusaria assimilar outrem ao *eteron*, que é o assunto aqui. Mas como pensar ou dizer "outrem" sem a referência – não dizemos a redução – à alteridade do *eteron* em geral? Esta última noção não mais tem, doravante, o sentido restrito que permite *opô-la* simplesmente à de *outrem*, como se estivesse confinada à região da objetividade real ou lógica. O *eteron* pertenceria aqui a uma zona mais profunda e mais originária do que aquela na qual se expande essa filosofia da subjetividade (isto é, da objetividade) ainda implicada na noção de outrem.

O outro não seria, portanto, o que ele é (meu próximo como estrangeiro), se não fosse *alter* ego. Temos aí uma evidência bem anterior à "decência" e às dissimulações da "vida cotidiana!". Não trata Lévinas a expressão *alter ego* como se *alter* fosse aí o epíteto de um sujeito real (num nível pré-eidético)? A modificação acidental, epitética de minha identidade real (empírica)? Ora, a sintaxe transcendental da expressão *alter ego* não tolera nenhuma relação de substantivo com adjetivo, de absoluto com epíteto, num ou noutro sentido. Essa é a sua estranheza. Necessidade que resulta da finitude do sentido: o outro não

---

\* *Ekaston e auto tantón*: cada um idêntico a si (N. da E.).

é absolutamente outro senão sendo um ego, isto é, de certa maneira, senão sendo o mesmo que eu. Inversamente, o outro como *res* é, a um tempo, menos outro (não absolutamente outro) e menos "o mesmo" que eu. Mais outro e menos outro ao mesmo tempo, o que ainda significa que o absoluto da alteridade é o mesmo. E essa contradição (nos termos de uma lógica formal que, por uma vez ao menos, segue Lévinas, visto que este se recusa a chamar o Outro de *alter ego*), essa impossibilidade de traduzir na coerência racional da linguagem minha relação com outrem, essa contradição e essa impossibilidade não são sinais de "irracionalidade": ou melhor, o sinal de que aqui não mais respiramos *dentro* da coerência do *Logos*, mas de que o pensamento perde o fôlego na região da origem da linguagem como diálogo e diferença. Essa origem, como condição concreta da racionalidade, nada tem de "irracional", mas não poderia ser "compreendida" na linguagem. Essa origem é uma inscrição inscrita.

Por isso mesmo, toda redução do outro a um momento *real* da *minha* vida, sua redução ao estado de *alter ego*-empírico, é uma possibilidade ou, antes, uma eventualidade empírica, que chamamos violência e que pressupõe as relações eidéticas necessárias visadas pela descrição husserliana. Ao contrário, ter acesso à egoidade do *alter ego* como à sua própria alteridade é o gesto mais pacífico que existe.

*Não dizemos absolutamente pacífico.* Dizemos *econômico.* Há uma violência transcendental e pré-ética, uma dissimetria (em geral), cuja arquia* (poder) é a mesma e que permite ulteriormente a dissimetria inversa, a não-violência ética de que fala Lévinas. De fato, ou bem somente existe o mesmo, e

---

\* *Arquia*: esta palavra é mais comumente grafada, nas traduções luso-brasileiras, *arqué* ou *arché* e possui, na história da filosofia, dois sentidos. O de princípio, causa, fundamento, origem ou ainda suprema substância. Daí, por exemplo, ἀρχή γενής, "que é a primeira causa". A raiz arq (ἀρχ) compõe também archós (ἀρχός) com o significado de guia, primeiro, o que vem à frente, como ainda a palavra arqui, archi (ἀρχι), que se encontra, por exemplo, em arquiteto, para indicar "o que é superior ou mais digno". Desse conjunto de significações – causa, guia, superioridade – ocorreu o sentido de autoridade ou domínio, baseado no fato de uma precedência, condução, regência ou determinação. Derrida emprega arquia (em francês grafado *archie*) tanto num sentido como no outro, ou seja, na qualidade de um fundamento ôntico e no sentido de princípio de mando ou soberania (N. da E.)

VIOLÊNCIA E METAFÍSICA

ele nem mesmo pode aparecer e ser dito, nem mesmo praticar violência (infinidade ou finidade puras); ou bem existem o mesmo *e* o outro, e então o outro não pode ser o outro – do mesmo – senão sendo o mesmo (que si próprio: ego), e o mesmo não pode ser o mesmo (que si próprio: ego) senão sendo o outro do outro: *alger ego*. Que eu seja também essencialmente o outro do outro, que eu o saiba – eis a evidência de uma estranha simetria de que, em parte alguma das descrições de Lévinas, aparece rastro. Sem essa evidência, não poderia eu desejar (ou) respeitar o outro na dissimetria ética. Essa violência transcendental, que não procede de uma resolução ou de uma liberdade éticas, de uma *certa maneira* de abordar ou de transbordar o outro, instaura originariamente a relação entre duas ipseidades finitas. Com efeito, a necessidade de ter acesso ao sentido do outro (em sua alteridade irredutível) a partir de seu "rosto", isto é, do fenômeno de sua não-fenomenalidade, do tema do não-tematizável, em outras palavras, a partir de uma modificação intencional de meu ego (em geral) (modificação intencional que inspira a Lévinas o sentido de seu discurso), a necessidade de falar do outro como outro ou ao outro como outro a partir de seu aparecer para-mim-como-o-que ele-é: o outro (aparecer que dissimula sua dissimulação essencial, que o arrasta para a luz, que o desnuda e que oculta o que no outro é o oculto), essa necessidade à qual nenhum discurso poderia escapar, desde os seus primórdios, essa necessidade é a própria violência, ou melhor, a origem transcendental de uma violência irredutível, supondo-se, como dizíamos atrás, que haja algum sentido em falar de violência pré-ética. Pois essa origem transcendental, como violência irredutível da relação com o outro é, ao mesmo tempo, não-violência, visto que abre a relação com o outro. É uma *economia*. É ela que, com essa abertura, deixará este acesso ao outro determinar-se, na liberdade ética, como violência ou não violência morais. Não vemos como a noção de violência (por exemplo, como dissimulação ou opressão do outro pelo mesmo, noção que Lévinas utiliza como óbvia e que, no entanto, significa, já, alteração do mesmo, do outro enquanto ele é o que ele é) poderia ser determinada com rigor num nível puramente ético, sem análise eidético-transcendental prévia das relações entre ego e *alter ego* em geral, entre várias origens do mundo em geral. O fato de o outro não aparecer como tal, senão em sua relação com o mesmo, é uma evidência que os Gregos não haviam tido necessidade de reconhecer na egologia transcendental que a confirmará mais tarde, e é a violência como origem do sentido e do discurso no reino da finitude[35]. A diferença entre o mesmo e o outro, que não é uma diferença ou uma relação em meio a outras, não tem sentido algum no infinito, salvo ao falar, como Hegel e contra Lévinas, da inquietude do infinito que se determina e se nega ele próprio. A violência, certamente, aparece no horizonte de uma ideia do infinito. Mas esse horizonte não é o do infinitamente outro e sim o de um reino em que a diferença entre o mesmo e o outro, a diferença não mais teria sequência, isto é, de um reino em que a própria paz não mais teria sentido. E de início porque não mais haveria fenomenalidade e sentido em geral. O infinitamente outro e o infinitamente mesmo, se é que essas palavras têm sentido para um ser finito, é o mesmo. O próprio Hegel não reconhecia a negatividade, a inquietude ou a guerra no infinito absoluto senão como o movimento de sua própria história e *em vista* de um apazigua-

---

35  Essa co-naturalidade do discurso e da violência não nos parece ter *acontecido na* história nem estar ligada a tal ou qual forma de comunicação, ou ainda a tal ou qual "filosofia". Gostaríamos de mostrar aqui que essa co-naturalidade pertence à própria essência da história, à historicidade transcendental, noção que aqui não pode ser entendida senão na ressonância de uma fala comum – num sentido que ainda seria mister esclarecer – a Hegel, Husserl e Heidegger.

A informação histórica ou etno-sociológica só pode aqui vir confirmar ou sustentar, a título de exemplo factual, a evidência eidético-transcendental. Mesmo se essa informação fosse manejada (recolhida, descrita, explicitada) com a maior prudência filosófica ou metodológica, isto é, mesmo que ela se articule corretamente com a leitura de essência e respeite todos os níveis de generalidade eidética, em caso algum poderia *fundar* nem *demonstrar* qualquer necessidade de essência. Por exemplo, não estamos certos de que essas precauções técnicas tanto quanto transcendentais sejam tomadas por C. Lévi-Strauss quando, em *Tristes Trópicos*, formula no meio de belíssimas páginas, "a hipótese [...] de que a função primária da comunicação escrita é facilitar o escravizamento". Se a escritura – e já a fala em geral – retém em si uma violência essencial, isso não pode "demonstrar-se" ou "verificar-se" com base em "fatos", qualquer que seja a esfera de que fossem eles obtidos e ainda que a totalidade dos "fatos" pudesse estar disponível nesse domínio. Vemos amiúde a prática descritiva das "ciências humanas" misturar, na mais *Sedutora* (em todos os sentidos da palavra) das confusões, a pesquisa empírica, a hipótese indutiva e a intuição de essência sem que precaução alguma seja tomada quanto à origem e à função das proposições formuladas.

mento final no qual a alteridade seria absolutamente *resumida* se não levantada na parusia\*. Como interpretar a *necessidade* de *pensar* o *fato* daquilo que é de início *em vista*, na ocorrência do que chamamos, em geral, de fim da história? O que dá no mesmo que nos perguntar o que significa o *pensamento* do outro *como* outro, e se, neste caso único, a luz do "como tal" não é a própria dissimulação. Caso único? Não, cumpre-nos inverter os termos: "outro" é o nome, "outro" é o sentido dessa unidade impensável da luz e da noite. O que quer dizer "outro" é a fenomenalidade como desaparição. "Tratar-se-á aí de uma terceira via excluída por esses contraditórios" (revelação e dissimulação, o *Rastro do outro*)? Mas ela não pode aparecer e ser dita senão como terceira. Se a chamarmos de "rastro", esta palavra só pode surgir como uma metáfora, cuja elucidação filosófica apelará incessantemente para "os contraditórios". Sem o quê, sua originalidade – o que a distingue do *Signo* (palavra convencionalmente escolhida por Lévinas) – não apareceria. Ora, é *necessário* fazê-la aparecer. E o fenômeno supõe sua contaminação originária pelo signo.

A guerra é, portanto, congenial à fenomenalidade, é o próprio surgimento da fala e do aparecer. Não por acaso Hegel não se abstém de pronunciar a palavra "homem" na *Fenomenologia do Espírito* e descreve a guerra (por exemplo, a dialética do Amo e do Escravo) sem referência antropológica, no campo de uma ciência da *consciência*, isto é, da fenomenalidade propriamente dita, na estrutura necessária de seu movimento: ciência da experiência e da consciência.

Portanto, o discurso, se for originariamente violento, não pode senão *violentar-se*, negar-se para afirmar-se, fazer guerra à guerra que o institui sem jamais *poder*, enquanto discurso, reapropriar-se dessa negatividade. Sem *dever* reapropriar- -se dela, pois, se o fizesse, o horizonte da paz desapareceria na noite (pior violência como pré-violência). Essa guerra segunda, como confissão, é a menor violência possível, a única maneira de reprimir a pior violência, a do silêncio primitivo e pré-lógico, de uma noite inimaginável, que nem mesmo seria o contrário do dia, de uma violência absoluta que nem mesmo

---

\* A alteridade, a diferença, o tempo não são *suprimidos*, mas *retidos* pelo saber absoluto na forma da *Aufhebung*.

seria o contrário da não-violência: o nada ou o não-sentido puros. O discurso se escolhe, portanto, violentamente contra o nada ou o não-sentido puros, e, na filosofia, contra o niilismo. Para que assim não fosse, seria necessário que a escatologia que anima o discurso de Lévinas já tivesse cumprido sua promessa, a ponto de nem mesmo mais poder produzir-se no discurso como escato*logia* e ideia da paz "para além da história". Seria necessário que fosse instaurado o "triunfo messiânico" "premunido contra a desforra do mel". Esse triunfo messiânico que é o horizonte do livro de Lévinas, mas de cujo "quadro exorbita" (TI), só poderia abolir a violência suspendendo a diferença (conjunção ou oposição) entre o mesmo e o outro, isto é, suspendendo a ideia da paz. Mas esse mesmo horizonte não pode, aqui e agora (num presente em geral), ser dito, o fim não pode ser dito, a escato*logia* só é possível *através da violência*. Essa travessia infinita é o que chamamos de história. Ignorar a irredutibilidade dessa última violência é retornar, na ordem do discurso filosófico que não podemos *querer recusar* senão correndo o risco da *pior violência*, ao dogmatismo infinitista de estilo pré-kantiano que não levanta a questão da responsabilidade de seu próprio discurso filosófico finito. É verdade que a delegação dessa responsabilidade a Deus não é uma abdicação, visto Deus não ser um terceiro finito: assim pensada, a responsabilidade divina não exclui nem diminui a integridade da minha, da responsabilidade do filósofo finito. Pelo contrário, ela a exige e por ela chama, como seu *télos* ou sua origem. Mas o *fato* da inadequação das duas responsabilidades ou dessa única responsabilidade a ela mesma – a história ou inquietude do infinito –ainda não é um *tema* para os racionalistas pré-kantianos ou, melhor dizendo, pré-hegelianos.

E assim será, enquanto não for levantada essa evidência absolutamente principial que, segundo os próprios termos de Lévinas, "essa impossibilidade para mim de não ser si mesmo" quando ele sai em direção ao outro, e sem a qual ele não poderia, ademais, sair de si; "impossibilidade" sobre a qual afirma vigorosamente Lévinas que "marca o trágico essencial do eu, o fato de estar indissoluvelmente ligado a seu ser" (EE). E sobretudo o fato de que sabe disso. Esse saber é o primeiro discurso e a primeira palavra da escato*logia*; o que permite a separação e

VIOLÊNCIA E METAFÍSICA

o falar ao outro. Não é um saber entre outros, é o saber propriamente dito. "É este 'ser-sempre-um-e-no-entanto-sempre-outro' que é a característica fundamental do saber etc." (Schelling). Nenhuma filosofia responsável por sua linguagem pode renunciar à ipseidade em geral e, menos que qualquer outra, a filosofia ou a escatologia da separação. Entre a tragédia originária e o triunfo messiânico, existe *a filosofia*, em que a violência se volta contra si no saber, em que a finitude originária se manifesta e o outro é respeitado no mesmo e pelo mesmo. Essa finitude manifesta-se a si numa questão irredutivelmente aberta como *questão filosófica em geral*: *por que* a forma essencial, irredutível, absolutamente geral e incondicionada da experiência como saída em direção ao outro ainda é egoidade? *Por que* é impossível, impensável, uma experiência que não seja vivida como *a minha* (para um ego em geral, no sentido eidético-transcendental dessas palavras)? Esse impensável, esse impossível são os limites da razão em geral. Em outras palavras: *por que a finitude*, se, como dissera Schelling, "a egoidade é o princípio geral da finitude"? *Por que a Razão*, se é verdade que "a Razão e a Egoidade, na Absolutidade verdadeira delas, são uma só e mesma coisa" (Schelling) e que "a razão [...] é uma forma de estrutura universal e essencial da subjetividade transcendental em geral" (Husserl)? A filosofia que é o discurso dessa razão como fenomenologia não pode, em essência, responder a uma tal pergunta, pois qualquer resposta só pode ser dada numa linguagem, e a linguagem é aberta pela pergunta. A filosofia (em geral) pode somente abrir-se à pergunta, nela e por ela. Pode somente *deixar-se questionar*.

Husserl sabia disso. E chamava de arquefactualidade (*Urtatsache*), factualidade não-empírica, factualidade transcendental (noção à qual talvez jamais tenhamos prestado atenção), a essência irredutivelmente egoica da experiência. "Este *eu sou* é, para mim que o digo e o digo compreendendo-o como se deve, o *fundamento primitivo intencional para o meu mundo (der intentionale Urgrund für meine Welt)*[36]." *Meu mundo* é a abertura na qual se produzem todas as experiências, inclusive a que, experiência por excelência, é transcendência em direção

---

36 *Logique formelle et logique transcendantale*, traduzido para o francês por S. Bachelard, p. 317. O grifo é de Husserl.

a outrem como tal. Nada pode aparecer fora da pertinência a "meu mundo" para um "Eu sou".

Que isso convenha ou não, que possa parecer-me monstruoso (em nome de quaisquer preconceitos que sejam) ou não, este é *o fato primitivo com o qual me devo defrontar* (die *Urtatsache, der ich standhalten musz*), do qual, na qualidade de filósofo, não posso desviar o olhar nem por um instante sequer. Para os filósofos iniciantes, isso pode bem ser o canto sombrio para o qual retornam os fantasmas do solipsismo ou também do psicologismo, do relativismo. O verdadeiro filósofo preferirá, em lugar de fugir desses fantasmas, iluminar o canto sombrio[37].

Compreendida nesse sentido, a relação intencional de "ego com meu mundo" não pode ser aberta com base num infinito-outro radicalmente estranho a "meu mundo", não pode ser-me

imposto por um Deus que determine essa relação... visto que o *a priori* subjetivo é o que precede o ser de Deus e de tudo o que, sem exceção, existe para mim, ser que pensa. Deus, também ele, é para mim o que é, por ordem de minha própria efetuação de consciência; disso não posso desviar os olhos movido pelo medo angustiado do que possam pensar ser um blasfemo, mas, pelo contrário, devo ver o problema. Também aqui, como em relação ao *alter ego*, "efetuação de consciência" não quer dizer que invento e que faço essa transcendência suprema[38].

Deus não depende mais *realmente* de mim do que o *alter ego*. Mas ele só tem *sentido* para um ego em geral. O que significa que antes de todo ateísmo ou de toda fé, antes de toda teologia, antes de toda linguagem sobre Deus ou com Deus, a divindade de Deus (a alteridade infinita do outro infinito, por exemplo) deve ter um sentido para um ego em geral. Observemos, de passagem, que esse "*a priori* subjetivo" reconhecido pela fenomenologia transcendental é a única possibilidade de pôr em xeque o totalitarismo do neutro, uma "Lógica absoluta" sem pessoa, uma escatologia sem diálogo e tudo o que

---

37  Idem, p. 318. O grifo é de Husserl.
38  Idem, p. 335-336.

alinhamos sob o título convencional, muito convencional, do hegelianismo.

A questão sobre a egoidade como arquefactualidade transcendental pode ser repetida mais profundamente no que diz respeito à arquefactualidade do "presente vivo". Pois a vida egológica (a experiência em geral) tem por forma irredutível e absolutamente universal o presente vivo. Não existe experiência que possa ser vivida a não ser no presente. Essa impossibilidade absoluta de não viver a não ser no presente, essa impossibilidade eterna define o impensável como limite da razão. A noção de um passado cujo sentido não poderia ser pensado na forma de um presente (passado) marca o *impossível-impensável-indizível* não só para uma filosofia em geral, mas até mesmo para um pensamento do ser que quisesse dar um passo fora da filosofia. Essa noção torna-se, portanto, um tema nesta meditação sobre o rastro que se anuncia nos últimos escritos de Lévinas. No presente vivo, cuja noção é, a um tempo, a mais simples e a mais difícil, toda alteridade temporal pode constituir-se e aparecer como tal: outro presente passado, outro presente futuro, outras origens absolutas re-vividas na modificação intencional, na unidade e na atualidade de meu presente vivo. Só a unidade atual de meu presente vivo permite a outros presentes (a outras origens absolutas) aparecer como tais naquilo que chamamos de memória ou antecipação (por exemplo, mas em verdade no movimento constante da temporalização). Mas só a alteridade dos presentes passados e futuros permite a identidade absoluta do presente vivo como identidade a si da não--identidade a si. Seria necessário, com base nas *Meditações Cartesianas*, mostrar[39] como, uma vez resolvido todo problema de gênese factual, a questão da *anterioridade* na relação entre a constituição do outro como *outro presente* e do outro como *outrem* é uma falsa questão que deve remeter a uma raiz estrutural comum. Se bem que, nas *Meditações Cartesianas*, Husserl evoque somente a *analogia* dos dois movimentos (§ 52), ele parece, em vários inéditos, considerá-los inseparáveis.

---

39 É evidente que não podemos fazê-lo aqui; longe de pensarmos que é mister admirar em silêncio a quinta das *Meditações Cartesianas* como a última palavra sobre o problema, só quisemos aqui pôr à prova, respeitar seu poder de resistência às críticas de Lévinas.

190         A ESCRITURA E A DIFERENÇA

Se quisermos, em última instância, determinar a violência como a necessidade para o outro de não aparecer como o que ele é, de só ser respeitado em, para e pelo mesmo, de ser dissimulado pelo mesmo na própria libertação de seu fenômeno, então o tempo é violência. Esse movimento de libertação da alteridade absoluta no mesmo absoluto é o movimento da temporalização em sua forma universal mais absolutamente incondicionada: o presente vivo. Se o presente vivo, forma absoluta da abertura do tempo ao outro em si, é a forma absoluta da vida egológica, e se a egoidade é a forma absoluta da experiência, então o presente, a presença do presente e o presente da presença são, originariamente e para sempre, violência.O presente vivo é originariamente trabalhado pela morte. A presença como violência é o sentido da finitude, o sentido do sentido como história.

Mas por quê? Por que a finitude? Por que a história[40]? E por que podemos, com base em que podemos questionar essa violência como finitude e história? Por que o porquê? E a partir de onde se deixa ele entender em sua determinação filosófica?

A metafísica de Lévinas pressupõe num sentido – pelo menos foi o que tentamos mostrar – a fenomenologia transcendental que ela quer discutir. E, no entanto, a legitimidade dessa discussão não nos parece, por isso, menos radical. Qual a origem da questão sobre a arquefactualidade transcendental como violência? Baseados no que questionamos sobre a finitude como violência? Baseada em que a violência original do discurso obedece à ordem de voltar-se contra si, de ser sempre, como linguagem, retorno contra si que reconhece o outro como outro? Não se pode, sem dúvida, *responder* a essas perguntas (dizendo, por exemplo, que a pergunta sobre a violência da finitude só pode ser feita a partir do outro da finitude e da ideia do infinito) senão encetando um novo discurso que novamente justificará a fenomenologia transcendental. Mas a abertura nua da questão, sua abertura silenciosa, escapa à fenomenologia, assim como a origem e o fim de seu logos. Essa abertura silenciosa da questão sobre a história como finitude e violência permite o aparecer da história *como tal*; é o apelo

---

40   Husserl, *Die Frage des Warum ist ursprünglich Frage nach der Geschichte* (inédito, E. III, 9, 1931).

VIOLÊNCIA E METAFÍSICA

(a) (de) uma escatologia que dissimula sua própria abertura, cobre-a com seu ruído desde que ela se profere e se determina. Essa abertura é a de uma questão levantada, na inversão da dissimetria transcendental, à filosofia como logos, finitude, história, violência. Interpelação do Grego pelo não-Grego do fundo de um silêncio, de um afeto ultralógico da fala, de uma questão que não pode dizer-se senão esquecendo-se de si na língua dos Gregos; que, esquecendo-se de si, não pode dizer-se senão na língua dos Gregos. Estranho diálogo entre a fala e o silêncio. Estranha comunidade da pergunta silenciosa de que falávamos atrás. Este é o ponto, em que, ao que nos parece, para além de todos os quiproquós sobre a literalidade da ambição husserliana, a fenomenologia e a escatologia podem interminavelmente *encetar* o diálogo, *encetar-se* nele e, mutuamente, pedirem-se silêncio.

## Da Violência Ontológica

> *O silêncio é uma palavra que não é
> uma palavra, e o sopro, um objeto que
> não é um objeto.*
>
> G. BATAILLE

O movimento desse diálogo também não comanda a discussão com Heidegger? Isso nada teria de surpreendente. Bastaria para nos convencer que observássemos o seguinte, o mais esquematicamente possível: para falarmos, como acabamos de fazer, do presente como forma absoluta da experiência, é mister entendermos *já o que é o tempo*, o que é o *ens do praes-ens* e o que é a proximidade *do ser desse ens*. O presente da presença e a presença do presente supõem o horizonte, a antecipação pré-compreensiva do ser como tempo. Se o sentido do ser sempre foi determinado pela filosofia como presença, *a questão do ser*, colocada com base no horizonte transcendental do tempo (primeira etapa, em *Sein und Zeit*), é o primeiro abalo da segurança filosófica como presença assegurada.

Ora, Husserl jamais desenvolveu essa questão do ser. Se a fenomenologia a carrega consigo toda vez que trata dos temas da temporalização e da relação com o *alter ego*, nem por isso permanece menos dominada por uma metafísica da presença. A questão do ser não governa seu discurso.

A fenomenologia em geral, como passagem para a essencialidade, pressupõe antecipação do *esse* da essência, da unidade do *esse* anterior à sua distribuição em essência e existência. Por outro caminho, poder-se-ia, sem dúvida, mostrar que uma antecipação ou uma decisão metafísica é silenciosamente pressuposta por Husserl quando afirma, por exemplo, o ser (*Sein*) como não-realidade (*Realität*) do ideal (*Ideal*). A idealidade é irreal, mas ela é – como objeto ou ser-pensado. Sem o acesso pressuposto a um sentido do ser que a realidade não esgota, toda a teoria husserliana da idealidade cairia por terra e, com ela, toda a fenomenologia transcendental. Husserl não mais poderia escrever, por exemplo: *Offenbar muss überhaupt jeder Versuch, das Sein des Idealen in ein mögliches Sein von Realem umzudeuten, daran scheitern, dass Möglichkeiten selbst wieder ideale Gegenstände sind. So wenig in der realen Welt Zahlen im allgemeinen, Dreiecke im allgemeinen zu finden sind, so wenig auch Möglichkeiten.* "Manifestamente, toda tentativa para reinterpretar o ser do ideal como ser possível do real deve em geral fracassar, visto que as próprias possibilidades são, por sua vez, objetos ideais. No mundo real, encontramos tão poucas possibilidades quanto números em geral ou triângulos em geral[41]." O sentido do ser – antes de toda determinação regional – deve primeiramente ser pensado para que se possa distinguir o ideal que *é* do real que não *é*, mas também do fictício que pertence ao domínio do real possível. ("Naturalmente, não é nossa intenção colocar o *ser do ideal* no mesmo plano que o *ser-pensado do fictício ou do absurdo*[42]." Poderíamos citar uma centena de outros textos análogos.) Mas se Husserl pode escrever isso, se, portanto, ele pressupõe o acesso a um sentido do ser em geral, como pode ele distinguir seu idealismo como teoria do conhecimento do idealismo metafísico?[43] Este também colocava o ser não-real do ideal. Husserl responderia, sem dúvida,

---

41  *Logische Utersuchungen*, 2, 1 § 4, p. 115.

42  Idem, trad. para o francês por H. Élie, L. Kelkel, R. Scherer, p. 150.

43  Idem, trad., p. 129, por exemplo.

VIOLÊNCIA E METAFÍSICA

pensando em Platão, que o ideal estava aí *realizado*, substantificado, hipostasiado, a partir do momento em que não fosse entendido como noema, essencialmente e de um extremo ao outro, a partir do momento em que o imaginássemos poder ser sem ser pensado ou visado de alguma maneira. Situação essa que não teria sido totalmente modificada, quando, mais tarde, o *eidos* se tornasse originária e essencialmente noema somente no Entendimento ou Logos de um sujeito infinito: Deus. Mas em que medida o idealismo transcendental, cujo caminho assim se achava aberto, escapa ao *horizonte*, pelo menos, dessa subjetividade infinita? É isso que não podemos aqui debater.

E, no entanto, mesmo tendo ainda há pouco oposto Heidegger a Husserl, Lévinas contesta agora o que ele chama de "ontologia heideggeriana":

O primado da ontologia heideggeriana não repousa no truísmo: 'Para conhecer o *sendo*, é mister ter compreendido o ser do *sendo*'. Afirmar a prioridade do *ser* em relação ao *sendo* já é pronunciar-se sobre a essência da filosofia, subordinar a relação com *alguém* que é um sendo (a relação ética) a uma relação *do ser do sendo*, que, impessoal, permite a captura, a dominação do sendo (a uma relação de saber), subordina a justiça à liberdade (já citado).

Essa ontologia valeria para todo sendo, "salvo para outrem"[44].

A frase de Lévinas é arrasadora para a "ontologia": o pensamento do ser do sendo não teria apenas a pobreza lógica do truísmo, ela não escapa à sua miséria senão pela persuasão e pelo assassínio de Outrem. É uma criminosa parvoíce entronizada que põe a ética sob a bota da ontologia.

Em que pé ficam, portanto, a "ontologia" e o "truísmo" ("para conhecer o sendo, é mister ter compreendido o ser do sendo")? Diz Lévinas que "o primado da ontologia não repousa" num "truísmo". Isso é certo? Se o *truísmo (truism, true, truth)* é fidelidade à verdade (isto é, ao ser daquilo que é enquanto é e tal como é), não é certo que o pensamento (de Heidegger, digamos) tenha tido algum dia de precaver-se a respeito. "O que há de estranho nesse pensamento do ser

---

44  *L'Ontologie est-elle fondamentale?*

é sua simplicidade", diz Heidegger, no momento, aliás, em que mostra que esse pensamento não conserva qualquer desígnio teórico ou prático. "O fazer desse pensamento não é nem teórico, nem prático; tampouco consiste na união desses dois modos de comportamento"[45]. Esse gesto de retrocesso para aquém da dissociação teoria-prática também não é o de Lévinas[46], que assim irá definir a transcendência metafísica como ética não (ainda) prática? Lidamos com truísmos bem estranhos. É "pela simplicidade de sua essência" que "o pensamento do ser se faz para nós incognoscível"[47].

Se por truísmo entendemos, ao contrário, na ordem do *julgamento*, afirmação analítica e miséria da tautologia, então a proposição incriminada talvez seja a menos analítica do mundo: se no mundo não devesse haver senão um único pensamento que escapasse à forma do truísmo, seria ela. Em primeiro lugar, o que Lévinas visa sob o nome de "truísmo" não é uma proposição judicativa mas uma verdade anterior ao julgamento e fundadora de todo julgamento possível. O truísmo banal é a repetição do sujeito no predicado. Ora, o ser não é um simples predicado do sendo, tampouco seu sujeito. Que o consideremos como essência ou como existência (como ser-tal ou como ser-lá), que o consideremos como cópula ou como posição de existência, ou que o consideremos, mais profunda e mais originalmente, como o foco unitário de todas essas possibilidades, o ser do sendo não pertence ao domínio da predicação porque já está implicado em toda predicação em geral e a torna possível. Ele torna possível todo julgamento sintético ou analítico. Está para além do gênero e das categorias, é transcendental no sentido escolástico antes que a escolástica tenha feito do transcendental um sendo supremo e infinito, o próprio Deus. Truísmo singular é esse, pelo qual se busca, o mais profundamente, o mais concretamente pensado de todo pensamento, a raiz comum da essência e da existência, sem a qual nenhum julgamento e nenhuma

---

45  *Lettre sur l'humanisme*, traduzido para o francês de R. Munier.

46  "Vamos mais longe e, correndo o risco de parecermos confundir teoria e prática, tratamos a ambas como modos da transcendência metafísica. A confusão aparente é proposital e constitui uma das teses deste livro" (TI).

47  *Lettre sur l'humanisme.*

linguagem seriam possíveis e que todo conceito só pode pres-supor dissimulando-a![48]

Mas se a "ontologia" não é um truísmo ou pelo menos um truísmo entre outros, se a estranha diferença entre o ser e o sendo tem um sentido, podemos falar de "prioridade" do ser em relação ao sendo? Questão importante aqui, já que essa pretendida "prioridade" é que, aos olhos de Lévinas, sujeitaria a ética à "ontologia".

Não pode haver uma ordem de prioridade senão entre duas coisas determinadas, dois sendos. O ser, *não sendo nada* fora do sendo – também tema muito bem comentado, re-centemente, por Lévinas –, não poderia precedê-lo de ma-neira alguma nem no tempo, nem em dignidade etc. Nada é mais claro a esse respeito no pensamento de Heidegger. Do-ravante, não se poderia legitimamente falar de "subordina-ção" do sendo ao ser, da relação ética, por exemplo, à relação ontológica. Pré-compreender ou explicitar a relação implícita com o ser do sendo[49] não é submeter violentamente o sendo (alguém, por exemplo) ao ser. O ser é apenas o *ser-de* desse sendo e não existe fora dele como uma potência estrangeira, um elemento impessoal, hostil ou neutro. A neutralidade, tão frequentemente acusada por Lévinas, não pode ser senão o caráter de um sendo indeterminado, de uma potência ôntica anônima, de uma generalidade conceitual ou de um princí-pio. Ora, o ser não é um princípio, não é um sendo princi-pial, uma *arquia* que permita a Lévinas fazer deslisar sob seu nome o rosto de um tirano sem rosto. O pensamento do ser (do sendo) é radicalmente estranho à procura de um princí-pio ou mesmo de uma raiz (embora certas imagens, às vezes, deem essa impressão) ou de uma "árvore do conhecimento": ele está, como vimos, para além da teoria, não é a primeira pa-lavra da teoria. Está mesmo para além de toda hierarquia. Se toda

---

48  Sobre esse retrocesso em direção ao ser para aquém do predicativo, para aquém da articulação essência-existência etc., ver, entre mil exemplos, *Kant et le problème de la métaphysique*, p. 40 e s.

49  Pela expressão "ser do sendo", fonte de tantas confusões, não entende-mos aqui, como o faz às vezes Heidegger quando o contexto é suficiente-mente claro para evitar o mal-entendido, o ser-sendo do sendo, a sendidade (*Seiendheit*), mas sim o ser da sendidade, o que Heidegger chama também de verdade do ser.

"filosofia", toda "metafísica" sempre buscou determinar o primeiro sendo, o sendo excelente e verdadeiramente sendo, o pensamento do ser do sendo não é essa metafísica ou essa filosofia primeira. Nem mesmo é ontologia (ver mais atrás), se a ontologia é um outro nome para a filosofia primeira. Não sendo filosofia primeira concernente ao arqui-sendo, a primeira coisa e a primeira causa que comandam, o pensamento do ser não diz respeito a nenhum poder nem o exerce. Pois o poder é uma relação entre dois sendos. "Tal pensamento não resulta em nada. Não produz efeito algum" (*Humanismo*). Escreve Lévinas: "A ontologia, como filosofia primeira, é uma filosofia do poder" (TI). Talvez seja verdade. Mas acabamos de vê-lo: o pensamento do ser não é nem uma ontologia, nem uma filosofia primeira, nem uma filosofia do poder. Estranho a toda filosofia primeira, não se opõe a nenhuma espécie de filosofia primeira. Nem mesmo à moral, se, como diz Lévinas, "a moral não é um ramo da filosofia mas a filosofia primeira" (TI). Estranho à pesquisa de uma arqué ôntica é, em geral, de um arqué ético ou político em particular, ele não lhe é *estranho* no sentido em que o entende Lévinas, que precisamente disso o acusa, como a violência à não-violência ou o mal ao bem. Dele poder-se-ia dizer o que Alain dizia da filosofia: que ela "não é uma política" (ou uma ética) "tanto quanto não é uma agricultura". O que não quer dizer que seja uma indústria. Radicalmente estranho à ética, não é uma contraética nem uma subordinação da ética a uma instância em segredo já violenta no domínio da ética: o neutro. Lévinas sempre reconstrói, e não apenas no caso de Heidegger, a cidade ou o tipo de socialidade que ele crê ver desenhar-se em filigrana através de um discurso que não se apresenta nem como sociológico, nem como político, nem como ético. É paradoxal vermos assim a cidade heideggeriana comandada por uma potência neutra, por um discurso anônimo, isto é, por um "se impessoal" (*Man*), cuja inautenticidade foi Heidegger o primeiro a descrever. E se é verdade, num sentido difícil, que o Logos, segundo Heidegger, "não é o Logos de ninguém", isso, certamente, não significa que ele seja o anonimato da opressão, a impersonalidade do Estado ou a neutralidade do "diz-se". Só é anônimo como a *possibilidade* do nome e da responsabilidade. "Mas se o homem deve

VIOLÊNCIA E METAFÍSICA

um dia chegar à vizinhança do ser, é mister que, de início, ele aprenda a existir no que não tem nome" (*Humanismo*). Não falava também a Cabala da inominável possibilidade do Nome?

O pensamento do ser não pode, portanto, ter nenhum desígnio *humano*, secreto ou não. Considerado em si mesmo, é ele o único pensamento sobre o qual nenhuma antropologia, nenhuma ética, nenhuma psicanálise sobretudo ético--antropológica pode, sem dúvida, fechar-se[50].

Muito pelo contrário. Não só o pensamento do ser não é violência ética, como nenhuma ética – no sentido de Lévinas – parece poder abrir-se sem ele. O pensamento – ou pelo menos a pré-compreensão do ser – *condiciona* (a seu modo, que exclui toda condicionalidade ôntica: princípios, causas, premissas etc.) o *renascimento* da essência do sendo (por exemplo alguém, sendo *como* outro, *como* outro si, etc.). Ele condiciona o *respeito* do outro *como o que ele é*: outro. Sem esse reconhecimento, que não é um conhecimento, digamos sem esse "deixar-ser" de um sendo (outrem), como existindo fora de mim na essência do que ele é (primeiramente em sua alteridade), nenhuma ética seria possível. "Deixar-ser" é uma expressão de Heidegger que não significa, como parece pensar Lévinas[51], deixar-ser como "objeto de compreensão primeiramente", e, no caso de outrem, como "interlocutor em seguida". O "deixar-ser" concerne a todas as formas possíveis do sendo e mesmo àquelas que, *por essência*, não se deixam transformar em "objetos de compreensão"[52]. Se pertence à essência de outrem de ser primeira e irredutivelmente "interlocutor" e "interpelado" (idem), o "deixar-ser" deixá-lo-á ser o que ele é, respeitá-lo-á como interlocutor-interpelado. O "deixar-ser" não concerne somente ou por privilégio às coisas impessoais. Deixar-ser o outro em sua existência e em sua essência de outro, isso significa ter acesso ao pensamento ou (*e*) que o pensamento tem acesso ao que é essência e ao que é existência; e ao que é o ser que ambas pressupõem.

---

50 "O pensamento que levanta a questão da verdade do ser [...] não é nem ético, nem ontológico. Daí por que a questão da relação entre essas duas disciplinas doravante é, nesse domínio, sem fundamento" (*Lettre sur l'humanisme*).

51 *L'Ontologie est-elle fondamentale?*

52 Tema muito explícito em *Sein und Zeit*, por exemplo. Ver a oposição de *Sorge, besorgen* e *Fürsorge*, p. 121 e todo o § 26. Sobre o antiteoretismo de Heidegger, nesse domínio, v. sobretudo p. 150.

Sem isso, nenhum deixar-ser seria possível e, de início, o do respeito e do comando ético voltado para a liberdade. A violência reinaria a tal ponto que não lhe seria mais possível nem mesmo manifestar-se e dar-se um nome.

Não há, portanto, nenhuma "dominação" possível da "relação com o sendo" pela "relação com o ser do sendo". Heidegger criticaria não apenas a noção de *relação* com o ser como Lévinas critica a de relação *com o outro*, mas também a de *dominação*: o ser não é a altura, não é dono do sendo, pois a altura é uma determinação do sendo. Poucos foram os temas que tanta insistência exigiram da parte de Heidegger: o ser não é um sendo excelente.

O fato de não estar o ser *acima* do sendo não implica que esteja *ao lado* dele. Ele seria então um outro sendo. Dificilmente, portanto, pode-se falar da "significação ontológica do *sendo* na economia geral do ser – que Heidegger coloca simplesmente *ao lado* do ser por uma distinção" (EE). É verdade que Lévinas reconhece alhures que "se há distinção, não há separação" (TA), o que já é reconhecer que toda relação de dominação ôntica é impossível entre o ser e o sendo. Na realidade, nem mesmo há *distinção*, no sentido habitual da palavra, entre o ser e o sendo. Por razões essenciais e, em primeiro lugar, porque o ser nada é fora do sendo e a abertura vai dar novamente na diferença ôntico-ontológica, é impossível evitar-se a metáfora ôntica para articular o ser na linguagem, para deixá-lo nela circular. Daí por que, ao falar da linguagem, Heidegger diz que ela é *lichtend-verbergende Ankunft des Seins selbst* (*Humanismo...*), ou seja, "a ilumina-oculta de chegada do próprio Ser". Contudo, o ser propriamente dito é o *único* que resiste absolutamente a *toda metáfora*. Toda filosofia que pretende reduzir o *sentido* do ser à origem metafórica da *palavra* "ser" falha, qualquer que seja o valor histórico (científico) de suas hipóteses, no que diz respeito à história do sentido do ser. Essa história é a de uma tal libertação do ser em relação ao sendo determinado, que podemos chegar a pensar como um sendo entre outros o sendo epônimo do ser, por exemplo a *respiração*. De fato, é à *res*piração, como origem etimológica da palavra *ser*, que se referem, por exemplo, Renan ou Nietzsche quando querem reduzir o sentido do que eles creem ser um

VIOLÊNCIA E METAFÍSICA

conceito, a generalidade indeterminada do ser, à sua modesta origem metafórica (Renan: *Da Origem da Linguagem*; Nietzsche: *O Nascimento da Filosofia*[53]. Explica-se, assim, a totalidade da história empírica, salvo precisamente o essencial, ou seja, o pensamento que, por exemplo, a respiração e a *não-respiração são*. E são de maneira determinada entre outras determinações ônticas. O empirismo etimológico, raiz oculta de todo empirismo, explica tudo, salvo que a metáfora, num dado momento, tenha sido pensada *como* metáfora, isto é, tenha sido rasgada como véu do ser. Esse momento é a abertura do pensamento do ser propriamente dito, o movimento mesmo da metaforicidade. Pois essa abertura ainda e sempre se produz sob uma outra metáfora. Como em algum lugar diz Hegel, o empirismo sempre se esquece pelo menos disto: que ele se serve da palavra *ser*. O empirismo e o pensamento *por* metáfora que não pensa a metáfora *como tal*.

A propósito de "ser" e de "respiração", permitamo-nos uma aproximação cujo valor não é apenas o da curiosidade histórica. Numa carta a X… de março de 1638, Descartes explica que a proposição "respiro, logo sou" não conclui nada se antes não tivermos provado que existimos ou se não subentendermos: *penso que* respiro (ainda que eu me engane a respeito), logo sou. E que é coisa bem diferente dizer naquele sentido: *respiro, logo sou* e não *Penso, logo sou*. O que significa, para o que aqui nos interessa, que o *significado* da respiração nunca é mais que uma determinação dependente e particular de meu pensamento e de minha existência, e *a fortiori* do pensamento e do ser em geral. Supondo-se que a palavra "ser" derive de uma palavra que significa "respiração" (ou qualquer outra coisa determinada), nenhuma etimologia, nenhuma filologia – enquanto tais e como ciências determinadas – poderão explicar o pensamento para o qual a "respiração" (ou qualquer outra coisa) se torna determinação do ser entre outras. Aqui, por exemplo, nenhuma filosofia poderá explicar o gesto de pensamento de

---

53  No mesmo horizonte problemático, podem-se confrontar os procedimentos de Heidegger (por exemplo na *Introduction à la métaphysique,* sur la grammaire et l'étymologie du mot "être" [Introdução à Metafísica, sobre a Gramática e a Etimologia da Palavra "ser"]) e de Benveniste, Etre et avoir dans leurs fonctions linguistiques, em *Problèmes de linguistique génerale* [Ser e Ter em Suas Funções Linguísticas, em Problemas de Linguística Geral]).

Descartes. É mister percorrer outros caminhos – ou fazer uma outra leitura de Nietzsche – para traçarmos a genealogia inaudita do sentido do ser.

Essa é uma primeira razão pela qual a "relação com um sendo", com alguém (relação ética), não pode ser "dominada" por "uma relação do ser com o sendo (relação de saber)".

Segunda razão: a "relação do ser com o sendo", que nada tem de uma relação, definitivamente não é uma "relação de saber"[54]. Não é uma teoria, já vimos isso, e nada nos ensina sobre aquilo que é. Por não ser ciência é que Heidegger às vezes lhe nega até mesmo o nome de ontologia, após tê-la distinguido da metafísica e mesmo da ontologia fundamental. Não sendo um saber, o pensamento do ser não se confunde com o conceito do ser puro como generalidade indeterminada. Lévinas fizera-nos recentemente compreender: "Precisamente porque o ser não é um sendo, é mister não capturá-lo *per genus et differentiam specificam*" (EDE). Ora, toda violência é, segundo Lévinas, violência do conceito; e *A Ontologia é Fundamental?* e, em seguida, *Totalidade e Infinito* interpretam o pensamento do ser como conceito do ser. Opondo-se a Heidegger, Lévinas escreve, entre muitas outras passagens semelhantes: "Em nossa relação com outrem, este não nos afeta com base num conceito" (*A Ontologia...*). Segundo ele, é o conceito absolutamente indeterminado do ser que finalmente oferece outrem à nossa compreensão, isto é, ao nosso poder e à nossa violência. Ora, Heidegger insiste bastante nisto: o ser *em questão* não é o conceito ao qual o sendo (por exemplo, alguém) estaria submetido (subsumido). O ser não é o conceito desse predicado bastante indeterminado, bastante abstrato, em sua extrema universalidade, para cobrir a totalidade dos sendos:

1. porque ele não é um predicado e autoriza toda predicação;

2. porque é mais "velho" que a *presença* concreta do *ens*;

3. porque a pertinência ao ser não anula nenhuma diferença predicativa, mas, pelo contrário, deixa surgir toda diferença

---

54  Poderíamos lembrar aqui uma centena de páginas de Heidegger. Preferimos citar Lévinas, que, no entanto, havia escrito: "Para Heidegger, a compreensão do ser não é um ato puramente teórico [...], um ato de conhecimento como outro qualquer" (EDE).

VIOLÊNCIA E METAFÍSICA

possível[55]. O ser é, portanto, transcategorial, e Heidegger dele diria o que Lévinas diz do outro: ele é "refratário à categoria" (TI). "A questão do ser, como questão da possibilidade do conceito de ser, jorra da compreensão pré-conceitual do ser"[56], escreve Heidegger, dando início, a propósito do conceito hegeliano do ser puro como nada, a um diálogo e a uma repetição que não cessarão de aprofundar-se e, segundo o estilo que é quase sempre o do diálogo de Heidegger com os pensadores da tradição, de deixar crescer e falar a fala de Hegel, a fala de toda metafísica (nela incluído Hegel ou, antes, toda ela em Hegel incluída).

Assim o pensamento ou a pré-compreensão do ser não significa nada menos que um com-preender conceitual e totalitário. O que acabamos de dizer do ser poderia ser dito do mesmo[57]. Tratar o ser (e o mesmo) como categorias ou a "relação com o ser" como relação com uma categoria que poderia ser ela mesma (por "inversão dos termos", TI) pos-posta ou subordinada a uma relação determinada (relação ética,

---

55  Não é necessário aqui nos reportarmos aos pré-socráticos. Aristóteles já demonstrava rigorosamente que o ser não é nem um gênero nem um princípio (ver, por exemplo, *Métaphysique*, B, 3, 998 b 20). Conduzida simultaneamente com uma crítica de Platão, na verdade não confirma essa demonstração uma intenção do *Sofista*? O ser estava aí definido, sem dúvida, como um dos "maiores gêneros" e o mais universal dos predicados, mas já também como aquilo que permite toda predicação em geral. Como origem e possibilidade da predicação, ele não é um predicado ou, pelo menos, não um predicado como outro qualquer, mas um predicado *transcendental* ou *transcategorial*. Além do mais, o *Sofista* – e este é seu tema – ensina-nos a pensar que o ser, outro que não o outro e outro que não o mesmo, mesmo que si, implicado por todos os outros gêneros na medida em que *são*, longe de fechar a diferença, liberta-a, ao contrário, e ele próprio não é o que é senão graças a essa libertação.

56  *Kant et le problème de la métaphysique*, tradução francesa, p. 282. Sobre o caráter não-conceitual do pensamento do ser, v., entre outros, *Vom Wesen des Grundes*, tradução francesa, p. 57 e s., *Humanisme...*, tradução francesa, p. 97, *Introduction à la métaphysique*, tradução francesa, p. 49 e s. *et passim. Chemins*, tradução francesa, p. 287. E, em primeiro lugar, o § 1 de *Sein und Zeit*.

57  Os relacionamentos essenciais entre o mesmo e o outro (a diferença) são de tal natureza que a própria hipótese de uma subsunção do outro sob o mesmo (a violência, segundo Lévinas) não tem nenhum sentido. O mesmo não é uma categoria, mas a possibilidade de toda categoria. Seria necessário aqui confrontarmos atentamente as teses de Lévinas com o texto de Heidegger que se intitula *Identität und Differenz* (1957). Para Lévinas, o mesmo é o conceito, como o ser e o um são conceitos, e esses três conceitos comunicam-se imediatamente entre eles (ver TI, p. 251, por exemplo). Para Heidegger, o mesmo não é o idêntico (ver *Humanisme*, p. 163, por exemplo). E, antes de mais nada, porque ele não é uma categoria. O mesmo não é a negação da diferença, e o ser, muito menos.

por exemplo), não é interdizer-se, já de início, toda determinação (ética, por exemplo)? Toda determinação pressupõe, com efeito, o pensamento do ser. Sem ela, como dar um sentido ao ser como outro, como outro si, à irredutibilidade da existência e da essência do outro, à responsabilidade que se segue? etc. "O privilégio de ser responsável por si próprio, como sendo, numa palavra, de existir, implica, ele mesmo, a necessidade de compreender o ser"[58]. Se compreender o ser é poder deixar ser (respeitar o ser na essência e na existência, e ser responsável por seu respeito), a compreensão do ser concerne sempre à alteridade e, por excelência, à alteridade de outrem com toda a sua originalidade: não se pode ter de deixar ser senão aquilo que não se é. Se ao ser sempre compete deixar ser, e se pensar é deixar ser o ser, o ser nada mais é que o outro do pensamento. Mas como ele não é o que é senão pelo deixar-ser do pensamento, e como este não pensa senão pela presença do ser que ele, pensamento, deixa ser, o pensamento e o ser, o pensamento, e o outro são o mesmo; que, lembremos, não quer dizer o idêntico, ou o uno, ou o igual.

Isso dá no mesmo que dizer que o pensamento do ser não faz do outro uma espécie do gênero ser. Não só porque o outro é "refratário à categoria", mas porque o ser não é uma categoria. Como o outro, o ser não tem nenhuma cumplicidade com a totalidade, nem com a totalidade finita, totalidade violenta de que fala Lévinas, nem com uma totalidade infinita. A noção de totalidade está sempre relacionada com o sendo. É sempre "metafísica" ou "teológica", e é em relação a ela que as noções de finito e de infinito ganham sentido[59]. Estranho

---

58  *Kant et le...*, p. 284.

59  Em seu belíssimo estudo, *Heidegger et la pensée de la finitude*, H. Birault mostra como o tema da *Endlichkeit* é progressivamente abandonado por Heidegger "pela *mesma razão* que motivara [seu] emprego numa certa época" e pela "preocupação em afastar do pensamento de Ser não só as sobrevivências e metamorfoses da teologia cristã, mas também o *teológico* que é absolutamente constitutivo da metafísica como tal. De fato, se o conceito heideggeriano de *Endlichkeit* nunca foi o conceito teológico-cristão da finitude, nem por isso a ideia do ser-finito deixa de ser, em si mesma, uma ideia *ontologicamente* teológica e, como tal, incapaz de satisfazer um pensamento que não se retira da Metafísica senão para meditar, à luz da verdade esquecida do Ser, sobre a *unidade* ainda oculta de sua essência onto-teológica" (*Revue internationale de philosophie*, 1960, n. 52). Um pensamento que deseja ir até o extremo de si mesmo, em sua linguagem, ao extremo do que ele visa sob o nome de finitude originária do ser, deveria, portanto, abandonar não só as palavras e os temas do finito e do infinito, mas, o que

VIOLÊNCIA E METAFÍSICA

à totalidade finita ou infinita dos sendos, *estranho* no sentido que atrás precisamos, estranho sem ser um outro sendo ou uma outra totalidade de sendos, o Ser não saberia oprimir ou aprisionar o sendo e suas diferenças. Para que o olhar do outro me comande, como diz Lévinas, e me comande a comandar, é mister que eu possa deixar ser o Outro em sua liberdade de Outro e reciprocamente. Mas o ser, de per si, não comanda nada nem ninguém. Não sendo o ser o senhor do sendo, sua precedência (metáfora ôntica) não é uma arqué. A melhor libertação com relação à violência é um certo questionamento que solicita a procura da *arqué*. Só o pensamento do ser pode fazê-lo, e não a "filosofia" ou a "metafísica" tradicionais. Estas são, portanto, "políticas" que não podem escapar à violência ética senão por economia: lutando violentamente contra as violências da *an-arquia*, cuja possibilidade, na história, ainda é cúmplice do arquismo.

Assim como devia implicitamente apelar para evidências fenomenológicas contra a fenomenologia, Lévinas deve, portanto, supor e praticar incessantemente o pensamento ou a pré-compreensão do ser em seu discurso, no instante mesmo em que o dirige contra a "ontologia". De outra maneira, o que significaria "a exterioridade como essência do ser" (TI)? E que "a escatologia estabelece relação com o ser, *para além da totalidade* ou da história e não com o ser para além do passado e do presente" (TI)? E "sustentar o pluralismo como estrutura do ser" (DL)? E que "o encontro com o rosto é, absolutamente, uma relação com aquilo que é. Talvez só o homem seja substância e, por isso, seja ele rosto?"[60] A transcendência ético-metafísica já supõe, portanto, a transcendência ontológica. O *epekeinas tês ousias* (interpretação de Lévinas) não levaria para além do Ser em si mas para além da totalidade do sendo ou da sendidade do sendo (ser sendo do sendo), ou ainda da história ôntica. Heidegger refere-se também à *epekeinas tês ousias*,

é sem dúvida *impossível*, tudo o que eles comandam na linguagem, no sentido mais profundo dessa palavra. Essa última impossibilidade não significa que o para além da metafísica e da onto-teologia seja impraticável; ao contrário: confirma a necessidade para que essa extravasão incomensurável ganhe apoio na metafísica. Necessidade claramente reconhecida por Heidegger. Ela marca firmemente que só a diferença é fundamental e que o ser nada é fora do sendo.

60  Liberté et commandement, *Revue de métaphysique et de morale*, 1953.

para anunciar a transcendência ontológica[61], mas também mostra que rápido demais se determinou a indeterminação do ἀγαθόν* em direção ao qual abre caminho a transcendência.

Assim, o pensamento do ser não poderia produzir-se como violência ética. Ao contrário, é sem ele que nos proibiríamos de deixar ser o sendo e que encerraríamos a transcendência na identificação e na economia empírica. Ao recusar-se, em *Totalidade e Infinito,* a atribuir qualquer dignidade à diferença ôntico-ontológica, ao nela não ver senão uma artimanha de guerra e ao chamar de *metafísico* o movimento intraôntico da transcendência ética (movimento respeitoso de um sendo em direção ao outro), Lévinas confirma Heidegger em seu propósito: não vê este na metafísica (na ontologia metafísica) o esquecimento do ser e a dissimulação da diferença ôntico-ontológica? "A Metafísica não levanta a questão da verdade do Ser propriamente dito"[62]. Pensa o ser de maneira implícita, como é inevitável em toda linguagem. Daí por que o pensamento do ser deve tomar seu impulso na metafísica e produzir-se de início como metafísica da metafísica na pergunta: "O que é a Metafísica?" Mas a diferença entre o implícito e o explícito é todo o pensamento e, devidamente determinada, dá sua forma às rupturas e às perguntas mais radicais. "É verdade, diz ainda Heidegger, que a Metafísica representa o sendo em seu ser e pensa assim o ser do sendo. Mas não pensa a diferença do Ser e do sendo"[63].

Para Heidegger, é, portanto, a metafísica (ou a ontologia metafísica) que permanece como vedação da totalidade e que não transcende o sendo senão em direção ao sendo (superior) ou à totalidade (finita ou infinita) do sendo. Essa metafísica estaria essencialmente ligada a um humanismo que jamais se pergunta "de que maneira a essência do homem pertence à verdade do Ser"[64]. "O caráter de toda a metafísica revela-se no ser ela 'humanista'"[65]. Ora, o que nos propõe Lévinas nada

---

61  *Vom Wesen des Grundes,* tradução francesa, p. 91 e s., e *Introduction à la métaphysique,* tradução francesa, p. 210.

\*  *Ágathon:* o Bem, o Bom (N. da E.).

62  *Lettre sur l'humanisme,* tradução francesa, p. 51 *et passim.*

63  Idem, p. 49. Ver também, entre outros trechos, p. 67, 75, 113 e s.

64  Idem, p. 51.

65  Idem, p. 47.

VIOLÊNCIA E METAFÍSICA

mais é que, *simultaneamente*, um humanismo e uma metafísica. Trata-se de, pela estrada real da ética, alcançar o sendo supremo, o verdadeiramente sendo ("substância" e "em si" são as expressões de Lévinas) como outro. E esse sendo é o homem, determinado em sua essência de homem, como rosto, a partir de sua semelhança com Deus. Não é a isso que visa Heidegger ao falar da unidade da metafísica, do humanismo e da onto-teologia? "O encontro do rosto não é apenas um fato antropológico. É, falando de modo absoluto, uma relação com aquilo que é. Talvez só o homem seja substância e por isso ele é rosto." Certamente. Mas é a analogia do rosto com a face de Deus que, da maneira mais clássica, distingue o homem do animal e determina sua substancialidade: "Outrem assemelha-se a Deus". A substancialidade do homem, que lhe permite ser rosto, está, assim, alicerçada na semelhança com Deus que é, portanto, o Rosto e a substancialidade absoluta. O tema do Rosto chama, portanto, uma segunda referência a Descartes. Lévinas nunca a formula: é, reconhecida pela Escola, a equivocidade da noção de substância ao olhar de Deus e das criaturas (cf., por exemplo, *Princípios*, I, § 51). Através de mais de uma mediação, somos assim reconduzidos à problemática escolástica da analogia. Não é nossa intenção aqui nela nos determos[66]. Observemos simplesmente que, pensada com base numa doutrina da analogia, da "semelhança", a expressão rosto humano não mais é, em profundidade, tão estranha à *metáfora* quanto Lévinas parece querer. "Outrem assemelha-se a Deus" não é a metáfora originária?

A questão do ser não passa de uma contestação da verdade *metafísica* desse esquema do qual, observemos de passagem,

---

66 Preferimos citar um trecho da *Docte Ignorance*, em que Nicolau de Cusa se pergunta: "Como poderemos, portanto, compreender a criatura como criatura, a qual procede de Deus, sem que tudo isso junto nada acrescentasse ao Ser infinito?" E para ilustrar o "duplo processo do envolvimento e do desenvolvimento", cujo modo ignoramos absolutamente, escreve: "Suponhamos um rosto cujas imagens seriam multiplicadas de perto e de longe (não falamos aqui de distância espacial, mas dos graus de participação da imagem na verdade do modelo, pois é nisso que consiste necessariamente a participação); nessas imagens multiplicadas e diversificadas de um único rosto, segundo diversos e múltiplos modos, o que apareceria seria um único rosto, para além de toda apreensão, dos sentidos ou do pensamento, de maneira incompreensível". (Livro II, cap. III, em *Oeuvres choisies*, por M. de Gandillac, p. 115.)

aquilo que chamamos de "o humanismo ateu" se serve precisamente para aí denunciar o processo mesmo da alienação. A questão do ser retrocede para aquém desse esquema, dessa oposição dos humanismos, em direção ao pensamento do ser que pressupõe essa determinação do sendo-homem, do sendo-Deus, de sua relação analógica cuja possibilidade só pode ser aberta pela unidade pré-conceitual e pré-analógica do ser. Não se trata nem de substituir Deus pelo ser, nem de alicerçar Deus no ser. O ser do sendo (por exemplo, de Deus[67]) não é o sendo absoluto nem o sendo infinito, nem mesmo o fundamento do sendo em geral. Daí por que a questão do ser nem mesmo pode penetrar o edifício metafísico de *Totalidade e Infinito* (por exemplo). Ela simplesmente se mantém para sempre fora de alcance para "a inversão dos termos" *ontologia* e *metafísica* proposta por Lévinas. Portanto, o tema dessa inversão não desempenha papel indispensável, só tem sentido e necessidade na economia e na coerência do livro de Lévinas em sua totalidade.

O que significaria, para a metafísica e para o humanismo perguntar "de que maneira a essência do homem pertence à verdade do Ser" (*Humanismo*)? Talvez isto: seria possível a experiência do rosto, poderia ela dizer-se se o pensamento do ser nela já não estivesse implicado? De fato, o rosto é a unidade inaugurante de um olhar nu e de um direito à fala. Mas os olhos e a boca não fazem um rosto a não ser se, para além da necessidade, puderem "deixar ser", se virem e disserem aquilo que é tal como é, se tiverem acesso ao ser daquilo que é. Mas como o ser é, não pode ele simplesmente ser produzido, porém precisamente respeitado por um olhar e uma fala, deve provocá-los, interpelá-los. Não há fala sem pensar e dizer *do* ser. Mas visto que o ser nada é fora do sendo determinado, ele não apareceria como tal sem a possibilidade da fala. O ser, *de per si*, só pode ser pensado e dito. É contemporâneo do Logos, que, ele próprio, só pode ser como Logos do ser, dizendo o ser. Sem essa dupla

---

67 O pensamento do ser seria o que permite dizer, sem ingenuidade, redução ou blasfêmia "Deus, por exemplo". Isto é, *pensar* Deus como o que ele é sem dele fazer um objeto. É o que Lévinas, de acordo aqui com todas as mais clássicas metafísicas infinitistas, julgaria impossível, absurdo ou puramente verbal: como pensar o que dizemos quando propomos a expressão: *Deus – ou o infinito – por exemplo*? Mas a noção de *exemplaridade* ofereceria sem dúvida mais de um recurso contra essa objeção.

VIOLÊNCIA E METAFÍSICA

genitividade, a palavra privada do ser, encerrada no sendo determinado, não seria, segundo a terminologia de Lévinas, senão o grito da necessidade antes do desejo, gesto do eu na esfera do homogêneo. Só então é que na redução ou na subordinação do pensamento do ser, "o próprio discurso filosófico" não seria "senão um ato falho, texto para uma psicanálise ou uma filologia ou uma sociologia ininterruptas, nas quais a aparência de um discurso se evapora no Todo" (TI). Só então é que a relação com a exterioridade não mais encontraria sua respiração. A metafísica do rosto *encerra*, portanto, o pensamento do ser, pressupõe a diferença entre o ser e o sendo, ao mesmo tempo que a cala.

Se essa diferença é originária, se pensar o ser fora do sendo é *nada* pensar, se nada *pensar* é tão-somente abordar o sendo não em seu ser, temos, sem dúvida alguma, direito de dizer, como Lévinas (exceção feita à expressão ambígua de "ser em geral"), que "ao desvelamento do ser em geral [...] *preexiste* a relação com o sendo que se exprime: no plano ontológico, o plano ético" (TI. O grifo é nosso). Se a pré-existência tem o sentido ôntico que ela deve ter, isso é incontestável. De fato, na existência, a relação com o sendo que *se exprime* precede o desvelamento, o pensamento explícito do ser propriamente dito. Exceto o que não há expressão, no sentido de fala e não de necessidade, se, implicitamente, já não houver pensamento do ser. Assim também, *de fato*, a atitude natural precede a redução transcendental. Sabemos, porém, que a "pré-cedência" ontológica ou transcendental não é dessa ordem nem ninguém jamais pretendeu que o fosse. Essa "pré-cedência" não contradiz, tanto quanto não confirma, a precessão ôntica ou factual. Daí se conclui que o ser, já estando sempre *de fato* determinado como sendo e não sendo nada fora dele, já é sempre dissimulado. A frase de Lévinas – preexistência da relação com o sendo – é a própria fórmula dessa ocultação inicial. O ser, não existindo fora do sendo – daí por que ele *é História* –, começa por esconder-se sob sua determinação. Essa determinação como revelação do sendo (Metafísica) é a própria ocultação do ser. Nada existe aí de acidental ou lamentável. "A eclosão do sendo, o brilho que lhe é concedido, obscurece a claridade do ser. O ser retira-se ao abrir-se no sendo" (*Caminhos*). Não será, pois, arriscado falarmos do pensamento do ser como de um pensamento dominado pelo tema do desvelamento (TI)? Sem essa dissimulação do ser sob o sendo, nada existiria, e não existiria história. O fato de o ser produzir-se de uma ponta a outra como história e mundo significa que ele só pode estar em recesso sob as determinações ônticas na história da metafísica. Pois as "épocas" históricas são as determinações metafísicas (onto-teológicas) do ser que assim a si mesmo se coloca entre parênteses, que se reserva sob os conceitos metafísicos. É nessa estranha luz do ser-história que Heidegger deixa ressurgir a noção de "escatologia", tal como aparece, por exemplo, em *Caminhos:* "O próprio ser [...] é em si mesmo escatológico". Seria preciso meditarmos mais a fundo sobre a relação dessa escatologia com a escatologia messiânica. A primeira supõe que a guerra não é um acidente que acontece ao ser, mas o próprio ser. *Das Sein selber\* das Strittige ist (Humanismo).* Proposição que é mister não entendermos na consonância hegeliana: aqui a negatividade não se origina nem da negação, nem da inquietude de um sendo infinito e primeiro. A guerra não é mesmo talvez mais pensável como negatividade.

A dissimulação original do ser sob o sendo, que é anterior ao erro de julgamento e à qual nada precede na ordem ôntica, é chamada por Heidegger, já o sabemos, de errância. "Toda época da história mundial é uma época de errância" (*Caminhos*). Se o ser é tempo e história é porque a errância e a essência epocal do ser são irredutíveis. Por conseguinte, como acusar esse pensamento da errância interminável de ser um novo paganismo do Lugar, um culto complacente do Sedentário (TI, DL)[68]? A requi-

---

\* O ser é sua própria contestação (N. da E.).

68 Num violento artigo (*Heidegger, Gagarine et nous*, DL), Heidegger é apontado como o inimigo da técnica, e alinhado entre os "inimigos da sociedade industrial" que "são geralmente reacionários". Essa é uma acusação a que Heidegger respondeu tão frequente e claramente que melhor aqui não podemos fazer senão remeter a seus escritos, em particular a *La Question de la technique* como "modo do desvelamento" (em *Essais et Conférences*), à *Lettre sur l'humanisme*, à *Introduction à la métaphysique* (*La Limitation de l'Être*), em que uma certa violência, da qual em breve falaremos, está ligada, num sentido não pejorativo e não ético (p. 173), à técnica no desvelamento do Ser (δεινόν-τεχνη).

Em todo o caso, vemos delinear-se com maior precisão a coerência da acusação lançada por Lévinas. O ser (como conceito) seria a violência do neutro. O sagrado seria a *neutralização* do Deus pessoal. A "reação" contra a técnica

VIOLÊNCIA E METAFÍSICA 209

sição do Lugar e da Terra nada tem aqui, é mister ressaltar, do apego passional ao território, à localidade, nada do provincialismo ou do particularismo. Está pelo menos tão pouco ligada ao "nacionalismo" quanto não o está ou não o deveria estar a nostalgia da Terra, nostalgia provocada não pela paixão empírica, mas pela irrupção de uma fala e de uma promessa[69]. Interpretar o tema heideggeriano da Terra ou da Habitação como o tema de um nacionalismo ou de um barresismo, já não é, para começar, exprimir uma *alergia* – essa palavra, essa acusação com a qual Lévinas brinca tão amiúde – ao "clima" da filosofia de Heidegger? Aliás, Lévinas reconhece que suas "reflexões", após se terem deixado inspirar pela "filosofia de Martin Heidegger", "são comandadas por uma profunda necessidade de abandonar o clima dessa filosofia" (EE). Trata-se aí de uma necessidade cuja legitimidade natural seríamos nós os últimos a contestar e, além do mais, acreditamos que o clima nunca é totalmente exterior ao pensamento propriamente dito. Mas não é para além da "necessidade", do "clima" e de uma certa "história" que aparece a verdade nua do outro? E quem no-lo ensina melhor que Lévinas?

O Lugar não é, portanto, um Aqui empírico, mas sempre um *Illic:* para Heidegger assim como para o Judeu e o Poeta.

não visaria ao perigo de despersonalização técnica, mas ao que precisamente liberta do arrebatamento pelo Sagrado e do enraizamento no Lugar.

69 Por não podermos aqui desenvolver esse debate, remetemos aos mais claros textos de Heidegger sobre o assunto: a. *Sein und Zeit:* temas da *Unheimlichkeit* (p. 276-277). É exatamente a essa condição autêntica que a existência *neutra* do *Se impessoal* foge. b. *Humanisme*, p. 93, a propósito do poema "A Volta", de Hölderlin, Heidegger observa que, em seu comentário, a palavra "pátria" "é aqui pensada num sentido essencial, de forma alguma patriótico ou nacionalista, mas sim sob o prisma da História do Ser". c. Idem, p. 103, Heidegger escreve aí em particular: "Todo nacionalismo é, no plano metafísico, um antropologismo e, como tal, um subjetivismo. O nacionalismo não é superado pelo puro internacionalismo, mas apenas ampliado e erigido em sistema". d. Finalmente, quanto à habitação e a casa (que Lévinas também ouve a si próprio cantar, ainda que, verdade seja dita, como momento da interioridade e precisamente como economia), Heidegger assevera com precisão que a casa não determina metaforicamente o ser baseando-se em sua economia, mas, ao contrário, não se deixa determinar como tal senão com base na essência do ser. (Idem, p. 151.) Ver também *O Homem Mora como Poeta*, em que, observêmo-lo de passagem, Heidegger estabelece a distinção entre e Mesmo e o Igual (*das Selbe-das Gleiche*): "O Mesmo afasta todo zelo em resolver as diferenças no Igual", in *Essais et conférences*, p. 231. Ver enfim *Construir, Habitar, Pensar* (idem).

A proximidade do Lugar está sempre reservada, diz Hölderlin comentado por Heidegger[70]. O pensamento do ser não é, portanto, um culto pagão do *Lugar,* visto que o Lugar não é a proximidade dada, mas prometida. E também porque ele não é um *culto pagão.* O Sagrado de que ele fala *não pertence* nem à religião em geral, nem a qualquer teologia, e, portanto, não se deixa determinar por nenhuma história da religião. Ele é, primeiramente, a experiência essencial da divindade ou da deidade. Não sendo esta nem um conceito, nem uma realidade, deve dar acesso a si numa proximidade estranha à teoria ou à afetividade mística, à teologia e ao entusiasmo. Num sentido que não é, uma vez mais, nem cronológico, nem lógico, nem ôntico em geral, ele *precede* toda relação com Deus ou com os Deuses. Essa última relação, qualquer que seja seu tipo, supõe, para ser vivida e para ser dita, alguma pré-compreensão da deidade, do ser-deus de Deus, da "dimensão do divino", de que também fala Lévinas ao dizer que ela "se abre a partir do rosto humano" (TI). Isso é tudo e, como de hábito, simples e difícil. O sagrado é o "único espaço essencial da divindade, que, por seu turno, abre uma única dimensão para os deuses e para o deus" (*Humanismo…*). Esse espaço (no qual Heidegger diz também a Altura[71]) está aquém da fé e do ateísmo. Ambos o pressupõem.

É apenas com base na essência do Ser que se pode pensar a essência do Sagrado. É apenas com base na essência do Sagrado que é mister pensar a essência da Divindade. É apenas na luz da essência da Divindade que se pode pensar e dizer o que deve designar a palavra "Deus" (*Humanismo*).

Essa pré-compreensão do Divino não pode estar pressuposta pelo discurso de Lévinas no momento mesmo em que ele quer opor Deus ao divino sagrado. Que os deuses ou Deus não possam anunciar-se senão no espaço do Sagrado e na luz da deidade, eis o que constitui a um só tempo o *limite* e o *recurso* do ser-finito como História. Limite porque a divindade *não* é Deus. Num sentido, ela não é nada. "O sagrado, é verdade, aparece. Mas

---

70  Ver, por exemplo, *Retour,* em: *Approche de Hölderlin.*
71  Idem, ibidem.

VIOLÊNCIA E METAFÍSICA 211

o deus permanece distante"[72]. Recurso porque essa antecipação como pensamento do ser (do sendo Deus) sempre *vê vir* Deus, abre a possibilidade (a eventualidade) de um encontro de Deus e de um diálogo com Deus[73].

Que a deidade de Deus, que permite pensar Deus e chamar de Deus, não seja nada, sobretudo que não seja o próprio Deus, isso é que faz Mestre Eckhart, em particular, assim dizer: "Deus e a deidade diferem tanto um do outro quanto o céu e a terra [...] Deus opera, a deidade não opera, ela nada tem a operar, nela não existe operação, ela jamais teve qualquer operação em vista" (Sermão *Nolite timere eos*). Mas essa deidade ainda está aqui determinada como essência-de-Deus-trinitário. E quando Mestre Eckhart quer ir além das determinações, o movimento por ele esboçado permanece fechado, ao que parece, na transcendência ôntica: "Quando eu disse que Deus não era um ser e estava acima do ser, não quis com isso contestar-lhe o ser, ao contrário, eu lhe atribuí um *ser mais elevado*" (*Quasi stella*

---

72 Idem, p. 34.
73 Ver também *Vom Wesen des Grundes*, tradução de Corbin, p. 91, nota 1. A teologia, pensamento do sendo-Deus, da essência e da existência de Deus, suporia, portanto, o pensamento do ser. Não é necessário que nos refiramos aqui a Heidegger para compreender esse movimento; mas, antes de mais nada, a Duns Scot a quem, como é sabido, Heidegger consagrara um dos seus primeiros escritos. Para Duns Scot, o pensa-mento do ser comum e unívoco é necessariamente anterior ao pensamento do sendo determinado (determinado, por exemplo, em finito ou infinito, criado ou incriado etc. ). O que não significa:
1. que o ser comum e unívoco seja um gênero, e Duns Scot retoma, a esse respeito, a demonstração aristotélica sem, contudo, recorrer à analogia. (Ver, a respeito, notadamente, E. Gilson, *Jean Duns Scot,* Introduction à ses positions fondamentales, p. 104-105.)
2. que a doutrina da univocidade do ser seja incompatível com a doutrina aristotélico-tomista e com a analogia que, como mostra E. Gilson (idem, p. 84--115), situa-se em outro plano e responde a outra pergunta. O problema que se apresenta a Duns Scot – e que é o que aqui nos interessa, nesse diálogo entre Lévinas e Heidegger – "apresenta-se, portanto, sobre um terreno [escreve E. Gilson], que não é mais o de Aristóteles nem de Tomás de Aquino, visto que, para ali penetrar, é preciso primeiramente sair do dilema imposto pelo aristotelismo entre o singular e o universal, o 'primeiro' e o 'segundo', escapar a um só tempo da necessidade de escolher entre o análogo e o unívoco, o que não se pode fazer senão isolando uma noção de ser de certa maneira metafisicamente isenta de toda determinação" (idem, p. 89). Daí se depreende que o pensamento do ser (que Gilson chama aqui, diferentemente de Heidegger, de "metafísico"), se está implicado em toda teologia, não a *precede* nem a comanda em nada, como fariam um princípio ou um conceito. As relações de "primeiro" e de "segundo" etc. não têm aqui nenhum sentido.

*matutina...).* Essa teologia negativa ainda é uma teologia e, *pelo menos em sua letra,* trata-se para ela de liberar e reconhecer a transcendência inefável de um sendo infinito, "ser acima do ser e negação superessencial". *Pelo menos em sua letra*, mas a diferença entre a onto-teologia metafísica, de um lado, e o pensamento do ser (da diferença), do outro, significa a importância essencial da *letra.* Visto que tudo se passa através dos movimentos de explicitação, a diferença literal é quase a totalidade da diferença de pensamento. Eis por que, aqui, o pensamento do ser, quando ultrapassa as determinações ônticas, não é uma teologia negativa ou mesmo uma ontologia negativa.

A antecipação "ontológica", a transcendência rumo ao ser permite, portanto, que nos entendamos sobre a palavra Deus, e ainda que esse entendimento não seja senão o éter em que pode ressoar a dissonância. Essa transcendência habita e funda a linguagem e, com ela, a possibilidade de todo estar-junto; de um *Mitsein* bem mais original do que esta ou aquela de suas formas eventuais com a qual alguns quiseram confundi-lo: a solidariedade, a equipe, o companheirismo[74]. Implicado pelo discurso de *Totalidade e Infinito*, no ser único que permite *deixar* serem os outros na verdade deles, ao liberar o diálogo e o cara a cara, o pensamento do ser está tão próximo quanto possível da não-violência.

*Não a chamamos de não-violência pura.* Como a violência pura, a não-violência pura é um conceito contraditório. Contraditório para além do que Lévinas chama de "lógica formal". A violência pura, relação entre seres sem rosto, ainda não é violência, é não-violência pura. E reciprocamente: a não-violência pura,

---

74 Como Lévinas, Sartre já interpretara o *Mitsein* no sentido do companheirismo da equipe etc. Remetemos aqui a *Ser e Tempo.* Ver também *Le Concept de monde chez Heidegger.* Walter Biemel, com muita exatidão e clareza, confronta aí essa interpretação com as intenções de Heidegger (p. 90 e s.). Acrescentemos, simplesmente, que, *originalmente*, o *com* do *Mitsein* não denota uma estrutura de equipe animada por uma tarefa neutra e comum tanto quanto o *com* da "linguagem *com* Deus" (TI). O ser que pode interpelar o *Mitsein* não é, como o deixa frequentemente entender Lévinas, um terceiro termo, uma verdade comum etc. Enfim, a noção de *Mitsein* descreve uma estrutura originária da relação entre Da-Sein que Da-Sein que é anterior a toda significação de "encontro" ou de "constituição", isto é, ao debate que evocávamos há pouco (ver também *Sein und Zeit: "Com* e *também* devem ser entendidos à maneira dos *existenciais* e não das *categorias*" (p. 48).

VIOLÊNCIA E METAFÍSICA 213

não-relação do mesmo com o outro (no sentido em que o entende Lévinas), é violência pura. Somente um rosto pode deter a violência, mas, em primeiro lugar, porque só ele pode provocá--la. Lévinas o diz acertadamente: "A violência só pode visar um rosto" (TI). Por isso, sem o pensamento do ser que abre o rosto, só haveria não-violência ou violência puras. O pensamento do ser nunca é, portanto, em seu desvelamento, estranho a uma certa violência[75]. Que esse pensamento sempre apareça na diferença, que o mesmo (o pensamento [e] [de] o ser) nunca seja o idêntico, isso significa, primeiramente, que o ser é história, que ele próprio se dissimula em sua produção e se faz originariamente violência no pensamento para dizer-se e manifestar-se. Um ser sem violência seria um ser que se produzisse fora do sendo: não-história; não-produção; não-fenomenalidade. Uma fala que se produzisse sem a menor violência não determinaria nada, não diria nada, não ofereceria nada ao outro; não seria *história* e não *mostraria* nada: em todos os sentidos da palavra e, primeiramente, em seu sentido grego, seria uma fala sem *frase*.

No limite, a linguagem não-violenta, segundo Lévinas, seria uma linguagem que se privasse do verbo *ser*, isto é, de toda predicação. A predicação é a primeira violência. Estando o verbo *ser* e o ato predicativo implicados em todos os outros verbos e em todos os nomes comuns, a linguagem não-violenta seria, no limite, uma linguagem de pura invocação, de pura adequação, que não proferisse senão nomes próprios para chamar o outro à distância. Tal linguagem estaria, com efeito, conforme o deseja expressamente Lévinas, purificada de toda *retórica*, isto é, no sentido primeiro desse termo que aqui evocaremos sem artifício, de todo *verbo*. Uma tal linguagem ainda merecerá seu nome? Uma linguagem isenta de toda retórica é possível? Os Gregos, que nos ensinaram o que *Logos* queria dizer, jamais a teriam admitido. É o que nos diz Platão no *Cratilo* (425 a), no *Sofista* (262 ad) e na *Carta VII* (342 b): não há *Logos* que não suponha o entrelaçamento de nomes e verbos.

Enfim, se nos ativermos ao cerne da asserção de Lévinas, o que ofereceria ao outro uma linguagem sem frase, uma linguagem que nada dissesse? A linguagem deve dar o mundo

---

75 Ver *Introduction à la métaphysique* (sobretudo "La Limitation de l'Être").

ao outro, diz-nos *Totalidade e Infinito*. Um mestre que se proibisse a *frase* nada daria; não teria discípulos, mas somente escravos. Ser-lhe-ia interdita a obra – ou a liturgia –, esse dispêndio que rompe a economia e que, segundo Lévinas, é preciso não ser pensado como um Jogo.

Assim, em sua mais alta exigência não-violenta, denunciando a passagem pelo ser e o momento do conceito, o pensamento de Lévinas não somente nos proporia, como dizíamos mais acima, uma ética sem lei, mas também uma linguagem sem frase. O que seria totalmente coerente se o rosto não fosse senão olhar, mas ele é também fala; e, na fala, é a frase que faz chegar o grito da necessidade à expressão do desejo. Ora, não existe frase que não determine, isto é, que não passe pela violência do conceito. A violência aparece com a *articulação*. E esta só é aberta pela circulação (de início pré-conceitual) do ser. A elocução mesma da metafísica não-violenta é seu primeiro desmentido. Sem dúvida, Lévinas não negaria que toda linguagem histórica comporta um irredutível momento conceitual e, portanto, uma certa violência. Simplesmente, a seus olhos, a origem e a possibilidade do conceito não são o pensamento do ser, mas o dom do mundo a outrem como totalmente-outro (ver, por exemplo, TI, p. 149). Nessa possibilidade originária da *oferta*, em sua intenção ainda silenciosa, a linguagem é não-violenta (mas será ela então linguagem, nessa pura intenção?). Ela só se tornaria violenta em sua história naquilo que chamamos de frase, que a obriga a *articular-se* numa sintaxe conceitual que abre a circulação ao mesmo, deixando-se controlar pela "ontologia" e pelo que permanece, para Lévinas, o conceito dos conceitos: o ser. Ora, o conceito de ser seria, a seus olhos, apenas um meio abstrato produzido pelo dom do mundo ao outro que está *acima do ser*. A partir daí, é somente em sua origem silenciosa que a linguagem, antes de ser, seria não-violenta. Mas por que a história? Por que a frase se impõe? Porque se não arrancarmos violentamente a origem silenciosa dela mesma, se nos decidirmos a não falar, a pior violência co-habitará em silêncio com a *ideia* da paz? A paz só se faz num *certo silêncio*, determinado e protegido pela violência da fala. Nada dizendo senão do horizonte dessa paz silenciosa pela qual ela se faz chamar, que ela tem por missão

VIOLÊNCIA E METAFÍSICA

proteger e preparar, a fala guarda *indefinidamente* o silêncio. Nunca escapamos à *economia de guerra*.

É evidente: separar a possibilidade originária da linguagem – como não-violência e dom – da violência necessária na efetividade histórica é apoiar o pensamento numa trans--historicidade. O que fez explicitamente Lévinas apesar de sua crítica inicial ao "a-historicismo" husserliano. A origem do sentido é, para ele, não-história, "além da história". Cumpriria, então, perguntarmo-nos se é possível, a partir de então, identificar, como quer Lévinas, pensamento e linguagem; se essa trans-historicidade do sentido é autenticamente hebraica em sua inspiração; se, enfim, essa não-história se desgarra da historicidade em geral ou apenas de uma certa dimensão empírica ou ôntica da história. E se a escatologia invocada pode separar-se de toda referência à história. *Pois nossa própria referência à história é aqui apenas contextual. A economia de que falamos não mais se coaduna com o conceito de história tal como este sempre funcionou e que é difícil, se não impossível, retirar de seu horizonte teleológico ou escatológico.*

Logo, é essa a-historicidade de sentido em sua origem que separa em profundidade Lévinas de Heidegger. Sendo o ser história para este último, ele *não é* fora da diferença e produz-se, portanto, originariamente como violência (não-ética), como dissimulação de si em seu próprio desvelamento. O fato de a linguagem, assim, sempre ocultar a sua própria origem não é uma contradição, e sim a história propriamente dita. Na violência ontológico-histórica[76], que permite pensar a violência ética, na economia como pensamento do ser, o ser é necessariamente dissimulado. A primeira violência é essa dissimulação, mas ela é também a primeira derrota da violência niilista e a primeira epifania do ser. O ser é, portanto, menos o *primum cognitum*, como se dizia, do que o *primeiro dissimulado*, e essas duas proposições não se contradizem. Para Lévinas, ao contrário, o ser (entendido como conceito) é o *primeiro dissimulante,*

---

76  É mister precisar aqui que "ontológica" não remete ao conceito de ontologia ao qual Heidegger nos propõe "renunciar" (ver atrás), mas a esta expressão impossível de achar, pela qual seria preciso substituí-lo. A palavra "histórica" também deve ser modificada para ser entendida, em consonância com a palavra "ontológica", da qual não é o atributo e em relação à qual não assinala nenhuma derivação.

e a diferença ôntico-ontológica neutralizaria, assim, a diferença, a alteridade infinita do totalmente outro. Além do mais, a diferença ôntico-ontológica não seria pensável senão com base na ideia do Infinito, da irrupção inantecipável do sendo totalmente--outro. Este seria, portanto, anterior à diferença entre o ser e o sendo, e à alteridade histórica que ela pode abrir. Para Lévinas, como para Heidegger, a linguagem seria ao mesmo tempo eclosão e reserva, esclarecimento e ocultação; para ambos, a dissimulação seria gesto conceitual. Mas, para Lévinas, o conceito está do lado do ser; para Heidegger, do lado da determinação ôntica.

Esse esquema acusa a oposição, mas, como frequentemente acontece, também deixa advinhar a proximidade. Proximidade de duas "escatologias" que por caminhos opostos repetem e questionam a totalidade da aventura "filosófica" saída do platonismo. Interrogam-na, ao mesmo tempo, de dentro e de fora sob a forma de uma pergunta a Hegel em quem se resume e se pensa essa aventura. Essa proximidade anunciar--se-ia em perguntas deste tipo: *de uma lado*, é Deus (sendo--infinito-outro) ainda um sendo que se deixa pré-compreender com base num pensamento do ser (singularmente da divindade)? Em outras palavras: pode o infinito ser chamado de determinação ôntica? Não tem sido Deus sempre pensado como o nome do que não é sendo supremo pré-compreendido com base num pensamento do ser? Não é Deus o nome do que não pode deixar-se antecipar com base na dimensão do divino? Não é Deus o outro nome do ser (nome porque não--conceito), cujo pensamento abriria a diferença e o horizonte ontológico em lugar de somente aí anunciar-se? Abertura *do* horizonte e não *no* horizonte. Pelo pensamento do infinito, a fechadura ôntica já teria sido quebrada, num sentido do impensado que seria mister interrogar mais de perto, por aquilo que Heidegger chama de metafísica e de onto-teologia. *De outro lado*: não é o pensamento do ser o pensamento *do* outro antes de ser a identidade homogênea do conceito e a asfixia do mesmo? Não é a ultra-história da escatologia o outro nome da passagem a uma história mais profunda, à História propriamente dita? Mas a uma história que, não mais podendo ser *ela mesma* em alguma *presença*, originária ou final, deveria mudar de nome?

VIOLÊNCIA E METAFÍSICA

Em outros termos, poder-se-ia talvez dizer que a ontologia *não* precede a teologia senão colocando entre parênteses o conteúdo da determinação ôntica. Na verdade, ela seria aquilo que se recusa a ser determinação ôntica compreendida como tal a partir da e na luz de um pensamento do ser. É a infinitude ao contrário – como não-determinação e operação concreta – que permitiria pensar a diferença entre o ser e a determinação ôntica. O conteúdo ôntico da infinidade destruiria a fechadura ôntica. Implicitamente ou não, o pensamento da infinidade abriria a questão e a diferença ôntico-ontológica. Seria paradoxalmente esse pensamento da infinidade (o que chamamos pensamento de Deus) que permitiria afirmar a precedência da ontologia sobre a teologia e que o pensamento do ser está pressuposto pelo pensamento de Deus. Daí por que, sem dúvida, respeitosos que eram da presença do ser *unívoco* ou do ser *em geral*, Duns Scot ou Malebranche acreditaram não dever distinguir os níveis da ontologia (ou metafísica) e da teologia. Heidegger com frequência nos chama a atenção para a "estranha simplicidade" do pensamento do ser: essa é sua dificuldade, e o que toca propriamente os limites do "incognoscível". A infinidade não seria para Heidegger senão uma determinação ulterior dessa simplicidade. Para Malebranche, é a própria forma que esse pensamento assume:

A ideia do infinito em extensão encerra, portanto, mais realidade do que a dos céus; e a ideia do infinito em todos os gêneros de ser, a que responde a esta palavra, o *ser*, o ser infinitamente perfeito, dele contém quantidade infinitamente maior, embora a percepção com que essa ideia nos toca seja a mais ligeira de todas; tanto mais ligeira quanto mais vasta é, e, por conseguinte, infinitamente ligeira porque é infinita (*Conversa de um Filósofo Cristão com um Filósofo Chinês*).

Já que o Ser não é nada (de determinado), ele *produz*-se necessariamente na diferença (*como* diferença). Dizer, de um lado, que ele é infinito, ou dizer, de outro, que ele não se revela ou não se produz senão "de um só golpe com" (*in eins mit*) o Nada (*O que é a Metafísica?*) – o que significa que ele é "finito em sua essência" (idem) –, é isso dizer fundamentalmente outra coisa? Mas seria preciso mostrar que Heidegger jamais quis dizer "outra coisa" que não a metafísica clássica, e que a transgressão da metafísica não é uma nova tese metafísica ou onto-teológica. Assim, a questão sobre o ser do sendo não introduziria somente – e entre outras – a questão sobre o sendo-Deus; ela já *supõria* Deus como possibilidade mesma de sua questão e a resposta em sua questão. Deus sempre estaria implicado em toda questão sobre Deus e precederia todo "método". O próprio conteúdo do pensamento de Deus é o de um ser *sobre* o qual nenhuma questão pode ser levantada (salvo se for levantada por ele) e que não pode deixar-se determinar como um sendo. Em *o Profano (Idiota)*, uma admirável meditação de Nicolau de Cusa desenvolve essa implicação de Deus em toda questão e, em primeiro lugar, na questão de Deus. Por exemplo, *o Profano*:

Veja você como a dificuldade teológica é fácil, visto que a resposta sempre se oferece ao pesquisador segundo o próprio modo da questão levantada. *O Orador*: De fato, nada é mais surpreendente. *Pr.*: Toda pesquisa relativa a Deus pressupõe o próprio objeto dessa pesquisa. A toda pergunta feita sobre Deus, o que é mister responder é precisamente aquilo que a pergunta de início supõe. Pois, embora ultrapasse toda significação, Deus significa-se por toda significação qualquer que seja a palavra que a exprima. *Or.*: Explique-se... *Pr.*: A questão da existência de Deus não supõe de antemão a própria noção de existência? *Or.*: Com certeza. *Pr.*: A partir do momento em que você fez a pergunta: *Deus existe?*, você pode responder o que está precisamente em questão, a saber, que ele existe, visto que ele é o próprio Ser pressuposto na pergunta. O mesmo acontece com a pergunta *Quem é Deus?*, visto que essa pergunta supõe a qualidade; portanto, você poderá responder que Deus é a Qualidade absoluta em si mesma. E assim para todas as perguntas. E quanto a isso, não há hesitação possível. Pois Deus é a pressuposição universal em si mesma, que está pressuposta de todas as maneiras, como a causa está pressuposta em todo efeito. Veja então, Orador, tão fácil é a dificuldade teológica... Se tudo isso mesmo que está suposto de antemão em toda questão teológica dá assim resposta à questão, não existe, portanto, nenhuma questão que diga respeito propriamente a Deus, visto que na questão levantada a resposta coincide com a interrogação[77].

77 *Oeuvres choisies de N. de Cues*, por M. de Gandillac.

Ao fazer da relação com o infinitamente outro a origem da linguagem, do sentido e da diferença, sem relação com o mesmo, Lévinas decide-se, portanto, por trair sua intenção em seu discurso filosófico. Este só é entendido e ensina quando, em primeiro lugar, deixa nele circular o mesmo e o ser. Esquema clássico, aqui complicado por uma metafísica do diálogo e do ensino, de uma demonstração que contradiz o demonstrado pelo rigor e pela verdade mesma de seu encadeamento. Círculo mil vezes denunciado do ceticismo, do historicismo, do psicologismo, do relativismo etc. Mas o verdadeiro nome desse curvar-se do pensamento diante do Outro, dessa aceitação decidida da incoerência incoerente inspirada por uma verdade mais profunda do que a "lógica" do discurso filosófico, e verdadeiro nome dessa "resignação" do conceito, dos *a priori* e dos horizontes transcendentais da linguagem, é o *empirismo*. Este, no fundo, só cometeu um erro: o erro filosófico de apresentar-se como uma filosofia. E é mister reconhecermos a profundidade da intenção empirista sob a ingenuidade de algumas de suas expressões históricas. Ela é o *sonho* de um pensamento puramente *heterológico* em sua fonte. Pensamento *puro* da diferença *pura*. O empirismo é seu nome filosófico, sua pretensão ou sua modéstia metafísicas. Dizemos *sonho*, porque ele se esvai *com o dia* e com o despertar da linguagem. Mas objetar-se-á, talvez, que é a linguagem que dorme. Sem dúvida, mas então é mister, de uma certa maneira, voltarmos a ser clássicos e encontrarmos outros motivos de divórcio entre a fala e o pensamento. É um caminho muito, talvez, demasiado abandonado hoje em dia. Por Lévinas, entre outros.

Ao radicalizar o tema da exterioridade infinita do outro, Lévinas assume, assim, o desígnio que animou mais ou menos secretamente todos os gestos filosóficos chamados de *empirismos* na história da filosofia. Ele o faz com uma audácia, uma profundidade e uma resolução jamais até então atingidas. Ao levar a cabo esse projeto, ele renova totalmente o empirismo e o derruba, revelando-o a ele mesmo como metafísica. Apesar das etapas husserliana e heideggeriana de seu pensamento, Lévinas não quer recuar nem mesmo diante da palavra *empirismo*. Por duas vezes, pelo menos, recorre ao "empirismo radical que confia no ensino da exterioridade" (TI). A experiência do outro (do infinito) é irredutível, é, portanto, "a experiência por excelência" (idem). E a propósito da morte, que é sem dúvida seu irredutível recurso, Lévinas fala de um "empirismo que nada tem de positivista"[78]. Podemos, porém, falar de uma *experiência* do outro ou da diferença? Não foi o conceito de experiência sempre determinado pela metafísica da presença? E a experiência, não foi ela sempre o encontro de uma presença irredutível, percepção de uma fenomenalidade?

Essa cumplicidade entre o empirismo e a metafísica nada tem de surpreendente. Ao criticá-los, ou melhor, "limitá-los" com um único e mesmo gesto, Kant e Husserl haviam com certeza reconhecido a solidariedade que os unia. Seria mister meditar sobre ela mais de perto. Nessa meditação Schelling fora muito longe[79].

Mas, de Platão a Husserl, o empirismo foi sempre determinado como *não-filosofia*: pretensão da não-filosofia, incapacidade de justificar-se, de socorrer-se como fala. Mas quando assumida com resolução, essa incapacidade contesta a resolução e a coerência do logos (a filosofia) em sua raiz, em lugar de deixar-se questionar por ele. Nada pode, portanto, *solicitar* tão profundamente o logos grego – a filosofia – quanto essa irrupção do totalmente outro, nada pode

78  Entre deux mondes (Biographie spirituelle de Franz Rosenzweig, em *La Conscience juive*, PUF, 1963, p. 126). Essa conferência é, pelo que sabemos, juntamente com um artigo de A. Néher (*Cahiers de 1'Institut de science économique appliquée*, 1959), o único texto importante consagrado a Rosenzweig, mais conhecido na França como o autor de *Hegel und der Staat* (Hegel e o Estado) do que de *Der Stern der Erlösung* (a Estrela da Redenção) (1921). A influência de Rosenzweig sobre Lévinas parece ter sido profunda. "A oposição à ideia de totalidade impressionou-nos no *Stern der Erlösung*, de Franz Rosenzweig, por demais presente neste livro para ser citado" (TI).

79  Em seu *Exposé de 1'empirisme philosophique*, Schelling escreve: "Deus seria, assim, o Ser fechado em si mesmo de uma maneira absoluta, seria substância no sentido mais elevado, livre de toda relação. Mas, pelo fato mesmo de considerarmos essas determinações como puramente imanentes, como não relacionadas com nada de exterior, a gente se vê na necessidade de concebê-las a partir d'*Ele*, isto é, de concebê-lo a ele próprio como o *prius*, e mesmo como o *prius* absoluto. E é assim que, levado às suas últimas consequências, o empirismo nos conduz ao supraempírico". Naturalmente, por "fechado" e "recolhido" não é preciso entender fechamento finito e mutismo egoísta, mas a alteridade absoluta, o que Lévinas chama de o Infinito absoluto da relação. Movimento análogo delineia-se na obra de Bergson que, em sua *Introdução à Metafísica*, critica, em nome de um *empirismo verdadeiro*, as doutrinas empiristas, infiéis à experiência pura, e conclui: "Esse empirismo verdadeiro é a verdadeira metafísica".

VIOLÊNCIA E METAFÍSICA

tanto despertá-lo para sua origem quanto para sua mortalidade, para seu outro.

Mas se (o que não passa, para nós, de uma hipótese) chamamos de judaísmo a essa experiência do infinitamente outro, cumpre refletirmos sobre essa necessidade em que ele se acha, sobre essa injunção que lhe é feita de produzir-se como logos e despertar o Grego na sintaxe autística de seu próprio sonho. Necessidade de evitar a pior violência que ameaça quando nos entregamos ao outro na noite. Necessidade de tomarmos de empréstimo os caminhos do único logos filosófico que só pode derrubar a "curvatura do espaço", em proveito do mesmo. De um mesmo que não é o idêntico e não encerra o outro. Foi um Grego que disse: "Se é preciso filosofar, é preciso filosofar; se não for preciso filosofar, é, ainda assim, preciso filosofar (para o dizer e o pensar). É preciso sempre filosofar". Lévinas sabe disso melhor que outros: "Impossível seria recusar as Escrituras sem saber lê-las nem açamar a filologia sem filosofia, nem deter, caso necessário, o discurso filosófico sem ainda filosofar" (DL).

É mister recorrer – disso estou convencido – ao meio termo de toda compreensão e de todo entendimento, em que toda verdade se reflete – precisamente à civilização grega, ao que ela gerou: ao logos, ao discurso coerente da razão, à vida num Estado racional. Esse o verdadeiro terreno de todo entendimento (DL).

Um tal local de encontro não pode oferecer apenas uma hospitalidade *de encontro* a um pensamento que lhe permaneceria estranho. Muito menos pode ausentar-se o Grego, que emprestou sua casa e sua linguagem, enquanto o Judeu e o Cristão em casa dele se encontram (visto que é desse encontro que trata o texto que acabamos de citar). A Grécia não é um território neutro, provisório, sem fronteiras. A história na qual se produz o logos grego não pode ser o feliz acidente que entrega um terreno de entendimento aos que ouvem a profecia escatológica e aos que absolutamente não a ouvem. Não pode estar *fora* e ser *acidente* para pensamento algum. O milagre grego não é isto ou aquilo, este ou aquele êxito assombroso; é a impossibilidade para sempre, de qualquer pensamento, de tratar os seus sábios, segundo a expressão de São João Crisóstomo, como "sábios de fora". Ao ter proferido o *epekeinea tês ousias*, ao ter reconhecido desde sua segunda palavra (por exemplo, em *O Sofista*) que a alteridade devia circular na origem do sentido, ao acolher a alteridade em geral no coração do logos, o pensamento grego do ser protegeu-se para sempre contra toda convocação absolutamente *surpreendente*.

Somos Judeus? Somos Gregos? Vivemos na diferença entre o Judeu e o Grego, que talvez seja a unidade daquilo que chamamos de história. Vivemos na e da diferença, isto é, na *hipocrisia* da qual Lévinas diz com tanta profundidade que ela é "não apenas um vil defeito contingente do homem, mas o rasgo profundo de um mundo apegado, ao mesmo tempo, aos filósofos e aos profetas" (TI).

Somos Gregos? Somos Judeus? Mas nós, quem? Somos (questão não cronológica, questão pré-lógica) *em primeiro lugar* Judeus ou *em primeiro lugar* Gregos? E o estranho diálogo entre o Judeu e o Grego, a própria paz, tem ele a forma da lógica especulativa absoluta de Hegel, lógica viva que *reconcilia* a tautologia formal e a heterologia empírica[80] após ter *pensado* o discurso profético no prefácio de *A Fenomenologia do Espírito*? Mas, ao contrário, tem essa paz a forma da separação infinita e da transcendência impensável, indizível, do outro? Ao horizonte de qual paz pertence a linguagem que formula essa pergunta? Onde busca ela a energia de sua

---

80 A diferença pura não é absolutamente diferente (da não-diferença). A crítica por Hegel do conceito de diferença pura é sem dúvida aqui, para nós, o tema mais incontornável. Hegel pensou a diferença absoluta e mostrou que ela só poderia ser pura sendo impura. Na *Ciência da Lógica*, a propósito de *A diferença absoluta*, Hegel escreve, por exemplo: "Essa diferença é a diferença em-si-e-para-si, a diferença absoluta, a diferença da Essência. É a diferença em-si-e-para-si não em decorrência de uma causa extrema, mas uma diferença que se refere a ela mesma e, portanto, uma diferença simples. É essencialmente importante vermos na diferença absoluta uma diferença simples [...] A diferença em si é a diferença que se refere a ela mesma; por isso é ela sua própria negatividade, a diferença não em relação a um *outro*, mas em relação a ela mesma. Mas o que difere da diferença é a identidade. A diferença é, portanto, ao mesmo tempo ela mesma e identidade. As duas reunidas é que formam a diferença; a diferença é ao mesmo tempo o todo e seu próprio momento. Pode-se dizer com igual razão que a diferença, enquanto simples, não é uma diferença; isso só seria verdadeiro em relação à identidade; mas, como tal, a diferença contém ela mesma e essa relação. A diferença é o todo e seu próprio momento, assim como a identidade é o todo e seu próprio momento" (tr. T. II, p. 38-39).

VIOLÊNCIA E METAFÍSICA 223

pergunta? Pode ela explicar o acasalamento histórico do judaísmo e do helenismo? Qual a legitimidade, qual o sentido da *cópula* nesta proposição do mais hegeliano, talvez, dos romancistas modernos:*Jewgreek is greekjew. Extremes meet*[81]?

81  J. Joyce, *Ulysses*, p. 622. Mas Lévinas não gosta de Ulisses nem dos artifícios desse herói demasiado hegeliano, desse homem do νόστος e do círculo fechado, cuja aventura se resume sempre em sua totalidade. Briga amiúde com ele (TI, DL). "Ao mito de Ulisses que retorna a Ítaca, gostaríamos de opor a história de Abraão que deixa para sempre sua pátria para uma terra ainda desconhecida e proíbe ao servo até mesmo de trazer seu filho a esse ponto de partida" (*La Trace de l'autre*). A impossibilidade da volta não é, sem dúvida, ignorada por Heidegger: a historicidade originária do ser, a originariedade da diferença, a errância irredutível proíbem a volta ao próprio ser que não é nada. Lévinas aqui, portanto, está com Heidegger. Em contraposição, é o tema da volta tão pouco hebraico? Ao construir Bloom e Stephen (Santo Estêvão, Judeu-Helena), Joyce interessou-se muito pelas teses de Victor Bérard que fazia de Ulisses um semita. É verdade que *Jewgreek is greekjew* é uma proposição *neutra*, anônima, no sentido execrado por Lévinas, inscrita no *chapéu* de Lynch. "Linguagem de ninguém", diria Lévinas. É, além do mais, atribuída ao que chamamos de "lógica feminina": *Woman's reason. Jewgreek is greekjew*. Observemos de passagem, a esse respeito, que *Totalité et Infini* leva o respeito à dissimetria até o ponto em que nos parece impossível, essencialmente impossível, ter sito ele escrito por uma mulher. A matéria filosófica dele é o homem (*vir*). (Ver, por exemplo, a *Phénoménologie de l'Eros* que ocupa um lugar tão importante na economia do livro.) Essa impossibilidade principal para um livro de ter sido escrito por uma mulher não é ela única na história da escritura metafísica? Lévinas reconhece alhures que a feminilidade é uma "categoria ontológica". Devemos colocar essa observação em relação com a virilidade essencial da linguagem metafísica? Mas talvez o desejo metafísico seja essencialmente viril, mesmo no que chamamos de mulher. É, ao que parece, o que Freud (que teria desprezado a sexualidade como "relação com o que é absolutamente outro" [TI]) pensava não do desejo, mas da libido.

# "Gênese e Estrutura"
# e a Fenomenologia

Devo começar com uma *precaução* e com uma *confissão*. Quando, ao nos aproximarmos de uma filosofia, já estamos armados não só de um par de conceitos – neste caso "estrutura e gênese" – que uma longa tradição problemática muitas vezes fixou ou sobrecarregou de reminiscências, mas também de uma grade especulativa em que aparece já a figura clássica de um antagonismo, o debate operatório que nos preparamos para instituir no interior ou a partir desta filosofia corre o risco de se assemelhar mais a um interrogatório do que a uma escuta atenta, ou seja, a um inquérito abusivo que introduz previamente o que pretende encontrar e violenta a fisiologia própria de um pensamento. Não há dúvida de que a abordagem de uma filosofia na qual se introduz o corpo estranho de um debate pode ser eficaz, mostrar ou libertar o sentido de um trabalho latente, mas começa por uma agressão e uma infidelidade. É preciso não esquecê-lo.

Neste caso preciso, o que dissemos é ainda mais verdadeiro do que habitualmente. Husserl sempre acentuou a sua aversão pelo debate, pelo dilema, pela aporia, isto é, pela reflexão sobre o modo alternativo em que o filósofo, no termo de uma deliberação, pretende concluir, isto é, fechar a questão, parar a expectativa ou o olhar numa opção, numa decisão, numa solução; o que procederia de uma atitude especulativa ou "dialética", no sentido que Husserl, pelo menos, sempre quis dar a esta palavra. São culpados desta atitude não só os metafísicos mas também, muitas vezes sem o saberem, os expoentes das ciências empíricas: uns e outros seriam congenitamente culpados de um certo pecado de explicativismo. O fenomenólogo, pelo contrário, é o "verdadeiro positivista" que volta às próprias coisas e se apaga perante a originalidade e a originariedade das significações. O processo de uma compreensão ou de uma descrição fiéis, a continuidade da explicação dissipam o fantasma da escolha. Poder-se-ia portanto dizer, para começar, que, pela sua recusa do sistema e do fechamento especulativo, Husserl é já, no seu estilo de pensamento, mais atento à historicidade do sentido, à possibilidade do seu devir, mais respeitador daquilo que, na estrutura, permanece aberto. E mesmo que se pense que a abertura da estrutura é "estrutural", isto é, essencial, passamos já a uma ordem heterogênea à primeira: a *diferença* entre a estrutura menor – necessariamente fechada – e a estruturalidade de uma abertura é talvez o lugar insituável em que a filosofia se enraíza. Em especial quando diz e descreve estruturas. Deste modo, a presunção de um conflito entre aproximação genética e aproximação estrutural parece logo de entrada imposta à especificidade daquilo que se entrega a um olhar virgem. E se tivéssemos colocado *ex abrupto* a questão "estrutura ou gênese" a Husserl, aposto que ele teria ficado muito espantado por se ver convocado para tal debate; teria respondido que isso dependia de que tema se pretendia falar. Há dados que devem ser descritos em termos de estrutura, outros em termos de gênese. Há camadas de significações que aparecem como sistemas, complexos, configurações estáticas, no interior das quais, aliás, o movimento e a gênese são possíveis se obedecerem à legalidade própria e à significação funcional da estrutura considerada. Outras camadas, ora mais profundas, ora mais superficiais, entregam-se no modo essencial da criação e do movimento, da origem inaugural, do devir ou da tradição, o que exige que se fale a seu respeito a linguagem da gênese, supondo que haja uma ou que só haja uma.

A imagem desta fidelidade ao tema da descrição é encontrada na fidelidade, pelo menos aparente, de Husserl a si próprio ao longo de todo o seu itinerário. Para mostrá-lo usarei dois exemplos.

1. A passagem das pesquisas genéticas no único livro cujo método Husserl renegou ou certas pressuposições psicologistas (estou pensando em *Philosophie der Arithmetik*) nas *Recherches logiques* em especial, em que se tratava principalmente de descrever a objetividade das objetividades ideais numa certa fixidez intemporal e na sua autonomia em relação a um certo devir subjetivo; esta passagem tem a continuidade da explicação e Husserl está tão certo disso que escreve, quase quarenta anos depois[1]:

> A fixação da atenção no formal já foi por mim conseguida graças à minha *Philosophie der Arithmetik* (1891), a qual, apesar da sua falta de maturidade como primeiro escrito, representava contudo uma primeira tentativa para obter a clareza sobre o sentido verdadeiro, sobre o sentido autêntico e original dos conceitos da teoria dos conjuntos e da teoria dos números, e isto voltando às atividades espontâneas de coligação e de numeração nas quais as coleções ("totalidades", "conjuntos") e os números são dados de uma maneira originalmente produtiva. Era portanto, para me servir da minha maneira ulterior de me exprimir, uma investigação relacionada com a fenomenologia constitutiva... etc.

Objetar-se-á que neste caso a fidelidade se explica facilmente, pois se trata de retomar na dimensão da "gênese transcendental" uma intenção que inicialmente se ligara, mais "ingenuamente", mas com uma inquietação constante, a uma gênese psicológica.

2. Mas o mesmo não se pode dizer da passagem –desta vez no interior da fenomenologia – das análises estruturais da constituição estática praticadas em *Ideen* I (1913) às análises de constituição genética que se seguiram e que por vezes são muito novas no seu conteúdo. E contudo esta passagem é ainda um simples progresso que não implica nenhuma "superação", como se diz, ainda menos uma opção e principalmente nenhum arrependimento. É o aprofundamento de um trabalho que deixa intacto o que foi descoberto, um trabalho

---

1 Edmund Husserl, *Logique formelle et logique transcendantale*, p. 119.

de escavação em que o fato de pôr a descoberto as fundações genéticas e a produtividade originária não só não abala nem arruína nenhuma das estruturas superficiais já expostas, como ainda faz aparecer de novo formas eidéticas, "*a priori* estruturais" – é a expressão de Husserl – da própria gênese.

Deste modo, pelo menos no espírito de Husserl, jamais teria havido problema "estrutura-gênese", mas apenas o privilégio de um ou outro destes dois conceitos operatórios, conforme o espaço de descrição, o *quid* ou o *quomodo* dos dados. Nesta fenomenologia em que, à primeira vista e se nos deixarmos inspirar por esquemas tradicionais, os motivos de conflitos ou de tensões parecem numerosos (é uma filosofia das essências sempre consideradas na sua objetividade, na sua intangibilidade, na sua aprioridade; mas é, no mesmo gesto, uma filosofia da experiência, do devir, do fluxo temporal do vivido que é a última referência; é também uma filosofia na qual a noção de "experiência transcendental" designa o próprio campo da reflexão, num projeto que, aos olhos de Kant, por exemplo, pertenceria à teratologia), não haveria portanto nenhum choque, e a mestria do fenomenólogo no seu trabalho teria assegurado a Husserl uma serenidade perfeita no uso de dois conceitos operatórios sempre complementares. A fenomenologia, na clareza da sua intenção, seria portanto ofuscada pela nossa questão prévia.

Tomadas estas precauções quanto ao objetivo de Husserl, tenho agora de confessar o meu. Gostaria com efeito de tentar mostrar:

1. que, sob o uso sereno destes conceitos, trava-se um debate que regula e ritmiza o caminhar da descrição, que lhe empresta a sua "animação" e cujo inacabamento, deixando em desequilíbrio cada grande etapa da fenomenologia, torna indefinidamente necessárias uma redução e uma explicitação novas;

2. que este debate, pondo em perigo a cada instante os próprios princípios do método, parece – digo bem "parece", pois se trata aqui de uma hipótese que, caso não se confirmasse, poderia pelo menos permitir acentuar os traços originais da tentativa husserliana – parece, portanto, obrigar Husserl a transgredir o espaço puramente descritivo e a pretensão transcendental da sua investigação no sentido de uma metafísica da história, em que a estrutura sólida de um *Télos* lhe

"GÊNESE E ESTRUTURA" E A FENOMENOLOGIA

permitiria reapoderar-se, essencializando-a e prescrevendo-lhe de algum modo um horizonte, de uma gênese selvagem que se tornava cada vez mais invasora e que parecia acomodar-se cada vez menos ao apriorismo fenomenológico e ao idealismo transcendental.

Seguirei alternadamente o fio de um debate interior ao pensamento de Husserl e o de um combate que Husserl, por duas vezes, viu-se obrigado a travar no flanco do seu campo de investigação; refiro-me a duas polêmicas que o colocaram frente a frente com essas filosofias da estrutura que são o *diltheyanismo* e o *gestaltismo*.

Husserl tenta, portanto, constantemente conciliar a exigência *estruturalista* que conduz à descrição compreensiva de uma totalidade, de uma forma ou de uma função organizada segundo uma legalidade interna e na qual os elementos só têm sentido na solidariedade da sua correlação ou da sua oposição, com a exigência *genetista*, isto é, a exigência da origem e do fundamento da estrutura. Poder-se-ia contudo mostrar que o próprio projeto fenomenológico resultou de um primeiro fracasso desta tentativa.

Em *Philosophie der Arithmetik,* a objetividade de uma estrutura, a dos números e das séries aritméticas – e, correlativamente, a da atitude aritmética –, é relacionada com a gênese concreta que deve torná-la possível. A inteligibilidade e a normatividade desta estrutura universal são já recusadas, e sê-lo-ão sempre, por Husserl, como o maná caído de um "lugar celeste"[2] ou como uma verdade eterna criada por uma razão infinita. Esforçar-se em direção à origem subjetiva dos objetos e dos valores aritméticos é aqui voltar a descer em direção à percepção, em direção aos conjuntos perceptivos, em direção às pluralidades e às totalidades que aí se oferecem numa organização pré-matemática. Pelo seu estilo, este regresso à percepção e aos atos de coligação ou de numeração cede à tentação então frequente que se chama, com um nome bem vago, "psicologismo"[3]. Mas, em mais de um lugar, esclarece a sua

---

2 Cf. E. Husserl, *Recherches logiques,* t. II, I, § 31, pág. 118.
3 Trata-se, diz então Husserl, "de preparar por uma série de investigações psicológicas e lógicas os fundamentos científicos sobre os quais se poderia ulteriormente assentar a matemática e a filosofia". *Philosophie der Arithmetik,*

posição e nunca chega a considerar a constituição genética *de fato* como uma *validação epistemológica*, o que era a tendência de Lipps, Wundt e alguns outros (é certo que, ao serem lidos atentamente e por si próprios, revelar-se-iam mais prudentes e menos simplistas do que seríamos tentados a crer pelas críticas de Husserl).

A originalidade de Husserl reconhece-se nos seguintes pontos: a) distingue o número de um conceito, isto é, de um *constructum,* de um artefato psicológico; b) sublinha a irredutibilidade da síntese matemática ou lógica à *ordem* – nos dois sentidos desta palavra – da temporalidade psicológica; c) apoia toda a sua análise psicológica na possibilidade já *dada* de um *etwasüberhaupt* objetivo, que Frege irá criticar apelidando-o de *espectro exangue,* mas que designa já a dimensão intencional[4] da objetividade, a relação transcendental ao objeto que nenhuma gênese psicológica poderá instaurar, mas apenas pressupor na sua possibilidade. Por consequência, o respeito pelo *sentido* aritmético, pela sua *idealidade* e pela sua *normatividade,* proíbe já a Husserl qualquer dedução psicológica do número no exato momento em que o seu método declarado e as tendências da época deveriam tê-lo levado a isso. Resta que a intencionalidade pressuposta pelo movimento da gênese é ainda pensada por Husserl como um *traço,* uma *estrutura psicológica da consciência,* como o caráter e o estado de uma fatualidade. Ora, o sentido do número prescinde muito bem da intencionalidade de uma consciência de fato. Este sentido, isto é, a objetividade ideal e a normatividade, é justamente essa independência em relação a toda a consciência de fato; e Husserl será logo obrigado a reconhecer a legitimidade das críticas de Frege: a essência do número pertence tanto ao domínio da psicologia como a existência do mar do Norte. Por outro lado, nem a unidade, nem o zero podem ser gerados a partir de

---

p. v. Em *Recherches logiques*, t. i, p. viii, escreverá: "Tinha partido da convicção dominante de que é da psicologia que a lógica da ciência dedutiva, como a lógica em geral, tem de esperar a sua elucidação filosófica". E num artigo um pouco posterior à *Ph. der Arith.*, Husserl afirma ainda: "Julgo poder supor que nenhuma teoria do juízo poderá concordar com os fatos se não se apoiar num estudo aprofundado das relações descritivas e *genéticas* das intuições e das representações" (*Psychologische Studien zur elementaren Logik*).

4 A *Philosophie der Arithmetik* é dedicada a Brentano.

uma multiplicidade de atos positivos, de fatos ou de acontecimentos psíquicos. O que é verdadeiro para a unidade aritmética o é também para a unidade de todo o objeto em geral.
Se, perante todas estas dificuldades para dar conta de uma
estrutura do sentido ideal a partir de uma gênese fatual, Husserl renuncia à via psicologista[5], também não deixa de recusar a conclusão logicista para a qual os seus críticos o queriam
empurrar. Quer fosse então de estilo platônico ou kantiano,
este logicismo ligava-se sobretudo à autonomia da idealidade lógica em relação a toda a consciência em geral ou de
toda a consciência concreta e não formal. Por seu lado, Husserl pretende *manter* ao mesmo tempo a autonomia norma-
tiva da idealidade lógica ou matemática em relação a toda
consciência fatual e a sua dependência originária em relação
a uma subjetividade *em geral; em geral* mas *concreta.* Era-lhe
portanto necessário passar entre os dois escolhos do estruturalismo logicista e do genetismo psicologista (mesmo sob
a forma sutil e perniciosa do "psicologismo transcendental"
atribuído a Kant). Era-lhe necessário abrir uma nova direção
da atenção filosófica e deixar descobrir-se uma intencionalidade concreta, mas não empírica, uma "experiência transcendental" que fosse "constituinte", isto é, ao *mesmo tempo,* como
toda a intencionalidade, produtiva e reveladora, ativa e passiva. A unidade originária, a raiz comum da atividade e da
passividade, essa é desde muito cedo para Husserl a própria
possibilidade do sentido. Não se deixará de ver que esta raiz
comum é também a da estrutura *e* da gênese e que ela é dogmaticamente pressuposta por todas as problemáticas e todas
as dissociações *ocorridas* a seu respeito. O acesso a esta radicalidade comum é o que Husserl tentará conseguir pelas diversas

---

5 Evocando a tentativa de *Philosophie der Arithmetik,* Husserl observa no prefácio das *Recherches logiques* (1. edição, p. VIII): "[...] As investigações psicológicas têm... no primeiro tomo [o único publicado]... um lugar muito
amplo. Este fundamento psicológico nunca me tinha parecido verdadeiramente suficiente para certos encadeamentos. Quando se tratava da questão
da origem das representações matemáticas ou do arranjo, efetivamente determinado psicologicamente, dos métodos práticos, os resultados da análise
psicológica pareciam-me claros e ricos de ensinamentos. Mas logo que se
passava dos encadeamentos psicológicos do pensamento à unidade lógica do
conteúdo do pensamento (isto é, da unidade da ... teoria), nenhuma continuidade nem nenhuma clareza verdadeiras apareciam" (tradução H. Élie).

"reduções" que se apresentam em primeiro lugar como as neutralizações da gênese psicológica e mesmo de toda a gênese fatual em geral. A primeira fase da fenomenologia é pelo seu estilo e pelos seus objetos, mais estruturalista porque pretende em primeiro lugar e sobretudo defender-se contra o psicologismo e o historicismo. Não é contudo a descrição genética *em geral* que é desprezada, mas a que vai buscar os seus esquemas ao causalismo e ao naturalismo, a que se apoia numa ciência de "fatos", portanto num empirismo; portanto, conclui Husserl, num relativismo impotente para assegurar a sua própria verdade; portanto num ceticismo. A passagem para a atitude fenomenológica torna-se, pois, necessária pela impotência ou pela fragilidade filosófica do genetismo quando este, por um positivismo que não se compreende a si próprio, julga poder fechar-se numa "ciência dos fatos" (*Tatsachenwissenschaft*), quer seja ciência natural, quer seja ciência do espírito. É o domínio destas ciências que recobre a expressão "gênese mundana".

Enquanto o espaço fenomenológico não é descoberto, enquanto não é empreendida a descrição transcendental, o problema "estrutura-gênese" parece portanto não ter qualquer sentido. Nem a ideia de estrutura que isola as diferentes esferas de significação objetiva, cuja originalidade estática respeita, nem a ideia de gênese que efetua passagens abusivas de uma região para outra parecem próprias para esclarecer o problema *do fundamento da objetividade,* que é já o de Husserl.

Isto poderia parecer sem gravidade: não se poderá efetivamente imaginar uma fecundidade metodológica destas duas noções nos diversos domínios das ciências naturais e humanas, na medida em que estas, no seu movimento e no seu momento próprios, no seu trabalho efetivo, não têm que responder pelo sentido nem pelo valor da sua objetividade? De modo algum. A utilização mais ingênua da noção de gênese e sobretudo da noção de estrutura pressupõe pelo menos uma delimitação rigorosa das regiões naturais e dos domínios de objetividade. Ora, esta delimitação prévia, esta elucidação do sentido de cada estrutura regional só pode dizer respeito a uma crítica fenomenológica. Esta é sempre *de direito* a primeira, porque só ela pode responder, antes de toda a investigação empírica e para que uma tal investigação seja possível,

"GÊNESE E ESTRUTURA" E A FENOMENOLOGIA 233

a questões deste tipo: o que é a coisa física, o que é a coisa psicológica, o que é a coisa histórica etc., etc.? – perguntas cuja resposta estava mais ou menos dogmaticamente implícita nas técnicas estruturais ou genéticas.

Não esqueçamos que, se a *Philosophie der Arithmetik* é contemporânea das tentativas psicogenéticas mais ambiciosas, mais sistemáticas e mais otimistas, as primeiras obras fenomenológicas de Husserl desenvolvem-se pouco mais ou menos ao mesmo tempo que os primeiros projetos estruturalistas, aqueles que pelo menos declaram a estrutura como tema, pois não haveria a menor dificuldade em mostrar que um certo estruturalismo sempre foi o gesto mais espontâneo da filosofia. Ora, a estas primeiras filosofias da estrutura, o diltheyanismo e o gestaltismo, Husserl dirige objeções idênticas, no seu princípio, às que dirigira contra o genetismo.

O estruturalismo da *Weltanschauungsphilosophie* é, aos olhos de Husserl, um historicismo. E, apesar dos veementes protestos de Dilthey, Husserl continuará a pensar que, como todo o historicismo e apesar da sua originalidade, não evita nem o relativismo, nem o ceticismo[6]. Pois resume a norma a uma fatualidade histórica, acaba por confundir, para falarmos a linguagem de Leibniz e a das *Recherches logiques* (I, 146-148), as *verdades de fato* e as *verdades de razão*. A verdade pura ou a pretensão à verdade pura estão ausentes no seu *sentido,* quando se tenta, como o faz Dilthey, dar conta delas no interior de uma totalidade histórica determinada, isto é, de uma totalidade de fato, de uma totalidade finita cujas manifestações e produções culturais são estruturalmente solidárias, coerentes, reguladas pela mesma função, pela mesma unidade finita de uma subjetividade total.

---

6  Husserl escreve com efeito: "Não compreendo como ele [Dilthey] julga ter obtido, a partir da sua análise tão instrutiva da estrutura e da tipologia da *Weltanschauung,* razões decisivas contra o ceticismo" (*Philosophie comme science rigoureuse*). Naturalmente, o historicismo só é condenado na medida em que está necessariamente ligado a uma história empírica, a uma história como *Tatsachenwissenschaft.* "A história, a *ciência empírica* do espírito em genesia, escreve Husserl, é incapaz de, com os seus próprios meios, decidir num sentido ou no outro se houver que distinguir a religião como forma particular da cultura da religião, como ideia, isto é, como religião válida; se houver que distinguir a arte como forma de cultura da arte válida, o direito histórico do direito válido; e finalmente se houver que distinguir entre a filosofia no sentido histórico e a filosofia válida..." (idem).

Este sentido da verdade ou da pretensão à verdade é a exigência de uma onitemporalidade e de uma universalidade absolutas, infinitas, sem limites de espécie alguma. A Ideia da verdade, isto é, a Ideia da filosofia ou da ciência, é uma Ideia infinita, uma Ideia em sentido kantiano. Toda a totalidade, toda a estrutura finita lhe é inadequada. Ora a Ideia ou o projeto que animam e unificam toda a estrutura histórica *determinada*, toda a *Weltanschauung,* são *finitos*[7]: a partir da descrição estrutural de uma visão *do mundo,* pode-se portanto dar conta de tudo, exceto da abertura infinita para a verdade, isto é, a filosofia. Aliás é sempre algo parecido com uma *abertura* que fará fracassar o objetivo estruturalista. O que jamais posso compreender, numa estrutura, é aquilo por que não é fechada.

Se Husserl combateu o diltheyanismo[8] foi porque se tratava neste caso de uma tentativa *sedutora*, de uma aberração tentadora. Dilthey teve com efeito o mérito de se levantar contra a naturalização positivista da vida do espírito. O ato do "compreender", que opõe à explicação e à objetivação, tem de ser o caminho principal das ciências do espírito. Husserl presta portanto homenagem a Dilthey e mostra-se muito receptivo: 1º à ideia de um princípio de "compreensão" ou de re-compreensão, de "re-viver" (*Nachleben*), noções que é preciso aproximar ao mesmo tempo da noção de *Einfühlung,* tirada de Lipps e transformada por Husserl, e a de *Reaktivierung,* que é o reviver ativo da intenção passada de um *outro* espírito e o despertar de uma produção de sentido; trata-se aqui da própria possibilidade de uma ciência do espírito; 2º à ideia de que existem estruturas totalitárias dotadas de uma unidade de sentido interno, espécies de organismos espirituais, mundos culturais cujas funções e manifestações são solidárias e às quais correspondem correlativamente *Weltanschauungen;* 3º à distinção entre as estruturas físicas, em que o princípio da relação é a causalidade externa, e as estruturas do espírito, em que o princípio de relação é o que Husserl denominará a "motivação".

Mas esta renovação não é fundamental e só agrava a ameaça historicista. A história não deixa de ser uma ciência empírica

---

7  Cf. *Philosophie comme science rigoureuse*, p. 113.

8  A polêmica prosseguirá depois de *Philosophie comme science rigoureuse*. Cf. *Phänomenologische Psychologie. Vorlesungen Sommersemester*.

"GÊNESE E ESTRUTURA" E A FENOMENOLOGIA

dos "fatos" por ter reformado os seus métodos e as suas técnicas e porque a um causalismo, a um atomismo, a um naturalismo, substituiu um estruturalismo compreensivo e se tornou mais atenta às totalidades culturais. A sua pretensão de fundamentar a normatividade numa fatualidade mais bem compreendida não se torna por isso mais legítima, só aumenta os seus poderes de sedução filosófica. Sob a categoria equívoca do histórico abriga-se a confusão do valor e da existência; de maneira mais geral ainda, a de todos os tipos de realidades e de todos os tipos de idealidades[9]. É preciso portanto reconduzir, reduzir a teoria da *Weltanschauung* aos limites estritos do seu domínio próprio; os seus contornos são desenhados por uma certa *diferença* entre a sabedoria e o saber; e por uma prevenção, uma precipitação éticas. Esta diferença irredutível está ligada a uma interminável *diferência* do fundamento teórico. As urgências da vida exigem que se organize uma resposta prática no campo da existência histórica e que esta proceda uma ciência absoluta cujas conclusões não pode esperar. O sistema desta antecipação, a estrutura desta resposta arrancada, é o que Husserl denomina *Weltanschauung*. Poder-se-ia dizer, com algumas precauções, que lhe reconhece a situação e o sentido de uma "moral provisória"[10], quer seja pessoal, quer seja comunitária.

Até agora temo-nos interessado pelo problema "estrutura--gênese" que primeiro se impôs a Husserl fora das fronteiras

---

9  Evocando o sentimento de poder que pode assegurar o relativismo histórico, Husserl escreve: "Insistimos no fato de que também os princípios de tais avaliações relativas pertencem à esfera ideal, que o historiador que faz juízos de valor, que não quer compreender unicamente puros desenvolvimentos [neste caso, de fatos], só pode pressupor, mas não pode – como historiador – assegurar os fundamentos. A norma do matemático encontra-se na matemática; a do lógico, na lógica; a do ético, na ética etc". *La Philosophie comme science rigoureuse*, p. 105.

10  "[...] A sabedoria ou *Weltanschauung* pertence à comunidade cultural e à época e há, em relação com as suas formas mais acentuadas, um sentido justo no qual se fala não só da cultura e da *Weltanschauung* de um indivíduo determinado, mas também das da época..." É esta sabedoria, prossegue Husserl, que dá "a resposta relativamente mais perfeita aos enigmas da vida e do mundo, quer dizer, que conduz a uma solução e a um esclarecimento satisfatório, da melhor maneira possível, dos desacordos teóricos, axiológicos e práticos da vida, que a experiência, a sabedoria, a pura visão do mundo e da vida só imperfeitamente podem superar... Na urgência da vida, na necessidade prática de tomar posição, o homem não podia esperar que – talvez dentro de milênios – a ciência aparecesse, mesmo supondo que conheça já, afinal de contas, a ideia de ciência rigorosa". Idem, ibidem.

da fenomenologia. Foi a radicalização dos pressupostos da psicologia e da história que tornou necessária a passagem à atitude fenomenológica. Tentemos agora surpreender o mesmo problema no campo da fenomenologia, levando em conta as premissas metodológicas de Husserl e principalmente a "redução" sob as suas formas eidética e transcendental. A bem dizer, não pode ser o *mesmo* problema, como veremos; apenas um problema análogo, Husserl diria "paralelo", e o sentido desta noção de "paralelismo", que em breve afloraremos, levanta os problemas mais difíceis.

Se a primeira fase da descrição fenomenológica e das "análises constitutivas" (fase cujo marco mais elaborado é *Ideen* I) se apresenta, no seu objetivo, resolutamente estática e estrutural, é, ao que parece, devido pelo menos a duas razões: A) Reagindo contra o genetismo historicista ou psicologista com o qual continua a batalhar, Husserl exclui sistematicamente *qualquer* preocupação genética[11]. A atitude contra a qual deste modo se levanta talvez tenha contaminado e indiretamente determinado a sua: tudo se passa como se considerasse então *qualquer* gênese como associativa, causal, fatual e mundana; B) Preocupado principalmente com ontologia formal e objetividade em geral, Husserl entrega-se sobretudo à articulação entre o objeto em geral (qualquer que seja a sua localização regional) e a consciência em geral (*Ur-Region*), define as formas da evidência em geral e pretende atingir assim a última jurisdição crítica e fenomenológica à qual será mais tarde submetida a descrição genética mais ambiciosa.

Se portanto distingue entre estrutura empírica e estrutura eidética de um lado, e entre estrutura empírica e estrutura eidético-transcendental do outro, nessa época Husserl ainda não fez o mesmo gesto no que diz respeito à gênese.

No interior da transcendentalidade pura da consciência, quando desta fase de descrição, o nosso problema tomaria pelo menos – dado que nos é necessário escolher – duas formas. E nos dois casos trata-se de um problema de *fechamento ou* de *abertura*.

I. Ao contrário das essências matemáticas, as essências da consciência pura não são, não podem por princípio ser *exatas*.

---

11 Cf. principalmente *Ideen* I, I, § 1, n. a.

"GÊNESE E ESTRUTURA" E A FENOMENOLOGIA

Sabemos da diferença reconhecida por Husserl entre *exatidão* e *rigor*. Uma ciência eidética descritiva, tal como a fenomenologia, pode ser rigorosa mas é necessariamente inexata – diria antes "anexata" – e não devemos ver nisto nenhuma enfermidade. A exatidão é sempre o produto derivado de uma operação de "idealização" e de "passagem ao limite" que só pode dizer respeito a um momento abstrato, uma componente eidética abstrata (a espacialidade, por exemplo) de uma coisa materialmente determinada como corpo objetivo, abstração feita, precisamente das outras componentes eidéticas de um corpo em geral. Eis a razão pela qual a geometria é uma ciência "material" e "abstrata"[12]. Segue-se que uma "geometria do vivido", uma "matemática dos fenômenos" é impossível: é um "projeto falacioso"[13]. Isto significa em especial, para o que aqui nos interessa, que as essências da consciência, portanto as essências dos fenômenos em geral não podem pertencer a uma estrutura e a uma "multiplicidade" de tipo matemático. Ora, o que caracteriza semelhante multiplicidade aos olhos de Husserl, e naquela época? Numa só palavra, a possibilidade de *fechamento*[14]. Não podemos entrar aqui nas dificuldades intramatemáticas que não deixou de levantar esta concepção husserliana da "definitude" matemática, sobretudo quando foi confrontada com certos desenvolvimentos ulteriores da axiomática e com as descobertas de Godel. O que Husserl pretende acentuar com esta comparação entre ciência exata e ciência morfológica, o que devemos fixar

---

12  Idem, 9, p. 37 e § 25, p. 80, tradução P. Ricoeur.

13  Idem, § 71, p. 228.

14  "Com a ajuda dos axiomas, isto é, das leis eidéticas primitivas, [a geometria] é capaz de derivar por via puramente dedutiva *todas* as formas 'existindo' (*existierenden*) no espaço, isto é, todas as formas espaciais idealmente possíveis e todas as relações eidéticas que lhes dizem respeito, sob forma de conceitos que determinam exatamente o seu objeto... A essência genérica do domínio geométrico ou a essência pura do espaço é de tal natureza que a geometria pode estar certa de poder, em virtude do seu método, dominar verdadeiramente e com exatidão todas as possibilidades. Por outras palavras, a multiplicidade das configurações espaciais em geral tem uma propriedade lógica fundamental notável para a qual introduzimos o termo de multiplicidade 'definida' (*definite*) ou de *multiplicidade matemática no sentido forte*. O que a caracteriza é o fato de *um número finito de conceitos e de proposições... determinar totalmente e sem equívoco o conjunto de todas as configurações possíveis do domínio; esta determinação realiza o tipo da necessidade puramente analítica*; resulta daí que *por princípio nada mais permanece aberto* (offen) *neste domínio*" (Idem, § 72, p. 231-232).

aqui, é a principial, a essencial, a estrutural impossibilidade de fechar uma fenomenologia estrutural. É a infinita abertura do vivido significada em vários momentos da análise husserliana pela referência a uma *Ideia no sentido kantiano,* irrupção do infinito junto da consciência, que permite unificar o seu fluxo temporal tal como ela unifica o objeto e o mundo, por antecipação e apesar de um irredutível inacabamento. É a estranha *presença* desta Ideia que permite também toda a passagem ao limite e a produção de toda a exatidão.

II. A intencionalidade transcendental é descrita em *Ideen* I como uma estrutura originária, uma arquiestrutura (*Ur-Struktur*) com quatro polos e duas correlações: a correlação ou estrutura noético-noemática e a correlação ou estrutura morfe-hilética. Que esta estrutura complexa seja a da intencionalidade, isto é, a da origem do sentido, da abertura para a luz da fenomenalidade, que a oclusão desta estrutura seja o próprio não-sentido, é algo que se verifica pelo menos por dois sinais: A) A noese e o noema, momentos intencionais da estrutura, distinguem-se por o noema não pertencer *realmente* à consciência. Há *na* consciência em geral uma instância que lhe não pertence *realmente.* É o tema difícil mas decisivo da inclusão não-real (*reell*) do noema[15]. Este, que é a objetividade do objeto, o sentido e o "como tal" da coisa para a consciência, não é nem a própria coisa determinada, na sua existência selvagem cujo aparecer é justamente o noema, nem um momento propriamente subjetivo, "realmente" subjetivo, pois se dá indubitavelmente como objeto para a consciência. Não é do mundo nem da consciência, mas o mundo ou qualquer coisa do mundo *para* a consciência. É certo que só pode ser descoberto, de direito, a partir da consciência intencional, mas não lhe vai buscar o que se poderia chamar metaforicamente, evitando realizar a consciência, o seu "material". Esta não-inserção real seja em que região for, nem mesmo na arqui-região, esta *anarquia* do noema é a raiz e a própria possibilidade da objetividade e do sentido. Esta irregionalidade do noema, abertura ao "como tal" do ser e à determinação da totalidade das regiões em geral, não pode ser descrita, *stricto sensu e simplesmente,* a partir de uma estrutura

---

15  Idem, principalmente a 3ª seção, cap. III e IV.

regional determinada. Eis por que a redução transcendental (na medida em que deve permanecer redução eidética para saber de que coisa se continuará a falar e para evitar o idealismo empírico ou o idealismo absoluto) poderia parecer dissimuladora, uma vez que dá ainda acesso a uma região determinada, qualquer que seja o seu privilégio fundador. Poder-se-ia pensar que, uma vez claramente reconhecida a não-realidade do noema, teria sido consequente converter todo o método fenomenológico e abandonar, com a Redução, o todo do idealismo transcendental. Mas isso não seria então condenar-se ao silêncio – o que aliás é sempre possível – e em todo o caso renunciar a um certo rigor que só a *limitação* eidético-transcendental e um certo "regionalismo" podem assegurar? Em todo o caso, a transcendentalidade da abertura é ao mesmo tempo a origem e a derrota, a condição de possibilidade e uma certa impossibilidade de toda a estrutura e de todo o estruturalismo sistemático; B) Enquanto o noema é um componente intencional e não-real, a hilê* é um componente real mas não-intencional do vivido. É a matéria sensível (vivida e não real) do afeto antes de toda a animação pela forma intencional. É o polo de passividade pura, dessa não-intencionalidade sem a qual a consciência nada receberia que fosse diferente dela nem poderia exercer a sua atividade intencional. Esta receptividade é também uma abertura essencial. Se, ao nível em que se mantém *Ideen I*, Husserl renuncia a descrever e a interrogar a hilê por si própria e na sua genialidade pura, se renuncia a examinar as possibilidades designadas *matérias sem forma e formas sem matéria*[16], se se limita à correlação hilemórfica constituída, é porque as suas análises se desenrolam ainda (e de certo modo não o farão sempre?) no interior de uma temporalidade constituída[17]. Ora, na sua

---

\*  *Hyle*: matéria primeira ou prima (N. da E.).

16  Idem, § 85, p. 290.

17  No parágrafo dedicado à *hilê* e à *morfê* (*morphe*: forma), Husserl escreve mesmo: "Ao nível de análise no qual nos mantemos até nova ordem, e que nos dispensa de descer às profundezas obscuras da consciência última que constitui toda a temporalidade do vivido..." (Idem, p. 288). Mais adiante: "Em todo o caso, no conjunto do domínio fenomenológico (no conjunto: quer dizer, *no interior do plano da temporalidade constituída* que é preciso constantemente conservar), esta dualidade e esta unidade notáveis da *hilê* sensual e da *morfê* intencional desempenham um papel dominante" (p. 289). Um pouco antes, depois de ter comparado a dimensão espacial e a dimensão temporal da *hilê*, Husserl anuncia da seguinte

maior profundidade e na sua pura especificidade, a hilê é em primeiro lugar matéria temporal. É a possibilidade da própria gênese. Apareceria deste modo, nestes dois polos de abertura e no próprio interior da estrutura transcendental de toda a consciência, a necessidade de passar a uma constituição genética e a essa nova "estética transcendental" que será constantemente anunciada mas sempre adiada, e na qual os temas do Outro e do Tempo deviam deixar aparecer a sua irredutível cumplicidade. É que a constituição do outro e do tempo remetem a fenomenologia para uma zona na qual o seu "princípio dos princípios" (na nossa opinião o seu princípio metafísico: a *evidência originária* e a *presença* da própria coisa em pessoa) é radicalmente posto em questão. Vemos em todo o caso que a necessidade desta passagem do estrutural ao genético não é de modo algum a necessidade de uma ruptura ou de uma conversão.

Antes de seguir este movimento interior à fenomenologia e a passagem às análises genéticas, detenhamo-nos um instante num segundo problema de fronteira.

Todos os esquemas problemáticos que acabamos de assinalar pertencem à esfera transcendental. Mas não poderia uma psicologia renovada sob a dupla influência da fenomenologia e da *Gestaltpsychologie*[18], e que marca a sua distância em

> maneira, justificando-os, os limites da descrição estática e a necessidade de passar em seguida à descrição genética: "O tempo, como o mostrarão os estudos ulteriores, é aliás um título que cobre todo um conjunto de problemas perfeitamente delimitados e de uma dificuldade excepcional. Perceber-se-á que as nossas análises anteriores passaram até certo ponto em silêncio toda uma dimensão da consciência; foram obrigadas a fazê-lo a fim de proteger contra qualquer confusão os aspectos que inicialmente só são visíveis na atitude fenomenológica... O 'absoluto' transcendental, que conseguimos pelas diversas reduções, não é na verdade a palavra decisiva; é algo (*etwas*) que, em certo sentido profundo e absolutamente único, se constitui a si próprio, e que vai buscar a sua origem radical (*Urquelle*) num absoluto definitivo e verdadeiro" (p. 274-275). Esta limitação será alguma vez levantada nas obras elaboradas? Encontramos reservas deste tipo em todos os grandes livros ulteriores, em particular em *Erfahrung und Urteil* (p. 72, 116, 194 e s.) e toda vez que anuncia uma "estética transcendental" (Conclusão de *Logique formelle et logique transcendantale*, § 61, das *Méditations cartésiennes*).

> 18 É particularmente a tentativa de Köhler para quem a psicologia tem de se entregar a uma "descrição fenomenológica" e de Koffka, discípulo de Husserl, que, nos seus *Principles of Gestalt Psychology,* pretende mostrar que, pelo seu estruturalismo, a "psicologia da forma" escapa à crítica do psicologismo.
> Era fácil de prever a conjunção da fenomenologia e da "psicologia da forma". Não no momento em que, como o sugere Maurice Merleau-Ponty (*Phénoménologie de la perception,* p. 62, n. 1), Husserl teria sido obrigado a

"GÊNESE E ESTRUTURA" E A FENOMENOLOGIA

relação ao associacionismo, ao atomismo, ao causalismo etc., pretender assumir sozinha essa descrição e esses esquemas problemáticos? Em suma, poderá uma psicologia estruturalista se pretender ser independente em relação a uma fenomenologia transcendental, para não falarmos de uma psicologia fenomenológica, tornar-se invulnerável à censura de psicologismo outrora dirigida à psicologia clássica? Era tanto mais fácil acreditá-lo quanto o próprio Husserl prescreveu a constituição de uma psicologia fenomenológica, apriorística, sem dúvida, mas mundana (por não poder excluir a posição dessa coisa do mundo que é a *psiquê*) e estritamente *paralela* à fenomenologia transcendental. Ora, a abolição desta invisível diferença que separa paralelas não é inocente: é o gesto mais sutil e mais ambicioso do abuso psicologista. Nele reside o princípio das críticas que Husserl, em *Nachwort* em *Ideen* I (1930), dirige às psicologias da estrutura ou da totalidade. A *Gestaltpsychologie* é expressamente visada[19]. Não basta escapar ao atomismo para evitar o "naturalismo". Para iluminar a *distância* que deve separar uma psicologia fenomenológica de uma fenomenologia transcendental, seria preciso interrogarmo-nos sobre esse *nada* que as impede de se alcançarem, sobre essa paralelidade que libera o espaço de uma questão transcendental. Esse *nada* é o que permite a redução transcendental. A redução transcendental é o que dirige a nossa atenção em direção a esse *nada* em que a totalidade do sentido e o sentido da totalidade deixam aparecer a sua origem. Isto é, segundo a expressão de Fink, a *origem do mundo*.

Se aqui tivéssemos tempo e meios, seria necessário agora aproximarmo-nos dos gigantescos problemas da fenomenologia genética, tal como ela se desenvolve segundo *Ideen* I. Anotarei simplesmente os seguintes pontos.

---

"retomar" na *Krisis* "a noção de 'configuração' e mesmo de *Gestalt*", mas pelo contrário porque Husserl sempre pretendeu, com alguma razão, ter dado à Psicologia da Gestalt os seus próprios conceitos, principalmente o de "motivação" (cf. *Ideen* I, § 47, p. 157, n. 13 e *Méditations cartésiennes*, § 37, tradução Lévinas p. 63) que teria aparecido logo nas *Recherches logiques*, e o de totalidade organizada, de pluralidade unificada, já presente em *Philosophie der Arithmetik* (1887-1891). Sobre todos estes assuntos remetemos para a importante obra de Aron Gurwitsch, *Théorie du champ de la conscience*.

19  P. 564 e s.

242 A ESCRITURA E A DIFERENÇA

A unidade profunda desta descrição genética difrata-se, sem se dispersar, em *três direções:*

A) A via *lógica.* A tarefa de *Erfahrung und Urteil,* de *Logique formelle et logique transcendantale* e de numerosos textos conexos, consiste em desfazer, em "reduzir" não só as superestruturas das idealizações científicas e os valores de exatidão objetiva, mas também toda a sedimentação predicativa pertencendo à camada cultural das verdades subjetivo-relativas na *Lebenswelt.* Isto a fim de retomar e de "reativar" o aparecimento da predicação em geral – teorética ou prática – a partir da vida pré-cultural mais selvagem;

B) A via *egológica.* Num sentido está já subjacente à precedente. Em primeiro lugar porque, da maneira mais geral, a fenomenologia não pode e não deve nunca descrever senão modificações intencionais do *eidos ego* em geral[20]. Em seguida porque a genealogia da lógica se mantinha na esfera dos *cogitata* e os atos do *ego,* como a sua existência e a sua *vida* próprias só eram lidos a partir de signos e de resultados noemáticos. Agora, como é dito nas *Méditations cartésiennes,* trata-se de voltar a descer para cá, se assim se pode falar, do par *cogito-cogitatum* para retomar a gênese do *próprio ego,* existindo para si e "constituindo-se continuamente como existente"[21]. Além dos delicados problemas de *passividade e de atividade,* esta descrição genética do *ego* encontrará *limites* que seríamos tentados a julgar definitivos, mas que Husserl considera, bem entendido, como provisórios. Resultam, diz ele, do fato de a fenomenologia estar ainda nos seus primórdios[22].

---

20 "Dado que o *ego* monádico concreto contém o conjunto da vida consciente, real e potencial, é claro que o *problema da explicação fenomenológica deste ego monádico* (o problema da sua constituição por si próprio) *tem de abarcar todos os problemas constitutivos em geral.* E, afinal de contas, a fenomenologia desta constituição de si por si mesmo coincide com a *fenomenologia em geral*" (*Méditations cartésiennes,* § 33, p. 58).

21 "Mas devemos agora chamar a atenção para uma grande lacuna da nossa exposição. O *ego* existe *para-si-próprio;* é para si próprio com uma evidência contínua e por consequência *constitui-se continuamente a si próprio como existente.* Mas até agora só tocamos num único lado desta constituição de si próprio; só dirigimos o nosso olhar para a *corrente do cogito.* O *ego* não se apreende a si próprio unicamente como corrente de vida, mas como *eu,* eu que vive isto ou aquilo, eu *idêntico,* que vive este ou daquele *cogito.* Até agora ocupamo-nos unicamente da relação intencional entre a consciência e o seu objeto, entre o *cogito* e o *cogitatum...* etc.", p. 56.

22 "É muito difícil atingir e ter acesso à última generalidade dos problemas fenomenológicos eidéticos, e, por isso mesmo, aos problemas genéticos decisivos. O fenomenólogo aprendiz encontra-se involuntariamente detido pelo fato de

"GÊNESE E ESTRUTURA" E A FENOMENOLOGIA 243

A descrição genética do *ego* prescreve com efeito a cada instante a formidável tarefa de uma fenomenologia genética *universal*. Esta anuncia-se na terceira via;

C) A via *histórico-teleológica*. "A teleologia da razão atravessa de lado a lado toda a historicidade"[23] e em especial "a unidade da história do *ego*"[24]. Esta terceira via, que deverá dar acesso ao *eidos* da historicidade em geral (isto é, ao seu *télos*, pois o *eidos* de uma historicidade, portanto do movimento do sentido, movimento necessariamente racional e espiritual, só pode ser uma norma, um valor mais do que uma essência), esta terceira via não é uma via entre outras. A eidética da história não é uma eidética entre outras: abarca a totalidade dos existentes. Com efeito a irrupção do logos, a passagem à consciência humana da Ideia de uma tarefa infinita da razão não se produz apenas por séries de revoluções que são ao mesmo tempo conversões a si, os rasgões de uma finitude anterior desnudando um poder de infinidade escondido e restituindo a voz à δύναμις* de um silêncio. Estas rupturas que são ao mesmo tempo desvendamentos (e também recoberturas, pois a origem imediatamente se dissimula sob o novo domínio da objetividade descoberta ou produzida), estas rupturas *já se anunciam sempre*, reconhece Husserl, "na confusão e na noite", isto é, não só nas formas mais elementares da vida e da história humanas, mas também sucessivamente na animalidade e na natureza em geral. Como pode uma tal afirmação,

ter tomado o seu ponto de partida em si próprio. Na análise transcendental, encontra-se enquanto *ego* e depois enquanto *ego* em geral; mas esses *ego* têm já consciência de um mundo, de *um tipo ontológico que nos é familiar*, contendo uma natureza, uma cultura (ciências, belas-artes, técnicas etc.), personalidades de uma ordem superior (Estado, Igreja) etc. A fenomenologia elaborada em primeiro lugar é estática, as suas descrições são análogas às da história natural que estuda os tipos particulares e quando muito os ordena de uma maneira sistemática. Estamos ainda longe dos problemas da gênese universal e da estrutura genética do *ego* superando a simples forma do tempo; estas são na verdade questões de ordem superior. Mas mesmo quando as colocamos, não o fazemos com inteira liberdade. Na verdade a análise essencial manter-se-á logo de início no *ego*, mas só encontra um *ego* para o qual um mundo constituído existe desde agora. Constitui uma etapa necessária a partir da qual unicamente – isoladas as formas das leis genéticas que lhe são inerentes – se podem vislumbrar as possibilidades de uma *fenomenologia eidética* absolutamente universal" (p. 64-65).

23  *Krisis* (Beilage III, p. 386).
24  *Méditations cartésiennes*, p. 64, § 37.
*   *Dynamis*: dinâmica, o que pode vir a ser (N. da E.).

244 A ESCRITURA E A DIFERENÇA

tornada necessária *pela* e *na* própria fenomenologia, estar aí totalmente assegurada? Pois já não diz respeito apenas a fenômenos e a evidências vividas. O fato de só poder *anunciar-se* rigorosamente no elemento de uma fenomenologia não a impedirá de ser já – ou ainda – asserção metafísica, afirmação de uma metafísica articulando-se num discurso fenomenológico? Contento-me em levantar aqui estas questões.

A razão desvenda-se portanto a si própria. A razão, diz Husserl, é o logos que se produz na história. Atravessa o ser em vista de si, em vista de se aparecer a si próprio, isto é, como logos, de se dizer e de se ouvir a si próprio. É palavra como auto-afeição: o escutar-se-falar. Sai de si para se retomar em si, no "presente vivo" da sua presença a si. Saindo de si próprio, o escutar-se-falar constitui-se em história da razão pelo atalho de uma *escritura. Difere-se deste modo para se reapropriar. A Origem da Geometria* descreve a necessidade desta exposição da razão na inscrição mundana. Exposição indispensável à constituição da verdade e da idealidade dos objetos, mas também ameaça do sentido pelo exterior do signo. No momento da escritura, o signo pode sempre "esvaziar-se", furtar-se ao despertar, à "reativação", pode permanecer para sempre fechado e mudo. Como para Cournot, a escritura é aqui "a época crítica".

É preciso prestarmos aqui atenção ao fato de que esta linguagem não é *imediatamente* especulativa e metafísica, como certas frases consonantes de Hegel pareciam sê-lo para Husserl, com razão ou sem ela. Pois este logos que se chama e se interpela a si próprio como *télos* e cuja *dynamis* tende para a sua *energeia* ou a sua ἐντελέχεια*, este logos não se produz *na* história e não atravessa o ser como uma empiricidade estranha na qual a sua transcendência metafísica e a atualidade da sua essência infinita desceriam e condescenderiam. O logos *nada* é fora da história e do ser, uma vez que é discurso, discursividade infinita e não infinidade atual; e uma vez que é sentido. Ora, a irrealidade ou idealidade do sentido foi descoberta pela fenomenologia como as suas próprias premissas. Inversamente, nenhuma história como tradição de si e nenhum ser teriam sentido sem o logos que é *o* sentido projetando-se

---

\* *Enteléquia*: ato final, perfeito; mônada (N. da E.).

"GÊNESE E ESTRUTURA" E A FENOMENOLOGIA 245

e proferindo-se a si próprio. Apesar de todas estas noções clássicas, não há portanto nenhuma *abdicação* de si pela fenomenologia em benefício de uma especulação metafísica clássica que pelo contrário, segundo Husserl, deveria reconhecer na fenomenologia a energia clara das suas próprias intenções. O que significa que, ao criticar a metafísica clássica, a fenomenologia realiza o projeto mais profundo da metafísica. Husserl reconhece-o, ou melhor, reivindica-o principalmente nas *Méditations cartésiennes*. Os resultados da fenomenologia são "metafísicos", se é verdade que o conhecimento último do ser deve ser chamado metafísica. Mas nada têm que ver com a metafísica no sentido habitual do termo; esta metafísica, degenerada no decorrer da sua história, não está de modo algum em conformidade com o espírito no qual foi originalmente fundada enquanto "filosofia primeira"..., "a fenomenologia... só elimina a metafísica ingênua... mas não exclui a metafísica em geral" (§ 60 e 64). Pois, no interior do *eidos* mais universal da historicidade espiritual, a conversão da filosofia em fenomenologia seria o último estádio de diferenciação (estádio, isto é, *Stufe,* etapa estrutural ou etapa genética)[25]. Os dois estádios anteriores seriam primeiro o de uma cultura pré-teorética e depois o do projeto teorético ou filosófico (momento greco-europeu)[26].

A presença na consciência fenomenológica do *Télos* ou *Vorhaben,* antecipação teorética infinita dando-se simultaneamente como tarefa prática infinita, é indicada cada vez que Husserl fala da *Ideia no sentido kantiano.* Esta dá-se na evidência fenomenológica como evidência de um extravasamento essencial da evidência atual e adequada. Seria portanto necessário examinar de perto esta intervenção da Ideia no sentido kantiano em diversos pontos do itinerário husserliano. Talvez ficasse então visível que esta Ideia é a Ideia ou o próprio

---

25  Estas expressões do último Husserl ordenam-se como na metafísica aristotélica em que o *eidos,* o logos e o *télos* determinaram a passagem da potência ao ato. Mas como o nome de Deus, que Husserl denomina também Enteléquia, estas noções são afetadas de um índice transcendental e a sua virtude metafísica é neutralizada por aspas fenomenológicas. Mas não há dúvida de que a possibilidade desta neutralização, da sua pureza, das suas condições ou da sua "imotivação", não deixará nunca de ser problemática. Aliás nunca deixou de o ser para o próprio Husserl, como a possibilidade da própria redução transcendental. Esta conserva uma afinidade essencial com a metafísica.

26  Cf. *Krisis,* p. 502-503.

projeto da fenomenologia, o que a torna possível ao transbordar o seu sistema de evidências ou de determinações atuais, ao transbordar como a sua fonte ou o seu fim.

Sendo o *Télos* totalmente aberto, sendo a própria abertura, dizer que é o mais poderoso *a priori* estrutural da historicidade não é designá-lo como um valor estático e determinado que informaria e encerraria a gênese do ser e do sentido. É a possibilidade concreta, o próprio nascimento da história e o sentido do devir em geral. É portanto estruturalmente a própria gênese, como origem e como devir.

Todos estes desenvolvimentos foram possíveis graças à distinção inicial entre diferentes tipos irredutíveis da gênese e da estrutura: gênese mundana e gênese transcendental, estrutura empírica, estrutura eidética e estrutura transcendental. Colocar a seguinte questão histórico-semântica:

> Que quer dizer, o que é que sempre quis dizer a noção de gênese *em geral* a partir da qual a duração husserliana pôde surgir e ser entendida? Que quer dizer e o que é que sempre quis dizer, através das suas deslocações, a noção de estrutura *em geral* a partir da qual Husserl *opera* e opera distinções entre as dimensões empírica, eidética e transcendental? E qual é a relação histórico-semântica entre a gênese e a estrutura *em geral*?

não é formular simplesmente uma questão linguística prévia. É colocar o problema da unidade do solo histórico a partir do qual uma redução transcendental é possível e se motiva a si própria. É colocar o problema da unidade do mundo de que se liberta, para fazer aparecer a sua origem, a liberdade transcendental. Se Husserl não colocou estas questões em termos de filologia histórica, se não se interrogou em primeiro lugar sobre o sentido *em geral* dos seus instrumentos operatórios, não foi por ingenuidade, por precipitação dogmática e especulativa ou por ter desprezado a carga histórica da linguagem. Foi porque se interrogar sobre o sentido da noção de estrutura ou de gênese *em geral*, antes das dissociações introduzidas pela redução, é interrogar sobre o que precede a redução transcendental. Ora, esta é apenas o ato livre da pergunta que se arranca à totalidade do que a precede para poder aceder a essa totalidade e em especial à sua historicidade e ao seu passado. A questão da possibilidade da redução transcendental não pode estar à espera da sua resposta. É a questão da possibilidade da pergunta, a própria abertura, o escancaramento a partir do qual o *Eu transcendental,* que Husserl teve a tentação de dizer "eterno" (o que de qualquer modo não quer dizer no seu pensamento nem infinito, nem anistórico, muito pelo contrário), é convocado a interrogar-se sobre tudo, em especial sobre a possibilidade da fatualidade selvagem e nua do não-sentido, no caso, por exemplo, da sua própria morte.

(*Tradução de Maria Beatriz Marques Nizza da Silva*)

# A Palavra Soprada

> *Quando escrevo só existe aquilo que escrevo. O que senti diversamente daquilo que pude dizer e que me escapou são ideias ou um verbo roubado e que destruirei para substituir por outra coisa.*
>
> *Rodez*, abril de 1945.

> *[...] Seja em que sentido for que te voltes ainda não começaste a pensar.*
>
> *L'Art et la mort.*

Ingenuidade do discurso que aqui iniciamos, falando em direção de Antonin Artaud. Para reduzi-la teria sido necessário esperar muito tempo: que na verdade fosse aberto um diálogo entre – digamos, para sermos breves, o discurso *crítico* e o discurso *clínico*. E que o diálogo conduzisse para além dos seus dois trajetos, em direção ao comum da sua origem e do seu horizonte. Este horizonte e esta origem, para sorte nossa, anunciam-se hoje melhor. Próximos de nós, M. Blanchot, M. Foucault, J. Laplanche interrogaram-se sobre a unidade problemática destes dois discursos, tentaram reconhecer a passagem de uma palavra que, sem se desdobrar, sem mesmo se distribuir, de um único e simples jato, falasse da loucura *e* da obra, mergulhando em primeiro lugar em direção à sua enigmática conjunção.

Por mil razões que não são unicamente materiais, não podemos expor aqui, embora lhes reconheçamos uma prioridade de direito, os problemas irresolvidos que estes ensaios nos deixam. Sentimos perfeitamente que se o seu lugar comum foi, na melhor das hipóteses, designado de longe, *de fato* os dois comentários – o médico e o outro – jamais se confundiram em nenhum texto. (Será porque se trata em primeiro lugar de comentários? E o que é um comentário? Lancemos estas perguntas ao ar para vermos mais adiante onde Artaud deve necessariamente fazê-las cair.)

Dizemos *de fato*. Descrevendo as "oscilações extraordinariamente rápidas" que, em *Hölderlin et la question du père*, produzem a ilusão da unidade, "permitindo, nos dois sentidos, a transferência imperceptível de figuras analógicas" e o percurso do "domínio compreendido entre as formas poéticas e as estruturas psicológicas"[1], Foucault conclui por uma impossibilidade essencial e *de direito*. Longe de excluí-la, esta impossibilidade procederia de uma espécie de proximidade infinita:

Estes dois discursos, apesar da identidade de um conteúdo sempre reversível de um para outro e para cada um demonstrativo, são sem dúvida de uma profunda incompatibilidade. A decifração conjunta das estruturas poéticas e das estruturas psicológicas jamais reduzirá a sua distância. E contudo estão infinitamente próximos um do outro, como está próxima do possível a possibilidade que a fundamenta; é que a *continuidade do sentido* entre a obra e a loucura só é possível a partir do *enigma do* mesmo que deixa aparecer o *absoluto da ruptura*.

Mas Foucault acrescenta, um pouco mais adiante: "E isto não é uma figura abstrata, mas uma relação histórica em que a nossa cultura se deve interrogar". O campo plenamente *histórico* desta interrogação, no qual a recobertura talvez esteja tanto por constituir como por restaurar, não poderia mostrar-nos de que modo uma impossibilidade de fato pôde dar-se para uma impossibilidade de direito? Mesmo assim seria aqui necessário que a historicidade e a diferença entre as duas impossibilidades fossem pensadas num sentido insólito, e esta primeira tarefa não é a mais fácil. Desde há muito subtraída ao pensamento, esta historicidade não mais pode ser subtraída do que no momento em que o comentário, isto é, precisamente a "decifração de estruturas", começou o seu reinado e determinou a posição da questão. Este momento está tanto mais ausente da nossa memória quanto não existe na história.

---

1 Le *non* du père, *Critique,* mar. de 1962, p. 207-208.

Ora, sentimos bem hoje, de fato, se o comentário clínico e o comentário crítico reivindicam por toda a parte a sua autonomia, pretendem fazer-se reconhecer e respeitar um pelo outro, nem por isso deixam de ser cúmplices –por uma unidade que reenvia por mediações impensadas à que há pouco procurávamos – na mesma abstração, no mesmo desconhecimento e na mesma violência. A crítica (estética, literária, filosófica etc.), no instante em que pretende proteger o sentido de um pensamento ou o valor de uma obra contra as reduções psicomédicas, chega por um caminho oposto ao mesmo resultado: *faz um exemplo*. Isto é, um caso. A obra ou a aventura de pensamento vem testemunhar, em exemplo, em martírio, de uma estrutura cuja permanência essencial se procura em primeiro lugar decifrar. Levar a sério, para a crítica, e *fazer caso* do sentido ou do valor, é ler a essência no exemplo que cai nos parênteses fenomenológicos. Isto segundo o gesto mais irreprimível do comentário mais respeitador da singularidade selvagem do seu tema. Embora se oponham de maneira radical e pelas razões válidas que conhecemos, aqui, perante o problema da obra e da loucura, a *redução psicológica* e a *redução eidética* funcionam da mesma maneira, têm, contra vontade, o mesmo fim. O domínio que a psicopatologia, qualquer que seja o seu estilo, poderia obter do caso Artaud, supondo que atinja na sua leitura a séria profundidade de Blanchot, chegaria por fim à mesma *neutralização* "desse pobre M. Antonin Artaud". Cuja aventura total se torna, em *Le Livre à venir,* exemplar. Trata-se aí de uma leitura – aliás admirável – do "impoder" (Artaud falando de Artaud) "essencial ao pensamento" (Blanchot). "Como que tocou, contra vontade e por um erro patético de onde resultam os seus gritos, o ponto em que pensar é sempre já não poder pensar ainda: 'impoder', segundo a sua expressão, que é como essencial ao pensamento…" (p. 48). O "erro patético" é o que reverte do exemplo para Artaud: não será retida na decriptagem da verdade essencial. O erro é a história de Artaud, o seu rasto apagado no caminho da verdade. Conceito pré-hegeliano das relações entre a verdade, o erro e a história. "Que a poesia esteja ligada a essa impossibilidade de pensar que é o pensamento, eis a verdade que não se pode descobrir, pois sempre se desvia e o obriga a senti-la abaixo do ponto em que verdadeiramente a sentiria" (idem). O erro patético de Artaud: espessura de exemplo e de existência que o mantém à distância da verdade que desesperadamente indica: o nada no âmago da palavra, a "carência do ser", o "escândalo de um pensamento separado da vida" etc. O que irremediavelmente pertence a Artaud, a sua própria experiência, pode sem prejuízo ser abandonado pelo crítico aos psicólogos ou aos médicos. Mas "para nós, não se deve cometer o erro de ler, como as análises de um estado psicológico, as descrições precisas e seguras e minuciosas, que dela nos propõe" (p. 51). O que já não pertence a Artaud, a partir do momento em que podemos lê-lo através dele, dizê-lo, repeti-lo e tomar conta dele, aquilo de que Artaud é apenas testemunha é uma essência universal do pensamento. A aventura total de Artaud seria apenas o índex de uma estrutura transcendental:

> Pois Artaud jamais aceitará o escândalo de um pensamento separado da vida, mesmo entregando-se à experiência mais direta e mais selvagem jamais feita da essência do pensamento entendido como separação, dessa impossibilidade que afirma contra si própria como o limite do seu infinito poder (idem).

Sabemos que o pensamento separado da vida constitui uma dessas grandes figuras do espírito de que Hegel apresentava já alguns exemplos. Artaud forneceria portanto um outro.

E a meditação de Blanchot detém-se aqui: sem que o que pertence irredutivelmente a Artaud, sem que a afirmação[2] própria que sustém a não-aceitação deste escândalo, sem que a "selvajaria" desta experiência sejam interrogadas por si próprias. A meditação detém-se aí ou quase: é só o tempo de evocar uma tentação que *seria necessário* evitar mas que na verdade jamais se evitou:

---

2 Esta *afirmação*, que tem por nome "o teatro da crueldade", é pronunciada depois das cartas a J. Rivière e das primeiras obras, mas já preside a elas. "O teatro da crueldade / não é o símbolo de um vazio ausente, / de uma terrível incapacidade de se realizar na sua vida / de homem, / é a afirmação / de uma terrível / e aliás inelutável necessidade." *Le Théâtre de la cruauté*, in 84, n. 5-6, 1948, p. 124. Indicaremos o tomo e a página sem outro título de cada vez que remetermos para a preciosa e rigorosa edição das *Oeuvres complètes* (Gallimard). Uma simples data, entre parênteses, assinalará textos inéditos.

A PALAVRA SOPRADA

Seria tentador aproximar o que dissemos de Artaud do que nos dizem Hölderlin, Mallarmé: que a inspiração é em primeiro lugar esse ponto puro em que ela falta. Mas é preciso resistir a esta tentação das afirmações demasiado gerais. Cada poeta diz o mesmo, e não é contudo o mesmo, é o único, sentimo-lo bem. A parte de Artaud pertence a ele. O que diz é de uma intensidade que não deveríamos suportar (p. 52).

E nas últimas linhas que seguem nada é dito do único. Volta-se à essencialidade:

Quando lemos estas páginas, aprendemos o que não conseguimos saber: que o fato de pensar só pode ser perturbador; que o que está para pensar é no pensamento o que se desvia dele e se esgota inesgotavelmente nele; que sofrer e pensar estão ligados de uma maneira secreta (idem).

Qual a razão deste regresso à essencialidade? Por que, por definição, nada há a dizer do único? É uma evidência demasiado segura para a qual não nos precipitaremos aqui.

Para Blanchot, era tanto mais tentador aproximar Artaud de Hölderlin quanto o texto consagrado a este último, *La Folie par excellence*[3] se desloca no mesmo esquema. Ao mesmo tempo que afirma a necessidade de escapar à alternativa dos dois discursos ("pois o mistério resulta também dessa dupla leitura simultânea de um acontecimento que contudo não se situa nem numa, nem noutra das duas versões", e em primeiro lugar porque este acontecimento é o do demônico que "se mantém fora da oposição doença-saúde"), Blanchot diminui o campo do saber médico que não alcança a singularidade do acontecimento e refreia antecipadamente qualquer surpresa. "Para o saber médico, este acontecimento está dentro da 'regra', pelo menos não é surpreendente, corresponde ao que se sabe desses doentes a quem o pesadelo leva a escrever" (p. 15). Esta redução da redução clínica é uma redução essencialista. Embora protestando, aqui também, contra as "fórmulas... demasiado gerais...", Blanchot escreve:

---

3 Prefácio a Karl Jaspers, *Strindberg et Van Gogh, Hölderlin et Swedenborg*. Ed. de Minuit. O mesmo esquema essencialista, desta vez ainda mais despojado, aparece num outro texto de Blanchot: *La Cruelle raison poétique en Artaud et le théâtre de notre temps*, p. 66.

Não nos podemos contentar em ver no destino de Hölderlin o de uma individualidade, admirável ou sublime, que, tendo querido com demasiada intensidade algo de grande, se viu obrigada a chegar a um ponto em que se quebrou. A sua sorte só a ele pertence, mas ele próprio pertence ao que exprimiu e descobriu, não como sendo dele apenas, mas como a verdade e a afirmação da essência poética... Não é o seu destino que ele decide, mas sim o destino poético, é o sentido da verdade que se atribui como tarefa realizar... e este movimento não é o seu, é a própria realização do verdadeiro, que, até certo ponto e contra sua vontade, exige da sua razão pessoal que ela se torne a pura transparência impessoal, da qual não se regressa nunca (p. 26).

Deste modo, por mais que o saudemos, o único é realmente aquilo que desaparece neste comentário. E não é por acaso. A desaparição da unicidade é mesmo apresentada como o sentido da verdade hölderliniana: "[...] A palavra autêntica, a que é mediadora porque nela o mediador desaparece, põe fim à sua particularidade, regressa ao elemento de que saiu" (p. 30). E o que deste modo permite dizer sempre "o poeta" em vez de Hölderlin, o que torna possível essa dissolução do único, é o fato de a unidade ou a unicidade do único – aqui a unidade da loucura e da obra – ser pensada como uma conjuntura, uma composição, uma "combinação": "Não se encontrou duas vezes semelhante combinação" (p. 20).

J. Laplanche censura a Blanchot uma "interpretação idealista", "decididamente anti'científica' e anti'psicológica'" (p. 11), e propõe substituir um outro tipo de teoria unitária à de Hellingrath para a qual, apesar da sua diferença própria, também se inclinaria Blanchot. Não querendo renunciar ao unitarismo, J. Laplanche quer "compreender num só movimento a sua obra e a sua evolução [as de Hölderlin] para e na loucura, mesmo que esse movimento seja ritmado como uma dialética e multilinear como um contraponto" (p. 13). De fato, apercebemo-nos muito rapidamente de que esta decomposição "dialética" e esta multilinearidade só complicam uma dualidade que jamais é reduzida, elas só aumentam, como diz acertadamente M. Foucault, a rapidez das oscilações até torná-la dificilmente perceptível. No fim do livro, afadigamo-nos ainda perante o único que, enquanto tal, furtou-se ao discurso e

A PALAVRA SOPRADA

sempre se furtará: "A aproximação que estabelecemos entre a evolução da esquizofrenia e a da obra leva a conclusões que de modo algum podem ser generalizadas: trata-se da relação num caso particular, talvez único, entre a poesia e a doença mental" (p. 132). Unicidade ainda de conjunção e de encontro. Pois uma vez que de longe a anunciamos como tal, voltamos ao exemplarismo que se criticava expressamente[4] em Blanchot. O estilo psicologista e, no extremo oposto, o estilo estruturalista ou essencialista quase desapareceram totalmente, na verdade, e o gesto filosófico nos seduz: não mais se trata de compreender o poeta Hölderlin a partir de uma estrutura esquizofrênica ou de uma estrutura transcendental cujo sentido nos seria conhecido e não nos reservaria nenhuma surpresa. Pelo contrário, é preciso ler e ver desenhar-se em Hölderlin um acesso, talvez o melhor, um acesso exemplar à essência da esquizofrenia em geral. Esta não é um fato psicológico nem mesmo antropológico disponível para ciências determinadas que denominamos psicologia ou antropologia: "[...] é ele [Hölderlin] que volta a colocar a questão da esquizofrenia como problema universal" (p. 133). Universal e não apenas humano, não-humano em primeiro lugar, pois é após a possibilidade da esquizofrenia que se constituiria uma verdadeira antropologia; isto não quer dizer que a possibilidade da esquizofrenia possa encontrar-se *de fato* em outros seres além do homem: simplesmente não é atributo entre outros de uma essência do homem previamente constituída e reconhecida. Do mesmo modo que, "em certas sociedades, o acesso à Lei, ao Simbólico, está entregue a instituições diferentes da paternidade" (p. 133) – que ela permite portanto pré-compreender, assim também, analogicamente, a esquizofrenia não é, entre outras, uma das dimensões ou das possibilidades do ser chamado homem, mas sim a estrutura que nos abre a verdade do homem. Esta abertura produz-se exemplarmente no caso de Hölderlin. Poder-se-ia crer que, por definição, o único não pode ser o exemplo ou o caso de uma figura universal. Mas pode. Só aparentemente a exemplaridade contradiz a

---

4 "A existência de Hölderlin seria assim especialmente exemplar do destino poético, que Blanchot une à própria essência da palavra como 'relação à ausência'" (p. 10).

unicidade. A equivocidade que se alberga na noção de exemplo é bem conhecida; é o recurso da cumplicidade entre o discurso clínico e o discurso crítico, entre aquele que reduz o sentido ou o valor e aquele que gostaria de restaurará-los. É o que permite deste modo a Foucault concluir por sua conta: "[...] Hölderlin ocupa um lugar único e exemplar" (p. 209).

Foi este o caso que se fez de Hölderlin e de Artaud. A nossa intenção não é de modo algum refutar ou criticar o princípio destas leituras. Elas são legítimas, fecundas, verdadeiras; neste caso, ainda por cima, admiravelmente conduzidas, e instruídas por uma vigilância crítica, que nos levam a fazer imensos progressos. Por outro lado, se parecemos inquietar-nos com o tratamento reservado ao único, não se deve pensar, reconheçam-no, que seja preciso, por precaução moral ou estética, proteger a existência subjetiva, a originalidade da obra ou a singularidade do belo contra as violências do conceito. Nem, inversamente, quando parecemos lamentar o silêncio ou a derrota perante o único, que acreditamos na necessidade de reduzir o único, de analisá-lo, de decompô-lo quebrando-o ainda mais. Melhor ainda: acreditamos que nenhum comentário pode escapar a essas derrotas, sem correr o risco de se destruir a si próprio como comentário exumando a unidade na qual se enraízam as diferenças (da loucura e da obra, da psique e do texto, do exemplo e da essência etc.) que implicitamente suportam a crítica e a clínica. Esse solo, de que aqui só nos aproximamos por via negativa, é *histórico* num sentido que, parece-nos, jamais teve valor de tema nos comentários de que acabamos de falar e se deixa, para falar a verdade, dificilmente tolerar pelo conceito metafísico de história. A presença tumultuosa deste solo arcaico magnetizará portanto a afirmação que os gritos de Antonin Artaud vão aqui atrair na sua ressonância própria. De longe, uma vez mais, pois a nossa primeira cláusula de ingenuidade não era uma cláusula de estilo.

E se dizemos para começar que Artaud nos ensina essa unidade anterior à dissociação, não é para apresentá-lo como exemplo daquilo que nos ensina. Se o entendemos bem, não devemos esperar dele uma lição. Por tal razão as considerações precedentes não são de modo algum prolegômenos metodológicos ou generalidades anunciando uma nova abordagem do caso Artaud. Apontariam de preferência a própria questão que Artaud quer destruir pela raiz, aquilo cuja derivação, quando não impossibilidade, ele denuncia incansavelmente, aquilo sobre que recaíam constantemente os seus gritos raivosos. Pois o que os seus urros nos prometem, articulando-se com os nomes de *existência*, de *carne*, de *vida*, de *teatro*, de *crueldade*, é, antes da loucura e da obra, o sentido de uma arte que não dá ocasião para obras, a existência de um artista que não é mais a via ou a experiência que dão acesso a outra coisa além delas próprias, de uma palavra que é corpo, de um corpo que é teatro, de um teatro que é um texto porque não está mais submetido a uma escritura mais antiga do que ele, a algum arquitexto ou arquipalavra. Se Artaud resiste totalmente – e, cremo-lo, como ninguém mais o fizera antes – às exegeses clínicas ou críticas, é porque na sua aventura (e com esta palavra designamos uma totalidade anterior à separação da vida e da obra) é o *próprio* protesto contra a *própria* exemplificação. O crítico e o médico ficariam aqui sem recursos perante uma existência que se recusa a significar, perante uma arte que se quis sem obra, perante uma linguagem que se quis sem rasto. Isto é, sem diferença. Procurando uma manifestação que não fosse uma expressão, mas uma criação pura da vida, que jamais caísse longe do corpo para decair em signo ou em obra, em objeto, Artaud quis destruir uma história, a da metafísica dualista que inspirava, mais ou menos subterraneamente, os ensaios acima evocados: dualidade da alma e do corpo sustentando, em segredo sem dúvida, a da palavra e da existência, do texto e do corpo etc. Metafísica do comentário que autorizava os "comentários" porque presidia *já* às obras comentadas. Obras não teatrais, no sentido em que o entende Artaud, e que são já comentários exilados. Chicoteando a sua carne para a despertar até à véspera deste exílio, Artaud quis proibir que a sua palavra lhe fosse soprada longe do corpo.

Soprada: entendamos *furtada* por um comentador possível que a reconheceria para a alinhar numa ordem, ordem da verdade essencial ou de uma estrutura real, psicológica ou de outra natureza. O primeiro comentador é aqui o auditor ou o leitor, o receptor que já não deveria ser o "público" no teatro da crueldade[5]. Artaud sabia que toda a palavra caída do corpo, oferecendo-se para ser ouvida ou recebida, oferecendo-se em espetáculo, torna-se imediatamente palavra roubada. Significação de que sou despojado porque ela é significação. O roubo é sempre o roubo de uma palavra ou de um texto, de um rasto. O roubo de um bem só se torna aquilo que é se a coisa for um bem, se portanto adquiriu sentido e valor por ter sido investida pelo desejo, pelo menos, de um discurso. Afirmação que seria um pouco ingênuo interpretar como a despedida feita a qualquer outra teoria do roubo, na ordem da moral, da economia, da política ou do direito. Afirmação anterior a tais discursos, pois faz comunicar, explicitamente e numa mesma questão, a essência do roubo e a origem do discurso em geral. Ora, todos os discursos sobre o roubo, cada vez que são determinados por tal ou tal circunscrição, já resolveram obscuramente ou rejeitaram esta questão,já se tranquilizaram na familiaridade de um saber primeiro: cada um sabe o que quer dizer roubar. Mas o roubo da palavra não é um roubo entre outros, confunde-se com a própria possibilidade do roubo e define a sua estrutura fundamental. E se Artaud no-lo dá a pensar, já não é como o exemplo de uma estrutura, pois se trata disso mesmo – o roubo – que constitui a estrutura de exemplo como tal.

Soprada: entendamos ao mesmo tempo *inspirada* por uma *outra* voz, lendo ela própria um texto mais velho que o poema do meu corpo, que o teatro do meu gesto. A inspiração é, com várias personagens, o drama do roubo, a estrutura do teatro clássico em que a invisibilidade do ponto assegura a diferência e a interrupção indispensáveis entre um texto já escrito por uma outra mão e um intérprete já despojado daquilo mesmo que recebe. Artaud quis a conflagração de uma cena em que o ponto fosse possível e o corpo às ordens de um texto estranho. Artaud quis que fosse destroçada a maquinaria do ponto.

---

5  O público não deveria existir fora da cena da crueldade, antes ou depois dela, não deveria nem esperá-la, nem contemplá-la, nem sobreviver-lhe, nem mesmo existir como público. Daí essa enigmática e lapidar fórmula, em *Théâtre et son double,* no meio das abundantes, das inesgotáveis definições da "encenação", da "linguagem da cena", dos "instrumentos de música", da "luz", do "guarda-roupa" etc. O problema do público é assim esgotado: "*O público:* é preciso em primeiro lugar que o teatro seja" (t. IV, p. 118).

Fazer voar em estilhaços a estrutura do roubo. Para isso era necessário, com um único e mesmo gesto, destruir a inspiração poética e a economia da arte clássica, especialmente do teatro. Destruir ao mesmo tempo a metafísica, a religião, a estética etc., que as sustentariam e abrir assim ao Perigo um mundo em que a estrutura do furto não oferecesse mais nenhum abrigo. Restaurar o Perigo despertando a Cena da Crueldade, tal era pelo menos a intenção *declarada* de Antonin Artaud. É ela que vamos seguir com a pequena diferença de um deslize calculado.

O *impoder,* cujo tema aparece nas cartas a J. Rivière[6], não é, sabemo-lo, a simples impotência, a esterilidade do "nada para dizer" ou a falta de inspiração. Pelo contrário, é a própria inspiração: força de um vazio, turbilhão do sopro de um soprador que aspira para ele e me furta aquilo mesmo que deixa vir para mim e que eu julguei poder dizer *em meu nome.* A generosidade da inspiração, a irrupção positiva de uma palavra que vem não sei donde, acerca da qual sei, se for Antonin Artaud, que não sei donde vem nem quem a fala, essa fecundidade do *outro* sopro é o impoder: não a ausência, mas a irresponsabilidade radical da palavra, a irresponsabilidade como poder e origem da palavra. Relaciono-me comigo no éter de uma palavra que me é sempre soprada e que me furta exatamente aquilo com que me põe em contato. A consciência de palavra, isto é, a consciência pura e simples, é a ignorância de quem fala no momento e no lugar em que profiro. Esta consciência é portanto também uma inconsciência ("No meu inconsciente são os outros que escuto", 1946), contra a qual será necessário reconstituir uma outra consciência que desta vez estará cruelmente presente a si própria e se ouvirá falar. Não compete nem à moral, nem à lógica, nem à estética definir esta irresponsabilidade: é uma perda total e originária da própria existência. Segundo Artaud, produz-se também e em primeiro lugar no meu Corpo, na minha Vida, expressões cujo sentido deve ser entendido para além das determinações metafísicas e das "limitações do ser" que separam a alma do corpo, a palavra do gesto etc. A perda é precisamente essa determinação metafísica na qual deverei fazer deslizar a minha obra, se

6 A palavra aparece em *Le Pèse-nerfs* (I, p. 90).

pretender fazê-la ouvir num mundo e numa literatura presididos, sem o saberem, por essa metafísica e cujo delegado era J. Rivière. "Ainda aqui receio o equívoco. Gostaria que compreendesse bem que não se trata desse mais ou menos de existência que cabe ao que se convencionou chamar a inspiração, mas sim de uma ausência total, de uma verdadeira perda" (I, p. 20). Constantemente Artaud o repetia: a origem e a urgência da palavra, o que o levava a exprimir-se confundia-se com a carência própria da palavra nele, com o "nada ter para dizer" em seu próprio nome.

Esta dispersão dos meus poemas, estes vícios de forma, esta curvatura constante do meu pensamento devem ser atribuídos não a uma falta de exercício, de domínio do instrumento que manejava, de *desenvolvimento intelectual*; mas a um desmoronamento central da alma, a uma espécie de erosão, ao mesmo tempo essencial e fugaz, do pensamento, ao não-domínio passageiro dos benefícios materiais do meu desenvolvimento, à separação anormal dos elementos do pensamento. Há portanto algo que destrói o meu pensamento; algo que não me impede de ser o que poderia ser, mas que me deixa, a bem-dizer, em suspenso. Algo furtivo que me tira as palavras *que encontrei* [I, p. 25-6, é Artaud que sublinha].

Seria tentador, fácil e até certo ponto legítimo acentuar a exemplaridade desta descrição. A erosão "essencial" e "fugaz", "ao mesmo tempo essencial e fugaz" é produzida por "algo furtivo que me tira as palavras *que encontrei*". O furtivo é fugaz mas é mais do que o fugaz. O furtivo é – em latim – o modo do ladrão; que deve agir muito depressa para me tirar as palavras que encontrei. Muito depressa porque tem de se infiltrar invisivelmente no nada que me separa das minhas palavras, e de sutilizá-las antes mesmo que eu as encontre, para que, tendo-as encontrado, eu tenha a certeza de sempre ter sido já despojado delas. O furtivo seria portanto a virtude desapropriante que escava sempre a palavra na subtração de si. A linguagem corrente apagou da palavra "furtivo" a referência ao roubo, ao sutil subterfúgio cuja significação se faz deslizar – é o roubo do roubo, o furtivo que se furta a si mesmo num gesto necessário – para o invisível e silencioso roçar do fugitivo, do fugaz e do fugidio. Artaud não ignora nem sublinha o sentido próprio da palavra, mantém-se no movimento da

A PALAVRA SOPRADA 261

desaparição: em *Le Pèse-nerfs* (p. 89), a propósito de "diminui-
ção", de "perda", de "desapropriação", de "armadilha no pensamento", fala, no que não é uma simples redundância, desses
"raptos furtivos".

A partir do momento que falo, as palavras que encontrei,
a partir do momento que são palavras, já não me pertencem, são originariamente *repetidas* (Artaud quer um teatro em que a repetição seja impossível. Cf. *Le Théâtre et son
Double*, IV, p. 91). Devo em primeiro lugar ouvir-me. No solilóquio como no diálogo, falar é ouvir-se. A partir do momento que sou ouvido, a partir do momento que me ouço,
o eu que se ouve, que *me* ouve torna-se o eu que fala e toma
a palavra, *sem jamais lha cortar,* aquele que julga falar e ser
ouvido em seu nome. Introduzindo-se no nome daquele
que fala, esta diferença não é nada, é o furtivo: a estrutura
da subtração instantânea e originária sem a qual palavra alguma encontraria o seu sopro. A subtração produz-se como
o *enigma* originário, isto é, como uma palavra ou uma história (αἶνος*) que esconde a sua origem e o seu sentido, jamais
dizendo donde vem nem para onde vai, em primeiro lugar
porque não o sabe e porque esta ignorância, a saber, a ausência do seu *sujeito* próprio, não lhe sobrevém, mas a constitui.
A subtração é a unidade primeira daquilo que em seguida se
difrata como roubo e como dissimulação. Entender a subtração exclusiva ou fundamentalmente como roubo ou violação
é o que faz uma psicologia, uma antropologia ou uma metafísica da subjetividade (consciência, inconsciente ou corpo
próprio). Não há dúvida de que esta metafísica opera aliás
fortemente no pensamento de Artaud.

Assim, o que se denomina o sujeito falante já não é aquele
mesmo ou só aquele que fala. Descobre-se numa irredutível secundariedade, origem sempre já furtada a partir de um campo
organizado da palavra no qual procura em vão um lugar que
sempre falta. Este campo organizado não é apenas o que certas teorias da psique ou do fato linguístico poderiam descrever. É em primeiro lugar – mas sem que isso queira dizer outra
coisa – o campo cultural em que devo ir buscar as minhas

---

\* *Ainos:* conto, discurso, relato (N. da E.).

palavras e a minha sintaxe, campo histórico no qual devo ler ao escrever. A estrutura do roubo aloja-se já na relação da palavra à língua. A palavra é roubada: roubada à língua, é-o portanto ao mesmo tempo a si própria, isto é, ao ladrão que sempre perdeu já a propriedade e a iniciativa. Porque não podemos impedir a sua antecipação, o ato de leitura rompe o ato de palavra ou de escritura. Por esse buraco escapo a mim próprio. A forma do buraco – que mobiliza os discursos de um certo existencialismo e de uma certa psicanálise a quem "esse pobre M. Antonin Artaud" forneceria com efeito exemplos –comunica nele com uma temática escato-teológica que mais adiante interrogaremos. Que a palavra e a escritura sejam sempre inconfessadamente tiradas de uma leitura, tal é o roubo originário, o furto mais arcaico que ao mesmo tempo me esconde e me *sutiliza* o meu poder inaugurante. O *espírito* sutiliza. A palavra proferida ou inscrita, *a letra,* é sempre roubada. Sempre roubada. Sempre roubada porque sempre *aberta.* Nunca é própria do seu autor ou do seu destinatário e faz parte da sua natureza jamais seguir o trajeto que leva de um sujeito próprio a um sujeito próprio. O que significa reconhecer como sua historicidade a autonomia do significante que antes de mim diz sozinho mais do que eu julgo querer dizer e em relação ao qual o meu querer dizer, sofrendo em vez de agir, se acha em carência, se inscreve, diríamos nós, *como passivo.* Mesmo se a reflexão desta carência determina como um excesso a urgência da expressão. Autonomia como estratificação e potencialização histórica do sentido, sistema histórico, isto é, em alguma parte aberto. A sobre-significância sobrecarregando a palavra "soprar", por exemplo, não deixou de ilustrá-lo.

Não prolonguemos a descrição banal desta estrutura. Artaud não a exemplifica. Quer fazê-la explodir. A esta inspiração de perda e de desapropriação opõe uma boa inspiração, aquela mesma que falta à inspiração como carência. A boa inspiração é o sopro de vida que não deixa que nada lhe seja ditado porque não lê e porque precede qualquer texto. Sopro que tomaria posse de si num lugar em que a propriedade não seria ainda o roubo. Inspiração que me restabeleceria numa verdadeira comunicação comigo próprio e me restituiria a palavra:

A PALAVRA SOPRADA

O difícil é encontrar exatamente seu lugar e voltar a encontrar a comunicação consigo. Tudo está numa certa floculação das coisas, na reunião de toda essa pedraria mental em torno de um ponto que está precisamente por encontrar. / E eis o que eu penso do pensamento: / CERTAMENTE A INSPIRAÇÃO EXISTE (*Le Pèse-nerfs*, I, p. 90. Artaud sublinha).

A expressão "por encontrar" pontuará mais tarde uma outra página. Será então a ocasião de nos interrogar se Artaud não designa desta maneira, de cada vez, aquilo que é impossível de ser encontrado.

A vida, fonte da boa inspiração, deve ser entendida, se quisermos ter acesso a essa metafísica da vida, antes daquela de que falam as ciências biológicas:

Assim, quando pronunciarmos a palavra vida, é preciso ver que não se trata da vida reconhecida pelo exterior dos fatos, mas sim dessa espécie de centro frágil e instável no qual *as formas não tocam*. E se existe ainda algo de infernal e de verdadeiramente maldito nos tempos de hoje, é determo-nos artisticamente em formas, em vez de sermos como supliciados em vias de serem queimados e que fazem sinais nas suas fogueiras" (*Le Théâtre et la culture*, V, p. 18. O grifo é nosso).

A vida "reconhecida pelo exterior dos fatos é portanto a vida das formas. Em *Position de la chair,* Artaud opor-lhe-á a "força da vida" (I, p. 235)[7]. O teatro da crueldade deverá reduzir esta diferença entre a força e a forma.

O que acabamos de denominar furto não é uma abstração para Artaud. A categoria do furtivo não vale apenas para a voz ou para a escritura desencarnadas. Se a diferença, no seu fenômeno, se faz signo roubado ou sopro sutilizado, é em primeiro lugar senão em si desapropriação total que me constitui como a privação de mim mesmo, furto da minha existência, portanto ao mesmo tempo do meu corpo e do meu espírito: da minha carne. Se a minha palavra não é o meu sopro, se a minha letra

---

7 Com as devidas precauções, poder-se-ia falar da veia bergsoniana de Artaud. A passagem contínua da sua metafísica da vida à sua teoria da linguagem e à sua crítica da palavra dita-lhe um grande número de metáforas energéticas e de fórmulas teóricas rigorosamente bergsonianas. Cf. em especial o t. V, p. 15, 18, 56, 132, 141 e s.

não é a minha palavra, é porque já o meu sopro não era mais o meu corpo, porque o meu corpo não era mais o meu gesto, porque o meu gesto não era mais a minha vida. É preciso restaurar no teatro a integridade da carne rasgada por todas estas diferenças. Uma metafísica da carne, determinando o ser como vida, o espírito como corpo próprio, pensamento não separado, espírito "obscuro" (pois "o Espírito claro pertence à matéria", I, p. 236), tal é a linha contínua e sempre despercebida que liga *Le Théâtre et son double* às primeiras obras e ao tema do impoder. Esta metafísica da carne é também presidida pela angústia da desapropriação, pela experiência da vida perdida, do pensamento separado, do corpo exilado longe do espírito. Tal é o primeiro grito.

Penso na vida. Todos os sistemas que poderei edificar jamais igualarão os meus gritos de homem ocupado em refazer a sua vida... Estas forças informuladas que me assaltam deverão necessariamente ser um dia acolhidas pela minha razão, deverão instalar-se no lugar do elevado pensamento, essas forças que do exterior têm a forma de um grito. Há gritos intelectuais, gritos que provêm da *finura* das medulas. É a isso que eu chamo a Carne. Não separo o meu pensamento da minha vida. Refaço a cada uma das vibrações da minha língua todos os caminhos do pensamento na minha carne... Mas que sou eu no meio dessa teoria da Carne, ou melhor, da Existência? Sou um homem que perdeu a vida e que procura por todos os meios fazer-lhe retomar o seu lugar... Mas é preciso que eu inspecione este sentido da carne que deve dar-me uma metafísica do Ser e o conhecimento definitivo da Vida (*Position de la chair,* I, p. 235-236).

Não nos detenhamos no que aqui se assemelha à essência do próprio mítico: o sonho de uma vida sem diferença. Perguntemos de preferência o que significa para Artaud a diferença na carne. O meu corpo me foi roubado por efração. O Outro, o Ladrão, o grande Furtivo tem um nome próprio: é Deus. A sua história teve lugar. Teve um lugar. O lugar da efração só pôde ser a abertura de um orifício. Orifício do nascimento, orifício da defecação aos quais remetem, como à sua origem, todas as outras aberturas. "Isso se enche, / isso não se enche, / há um vazio, / uma carência, / uma falta de / quem é sempre apanhado por um parasita no voo" (abr. de 1947). No voo: é certo o jogo de palavras\*.

---

\* O jogo de palavras é feito em francês com a palavra *vol*, voo e roubo (N. da T.).

A PALAVRA SOPRADA 265

Desde que me relaciono com o meu corpo, portanto desde o meu nascimento, não sou mais o meu corpo. Desde que tenho um corpo, não o sou, portanto não o tenho. Esta privação institui e instrui a minha relação com a vida. Portanto, desde sempre o meu corpo me foi roubado. Quem pode tê-lo roubado senão um Outro e como pôde apoderar-se dele desde a origem se não se tiver introduzido em meu lugar no ventre da minha mãe, se não tiver nascido em meu lugar, se eu não tiver sido *roubado no meu nascimento,* se o meu nascimento não me tiver sido sutilizado, "como se nascer cheirasse a morte desde há muito tempo" (84, p. 11)? A morte dá-se a pensar sob a categoria do roubo. Não é o que julgamos poder antecipar como o termo de um processo ou de uma aventura que denominamos – certamente – a vida. A morte é uma forma articulada da nossa relação ao outro. Só morro *do* outro: por ele, para ele, nele. A minha morte é *re-presentada,* por mais que variemos esta palavra. E se morro por representação no "minuto da morte extrema", este furto representativo nem por isso deixou de trabalhar toda a estrutura da minha existência, desde a origem. Eis por que, no limite, "não nos suicidamos sozinhos. / Ninguém esteve alguma vez sozinho para nascer. / Também ninguém está sozinho para morrer... /... E creio que há sempre alguém no minuto da morte extrema para nos despojar da nossa própria vida" (*Van Gogh, le suicidé de la société,* p. 67). O tema da morte como roubo está no centro de *La Mort et l'homme* (Sobre um desenho de Rodez, in 84, n. 13).

E quem pode ser o ladrão senão esse grande Outro invisível, perseguidor furtivo *duplicando-me* por toda a parte, isto é, redobrando-me e ultrapassando-me, chegando sempre antes de mim aonde escolhi ir, como "esse corpo que corria atrás de mim" (me perseguia) "e não seguia" (me precedia), quem pode ser senão Deus? "E QUE FIZESTE DO MEU CORPO, DEUS?" (84, p. 108). E eis a resposta: desde o buraco negro do meu nascimento, deus me

*liquidou vivo* / durante toda a minha existência / e isto / unicamente por causa do fato / que sou *eu* / que era deus, / verdadeiramente deus, / eu um homem / e não o denominado espírito / que só era a projeção nas nuvens / do corpo de um outro homem diferente de mim, / o qual / se intitulava o / Demiurgo / ora a horrorosa história do Demiurgo / é conhecida / É a deste corpo / que *corria atrás de* (e não seguia) o meu / e que para passar primeiro e nascer / se projetou através do meu corpo /e / nasceu / pelo desventrar do meu corpo / do qual guardou um pedaço com ele / a fim / de se fazer passar / por mim próprio / Ora, não havia mais ninguém exceto eu e ele, / ele / um corpo abjeto / que os espaços não queriam, / eu / um corpo que se fazia / por consequência ainda não chegado ao estado de acabamento / mas que evoluía / para a pureza integral / como o do denominado Demiurgo, / o qual se sabendo irrecebível / e querendo mesmo assim viver a todo o custo / não encontrou nada melhor / para *ser* / do que nascer à custa do / meu assassinato. / / Apesar de tudo, o meu corpo refez-se / contra / e através de mil assaltos do mal / e do ódio / que de cada vez o deterioravam / e me deixavam morto. / E foi assim que à força de morrer / acabei por ganhar uma imortalidade real. / E / é a história verdadeira das coisas / tal qual se passou realmente / e / não / / como vista na atmosfera lendária dos mitos / que escamoteiam a realidade. (84, p, 108-110).

Deus é portanto o nome próprio daquilo que nos priva da nossa própria natureza, do nosso próprio nascimento e que em seguida, furtivamente, sempre falou antes de nós. É a diferença que se insinua como a minha morte entre mim e eu. Eis por que – tal é o conceito do verdadeiro suicídio segundo Artaud – tenho de morrer na minha morte para renascer "imortal" na véspera do meu nascimento. Deus não põe a mão apenas sobre este ou aquele dos nossos atributos inatos, apodera-se da nossa própria inatidade, da própria inatidade do nosso ser a si próprio:

Há imbecis que se julgam seres, seres por inatidade. / Eu sou aquele que para ser tem de chicotear a sua inatidade. / Aquele que por inatidade é aquele que deve ser um ser, isto é, sempre chicotear essa espécie de negativo canino, ó cadelas de impossibilidade (i, p. 9).

Por que razão esta alienação originária é pensada como mancha, obscenidade, "sujeira" etc.? Por que razão Artaud, chorando a perda do seu corpo, lamenta uma pureza como se fosse um bem, uma limpeza como se fosse uma propriedade? "Fui supliciado demais… / … / Trabalhei demais para ser puro e forte / … / Procurei demais ter um corpo limpo." (84, p. 135.)

A PALAVRA SOPRADA

Por definição, foi do meu bem que fui roubado, do meu preço, do meu valor. O que valho, a minha verdade, foi-me sutilizada por Alguém que se tornou em meu lugar, à saída do Orifício, ao nascer, Deus. Deus é o falso valor como o primeiro preço daquele que nasce. E este falso valor torna-se o Valor, pois *duplicou* sempre já o verdadeiro valor que jamais existiu ou, o que vem a dar no mesmo, jamais existiu exceto antes do seu próprio nascimento. Desde então, o valor originário, o arquivalor que deveria ter retido em mim, ou melhor, retido como a mim próprio, como o meu valor e mesmo o meu ser, aquilo de que fui roubado a partir do momento em que caí longe do Orifício e de que sou ainda roubado cada vez que uma parte de mim cai longe do meu corpo, é a obra, é o excremento, a escória, valor anulado por não ser retido e que se pode tornar, como se sabe, uma arma perseguidora, eventualmente contra mim próprio. A defecação, "separação cotidiana em relação às fezes, partes preciosas do corpo" (Freud), é, como um nascimento, como o meu nascimento, o primeiro roubo que ao mesmo tempo me deprecia – e me suja. Eis por que a história de Deus como genealogia do valor furtado é recitada como a história da defecação. "Conheceis algo de mais ultrajantemente fecal / do que a história de deus…" (*Le Théâtre de la cruauté*, in 84, p. 121).

É talvez por causa da sua cumplicidade com a origem da obra que Artaud[8] também chama a Deus o Demiurgo. Trata-se aí de uma metonímia do nome de Deus, nome próprio do ladrão e nome metafórico de mim próprio: a metáfora de mim próprio é a minha desapropriação na linguagem. Em todos os casos Deus-Demiurgo não *cria*, não é a vida, é o sujeito das obras e das manobras, o ladrão, o mistificador, o falsário, o pseudônimo, o usurpador, o contrário do artista criador, o

---

8 Cada vez que se produz no esquema que tentamos aqui restituir a linguagem de Artaud, parece-se muito exatamente, na sua sintaxe e no seu léxico, com a do jovem Marx. No primeiro dos *Manuscrits de 44*, o trabalho que produz *a obra*, que põe em valor (*Verwertung*) cresce em razão direta da depreciação (*Entwertung*) do seu autor. "A atualização do trabalho é a sua objetivação. No estádio da economia, esta atualização do trabalho aparece como a *perda* para o operário *da sua realidade*, a objetivação como a *perda do objeto* ou a *submissão* a este, a apropriação como a alienação, o *abandono*." Esta aproximação escapa à ordem da *bricolagem* e das curiosidades históricas. A sua necessidade aparecerá mais tarde, quando se colocar o problema da inserção no que denominamos a metafísica do próprio (ou da alienação).

ser-artesão, o ser do artífice: Satanás. Sou Deus e Deus é Satanás; e como Satanás é a criatura de Deus ("[...] a história de Deus / e do seu ser: SATANÁS...", in 84, p. 121), Deus é a minha criatura, o meu duplo que se introduziu na diferença que me separa da minha origem, isto é, no nada que abre a minha história. O que denominamos a presença de Deus é apenas o esquecimento deste nada, o furto do furto, que não é um acidente mas o próprio movimento do furto: "[...] Satanás, / que com as suas tetas úmidas / só nos dissimulou o Nada?" (idem).

A história de Deus é portanto a história da Obra como excremento. A própria escato-logia. A obra, como o excremento, pressupõe a separação e produz-se nela. Procede portanto do espírito separado do corpo puro. É uma coisa do espírito, e reencontrar um corpo sem mancha é refazer-se um corpo sem obra. "Pois é preciso ser um espírito para / cagar, / um corpo *puro* não pode / cagar. / Aquilo que caga / é a cola dos espíritos / encarniçados em lhe roubar alguma coisa / pois sem corpo não se pode existir." (in 84, p. 113). Lia-se já em *Le Pèse-nerfs:* "Caro amigo, o que tomaste como obras minhas era apenas o que não se aproveitava de mim próprio" (I, p. 91).

A minha obra, o meu rasto, o excremento que *me* rouba *do* meu bem depois de *eu* ter sido roubado *por ocasião do* meu nascimento, deve portanto ser recusado. Mas recusá-lo não é aqui rejeitá-lo, é retê-lo. Para me guardar, para guardar o meu corpo e a minha palavra, é necessário que eu retenha a obra em mim[9], que me confunda com ela para que entre mim e ela o Ladrão não tenha a menor chance, que a impeça de cair longe de mim como escritura. Pois "toda escritura é porcaria" (*Le Pèse-nerfs*, I, p. 95). Deste modo, o que me despoja e me afasta de mim, o que rompe a minha proximidade comigo próprio, emporcalha-me: aí me separo do que me é próprio. Próprio é o nome do sujeito próximo de si – que é aquilo que é –, abjeto o nome do objeto, da obra à

---

9  Abstivemo-nos deliberadamente, como é natural, de tudo o que se denomina "referência biográfica". Se recordamos neste momento preciso que Artaud morreu de um câncer do reto, não é para que a exceção feita confirme a regra boa, mas porque pensamos que o estatuto (ainda por encontrar) desta observação e de outras semelhantes, não deve ser o da dita "referência biográfica". O novo estatuto – ainda por encontrar – é o das relações entre a existência e o texto, entre essas duas formas de textualidade e a escritura geral no jogo da qual se articulam.

A PALAVRA SOPRADA

deriva. Tenho um nome próprio quando estou limpo. A criança na sociedade ocidental só assume o seu nome – em primeiro lugar na escola –, só é na verdade bem designado quando está limpo. Escondida sob a sua aparente dispersão, a unidade destas significações, a unidade do próprio como não-mancha do sujeito totalmente próximo de si, não se produz antes da época latina da filosofia (*proprius* liga-se a *propre*)* e pela mesma razão, a determinação metafísica da loucura como mal de alienação não podia começar a amadurecer. (Não fazemos do fenômeno linguístico, como é natural, nem uma causa, nem um sintoma: o conceito de loucura só se fixa, simplesmente, no tempo de uma metafísica da subjetividade própria.) Artaud *solicita* esta metafísica, *abala*-a quando ela se mente e põe como condição ao fenômeno do próprio que nos separemos limpamente do nosso próprio (é a alienação da alienação); *requere*-a ainda, vai ainda inspirar-se no seu fundo de valores, quer ser-lhe mais fiel do que ela própria restaurando absolutamente o próprio antes de toda a dicessão.

Como o excremento, como o pau fecal, metáfora, como o sabemos também, do pênis[10], a obra *deveria* permanecer de pé. Mas a obra, como excremento, é apenas matéria: sem vida, sem força nem forma. Sempre cai e imediatamente se desmorona fora de mim. Eis por que a obra – poética ou não – jamais me colocará de pé. Nunca será nela que me erigirei. A salvação, o estatuto, o estar-de-pé, só serão possíveis numa arte sem obra. Sendo a obra sempre obra de morto, a arte sem obra, a dança ou o teatro da crueldade, será a arte da própria vida. "Disse crueldade como teria dito vida" (IV, p. 137).

Erguido contra Deus, crispado contra a obra, Artaud não renuncia à salvação. Muito pelo contrário. A soteriologia será a escatologia do corpo limpo. "Será *o estado* do meu / corpo que fará / o Juízo Final" (in 84, p. 131). Corpo-limpo-de-pé-sem-porcaria.

---

\* Há aqui um jogo de palavras entre *propre, próprio* e *propre,* limpo, do latim *proprius* e *proche* próximo, do latim *proprius* (N. da T.).

10 Artaud escreve no *Préambule* às *Oeuvres complètes*: "A vara da 'Novas Revelações do Ser' caiu no bolso negro, e a pequena espada também. Uma outra vara está aí preparada para acompanhar as minhas obras completas, numa luta corpo a corpo, não com ideias, mas com signos que não as largam de alto abaixo da minha consciência, no meu organismo por eles cariado... A minha vara será este livro indignado chamado por antigas raças hoje mortas e queimadas nas minhas fibras, como jovens escoriadas" (p. 12-13).

O mal, a sujeira, é o *crítico* ou o *clínico*: tornar-se na sua palavra e no seu corpo uma obra, objeto oferecido, porque deitado, ao ardor furtivo do comentário. Pois a única coisa que por definição jamais se deixa comentar é a vida do corpo, a carne viva que o teatro mantém na sua integridade contra o mal e a morte. A doença é a impossibilidade de estar-de-pé na dança ou no teatro. "Só há a peste, / a cólera, / a varíola negra / porque a dança / e por conseguinte o teatro / / ainda não começaram a existir" (in 84, p. 127).

Tradição de poetas loucos? Hölderlin: "Contudo agrada-nos, sob o trovão de Deus / ó Poetas! estar de pé, coma cabeça descoberta, / Agarrar o próprio raio paterno com mãos limpas, / e levar ao povo em véus / No canto, o dom do céu" (*Tel, au jour de repos,* trad. J. Fédier). Nietzsche: "[…] Será preciso dizer que também é necessário sabê-lo [dançar] com a pena?" (*Crépuscule des idoles,* trad. G. Bianquis, p. 138)[11]. Ou ainda: "Só os pensamentos que nos ocorrem quando caminhamos têm valor" (p. 93). Poderíamos portanto ser tentados, neste ponto como em muitos outros, a abranger estes três poetas loucos, em companhia de alguns outros, no impulso de um mesmo comentário e na continuidade de uma única genealogia[12]. Mil outros textos sobre o estar-de-pé e sobre a dança viriam com efeito encorajar semelhante objetivo.

11 "[…] Agarrar o próprio raio paterno com mãos limpas…"; "Saber dançar com a pena"; "A vara… a pequena espada… uma outra vara… A minha vara será este livro indignado…" E em *Les Nouvelles révélations de l'être:* "Porque a 3 de junho de 1937, apareceram as cinco serpentes que estavam já na espada cuja força de decisão é representada por uma vara! O que quer isto dizer? Quer dizer Eu que falo tenho uma Espada e uma Vara" (p. 18). Aqui colagem do seguinte texto de Genet: "Todos os arrombadores compreenderão a dignidade de que fui revestido quando segurei na mão o pé-de-cabra, a 'pena'. Do seu peso, da sua matéria, do seu calibre, enfim, da sua função emanava uma autoridade que me fez homem. Sempre senti a necessidade desta vara de aço para me libertar completamente das minhas lodosas disposições, das minhas humildes atitudes e para atingir a clara simplicidade da virilidade" (*Miracle de la rose, Oeuvres Complètes,* II, p. 205).

12 Reconheçamo-lo: Artaud é o primeiro a querer reunir numa árvore martirológica a vasta família dos loucos de gênio. Faz isso em *Van Gogh, le suicidé de la société* (1947), um dos raros textos em que Nietzsche é citado, entre os outros "suicidas" (Baudelaire, Poe, Nerval, Nietzsche, Kierkegaard, Hölderlin, Coleridge, cf. p. 15). Artaud escreve mais adiante (p. 65): "Não, Sócrates não tinha essa visão, antes dele (Van Gogh) só talvez o infeliz Nietzsche possuiu esse olhar capaz de despir a alma, de libertar o corpo da alma, de pôr a nu o corpo do homem, fora dos subterfúgios do espírito."

A PALAVRA SOPRADA 271

Mas não escaparia então a ele a decisão essencial de Artaud? O estar-de-pé e a dança, de Hölderlin a Nietzsche, permanecem talvez metafóricos. Em todo caso a ereção não deve exilar-se na obra, delegar-se ao poema, expatriar-se na soberania da palavra ou da escritura, no estar-de-pé no pé da letra ou na ponta da pena. O estar-de-pé da obra é, mais precisamente ainda, o domínio da letra sobre o sopro. É certo que Nietzsche denunciara a estrutura gramatical na base de uma metafísica a demolir, mas alguma vez interrogara na sua origem a relação entre a segurança gramatical por ele reconhecida e o estar-de-pé da letra? Heidegger anuncia-o numa breve sugestão da *Introduction à la métaphysique:*

> *Os* Gregos consideravam a língua opticamente, num sentido relativamente amplo, a saber do ponto de vista do escrito. É aí que o falado vem à estância. A língua está, isto é, mantém-se de pé, na visão da palavra, nos signos da escritura, nas letras, γράμματα\*. Eis por que a gramática representa a língua que é, enquanto, pelo fluxo das palavras, a língua perde-se no inconsistente. Assim, portanto, até à nossa época, a teoria da língua foi interpretada gramaticalmente (tradução G. Kahn, p. 74).

Isto não contradiz, mas parodoxalmente confirma o desprezo da letra que, por exemplo no *Fedro,* salva a escritura metafórica como inscrição primeira da verdade na alma; salva-a e em primeiro lugar refere-se a ela como a mais certa segurança, e ao sentido próprio da escritura (276 *a*).

É a metáfora o que Artaud pretende destruir. Quer acabar com o estar-de-pé como ereção metafórica na obra escrita[13]. Esta alienação na metáfora da obra escrita é o fenômeno da superstição. E "é preciso acabar com esta superstição dos textos e da poesia escrita" (*Le Théâtre et son double,* v, p. 93-94). A superstição é portanto a essência da nossa relação com Deus, da nossa perseguição pelo grande furtivo. Deste modo a soteriologia passa pela destruição da obra e de Deus. A morte de

---

\* *Pragmata:* em ação efetiva (N. da E.).

13 "E eu vos disse: nada de obras, nada de língua, nada de espírito, nada.
 Nada, senão um belo Pesa-Nervos.
 Uma espécie de posição incompreensível e totalmente ereta no meio de tudo no espírito" (*Le Pèse-nerfs,* i, p. 96).

Deus[14] assegurará a nossa salvação porque só ela pode despertar o Divino. O nome do homem – ser escato-teológico, ser capaz de se deixar manchar pela obra e constituir pela sua relação com Deus ladrão – designa a corrupção histórica do Divino inominável.

E esta faculdade é exclusivamente humana. Direi mesmo que é essa infeção do humano que nos estraga as ideias que deveriam ter permanecido divinas; pois longe de acreditar no sobrenatural, no divino, inventados pelo homem, penso que foi a intervenção milenar do homem que acabou por nos corromper o divino (idem, p. 13).

Deus é portanto um pecado contra o divino. A essência da culpabilidade é escato-teológica. O pensamento, ao qual a essência escato-teológica do homem aparece como tal, não pode ser simplesmente uma antropologia nem um humanismo metafísicos. Este pensamento desponta para lá do homem, para lá da metafísica do teatro ocidental cujas "preocupações… fedem o homem inverossimilmente, o homem provisório e material, direi mesmo o *homem-cadáver*" (IV, p. 51. Cf. também III, p. 129, em que uma carta de injúrias à Comédie-Française denuncia em termos precisos a vocação escatológica do seu conceito e das suas operações).

Por esta recusa da estância metafórica na obra e, apesar das semelhanças flagrantes (aqui apesar desta passagem para além do homem e de Deus), Artaud não se filia a Nietzsche. Ainda menos a Hölderlin. Matando a metáfora (estar-de-pé-fora-

---

14 "Pois mesmo o infinito está morto, / infinito é o nome de um morto" (in 84, p. 118). O que significa que Deus não morreu num dado momento da história, mas que Deus está Morto porque é o nome da própria Morte, o nome da morte em mim e daquilo que, *roubando-me por ocasião do meu nascimento, iniciou* a minha vida. Como Deus-Morte é a diferença na vida, jamais acabou de morrer, isto é, de viver. "Pois mesmo o infinito está morto, / infinito é o nome de um morto / que não morreu" (idem). A vida sem diferença, a vida sem morte será a única a vencer a morte e Deus. Mas será negando-se como vida, na morte, e tornando-se o próprio Deus. Deus é portanto a Morte: a Vida infinita, sem diferença, tal qual é atribuída a Deus pela onto-teologia ou metafísica clássica (com a exceção ambígua e notável de Hegel) à qual Artaud ainda pertence. Mas como a morte é o nome da diferença na vida, da finitude como essência da vida, a infinidade de Deus, como Vida e Presença, é o outro nome da finitude. Mas o outro nome da mesma coisa *não quer dizer* a mesma coisa que o primeiro nome, não é *sinônimo* dele e *é toda a história*.

A PALAVRA SOPRADA

-de-si-na-obra-roubada), o teatro da crueldade lançar-nos-á numa "nova ideia do Perigo" (carta a Marcel Dalio, v, p. 95). A aventura do Poema é a última angústia a vencer antes da aventura do Teatro[15]. Antes do ser na sua própria estação.

De que modo o teatro da crueldade me salvará, me restituirá a instituição da minha própria carne? De que modo impedirá que a minha vida caia longe de mim? De que modo me evitará "ter vivido / como o 'Demiurgo' / com / um corpo roubado por efração" (in 84, p. 113)?

Em primeiro lugar resumindo o órgão. A destruição do teatro clássico – e da metafísica que põe em cena – tem como primeiro gesto a redução do órgão. A cena ocidental clássica define um teatro do órgão, teatro de palavras, portanto de interpretação, de registro e de tradução, de derivação a partir de um texto preestabelecido, de uma tábua escrita por um Deus-Autor e único detentor da primeira palavra. De um senhor que guarda a palavra roubada, emprestada unicamente aos seus escravos, aos seus diretores e aos seus autores.

Se portanto o autor é aquele que dispõe da linguagem da palavra, e se o diretor é seu escravo, temos aqui uma simples questão de palavras. Há uma confusão nos termos, proveniente do fato de que, para nós, e de acordo com o sentido que em geral se atribui ao termo diretor, este não passa de um artífice, de um adaptador, de uma espécie de tradutor eternamente condenado à tarefa de passar uma obra dramática de uma linguagem para outra; e esta confusão só será possível e o diretor só será obrigado a apagar-se perante o autor enquanto se aceitar que a linguagem das palavras é superior

15  É por isso que a poesia enquanto tal permanece aos olhos de Artaud uma arte abstrata, que se trate de palavra ou de escritura poéticas. Só o teatro é arte total em que se produz, além da poesia, da música e da dança o aparecimento do próprio corpo. Assim perdemos o nervo central do pensamento de Artaud quando vemos nele *em primeiro lugar* um poeta. Exceto evidentemente se fizermos da poesia um gênero ilimitado, isto é, o teatro com o seu espaço real. Até que ponto poderemos seguir Blanchot quando escreve: "Artaud deixou-nos um documento magno, que não é outra coisa senão uma Arte poética. Reconheço que fala nela do teatro, mas o que está em causa é a exigência da poesia tal como pode realizar-se recusando apenas os gêneros limitados e afirmando uma linguagem mais original... já não se trata então apenas do espaço real que a cena nos apresenta, mas de um *outro espaço*..."? Até que ponto temos o direito de acrescentar entre aspas "da poesia" quando citamos um frase de Artaud definindo "a mais alta ideia do teatro"? (Cf. *La Cruelle raison poétique*, p. 69).

## A ESCRITURA E A DIFERENÇA

às outras, e que o teatro não admite outra linguagem que não seja essa (*Le Théâtre et son Double,* IV, p. 143)[16].

16  Mais uma estranha semelhança entre Artaud e Nietzsche. O elogio dos mistérios de Elêusis (IV, p. 63) e um certo desprezo pela latinidade (p. 49) confirmá-la-iam ainda. Contudo, esconde-se nela uma diferença, dizíamos nós mais acima lapidarmente e é aqui a ocasião de precisar. Em *L´Origine de la tragédie,* no momento em que (§ 19) designa a "cultura socrática" no seu "conteúdo mais íntimo" e com o seu nome mais "agudo" como a "cultura da ópera", Nietzsche interroga-se sobre o nascimento do recitativo e do *stilo rappresentativo.* Este aparecimento só nos pode remeter para instintos contra a natureza e estranhos a toda a estética, apolínea ou dionisíaca. O recitativo, a sujeição da música ao libreto, corresponde finalmente ao medo e à necessidade de segurança, à "nostalgia da vida idílica", à "crença na existência pré-histórica do homem artista e bom". "O recitativo passava por ser a linguagem redescoberta desse homem da origem"… A ópera era um "meio de consolação contra o pessimismo" numa situação de "sinistra insegurança". E eis aqui, tal como em *Le Théâtre et son double,* o lugar do texto reconhecido como o do domínio usurpado e a própria – não metafórica – prática da escravidão. A disposição do texto é o domínio. "A ópera é produto do homem teórico, do crítico noviço, não do artista: um dos fatos mais estranhos da história de todas as artes. Auditores totalmente alheios à música exigiam compreender antes de mais nada a Palavra; de tal maneira que um renascimento da arte musical só teria dependido da descoberta de qualquer modo do canto no qual o Texto tivesse dominado o Contraponto tal como o Senhor domina o Escravo". E noutro lugar, a propósito do hábito "de gozar do texto separadamente – da leitura" (Le Drame musical grec, em *La Naissance de la tragédie,* p. 159), a propósito das relações entre o grito e o conceito (La Conception dionisiaque du monde, trad. G. Bianquis, idem, p. 182), a propósito das relações entre "o simbolismo do gesto" e o "tom do sujeito que fala", a propósito da relação "hieroglífica" entre o texto de um poema e a música, a propósito da ilustração musical do poema e do projeto de "emprestar uma linguagem inteligível à música" ("E o mundo voltado de pernas para o ar. É como se o filho quisesse gerar o pai", fragmento sobre La Musique et le langage, idem, p. 214-215), numerosas fórmulas anunciam Artaud. Mas aqui, como noutros lugares, a dança é a música que Nietzsche quer libertar do texto e da recitação. Libertação sem dúvida abstrata aos olhos de Artaud. Só o teatro, arte total compreendendo e utilizando a música e a dança entre outras formas de linguagem, pode realizar esta libertação. Se muitas vezes prescreve a dança, tal como Nietzsche, é preciso notar que Artaud jamais a abstrai do teatro. Mesmo que a tomássemos à letra e não, como dizíamos mais acima, num sentido analógico, a dança não seria todo o teatro. Artaud talvez não dissesse como Nietzsche "Só posso acreditar num Deus que saiba dançar". Não só porque, como Nietzsche o sabia, Deus não seria capaz de dançar, mas porque a dança sozinha é um teatro empobrecido. Este esclarecimento era tanto mais necessário quanto Zaratustra também condena os poetas e a obra poética como alienação do corpo na metáfora. *Dos poetas* começa da seguinte maneira: "Desde que conheço melhor o corpo, dizia Zaratustra a um dos seus discípulos, o espírito já não é para mim senão uma metáfora; e de uma maneira geral, o 'eterno' também não é outra coisa senão símbolo. – Já te ouvi dizê-lo, respondeu o Discípulo, e nessa altura acrescentavas: Mas os poetas mentem demais. Por que razão dizias então que os poetas mentem demais? … – Gostam de se fazer passar por mediadores, mas a meus olhos permanecem alcoviteiros, especuladores e sujos fazedores de compromissos. / Infelizmente é verdade que um dia lancei a minha rede no seu mar,

A PALAVRA SOPRADA

As diferenças de que vive a metafísica do teatro ocidental (autor-texto/diretor-atores), a sua diferenciação e as suas mudanças transformam os "escravos" em comentadores, isto é, em órgãos. Aqui órgãos de registro. Ora

É preciso acreditar num sentido da vida renovado pelo teatro, e onde o homem impavidamente se torna *o senhor daquilo que ainda não é* [o grifo é nosso], e o faz nascer. E tudo o que não nasceu pode ainda nascer desde que não nos contentemos com sermos simples órgãos de registro (*Le Théâtre et la culture*, IV, p. 18).

Mas antes de corromper a metafísica do teatro, o que designaremos como a diferenciação orgânica tinha feito devastações no corpo. A *organização* é a articulação, a junção das funções ou dos membros (ἄρθρον, *artus*), o trabalho e o jogo da sua diferenciação. Esta constitui ao mesmo tempo a compleição e o desmembramento do meu (corpo) próprio. Artaud teme o corpo articulado tal como teme a linguagem articulada, o membro como a palavra, dum único e mesmo jato, por uma única e mesma razão. Pois a articulação é a estrutura do meu corpo e a estrutura é sempre estrutura de expropriação. A divisão do corpo em órgãos, a diferença interna da carne abre a falha pela qual o corpo se ausenta de si próprio, fazendo-se assim passar, tomando-se por espírito. Ora, "não há espírito, apenas diferenciações de corpos" (3-1947). O corpo que "procura sempre se reunir"[17] escapa a si próprio por aquilo que lhe permite funcionar e exprimir-se, escutando-se, como se diz dos doentes, e portanto despistando-se de si próprio.

O corpo é o corpo, / está sozinho / e não tem necessidade de órgãos, / o corpo jamais é um organismo, / os organismos são inimigos do corpo, / as coisas que se fazem passam-se sozinhas sem o concurso de nenhum órgão, / todo o órgão é parasita, / esconde

com a esperança de aí pegar belos peixes; mas só retirei a cabeça de um deus antigo". Nietzsche desprezava também o espetáculo ("O espírito do poeta" tem necessidade de espectadores, nem que fossem búfalos) e sabemos que para Artaud a visibilidade do teatro devia deixar de ser um objeto de espetáculo. Nesta confrontação não se trata de saber quem foi mais longe na destruição, se Nietzsche, se Artaud. A essa pergunta, que é imbecil, parecemos talvez responder Artaud. Numa outra direção, poderíamos também legitimamente defender o contrário.

17  Em *Centre-noeuds*, Rodez, abr. de 1946. Publicado em *Juin*, n. 18.

uma função parasitária / destinada a fazer viver um ser que não deveria lá estar (in 84, p. 101).

O órgão acolhe portanto a diferença do estranho no meu corpo, é sempre o órgão da minha perda, e isto é de uma verdade tão originária que nem o coração, órgão central da vida, nem o sexo, órgão primeiro da vida, poderiam escapar a ela:

> É assim que de fato não há nada de mais ignobilmente inútil e supérfluo do que o órgão chamado coração / que é a mais suja maneira que os seres inventaram de sugar a vida em mim. / Os movimentos do coração não passam de uma manobra à qual o ser se entrega constantemente sobre mim para me tomar aquilo que constantemente lhe recuso… (in 84, p. 103).

Mais adiante: "Um homem verdadeiro não tem sexo" (p. 112)[18]. O homem verdadeiro não tem sexo, pois deve ser o seu sexo. A partir do momento em que o sexo se torna órgão, torna-se-me estranho, abandona-me para adquirir assim a autonomia arrogante de um objeto inchado e cheio de si. Este inchaço do sexo que se tornou objeto separado é uma espécie de castração. "Diz ver-me numa grande preocupação com o sexo. Mas com o sexo tenso e inchado como um objeto" (*L'Art et la mort,* I, p. 145).

O órgão, lugar da perda porque o seu centro tem sempre a forma do orifício. O órgão funciona sempre como embocadura. A reconstituição e a re-instituição da minha carne seguirão portanto o fechamento do corpo sobre si e a redução da estrutura orgânica:

> Estava vivo / e estava *lá* desde *sempre.* / Comi? / Não, / mas quando tinha fome recuei com o meu corpo e não me comi a mim próprio / mas tudo isto se decompôs, / tinha lugar uma estranha operação… / Dormi? / Não, não dormia, / é preciso ser casto para saber não comer. / Abrir a boca, é oferecer-se aos miasmas. / Assim, nada de boca! / Nada de boca, / nada de língua, / nada da dentes, / nada de la-

---

18 Vinte e dois anos antes, em *L'Ombilic des limbes:* "Não suporto que o Espírito não esteja na vida e que a vida não esteja no Espírito, sofro com o Espírito-órgão, com o 'Espírito-tradução ou com o Espírito-intimidação-das-coisas para fazê-las entrar no Espírito'" (I, p. 48).

A PALAVRA SOPRADA

ringe, / nada de esôfago, / nada de estômago, / nada de ventre, / nada de ânus. / Reconstruirei o homem que sou (nov. 47, in 84, p. 102).

Mais adiante: "(Não se trata especialmente do sexo ou do ânus que são aliás para cortar e liquidar...)" (in 84, p. 125). A reconstituição do corpo deve ser autárcica, não deve ser ajudada; e o corpo deve ser refeito de uma só vez. "Sou / eu / quem / me / terei / refeito / a mim próprio / inteiramente /... por mim / que sou um corpo / e não tenho regiões em mim" (3-1947).

A dança da crueldade ritma esta reconstrução e trata-se mais uma vez do *lugar a encontrar*:

A realidade não está ainda construída porque os órgãos verdadeiros do corpo humano ainda não estão compostos e colocados. / O teatro da crueldade foi criado para terminar esta colocação e para empreender por uma nova dança do corpo do homem uma fuga deste mundo dos micróbios que não passa de um nada coagulado. / O teatro da crueldade quer fazer dançar pálpebras lado a lado com cotovelos, rótulas, fêmures e artelhos, e que isso seja visto (in 84, p. 101).

Para Artaud, o teatro não podia portanto ser um gênero entre outros, ele era um homem do teatro antes de ser escritor, poeta ou mesmo homem de teatro: ator pelo menos tanto quanto autor e não apenas porque representou muito, tendo escrito uma única peça e manifestado por um "teatro abortado"; mas porque a teatralidade exige a totalidade da existência e não tolera mais a instância interpretativa nem a distinção entre autor e ator. A primeira urgência de um teatro inorgânico é a emancipação em relação ao texto. Embora só encontremos o seu rigoroso sistema em *Le Théâtre et son double,* o protesto contra a letra fora desde sempre a preocupação principal de Artaud. Protesto contra a letra morta que se ausenta para longe do sopro e da carne. Artaud tinha primeiro sonhado com uma grafia que não partisse à deriva, com uma inscrição não separada: encarnação da letra e tatuagem sangrenta.

Depois desta carta [de J. Paulhan, 1923], trabalhei ainda um mês a escrever um poema verbalmente, e não gramaticalmente, bom. Em seguida renunciei a isso. Para mim a questão não era saber o que chegaria a insinuar-se nos quadros da linguagem escrita, / mas na trama da minha alma em vida. / Por algumas palavras entradas à faca na carnação que permanece, / numa encarnação que morre sob a trave da chama-ilhota de uma lanterna de cadafalso... (I, p. 9)[19].

Mas a tatuagem paralisa o gesto e mata a voz que pertence também à carne. Reprime o grito e a possibilidade de uma voz ainda in-organizada. E mais tarde, projetando subtrair o teatro ao texto, ao ponto e ao domínio do logos primeiro, Artaud não entregará simplesmente a cena ao mutismo. Quererá apenas voltar a nela situar, subordinar uma palavra que até aqui enorme, invasora, onipresente e cheia de si, palavra soprada, tinha pesado desmesuradamente sobre o espaço teatral. Será preciso agora que, sem desaparecer, ela se mantenha no seu lugar, e para isso que ela se modifique na sua própria função: que ela não mais seja uma linguagem de palavras, de termos "num sentido de definição" (*Le Théâtre et son double*, I, p. 142 e *passim*), de conceitos que terminam o pensamento e a vida. É no silêncio das palavras-definições que "melhor poderíamos escutar a vida" (idem). Portanto, despertar-se-á a onomatopeia, o gesto que dorme em toda a palavra clássica: a sonoridade, a entoação, a intensidade. E a sintaxe regulando o encadeamento das palavras-gestos já não será uma gramática da predicação, uma lógica do "espírito claro" ou da consciência conhecedora. "Quando digo que não representarei peça escrita, quero dizer que não representarei peça baseada na escritura e na palavra,... e que mesmo a parte falada e escrita sê-lo-á num sentido novo" (p. 133). "Não se trata de suprimir a palavra articulada, mas de dar às palavras mais ou menos a mesma importância que têm nos sonhos" (p. 112)[20].

---

19  Zaratustra (Primeira Parte, VII): "De tudo o que se escreve, só gosto daquilo que se escreve com o próprio sangue. Escreve com o teu sangue, e descobrirás que o sangue é espírito. / Não é possível compreender o sangue de outrem; odeio todos os que leem como papalvos. / Quando se conhece o leitor, não se faz mais nada para o leitor. Mais um século de leitores, e o próprio espírito será um fedor".

20  Por que não jogar o jogo sério das citações aproximadas? Escreveu-se depois: "Que o sonho disponha da fala tanto faz, visto que para o inconsciente ela não passa de um elemento de encenação como os outros". Jacques Lacan, L'Instance de la lettre dans l'inconscient ou la raison depuis Freud, *Écrits*, p. 511. Trad. brasileira, *Escritos*, Perspectiva, 1977, p. 242.

Estranha à dança, imóvel e monumental como uma definição, materializada, isto é, pertencendo ao "espírito claro", a tatuagem é portanto ainda demasiado silenciosa. Silêncio de uma letra liberada, falando sozinha e ganhando mais importância do que a que a palavra tem no sonho. A tatuagem é um depósito, uma obra, e é a obra que é preciso destruir, sabemo-lo agora. *A fortiori*, a obra-prima: é preciso "acabar com as obras-primas" (título de um dos textos mais importantes de *Le Théâtre et son double*, I, p. 89). Também aqui, destruir o poder da obra literal não é apagar a letra: apenas subordiná-la à instância do ilegível ou pelo menos do analfabético. "É para analfabetos que escrevo"[21]. Vê-se em certas civilizações não ocidentais, aquelas precisamente que fascinavam Artaud, o analfabetismo acomodar-se perfeitamente com a cultura mais profunda e mais viva. Os traços inscritos no corpo serão portanto incisões gráficas, mas as feridas recebidas na destruição do Ocidente, da sua metafísica e do seu teatro, os estigmas dessa guerra impiedosa. Pois o teatro da crueldade não é um teatro novo destinado a escoltar algum novo romance modificando apenas do interior uma tradição inabalável. Artaud não empreende nem uma renovação, nem uma crítica, nem um questionamento do teatro clássico: pretende destruir efetivamente, e não teoricamente, a civilização ocidental, as suas religiões, o todo da filosofia que fornece os fundamentos e o cenário ao teatro tradicional sob as suas formas aparentemente mais inovadoras.

O estigma e não a tatuagem: assim na exposição do que deveria ter sido o primeiro espetáculo do teatro da crueldade (*La conquête du Mexique*), encarnando a "questão da colonização" e que teria "feito reviver de maneira brutal, implacável, sangrenta, a fatuidade sempre vivaz da Europa" (*Le Théâtre et son Double*, IV, p. 152), o estigma substitui-se ao texto:

> Desse choque da desordem moral e da anarquia católica com a ordem pagã, a peça pode fazer surgir conflagrações inimagináveis

---

21 "Sob a gramática há o pensamento, que é um opróbrio mais forte a dominar, uma virgem muito mais rebarbativa, muito mais dura de vencer quando a consideramos como um fato inato. / Pois o pensamento é uma matrona que nem sempre existiu. / Mas que as palavras inchadas com a minha vida incham em seguida sozinhas no bê-a-bá do escrito. É para os analfabetos que escrevo" (I, p. 10-11).

280  A ESCRITURA E A DIFERENÇA

de forças e de imagens, semeadas aqui e ali por diálogos brutais. E isto por meio de lutas corpo a corpo de homens que trazem em si como estigmas as ideias mais opostas (idem).

O trabalho de subversão a que Artaud desde sempre submetera o imperialismo da letra tinha o sentido negativo de uma *revolta* enquanto se produzia no meio da literatura como tal. Eram as primeiras obras em torno das cartas a J. Rivière. A afirmação *revolucionária*[22] que receberá uma notável expressão teórica em *Le Théâtre et son double* tinha, contudo, transparecido em *Le Théâtre Alfred Jarry* (1926-30). Aí se prescrevia já a descida a uma profundidade da manifestação de forças em que a distinção dos órgãos do teatro (autor-texto/diretor-ator-público) não fosse ainda possível. Ora, este sistema de pausas orgânicas, esta *diferência,* jamais foi possível, exceto quando em torno de um objeto, livro ou libreto. A profundidade procurada é portanto a do ilegível: "Tudo o que pertence à ilegibilidade... queremos... vê-lo triunfar num palco..." (II, p. 23). Na ilegibilidade teatral, na noite que precede o livro, o signo ainda não está separado da força[23]. Ainda não é completamente um signo, no sentido em que o entendemos, mas já não é uma coisa, aquilo que só pensamos na sua oposição ao signo. Não tem então nenhuma

22  Revolucionária em sentido total e em especial em sentido político. Todo *Le Théâtre et son double* poderia ser lido – não o pode ser aqui – como um manifesto político, ocasionalmente muito ambíguo. Renunciando à ação política imediata, à guerrilha, o que teria sido um desperdício de forças na economia da sua intenção política, Artaud pretendia preparar um teatro irrealizável sem a ruína das estruturas políticas da nossa sociedade. "Caro amigo, não disse que queria agir diretamente sobre a época; disse que o teatro que queria fazer exigia, para ser possível, para ser admitido pela época, uma outra forma de civilização" (mai. de 33, IV, p. 140). A revolução política tem em primeiro lugar de arrancar o poder à letra e ao mundo das letras (cf. por exemplo o Post-Scriptum ao *Manifeste pour un théâtre avorté*: em nome da revolução teatral contra as *letras*, Artaud, visando aqui os Surrealistas "revolucionários com papel de bosta" "ajoelhados perante o Comunismo", diz o seu desprezo pela "revolução de preguiçosos", pela revolução como "simples transmissão dos poderes". "Há bombas a colocar em qualquer lugar, mas na base da maior parte dos hábitos do pensamento presente, europeu ou não. Os senhores Surrealistas estão muito mais atingidos por esses hábitos do que eu". "A Revolução mais urgente" seria "uma espécie de regressão no tempo" ... em direção à "mentalidade ou mais simplesmente aos hábitos de vida da Idade Média" (II, p. 25).
23  "A verdadeira cultura age pela sua exaltação e pela sua força, e o ideal europeu da arte visa lançar o espírito numa atitude separada da força e que assiste à sua exaltação" (IV, p. 15).

A PALAVRA SOPRADA 281

possibilidade de se tornar, enquanto tal, texto escrito ou palavra articulada; nenhuma possibilidade de se elevar e de inchar acima da *energeia* para revestir, segundo a distinção humboldtiana, a impassibilidade morna e objetiva do *ergon*. Ora, a Europa vive do ideal desta separação entre a força e o sentido como texto, no próprio momento em que, como o sugeríamos mais acima, julgando erguer o espírito acima da letra, prefere-lhe ainda a escritura metafórica. Esta derivação da força no signo divide o ato teatral, deporta o ator para longe da responsabilidade do sentido, faz dele um intérprete que deixa que lhe insuflem a vida e lhe soprem as palavras, recebendo o seu papel como uma ordem, submetendo-se como um animal ao prazer da docilidade. Tal como o público sentado, não passa então de um consumidor, um esteta, um "usufruidor" (cf. IV, p. 15). O palco então já não é cruel, já não é o palco, mas um divertimento, a ilustração luxuosa do livro. Na melhor das hipóteses, um outro gênero literário.

O diálogo – coisa escrita e falada – não pertence especificamente à cena, pertence ao livro; e a prova é que se reserva nos manuais de história literária um lugar para o teatro considerado como um ramo acessório da história da linguagem articulada (p. 45. Cf. também p. 89, 93, 94, 106, 117, 315 e s.).

Deixar assim que lhe soprem a palavra é, como escrevê-la, o arquifenômeno da *reserva:* abandono de si ao furtivo, discrição, separação e ao mesmo tempo acumulação, capitalização, seguro também na decisão delegada ou diferida. Deixar a palavra ao furtivo é tranquilizar-se na diferência, isto é, na economia. O teatro do ponto constrói portanto o sistema do medo e mantém-no a distância pela maquinaria engenhosa das suas mediações substancializadas. Ora, sabemos que, como Nietzsche, mas pelo teatro, Artaud quer restituir-nos ao Perigo como ao Devir. "O teatro... está em decadência porque rompeu... com o Perigo" (IV, p. 51), com o "Devir" (p. 84). "[...] Parece em resumo que a mais alta ideia do teatro que existe é aquela que nos reconcilia filosoficamente com o Devir" (p. 130).

Recusar a obra e deixar que lhe sejam roubados a palavra, o corpo e o nascimento pelo deus furtivo é portanto precaver-se bem contra o teatro do medo multiplicando as diferenças entre mim e eu. Restaurado na sua absoluta e terrível proximidade, o palco da crueldade restituir-me-ia deste modo a imediata autarcia do meu nascimento, do meu corpo e da minha palavra. Onde definiu Artaud melhor a cena da crueldade do que no *Ci-gît*, longe de qualquer aparente referência ao teatro: "Eu, Antonin Artaud, sou meu filho, meu pai, minha mãe, e eu"...?

Mas o teatro assim descolonizado não sucumbirá sob a sua própria crueldade? Resistirá ao seu próprio perigo? Liberado da dicção, subtraído à ditadura do texto, o ateísmo teatral não ficará entregue à anarquia improvisadora e à inspiração caprichosa do ator? Não se prepara uma outra sujeição? Um outro furto da linguagem no arbitrário e na irresponsabilidade? Para evitar este perigo que intestinamente ameaça o próprio perigo, Artaud, por um estranho movimento, informa a linguagem da crueldade numa nova escritura: a mais rigorosa, a mais imperiosa, a mais regrada, a mais matemática, a mais formal. Incoerência aparente que sugere uma objeção apressada. Na verdade a vontade de guardar a palavra guardando-se nela comanda com a sua lógica todo-poderosa e infalível uma inversão que devemos aqui seguir.

A J. Paulhan:

Não creio que, uma vez lido o meu Manifesto, possa perseverar na sua objeção ou então é porque não o leu ou o leu mal. Os meus espetáculos nada terão a ver com as improvisações de Copeau. Por mais que mergulhem no concreto, no exterior, que finquem o pé na natureza aberta e não nos quartos fechados do cérebro, nem por isso são entregues ao capricho da inspiração inculta e irrefletida do ator; sobretudo do ator moderno que, uma vez saído do texto, mergulha e não sabe mais nada. Terei o cuidado de não entregar a este acaso a sorte dos meus espetáculos e do teatro. Não (set. de 32, IV, p. 131).

"Entrego-me à febre dos sonhos, mas é para tirar deles novas leis. Busco a multiplicação, a finura, a visão intelectual no delírio, não a vaticinação ocasional" (*Manifeste en language clair*, I, p. 239).

Se é preciso portanto renunciar "à superstição teatral do texto e à ditadura do escritor" (p. 148), é porque estas só se puderam impor à custa de um certo modelo de palavra e de escritura: palavra representativa de um pensamento claro e pronto, escritura (alfabética e em todo o caso fonética) representativa de uma palavra representativa. O teatro clássico, teatro de espetáculo, era a representação de todas estas representações. Ora, esta diferença, estes adiamentos, estas pausas representativas relaxam e libertam o jogo do significante, multiplicando assim os lugares e os momentos do furto. Para que o teatro não esteja submetido a esta estrutura de linguagem nem abandonado à espontaneidade da inspiração furtiva, dever-se-á regulá-lo segundo a necessidade de uma outra linguagem e de uma outra escritura. Fora da Europa, no teatro balinês, nas velhas cosmogonias mexicana, hindu, iraniana, egípcia etc., procurar-se-á sem dúvida temas, mas também, por vezes, modelos de escritura. Desta vez, não só a escritura não será mais transcrição da palavra, não só será a escritura *do* próprio corpo, mas produzir-se-á, nos movimentos do teatro, segundo as regras do hieróglifo, de um sistema de signos em que a instituição da voz não mais comanda. "O atropelamento das imagens e dos movimentos chegará, por colisões de objetos, de silêncios, de gritos e de ritmos, à criação de uma verdadeira linguagem física à base de signos e não mais de palavras" (IV, p. 149). As próprias palavras, voltando a ser signos físicos não transgredidos em direção ao conceito, mas "tomados num sentido encantatório, verdadeiramente mágico – para a sua forma, as suas emanações sensíveis" (idem) –, deixarão de comprimir o espaço teatral de colocá-lo na horizontal como fazia a palavra lógica; restituir-lhe-ão o seu "volume" e utilizá-lo-ão "nas suas partes inferiores" (idem). Então, não é por acaso que Artaud diz "hieróglifo" de preferência a ideograma: "O espírito dos mais antigos hieróglifos presidirá à criação desta linguagem teatral pura" (idem, cf. também, em especial, p. 73, 107 e s.). (Dizendo hieróglifo, Artaud pensa apenas no *princípio* das escritas ditas hieroglíficas que, sabemo-lo, não ignoram *de fato* o fonetismo.)

Não só a voz cessará de dar ordens, mas deverá deixar-se ritmar pela lei desta escritura teatral. A única maneira de acabar com a liberdade da inspiração e com a palavra soprada é criar um domínio absoluto do sopro num sistema de escrita não-fonética. Daí *Un Athlétisme affectif,* esse estranho texto em que Artaud procura as leis do sopro na Cabala ou no *Yin* e

*Yang,* e quer "com o hieróglifo de um sopro reencontrar uma ideia do teatro sagrado" (IV, p. 163). Tendo sempre preferido o grito ao escrito, Artaud quer agora elaborar uma rigorosa escritura do grito e um sistema codificado das onomatopeias, das expressões e dos gestos, uma verdadeira pasigrafia teatral conduzindo para além das línguas empíricas[24], uma gramática universal da crueldade: "As dez mil e uma expressões do rosto tomadas no estado de máscaras poderão ser etiquetadas e catalogadas, a fim de participar direta e simbolicamente dessa linguagem concreta" (p. 112). Artaud quer mesmo reencontrar sob a sua aparente contingência a necessidade das produções do inconsciente (cf. p. 96), calcando de algum modo a escritura teatral na escritura originária do inconsciente, talvez aquela de que Freud fala em *Notiz über den "Wunderblock"* como de uma escritura que se apaga e se retém a si própria, depois de ter contudo prevenido em *Traumdeutung*, contra a metáfora do inconsciente, texto original subsistindo ao lado de *Umschrift*, e depois de ter, num pequeno texto de 1913, comparado o sonho "não a uma linguagem", mas a "um sistema de escrita" e mesmo de escrita "hieroglífica".

Apesar das aparências, entendamos, apesar do todo da metafísica ocidental, esta formalização matemática liberaria a festa e a genialidade reprimidas. É possível

que isto choque o nosso sentido europeu da liberdade cênica e da inspiração espontânea, mas que não se diga que esta matemática é causadora de secura ou de uniformidade. O maravilhoso é que uma sensação de riqueza, de fantasia, de generosa prodigalidade se desprende deste espetáculo regulado com uma minúcia e uma consciência que enlouquecem (p. 67, cf. também p. 72).

Os atores com os seus trajes compõem verdadeiros hieróglifos que vivem e se movem. E estes hieróglifos de três dimensões são por sua vez sublinhados por um certo número de gestos, de sinais misteriosos que correspondem a não sei que realidade fabulosa e obscura que nós, ocidentais, reprimimos definitivamente (p. 73-74).

---

24  A preocupação com a escrita universal transparecia também nas *Lettres à Rodez*. Artaud pretendia aí ter escrito "numa língua que não era o francês, mas que todo o mundo podia ler, fosse qual fosse a nacionalidade a que pertence" (a H. Parisot).

A PALAVRA SOPRADA 285

Como são possíveis esta liberação e esta exumação do re-
primido? e não apesar mas à custa desta codificação totalitária
e dessa retórica das forças? À custa da *crueldade* que significa
em primeiro lugar "rigor" e "submissão à necessidade" (p. 121)?
É que, proibindo o acaso, reprimindo o jogo da máquina, esta
nova informação teatral sutura todas as falhas, todas as aberturas, todas as diferenças. A sua origem e o seu movimento ativo,
o diferir, a diferência, são *fechados de novo*. Então, definitivamente, é-nos restituída a palavra roubada. Então a crueldade
se apazigua talvez na sua absoluta proximidade reencontrada,
numa outra ressunção do devir, na perfeição e na *economia* da
sua reaparição. "Eu, Antonin Artaud, sou meu filho, / meu pai,
minha mãe, / e eu." Tal é, segundo o desejo expresso de Artaud,
a *lei da casa*, a primeira organização de um espaço de habitação,
a arquicena. Esta está então *presente*, reunida na sua presença,
*vista*, dominada, terrível e apaziguadora.

Não é à custa da escritura mas entre duas escrituras que
a diferência furtiva tinha podido insinuar-se, marginalizando
a minha vida e fazendo da sua origem, da minha carne, o
exergo e o jacente cansado do meu discurso. Era preciso, através da escritura feita carne, através do hieróglifo teatral, destruir o duplo, apagar a escritura *apó-crifa* que, roubando-me
o ser como vida, me mantinha à distância da força escondida.
Agora o discurso pode voltar a atingir o seu nascimento numa
perfeita e permanente presença a si.

Acontece que este maneirismo, este hieratismo excessivo, com
o seu alfabeto rolante, com os seus gritos de pedras que se fendem,
com os seus ruídos de ramos, os seus ruídos de cortes e de rola-
mentos de madeira, compõe no ar, no espaço, tanto visual como
sonoro, uma espécie de sussurro material e animado. E ao cabo de
alguns instantes a identificação mágica está feita: *Sabemos que éra-
mos nós que falávamos* [p. 80. O grifo é de Artaud].

Saber *presente* do *próprio-passado* da nossa palavra.
Identificação mágica, certamente. Bastaria a diferença dos
tempos para evidenciá-lo. É dizer pouco dizer que é mágica.
Poder-se-ia mostrar que é a própria essência da magia. Mágica e ainda por cima impossível de encontrar. Impossível de
encontrar "a gramática desta nova linguagem" que, Artaud

concede, "ainda está por encontrar" (p. 132). *Na verdade* Artaud teve de, contra todas as suas intenções, reintroduzir o prévio do texto escrito, em "espetáculos […] rigorosamente compostos e *fixados* de uma vez para sempre antes de serem representados" (v, p. 41).

[…] Todos estes tateamentos, estas buscas, estes choques, conduzirão apesar de tudo a uma obra, a uma composição *inscrita* [grifo por Artaud], fixada nos seus menores detalhes e anotada com novos meios de notação. A composição, a criação, em vez de se fazerem no cérebro de um autor, far-se-ão na própria natureza, no espaço real, e o resultado definitivo permanecerá tão rigoroso e tão determinado como o de qualquer obra escrita, tendo a mais uma imensa riqueza objetiva (p. 133-34. Cf. também p. 118 e 153).

Mesmo se Artaud não se tivesse visto obrigado, como o *fez*[25], a restituir os seus direitos à obra e à obra escrita, o seu próprio projeto (a redução da obra e da diferença, portanto da historicidade) não indica a própria essência da loucura? Mas esta loucura, como metafísica da vida inalienável e da indiferença histórica, do "Digo / por cima do / tempo" (*Ci-gît*), denunciava, não menos legitimamente, num gesto que não oferece nenhuma inclinação para uma outra metafísica, a *outra* loucura como metafísica vivendo *na* diferença, na metáfora e na obra, portanto na alienação, sem pensá-las *como tais,* para lá da metafísica. A loucura tanto é a alienação como a

---

25 Artaud não reintroduziu apenas a obra escrita na sua teoria do teatro; é também, afinal de contas, o autor de uma obra. E sabe disto. Numa carta de 1946 (citada por Blanchot em *L'Arche*, 27-28, 1948, p. 133), fala desses "dois livros muito pequenos" (*L'Ombilic* e *Le Pèse-nerfs*) que "rolam sobre essa ausência profunda, inveterada, endêmica de toda a ideia". "No momento, pareceram-me cheios de rachas, de falhas, de mediocridades e como recheados de abortos espontâneos… Mas vinte anos mais tarde parecem-me espantosos, não de sucesso em relação a mim, mas em relação ao inexprimível. É assim que as obras ganham sabor e que, *mentindo* todas em relação ao escritor, constituem por si próprias uma verdade bizarra… Um inexprimível expresso por obras que não passam de destroços presentes…" Então, pensando na recusa crispada da obra, não se pode dizer com a mesma entoação o contrário do que diz Blanchot em *Le Livre à venir*? Não: "naturalmente, não é uma obra" (p. 49), mas: "naturalmente, não passa ainda de uma obra"? Nesta medida, autoriza a efração do comentário e a violência da exemplificação, aquela mesma que não pudemos evitar, no momento em que pretendíamos defender-nos dela. Mas talvez compreendamos melhor agora a necessidade desta incoerência.

inalienação. A obra ou a ausência da obra. Estas duas determinações afrontam-se indefinidamente no campo fechado da metafísica tal como se afrontam na história aqueles que Artaud denomina "os alienados evidentes" ou "autênticos" e os outros. Afrontam-se, articulam-se e trocam-se necessariamente nas categorias, reconhecidas ou não, mas sempre reconhecíveis, de um único discurso histórico-metafísico. Os conceitos de loucura, de alienação ou de inalienação pertencem irredutivelmente à história da metafísica. Mais intimamente: a essa época da metafísica que determina o ser como vida de uma subjetividade própria. Ora, a diferença – ou a diferência, com todas as modificações que se desnudaram em Artaud – só se pode pensar como tal para lá da metafísica, em direção à Diferença – ou à Duplicidade – de que fala Heidegger. Poder-se-ia julgar que esta, abrindo e ao mesmo tempo recobrindo a verdade, nada distinguindo de fato, cúmplice invisível de toda a palavra, é o próprio poder furtivo, se não fosse confundir a categoria metafísica e metafórica do furtivo com o que a torna possível. Se a "destruição"[26] da história da metafísica não for, no sentido rigoroso em que o entende Heidegger, uma simples superação, poderíamos então, permanecendo num lugar que não está nem dentro, nem fora desta história, interrogar-nos sobre o que liga o conceito da loucura ao conceito da metafísica em geral: a que Artaud destrói e a que se empenha ainda em construir ou em preservar no mesmo movimento. Artaud mantém-se no limite e foi neste limite que tentamos lê-lo. Por toda uma face do seu discurso, destrói uma tradição que vive *na* diferença, na alienação, no negativo sem ver a sua origem nem a sua necessidade. Para despertar esta tradição, Artaud chama-a em suma aos seus próprios motivos: a presença a si, a unidade, a identidade a si, o próprio etc. Neste sentido, a "metafísica" de Artaud, nos seus momentos mais críticos, realiza a metafísica ocidental, a sua visada mais profunda e mais permanente. Mas, por um outro lado do seu texto, o mais difícil, Artaud afirma a lei *cruel* (isto é, no sentido em que entende esta última palavra, necessária) da diferença; lei desta vez levada à consciência e não mais vivida na ingenuidade metafí-

---

26  E a loucura deixa-se hoje "destruir" com a mesma destruição que a metafísica onto-teológica, que a obra e o livro. Não dizemos o texto.

sica. Esta duplicidade do texto de Artaud, ao mesmo tempo mais e menos do que um estratagema, obrigou-nos constantemente a passar para o outro lado do limite, a mostrar deste modo o fechamento da presença na qual devia encerrar-se para denunciar a implicação ingênua na diferença. Então, os diferentes passando constantemente e muito depressa um no outro, e a experiência *crítica da diferença assemelhando-se* à implicação ingênua e *metafísica na diferença,* podemos parecer, a um olhar menos experimentado, criticar a metafísica de Artaud a partir da metafísica, quando se nota, pelo contrário, uma cumplicidade fatal. Através dela diz-se a inserção necessária de todos os discursos destruidores, que devem habitar as estruturas por eles derrubadas e nelas abrigar um desejo indestrutível de presença plena, de não-diferença: ao mesmo tempo vida e morte. Tal é a questão que quisemos *colocar,* no sentido em que se coloca uma rede, rodeando um limite de toda uma trama textual, obrigando a substituir o *discurso,* o desvio obrigado por lugares, à pontualidade da *posição.* Sem a duração e os vestígios necessários deste texto, cada posição gira imediatamente no seu contrário. Isto obedece também a uma lei. A transgressão da metafísica por este "pensar" que, diz-nos Artaud, ainda não começou, corre sempre o risco de voltar à metafísica. Tal é a questão na qual nos *colocamos.* Questão ainda e sempre implícita cada vez que uma palavra, protegida pelos limites de um campo, se deixar de longe provocar pelo enigma da carne que quis chamar-se propriamente Antonin Artaud.

(Tradução de Maria Beatriz Marques Nizza da Silva)

# Freud e a Cena da Escritura

Este texto é um fragmento de uma conferência pronunciada no Instituto de Psicanálise (Seminário do Dr. Green). Tratava-se então de iniciar um debate em torno de certas proposições afirmadas em ensaios anteriores, especialmente em "De la gramatologie" (*Critique*, 223/4).

Estas proposições – que permanecerão aqui presentes, na retaguarda – tinham o seu lugar no campo de uma interrogação psicanalítica? Perante um tal campo, em que ponto se encontravam quanto aos seus conceitos e à sua sintaxe?

A primeira parte da conferência abordava a maior generalidade desta questão. Os conceitos centrais eram os de *presença* e *arquitraço*. Indicamos brevemente pelo seu título as principais etapas desta primeira parte.

1. Apesar das aparências, a desconstrução do logocentrismo não é uma psicanálise da filosofia.

Essas aparências: análise de um recalque e de uma repressão histórica da escritura, desde Platão. Este recalque constitui a origem da filosofia como *episteme;* da verdade como unidade do *logos* e da *phone*.

Recalque e não esquecimento; recalque e não exclusão. O recalque, como bem diz Freud, não repele, não foge nem exclui uma forca exterior, contém uma representação interior, desenhando dentro de si um espaço de repressão. Aqui, o que representa uma força no caso da escritura – interior e essencial à palavra – foi contido fora da palavra.

Recalque não conseguido: em vias de desconstituição histórica. É esta desconstituição que nos interessa, é este não triunfo que confere ao seu devir uma certa legibilidade e no limite a opacidade histórica. "O recalque infeliz terá mais razão para suscitar o nosso interesse [diz Freud] do que aquele que conhece algum sucesso e que a maior parte das vezes se subtrai ao nosso estudo" (*g.w.*, x, p. 256).

A forma *sintomática* do regresso do recalcado: a metáfora da escritura que percorre o discurso europeu e as contradições sistemáticas na exclusão onto-teológica do traço. O recalque da escritura como aquilo que ameaça a presença e o domínio da ausência.

O enigma da presença "pura e simples" como duplicação, repetição originária, autoafeção, diferença. Distinção entre o domínio da ausência como palavra e como escritura. A escritura na palavra. Alucinação como palavra e alucinação como escritura.

A relação entre *phone* e consciência. O conceito freudiano de representação verbal como pré-consciência. O logo-fono-centrismo não é um erro filosófico ou histórico no qual se teria acidentalmente, patologicamente, precipitado a história da filosofia do Ocidente, ou melhor do mundo, mas sim um movimento e uma estrutura necessários e necessariamente finitos: história da possibilidade simbólica *em geral* (antes da distinção entre o homem e o animal e mesmo entre vivo e não-vivo); história da diferença, história como diferença; que encontra na filosofia como *episteme,* na forma europeia do projeto metafísico ou onto-teológico a manifestação privilegiada, mundialmente senhora da dissimulação, da censura em geral do texto em geral.

2. Tentativa de justificação de uma reticência teórica em utilizar os conceitos freudianos a não ser entre aspas: eles pertencem todos, sem exceção alguma, à história da metafísica,

FREUD E A CENA DA ESCRITURA

isto é, ao sistema de repressão logocêntrica que se organizou para excluir ou abaixar, por fora e embaixo, como metáfora didática e técnica, como matéria servil ou excremento, o corpo do traço escrito.

Por exemplo, a repressão logocêntrica não é inteligível a partir do conceito freudiano de recalque; individual e original se torna possível no horizonte de uma cultura e de uma inserção histórica.

Por que razão não se trata de seguir nem Jung, nem o conceito freudiano de traço mnésico hereditário. É certo que o discurso freudiano – a sua sintaxe ou, se quisermos, o seu trabalho – não se confunde com estes conceitos necessariamente metafísicos e tradicionais. É certo que não se esgota nesta inserção. São já testemunhos disso as precauções e o "nominalismo" com que Freud maneja aquilo que chama as convenções e as hipóteses conceituais. E um pensamento da diferença prende-se menos aos conceitos do que ao discurso. Mas o sentido histórico e teórico destas precauções jamais foi refletido por Freud.

Necessidade de um imenso trabalho de desconstrução destes conceitos e das frases metafísicas que aí se condensam e se sedimentam. Das cumplicidades metafísicas da psicanálise e das ciências denominadas humanas (os conceitos de presença, de percepção, de realidade etc.). O fonologismo linguístico.

Necessidade de uma questão explícita sobre o sentido da presença em geral: comparação entre o caminho de Heidegger e o de Freud. A época da presença, no sentido heideggeriano, e a sua nervura central, de Descartes a Hegel: a presença como consciência, a presença para si pensada na oposição consciente / inconsciente. Os conceitos de arquitraço e de diferença: por que razão não são nem freudianos, nem heideggerianos.

A diferência, pré-abertura da diferença ôntico-ontológica (cf. "De la grammatologie", p. 1.029) e de todas as diferenças que sulcam a conceitualidade freudiana, tal como podem, isto não passa de um exemplo, organizar-se em torno da diferença entre o "prazer" e a "realidade" ou derivar dela. A diferença entre o princípio do prazer e o princípio da realidade, por exemplo, não é apenas nem em primeiro lugar uma distinção, uma exterioridade, mas a possibilidade originária, na vida, do desvio, da diferência (*Aufschuh*) e da economia da morte (cf. *Jenseits, g.w.,* xiii, p. 6).

Diferência e identidade. A diferência na economia do mesmo. Necessidade de subtrair o conceito de traço e de diferência em todas as oposições conceituais clássicas. Necessidade do conceito de arquitraço e a rasura da arqui. Esta rasura, mantendo a legibilidade da arqui, significa a relação de inclusão *pensada* na história da metafísica ("De la grammatologie", ii, p. 52).

Em que é que os conceitos freudianos de escritura e de traço seriam ainda ameaçados pela metafísica e pelo positivismo? Da cumplicidade destas duas ameaças no discurso de Freud.

FREUD E A CENA DA ESCRITURA 293

*Worin die Bahnung sonst besteht,*
*bleibt dahingestellt.*
[*No que consiste aliás a facilitação,*
*a questão permanece aberta.*]

*Projeto para uma Psicologia Científica*, 1895

A nossa ambição é muito limitada: reconhecer no texto de Freud alguns pontos de apoio e isolar, no limiar de uma reflexão organizada, aquilo que da psicanálise se deixa dificilmente conter no fechamento logocêntrico, tal qual limita não só a história da filosofia mas o movimento das "ciências humanas", em especial de uma certa linguística. Se a abertura freudiana tem uma originalidade histórica, não a tira da coexistência pacífica ou da cumplicidade teórica com essa linguística, pelo menos no seu fonologismo congenital.

Ora, não é por acaso que Freud, nos momentos decisivos do seu itinerário, recorre a modelos metafóricos que não são tirados da língua falada, das formas verbais nem mesmo da escrita fonética, mas de uma grafia que nunca está sujeita, exterior ou posterior, à palavra. Freud recorre a sinais que não vêm transcrever uma palavra viva e plena, presente a si e senhora de si. A bem-dizer, e isto será o nosso problema, Freud então *não se serve simplesmente* da escritura não-fonética; não julga expediente manejar metáforas escriturais para fins didáticos. Se esta metafórica é indispensável, é porque ilumina, talvez de ricochete, o sentido do traço em geral e depois, articulando-se com ele, o sentido da escritura no sentido corrente. É certo que Freud não maneja metáforas, se manejar metáforas é fazer alusão ao desconhecido partindo do conhecido. Pela insistência do seu investimento metafórico, torna, pelo contrário, enigmático o que se julga conhecer pelo nome de escritura. Talvez se produza aqui, em algum lugar entre o implícito e o explícito, um movimento desconhecido da filosofia clássica. Desde Platão e Aristóteles não se tem deixado de *ilustrar* por meio de imagens gráficas as relações da razão e da experiência, da percepção e da memória. Mas jamais se deixou de aí tranquilizar uma confiança no sentido do termo conhecido e familiar, a saber da escritura. O gesto esboçado por Freud destrói essa segurança e abre um novo tipo de questão sobre a metaforicidade, a escritura e o espaçamento em geral.

Deixemo-nos guiar na nossa leitura por este investimento metafórico. Acabará por invadir a totalidade do psíquico. O *conteúdo* do psíquico será *representado* por um texto de essência irredutivelmente gráfica. A *estrutura* do *aparelho* psíquico será *representada* por uma máquina de escrita. Que questões estas representações nos imporão? Não devemos perguntar se um aparelho de escrita, por exemplo aquele cuja descrição é feita pela *Nota sobre o "Bloco Mágico"*, é uma *boa* metáfora para representar o funcionamento do psiquismo; mas que aparelho é preciso criar para representar a escritura psíquica, e o que significa, quanto ao aparelho e quanto ao psiquismo, a imitação projetada e liberada numa máquina, de algo como a escritura psíquica. Não se o psiquismo é realmente uma espécie de texto, mas: o que é um texto e que deve ser o psíquico para ser representado por um texto? Pois se não há nem máquina, nem texto sem origem psíquica, não há psíquico sem texto. Qual deve ser enfim a relação entre o psíquico, a escritura e o espaçamento para que uma tal passagem metafórica seja possível, não apenas nem em primeiro lugar no interior de um discurso teórico, mas na história do psiquismo, do texto e da técnica?

## A FACILITAÇÃO E A DIFERENÇA

Do *Projeto* (1895) à *Nota sobre o "Bloco Mágico"* (1925), estranha progressão: uma problemática da facilitação é elaborada para se conformar cada vez mais a uma metafórica do traço escrito. De um sistema de traços funcionando segundo um modelo que Freud teria querido natural e cuja escritura é perfeitamente ausente, orientamo-nos para uma configuração de traços que já não podemos representar senão pela estrutura e pelo funcionamento de uma escritura. Ao mesmo tempo, o modelo estrutural da escritura ao qual Freud faz apelo logo depois do *Projeto* não cessa de se diferenciar e de aperfeiçoar a sua originalidade. Todos os modelos mecânicos serão experimentados e abandonados até a descoberta do *Wunderblock,* máquina de escrita de uma maravilhosa complexidade, na qual será projetado o todo do aparelho psíquico. Estará aí representada a solução de todas as dificuldades anteriores, e a *Nota,* sinal de

FREUD E A CENA DA ESCRITURA

uma admirável tenacidade, responderá muito precisamente às questões do *Projeto*. O *Wunderblock*, em cada uma das suas peças, realizará o aparelho que Freud, no *Projeto*, julgava "de momento inimaginável" ("Não podemos de momento conceber um aparelho capaz de realizar uma operação tão complicada") e que tinha então substituído por uma fábula neurológica cujo esquema e cuja intenção jamais abandonará, de certo modo.

Em 1895 tratava-se de explicar a memória no estilo das ciências naturais, de "propor uma psicologia como ciência natural, isto é, de representar os acontecimentos psíquicos como estados quantitativamente determinados de partículas materiais distintas". Ora, "uma das propriedades principais do tecido nervoso é a memória, isto é, de uma maneira muito geral, a aptidão para ser alterado de um modo duradouro por acontecimentos que só se produzem uma vez". E "toda a teoria psicológica digna de atenção deve propor uma explicação da 'memória'". A cruz de uma semelhante explicação, o que torna o aparelho quase inimaginável, é que precisa dar conta ao mesmo tempo, como o fará a *Nota*, trinta anos mais tarde, da permanência do traço e da virgindade da substância e recepção, da incisão dos sulcos e da nudez sempre intacta da superfície receptiva ou perceptiva: aqui os neurônios. "Os neurônios devem portanto ser impressionados mas também inalterados, não prevenidos (*unvoreingenommen*)." Recusando a distinção, corrente na sua época, entre "células de percepção" e "células de recordações", Freud constrói então a hipótese de "grades de contato" e da "facilitação" (*Bahnung*), da abertura do caminho (*Bahn*). Seja o que for que pensemos da fidelidade ou das rupturas futuras, esta hipótese é notável, desde que a consideremos como um modelo metafórico e não como uma descrição neurológica. O que supõe uma certa violência e uma certa resistência perante a efração. A via está aberta, quebrada, *fracta*, facilitada. Ora, haveria duas espécies de neurônios: os neurônios permeáveis ($\varphi$), não oferecendo nenhuma resistência e não retendo portanto nenhum traço das impressões, seriam os neurônios da percepção; outros neurônios ($\psi$) oporiam grades de contato à quantidade de excitação e conservariam assim o seu traço impresso: "oferecem portanto uma possibilidade de se representar (*darzustellen*) a memória". Primeira representação, primeira encenação da memória. (A *Darstellung* é a representação, no sentido fraco desta palavra mas também muitas vezes no sentido da figuração visual, e por vezes da representação teatral. A nossa tradução variará conforme a inflexão do contexto.) Freud só concede a qualidade psíquica a estes últimos neurônios. São os "carregadores da memória e portanto provavelmente dos acontecimentos psíquicos em geral". A memória não é, portanto, uma propriedade do psiquismo entre outras, é a própria essência do psiquismo. Resistência e por isso mesmo abertura à efração do traço.

Ora, supondo que Freud não queira aqui falar senão a linguagem da quantidade plena e presente, supondo, como pelo menos parece, que pretende instalar-se na oposição simples da quantidade e da qualidade (estando esta reservada à transparência pura de uma percepção sem memória), o conceito de facilitação mostra-se aí intolerante. A igualdade das resistências à facilitação ou a equivalência das forças de facilitação reduziria toda a *preferência* na escolha dos itinerários. A memória seria paralisada. A diferença entre as explorações, tal é a verdadeira origem da memória e portanto do psiquismo. Unicamente esta diferença libera a "preferência da via" (*Wegbevorzugung*): "A memória é representada (*dargestellt*) pelas diferenças de explorações entre os neurônios ψ". Não se deve portanto dizer que a facilitação sem a diferença não basta à memória; é necessário precisar que não há facilitação pura sem diferença. O traço como memória não é uma facilitação pura que sempre se poderia recuperar como presença simples, é a diferença indiscernível e invisível entre as facilitações. Sabemos, portanto, já que a vida psíquica não é nem a transparência do sentido, nem a opacidade da força, mas a diferença no trabalho das forças. Nietzsche dizia-o bem.

Que a quantidade se torne ψυχή* e μνήμη** pelas diferenças mais do que pelas plenitudes é algo que não deixa em seguida de ser confirmado no próprio *Projeto*. A *repetição* não acrescenta nenhuma quantidade de força presente, nenhuma *intensidade,* reedita a mesma impressão: tem contudo poder de facilitação. "A memória, isto é, a força (*Macht*) sempre atuante de uma experiência, depende de um fator, que se chama a quantidade da impressão, e da frequência de repetição da mesma impressão". O número de repetições acrescenta-se portanto

---

  \*   *Psique:* alma (N. da E.).
\*\*   *Mneme:* memória (N. da E.).

FREUD E A CENA DA ESCRITURA

à quantidade (Qη) da excitação e estas duas quantidades são de duas ordens absolutamente heterogêneas. Só existem repetições discretas e só agem como tal pelo diastema que as mantém afastadas. Finalmente, se a facilitação pode fornecer a quantidade presentemente atuante ou acrescentar-se a ela, é porque lhe é sem dúvida análoga mas também diferente: a quantidade "pode ser substituída pela quantidade mais a facilitação que dela resulta". Não nos apressemos a determinar esse outro da quantidade pura como qualidade: transformaríamos a força mnésica em consciência presente e percepção translúcida das qualidades presentes. Deste modo, nem a diferença entre as quantidades plenas, nem o interstício entre as repetições do idêntico, nem a própria facilitação se deixam pensar na oposição da quantidade e da qualidade[1]. A memória não pode derivar dela, escapa ao domínio de um "naturalismo" tal como de uma "fenomenologia".

Todas estas diferenças na produção do traço podem ser reinterpretadas como momentos da diferença. De acordo com um motivo que não deixará de governar o pensamento de Freud, este movimento é descrito como esforço da vida protegendo-se a si própria *diferindo o* investimento perigoso, isto é, constituindo uma *reserva* (*Vorrat*). O gasto ou a presença ameaçadores são diferidos com a ajuda da facilitação ou da repetição. Não é já o desvio (*Aufschub*) instaurando a relação do prazer à realidade (*Jenseits*, op. cit.)? Não é já a morte ao princípio de uma vida que só pode defender-se contra a morte pela *economia* da morte, pela diferência, pela repetição, pela reserva? Pois a repetição não *sobrevém à* primeira impressão, a sua possibilidade já ali está, na resistência pela *primeira vez* oferecida pelos neurônicos psíquicos. A própria resistência só é possível se a oposição de forças durar ou se

---

1 Aqui, mais do que em outros lugares, a propósito dos conceitos de diferença, de quantidade e de qualidade, impor-se-ia uma confrontação sistemática entre Nietzsche e Freud. Cf. por exemplo, entre muitos outros, este fragmento do *Nachlass*: "O nosso 'conhecer' limita-se ao estabelecimento de 'quantidades'; mas não podemos impedir-nos de sentir estas diferenças de quantidade como *qualidades*. A qualidade é uma verdade *perspectiva* para *nós*; não 'em si' ... Se os nossos sentidos se tornassem dez vezes mais perfeitos ou mais grosseiros, afundar-nos-íamos: isto é, sentimos também as *relações-de-quantidade* como qualidades reportando-as à existência que tornam possível para nós" (*Werke*, III, p. 861).

repetir originariamente. É a própria ideia de *primeira vez* que se torna enigmática.o que aqui afirmamos não nos parece contraditório com oque Freud dirá mais adiante "… a facilitação é provavelmente o resultado da passagem única (*einmaliger*) de uma grande quantidade". Supondo que esta afirmação não conduza cada vez mais perto do problema da filogênese e das facilitações hereditárias, pode ainda se defender que na *primeira vez* do contato entre duas forças, a repetição começou. A vida já está ameaçada pela origem da memória que a constitui e pela facilitação à qual resiste pela efração que não pode conter senão repetindo-a. É porque a facilitação fratura que, no *Projeto,* Freud reconhece um privilégio à dor. De certo modo, não há facilitação sem um começo de dor e "a dor deixa atrás de si facilitações particularmente ricas". Mas para além de uma certa quantidade, a dor, origem ameaçadora do psiquismo, deve ser diferida, como a morte, pois pode "fazer fracassar" "a organização" psíquica. Apesar do enigma da "primeira vez" e da repetição originária (antes, bem entendido, de toda distinção a repetição dita normal e a repetição dita patológica), é importante que Freud atribua todo este trabalho à função primária e proíba toda a derivação dela. Estejamos atentos a esta não-derivação, mesmo que ela só torne mais densa a dificuldade do conceito de "primariedade" e de intemporalidade do processo primário, e mesmo que esta dificuldade jamais deva deixar de aumentar em seguida.

Como que a contragosto, pensamos aqui no esforço originário do sistema de neurônios, esforço perseverante através de todas as modificações para poupar a sobrecarga de quantidade ($Q\eta$) ou para reduzi-la tanto quanto possível. Pressionado pela urgência da vida, o sistema neurônico foi obrigado a arranjar para si uma reserva de quantidade ($Q\eta$). Para este fim, teve de multiplicar os seus neurônios e estes deviam ser impermeáveis. Evita então ser preenchido, investido pela *quantidade* ($Q\eta$), numa certa medida pelo menos, instituindo as *facilitações.* Vemos portanto que as *facilitações servem a função primária.*

É certo que a vida se protege pela repetição, o traço, a diferência. Mas é preciso ter cuidado com esta formulação: não há vida *primeiro* presente que viria *em seguida* a proteger-se, a adiar-se, a reservar-se na diferência. Esta constitui a essência da vida. Melhor: não sendo a diferência uma essência, não sendo nada, *não é* a vida se o ser for determinado como *ousia*, presença, essência/ existência, substância ou sujeito. É preciso pensar a vida como traço antes de determinar o ser como presença. É a única condição para poder dizer que a vida *é* a morte, que a repetição e o para além do princípio de prazer são originários e congenitais àquilo mesmo que transgridem. Quando Freud escreve no *Projeto* que "as facilitações servem a função primária", impede-nos já de ficarmos surpreendidos com o *Além do Princípio do Prazer*. Faz jus a uma dupla necessidade: reconhecer a diferença na origem e ao mesmo tempo riscar o conceito de *primariedade:* já não ficaremos surpreendidos com a *Traumdeutung* (Interpretação dos Sonhos) que o define como uma "ficção teórica" num parágrafo sobre o "retardamento" (*Verspätung*) do processo secundário. É portanto o atraso que é originário[2]. Sem o que a diferência seria o adiamento que se concede uma consciência, uma presença a si do presente. Diferir não pode, portanto, significar atrasar um possível presente, adiar um ato, suspender uma percepção já e agora possíveis. Este possível só é possível pela diferência que é preciso portanto conceber de outro modo diferente de um cálculo ou de uma mecânica da decisão. Dizer que é originária é ao mesmo tempo apagar o mito de uma origem presente. É por isso que se deve entender "originário" *sob rasura,* sem o que derivaríamos a diferência de uma origem plena. É a não-origem que é originária.

Em vez de renunciarmos a ele, é talvez preciso portanto repensar o conceito do "diferir". É o que gostaríamos de fazer; e o que só é possível determinando a diferência fora de todo o horizonte teleológico ou escatológico. Não é fácil. Notemo-lo

---

2  Estes conceitos de diferência e de atraso originários são impensáveis sob a autoridade da lógica da identidade ou mesmo sob o conceito de tempo. O próprio absurdo assim que se assinala *nos termos* dá, desde que ele se organize de uma certa maneira, a pensar o para além desta lógica e deste conceito. Pela palavra *atraso,* é preciso entender outra coisa diferente de uma relação entre dois "presentes"; é preciso evitar a representação seguinte: só acontece num presente B o que devia (teria devido) produzir-se num presente A ("anterior"). Os conceitos de "diferença" e de "atraso" *originários* tinham-se imposto a nós a partir de uma leitura de Husserl (*Introduction à l'origine de la géométrie*, 1962, p. 170-171).

de passagem: os conceitos de *Nachträglichkeit* e de *Verspätung,* conceitos diretores de todo o pensamento freudiano, conceitos determinativos de todos os outros conceitos, estão já presentes e são chamados pelo seu nome no *Projeto*. A irredutibilidade do "arretardamento" é sem dúvida a descoberta de Freud. Freud põe em jogo esta descoberta até nas suas consequências últimas e para lá da psicanálise do indivíduo. Na sua opinião, a história da cultura deve confirmá-la. Em *Moisés e o Monoteísmo* (1937), a eficácia do retardamento e da extemporaneidade cobre amplos intervalos históricos (G.W., XVI, p. 238-239). O problema da latência comunica aí, aliás de maneira muito significativa, com o da tradição oral e da tradição escrita (p. 170 e s.).

Embora em nenhum momento, no *Projeto*, a facilitação seja denominada escritura, as exigências contraditórias às quais responderá o *Bloco Mágico* estão já formuladas em termos literalmente idênticos: "reter permanecendo capaz de receber".

As diferenças no trabalho de facilitação não dizem respeito apenas a forças, mas também a lugares. E Freud quer já pensar ao mesmo tempo a força e o lugar. É o primeiro a não acreditar no caráter descritivo desta representação hipotética da facilitação. A distinção entre as categorias de neurônios "não tem nenhuma base reconhecida, pelo menos quanto à morfologia, isto é, à histologia". É o índex de uma descrição tópica que o espaço externo, familiar e constituído, o exterior das ciências naturais, não poderia conter. Eis por que sob o título de "ponto de vista biológico", a "diferença de essência" (*Wesensverschiedenheit*) entre os neurônios é "substituída por uma diferença de meio de destinação" (*Schicksals-Milieuverschiedenheit*): diferenças puras, diferenças de situação, de conexão, de localização, de relações estruturais mais importantes do que os termos de suporte, e para as quais a relatividade do exterior e do interior é sempre arbitral. O pensamento da diferença não pode dispensar-se de uma tópica nem aceitar as representações correntes do espaçamento.

Esta dificuldade aumenta ainda quando é preciso explicar as diferenças puras por excelência: as da qualidade, isto é, para Freud, da consciência. É preciso explicar "aquilo que conhecemos, de maneira enigmática (*rätselhaft*), graças à nossa 'consciência'". E "dado que esta consciência não conhece nada do que até aqui tomamos em consideração, [a teoria] deve

FREUD E A CENA DA ESCRITURA

explicar-nos mesmo esta ignorância". Ora, as qualidades são realmente diferenças puras:

A consciência dá-nos o que se chama *qualidades, uma* grande diversidade de sensações que são *de modo diferente (anders)* e cujo *modo diferente (Anders)* se diferencia (*unterschieden wird*) por referências ao mundo exterior. Neste *modo diferente,* há séries, semelhanças etc., mas não há propriamente nenhuma quantidade. Podemos perguntar-nos *como* nascem estas qualidades e *onde* nascem estas qualidades.

Nem fora, nem dentro. Não pode ser no mundo exterior em que o físico só conhece quantidades, "massas em movimento e nada mais". Nem na interioridade do psíquico, isto é, da memória, pois a "reprodução e a recordação" são "desprovidas de qualidade" (*qualitätslos*). Como não se trata de renunciar à representação tópica,

deve-se encontrar a coragem de supor que há um terceiro sistema de neurônios, neurônios de alguma maneira perceptivos; este sistema, excitado com os outros durante a percepção, não o seria mais durante a reprodução, e os seus estados de excitação forneceriam as diferentes qualidades, isto é, seriam as *sensações conscientes.*

Anunciando certa folha intercalar do bloco mágico, Freud, embaraçado pelo seu "jargão", diz a Fliess (carta 39, 1-1-96) que intercala, que "faz deslizar" (*schieben*) os neurônios de percepção ($\omega$) entre os neurônios $\varphi$ e $\psi$.

Desta última audácia nasce uma "dificuldade aparentemente inconcebível": acabamos de encontrar uma permeabilidade e uma facilitação que não procedem de nenhuma quantidade. De que então? Do tempo puro, da temporalização pura naquilo que a une ao espaçamento: da periodicidade. Só o recurso à temporalidade e a uma temporalidade descontínua ou periódica permite resolver a dificuldade e dever-se-ia pacientemente meditar nas suas implicações. "Só vejo uma saída... até aqui não tinha considerado o fluir da quantidade senão como transferência de uma quantidade ($Q\eta$) de um neurônio a outro. Mas deve haver um outro caráter, uma natureza temporal."

Freud acentua que, se a hipótese descontinuísta vai mais longe do que "a explicação fisicalista" pelo período, é porque aqui as diferenças, os intervalos, a descontinuidade são registrados, "apropriados" sem o seu suporte quantitativo. Os neurônios perceptivos, "incapazes de receber quantidades, apropriam-se do período de excitação". Diferença pura, ainda, e diferença entre os diastemas. O conceito de *período em geral* precede e condiciona a oposição da quantidade e da qualidade, com tudo o que ela dirige. Pois "os neurônios ψ têm também o seu período, mas este é sem qualidade ou, para ser mais rigoroso, monótono". Como veremos, este descontinuísmo será fielmente retomado pela *Nota sobre o "Bloco Mágico"*: como no *Projeto,* última ponta da audácia desenlaçando uma última aporia.

A continuação do *Projeto* dependerá na sua totalidade deste apelo incessante e cada vez mais radical ao princípio da diferença. Nele reencontramos sempre, sob uma neurologia indicativa, desempenhando o papel representativo de uma montagem artificial, o projeto obstinado de dar conta do psiquismo pelo espaçamento, por uma topografia dos traços, por um mapa das explorações; projeto de situar a consciência ou a qualidade num espaço cuja estrutura e possibilidade é preciso portanto repensar; e de descrever "o funcionamento do aparelho" por diferenças e situações puras, de explicar como "a quantidade de excitação se exprime em ψ pela complicação e a qualidade pela *tópica*". É porque a natureza deste sistema de diferenças e desta topografia é original e nada deve deixar fora de si que Freud multiplica na montagem do aparelho os "atos de coragem", as "hipóteses estranhas mas indispensáveis" (a propósito dos neurônios "segregadores" ou neurônios-*chave*). E, quando renunciar à neurologia e às localizações anatômicas, não será para abandonar mas para transformar as suas preocupações topográficas. Entrará então em cena a escritura. O traço tornar-se-á o grama; e o meio da facilitação, um espaçamento numerado.


## A ESTAMPA E O SUPLEMENTO DE ORIGEM

Algumas semanas depois do envio do *Projeto* a Fliess, no decorrer de uma "noite de trabalho", todos os elementos do sistema se ordenam numa "máquina". Ainda não é uma máquina de escrever: "Tudo parecia ligar-se, as peças ajustavam-se umas

FREUD E A CENA DA ESCRITURA 303

nas outras, tinha-se a impressão de que a coisa era verdadeiramente uma máquina e que em breve andaria sozinha"[3]. Em breve: dentro de trinta anos. Sozinha: quase.

Aproximadamente um ano mais tarde, o traço começa a tornar-se escritura. Na carta 52 (6-12-1896), todo o sistema do *Projeto* é reconstituído numa conceptualidade gráfica ainda inédita em Freud. Não é de surpreender que isto coincida com a passagem do neurológico ao psíquico. No centro dessa carta, as palavras "signo" (*Zeichen),* inscrição (*Niederschrift*), transcrição (*Umschrift*). Não só é aí explicitamente definida a comunicação do traço e do retardamento (isto é, de um presente não constituinte, originariamente reconstituído a partir dos "signos" da memória), mas também a situação do verbal está aí assinalada no interior de um sistema de escritura estratificada que está muito longe de dominar:

Sabes que trabalho na hipótese de que o nosso mecanismo psíquico se constituiu por uma sobreposição de estratos (*Aufeinanderschichtung*), quer dizer que de tempos em tempos o material presente sob a forma de traços mnésicos (*Erinnerungsspuren*) é submetido a uma *reestruturação* (*Umordnung*), de acordo com novas relações, a uma *transcrição* (*Umschrift*). A novidade essencial da minha teoria é, portanto, a afirmação que em memória não está presente uma única e simples vez, mas se repete, que ela é consignada (*niederlegt*) em diferentes espécies de signos... Não faço a menor ideia de qual seja o número de tais inscrições (*Niederschriften*). Pelo menos três, possivelmente mais... as inscrições individuais estão separadas (de maneira não necessariamente tópica) de acordo com os seus transportadores neurônicos... *Percepção.* São os neurônios nos quais nascem as percepções, aos quais se liga a consciência, mas que não conservam em si mesmos nenhum traço do acontecimento. Pois *a consciência e a memória excluem-se. Sinal de percepção.* É a primeira inscrição das percepções, completamente incapaz de ter acesso à consciência,

3  *Carta 32* (20-10-1895). A máquina: "Os três sistemas de neurônios, o estado livre ou preso da quantidade, os processos primário e secundário, a tendência capital do sistema nervoso e em sua tendência para o compromisso, as duas regras biológicas da atenção e da defesa, os índices de qualidade, de realidade e de pensamento, o estado do grupo psicossexual, a condição sexual do recalque, enfim as condições da consciência como função perceptiva, tudo isso se ligava e se liga ainda hoje! Naturalmente, já não contenho a minha alegria. Por que não esperei duas semanas para te dirigir a minha comunicação..."

constituída por associação simultânea... *Inconsciente*. É a segunda inscrição... *Pré-consciente*. É a terceira inscrição, ligada às representações verbais, correspondendo ao nosso eu oficial... esta consciência pensante secundária, ocorrendo com retardamento no tempo, está possivelmente ligada à revivescência alucinatória de representações verbais.

É o primeiro gesto em direção à *Nota*. Doravante, a partir da *Traumdeutung* (1900), a metáfora da escritura vai apoderar-se *ao mesmo tempo do problema do aparelho psíquico, na sua estrutura, e do problema do texto psíquico, na sua textura*. A solidariedade dos dois problemas tornar-nos-á tanto mais atentos: as duas séries de metáforas – texto e máquina – não entram em cena ao mesmo tempo.

"Os sonhos seguem em geral facilitações antigas", dizia o *Projeto*. Será, portanto, preciso interpretar doravante a regressão tópica, temporal e formal do sonho como caminho de regresso numa paisagem de escritura. Não de escritura simplesmente transcritiva, eco pedregoso de uma verbalidade ensurdecida, mas litografia anterior às palavras: metafonética, não-linguística, a-lógica. (A lógica obedece à consciência ou à pré-consciência, lugar das representações verbais; ao princípio de identidade, expressão fundadora da filosofia da presença. "Não passava de uma contradição lógica, o que não significa grande coisa", lemos em *O Homem dos Lobos*.) Deslocando-se o sonho numa floresta de escritura, a *Traumdeutung* (interpretação dos sonhos) será sem dúvida, a uma primeira aproximação, uma leitura e uma decifração. Antes da análise do sonho de Irma, Freud mete-se por considerações de método. De acordo com um dos seus gestos familiares, opõe a velha tradição popular à psicologia dita científica. Como sempre, é para justificar a intenção profunda que anima a primeira. Esta perde-se, não há dúvida, quando, por um processo "simbólico", trata o conteúdo do sonho como uma totalidade indecomponível e inarticulada à qual bastará substituir uma outra totalidade inteligível e eventual-mente premonitória. Mas por pouco Freud não aceita o "outro método popular":

Poder-se-ia defini-lo o "método da decifração" (*Chiffriermethode*), pois trata o sonho como uma espécie de escrita secreta

(*Geheimschrift*) na qual cada signo é traduzido, graças a uma chave (*Schlüssel*) fixa, por um outro signo cuja significação é bem conhecida (*g.w.*, ii/iii, p. 102).

Retenhamos aqui a alusão ao código permanente: é a fraqueza de um método ao qual Freud reconhece pelo menos o mérito de ser analítico e de soletrar um a um os elementos da significação.

Curioso exemplo aquele com que Freud ilustra esse processo tradicional: um texto de escrita fonética é investido e funciona como um elemento discreto, particular, traduzível e sem privilégio na escritura geral do sonho. Escrita fonética como escritura na escritura. Suponhamos por exemplo, diz Freud, que sonhei com uma carta (*Brief/epístola*), e depois com um enterro. Abramos um *Traumbuch*, livro em que estão consignadas as chaves dos sonhos, enciclopédia dos signos oníricos, esse dicionário do sonho que Freud em breve recusará. Ensina-nos que é preciso traduzir (*übersetzen*) carta por despeito e enterro por noivado. Assim, uma carta (*epístola*) escrita com letras (*litterae*), um documento de sinais fonéticos, a transcrição de um discurso verbal, pode ser traduzida por um significante não verbal que, enquanto afeto determinado, pertence à sintaxe geral da escritura onírica. O verbal é investido, e a sua transcrição fonética é apreendida, longe do centro, numa rede de escrita muda.

Freud vai então buscar um exemplo em Artemidoro de Daldis (século ii), autor de um tratado de interpretação dos sonhos. Tomemos o pretexto para lembrar que, no século xviii, um teólogo inglês, desconhecido de Freud[4], já se tinha reportado a Artemidoro com uma intenção que merece sem dúvida ser comparada. Warburton descreve o sistema dos hieróglifos e vê nele, com razão ou sem ela, pouco importa aqui, diferentes

---

4  Warburton, autor de *A Missão Divina de Moisés*. A quarta parte da sua obra foi em 1744 traduzida para o francês com o título *Essai sur les hiéroglyphes des egyptiens, où l'on voit l'origine et le progrès du langage et de l'écriture, l'antiquité des sciences en Égypte, et l'origine du culte des animaux.* Esta obra, de que falaremos noutro lugar, teve uma influência considerável. Marcou toda a reflexão da época sobre a linguagem e os signos. Os redatores da *Encyclopédie*, Condillac e, por seu intermédio, Rousseau, inspiraram-se muito nela adotando em especial o seguinte tema: o caráter originariamente metafórico da linguagem.

estruturas (hieróglifos próprios ou simbólicos, podendo cada espécie ser curiológica ou trópica, sendo as relações de analogia ou de parte ao todo) que seria necessário confrontar sistematicamente com as formas de trabalho do sonho (condensação, deslocamento, sobredeterminação). Ora Warburton, preocupado, por razões apologéticas, com assim fazer, em especial contra o Padre Kircher, "a prova da grande antiguidade desta nação", escolhe o exemplo de uma ciência egípcia que encontra todos os seus recursos na escrita hieroglífica. Esta ciência é a *Traumdeutung,* que se denomina também oneirocritia. Não passava de uma ciência da escrita nas mãos dos padres. Deus, segundo a crença dos egípcios, tinha feito dom da escrita do mesmo modo que inspirava os sonhos. Portanto, os intérpretes não tinham outra coisa a fazer senão investigar, como o próprio sonho, no tesouro trópico ou curiológico. Encontravam aí, prontinha, a chave dos sonhos que em seguida fingiam adivinhar. O código hieroglífico tinha por si só o valor de *Traumbuch.* Pretenso dom de Deus, na verdade constituído pela história, tinha-se tornado o fundo comum em que mergulhava o discurso onírico: o cenário e o texto da sua encenação. Sendo o sonho construído como uma escrita, os tipos de transposição onírica correspondiam a condensações e a deslocamentos já operados e registrados no sistema dos hieróglifos. O sonho limitar-se-ia a manipular elementos (στοιξεῖα [*stokeia*], diz Warburton, elementos ou letras) contidos no tesouro hieroglífico, um pouco como uma palavra escrita se iria inspirar numa língua escrita:

[...] Trata-se de examinar que fundamento pede ter tido, originariamente, a interpretação que o Oneirocrítico dava, quando dizia a uma pessoa que o consultava sobre algum dos seguintes sonhos, que um *dragão* significava a *realeza*; que uma *serpente* indicava doença...; que *rãs* indicavam impostores...

Que faziam então os hermeneutas da época? Consultavam a própria escritura:

Ora, os primeiros intérpretes dos sonhos não eram charlatães nem impostores. Aconteceu simplesmente que, tal como os primeiros astrólogos judiciários, eram mais supersticiosos do que os outros homens do seu tempo, e que eram os primeiros a cair na ilusão. Mas, mesmo que supuséssemos que foram tão charlatães como os seus sucessores pelo menos precisaram primeiro de materiais de que dispusessem; e estes materiais jamais puderam ser de natureza a agitar de uma maneira tão bizarra a imaginação de cada particular. Aqueles que os consultavam terão querido encontrar uma analogia conhecida, que servisse de fundamento à sua decifração; e eles próprios terão recorrido igualmente a uma autoridade confessada, a fim de apoiar a sua ciência. Mas que outra analogia e que outra autoridade poderia haver senão os *hieróglifos simbólicos,* que então se tinham tornado uma coisa sagrada e misteriosa? Eis a solução natural da dificuldade. A ciência simbólica... servia de fundamento às suas interpretações.

Introduz-se aqui a ruptura freudiana. É certo que Freud pensa que o sonho se desloca como uma escritura original, pondo as palavras em cena sem se submeter a elas; é certo que pensa aqui um modelo de escritura irredutível à palavra e comportando, como os hieróglifos, elementos pictográficos, ideográmaticos e fonéticos. Mas faz da escritura psíquica uma produção tão originária que a escritura tal como julgamos poder ouvi-la em seu sentido próprio, escritura codada e visível "no mundo", não passaria de uma metáfora. A psíquica, por exemplo, a do sonho que "segue facilitações antigas", simples momento na regressão para a escritura "primária", não se deixa ler a partir de nenhum código. É certo que trabalha com uma massa de elementos codificados no decorrer de uma história individual ou coletiva. Mas nas suas operações, no seu léxico e na sua sintaxe, um resíduo puramente idiomático é irredutível, o qual deve carregar todo o peso da interpretação, na comunicação entre os inconscientes. O sonhador inventa a sua própria gramática. Não há material significante ou texto prévio que ele se *contentasse* em usar, mesmo que jamais se prive dele. Tal é, apesar do seu interesse, o limite da *Chif-friermethode* e do *Traumbuch.* Tanto quanto à generalidade e à rigidez do código, este limite reside no fato de haver uma excessiva preocupação com *conteúdos,* uma reduzida preocupação com relações, situações, funcionamento e diferenças:

O meu processo não é tão cômodo quanto o do método popular de decifração que traduz o conteúdo dado de um sonho segundo um código estabelecido; sou mais levado a pensar que o mesmo conteúdo de sonho pode abrigar também um sentido diferente em pessoas diferentes e num contexto diferente (p. 109).

Aliás, para sustentar esta afirmação, Freud julga poder recorrer à escrita chinesa: "Estes [os símbolos do sonho] têm muitas vezes significações múltiplas, de tal modo que, como na escrita chinesa, só o contexto torna possível, em cada caso, a apreensão correta" (p. 358).

A ausência de qualquer código exaustivo e absolutamente infalível significa que na escritura psíquica, que anuncia assim o sentido de toda a escritura em geral, a diferença entre significante e significado nunca é radical. A experiência inconsciente, antes do sonho que segue facilitações antigas, não pede emprestados, produz os seus próprios significantes, não os cria na verdade no seu próprio corpo, mas produz a sua significância. Sendo assim, não se trata mais de significantes propriamente ditos. E a possibilidade da tradução, se está longe de ser anulada – pois entre os pontos de identidade ou de aderência do significante ao significado, a experiência não deixa em seguida de marcar distâncias –, parece principal e definitivamente limitada. É talvez o que Freud entende, sob um outro ponto de vista, no artigo sobre o *Recalque*: "O recalque trabalha de maneira *perfeitamente individual*" (*G.W.*, x, p. 252). (A individualidade não é aqui nem em primeiro lugar a de um indivíduo mas a de cada "ramo do recalcado que pode ter o seu destino próprio".) Não há tradução nem sistema de tradução, a não ser que um código permanente permita substituir ou transformar os significantes conservando o mesmo significado, sempre *presente* apesar da ausência deste ou daquele significante determinado. A possibilidade radical da substituição estaria assim implicada pelo par de conceitos significado / significante, portanto pelo próprio conceito de signo. Nada muda no caso de, com Saussure, só distinguirmos o significado do significante como as duas faces de uma mesma folha. A escritura originária, se é que existe uma, deve produzir o espaço e o corpo da própria folha.

Dir-se-á: e contudo Freud traduz o tempo todo. Acredita na generalidade e na fixidez de um certo código da escritura onírica:

FREUD E A CENA DA ESCRITURA

Quando nos familiarizamos com a facilitação superabundante da simbólica para a encenação do material sexual no sonho, devemos interrogar-nos se uma grande parte destes símbolos não fazem a sua entrada como as "siglas" da estenografia com uma significação bem estabelecida de uma vez para sempre e encontramo-nos perante a tentação de esboçar um novo *Traumbuch* segundo o método-de-decifração (II/III, p. 356).

E, de fato, Freud não deixou de propor códigos, regras de uma grande generalidade. E a substituição dos significantes parece ser realmente a atividade essencial da interpretação psicanalítica. É verdade. Freud nem por isso deixa contudo de atribuir um limite essencial a esta operação. Ou melhor, um duplo limite.

Considerando em primeiro lugar a expressão verbal, tal qual está circunscrita no sonho, notamos que a sua sonoridade, o corpo da expressão, não se apaga perante o significado ou pelo menos não se deixa atravessar e transgredir como o faz no discurso consciente. Age enquanto tal, com a eficácia que Artaud lhe destinava na cena da crueldade. Ora, um corpo verbal não se deixa traduzir ou transportar para uma outra língua. É aquilo mesmo que a tradução deixa de lado. Deixar de lado o corpo é mesmo a energia essencial da tradução. Quando ela reinstitui um corpo, é poesia. Neste sentido, constituindo o corpo do significante o idioma para todo o palco do sonho, o sonho é intraduzível:

O sonho depende tão intimamente da expressão verbal que, como Ferenczi justamente notou, cada língua tem a sua própria língua de sonho. Em regra geral, um sonho é intraduzível em outras línguas, e um livro como este não o é mais, pelo menos assim pensava.

O que aqui vale para uma língua nacional determinada vale *a fortiori* para uma gramática individual.

Por outro lado, esta impossibilidade, de alguma maneira horizontal, de uma tradução sem perdas tem o seu princípio numa impossibilidade vertical. Referimo-nos aqui ao devir-consciente dos pensamentos inconscientes. Se não podemos traduzir o sonho para uma outra língua, é também porque no interior do aparelho psíquico nunca há relação de simples tradução. É sem razão que se fala, diz-nos Freud, de tradução ou de transcrição para descrever a passagem dos pensamentos inconscientes pelo pré-consciente em direção à consciência. Também aqui, o conceito metafórico de tradução (*Übersetzung*) ou de transcrição (*Umschrift*) é perigoso não pelo fato de fazer referência à escritura, mas pelo fato de supor um texto que já está ali, imóvel, presença impassível de uma estátua, de uma pedra escrita ou de um arquivo cujo conteúdo significado seria transportado sem prejuízo para o elemento de uma outra linguagem, a do pré-consciente ou do consciente. Não basta portanto falar de escritura para ser fiel a Freud, pois podemos então traí-lo mais do que nunca.

Isso nos é explicado no último capítulo da *Traumdeutung*. Trata-se então de completar uma metáfora pura e convencionalmente tópica do aparelho psíquico com o apelo à força e a duas espécies de processos ou de tipos, de percurso da excitação:

> Tentemos agora corrigir algumas imagens [ilustrações intuitivas: *Anschauungen*] que corriam o risco de se formar erradamente, enquanto tínhamos perante o nosso olhar os dois sistemas, no sentido mais imediato e mais grosseiro, como duas localidades no interior do aparelho psíquico, imagens que deixaram a sua marca nas expressões "recalcar" e "penetrar". Assim, quando dizemos que um pensamento inconsciente se esforça, depois de traduzido (*Übersetzung*), em direção ao pré-consciente para penetrar em seguida na consciência, não queremos dizer que um segundo pensamento, situado num novo local, se deve ter formado, uma espécie de transcrição (*Umschrift*), ao lado do qual se manteria o texto original; e do ato de penetrar na consciência, queremos também afastar cuidadosamente toda ideia de mudança de lugar[5].

Interrompamos por um instante a nossa citação. O texto consciente não é portanto uma transcrição porque não houve que transpor, que transportar um texto *presente noutro lugar* sob a forma de inconsciência. Pois o valor de presença pode também perigosamente afetar o conceito de inconsciente. Não há, portanto, verdade inconsciente para encontrar porque ela

---

5   *O Eu e o Isso* (G.W., XIII, cap. 2, p. 615) acentua também o perigo da representação tópica dos fatos psíquicos.

estaria escrita noutro lugar. Não existe texto escrito e presente noutro lugar que desse ocasião, sem ser por ele modificado, a um trabalho e a uma temporalização (pertencendo esta, se seguirmos a literalidade freudiana, à consciência) que lhe seriam exteriores e flutuariam na sua superfície. Não existe texto presente em geral nem mesmo há texto presente-passado, texto passado como tendo sido presente. O texto não é pensável na forma, originária ou modificada, da presença. O texto inconsciente já está tecido de traços puros, de diferenças em que se unem o sentido e a força, texto em parte alguma presente, constituído por arquivos que são *sempre já* transcrições. Estampas originárias. Tudo começa pela reprodução. Sempre já, isto é, depósitos de um sentido que nunca esteve presente, cujo presente significado é sempre reconstituído mais tarde, *nachträglich,* posteriormente, *suplementarmente: nachträglich* também significa *suplementar.* O apelo do suplemento é aqui originário e escava aquilo que se reconstitui mais tarde como o presente. O suplemento, aquilo que parece acrescentar-se como um pleno a um pleno, é também aquilo que supre. "Suprir: 1. Acrescentar o que falta, fornecer o excesso que é preciso", diz Littré, respeitando como um sonâmbulo a estranha lógica desta palavra. É nela que é preciso pensar a possibilidade do depois e sem dúvida também a relação do primário ao secundário em todos os seus níveis. Notemo-lo: *Nachtrag* tem também um sentido preciso na ordem da letra: é o apêndice, o codicilo, o *post-scriptum.* O texto que se denomina presente só se decifra no pé da página, na nota ou *post-scriptum.* Antes desta recorrência, o presente não passa de um apelo de nota. Que o presente em geral não seja originário mas reconstituído, que não seja a forma absoluta, plenamente viva e constituinte da experiência, que não haja pureza do presente vivo, é o tema, formidável para a história da metafísica, que Freud nos leva a pensar através de uma conceptualidade desigual à própria coisa. Este pensamento é sem dúvida o único que não se esgota na metafísica ou na ciência.

Dado que a passagem para a consciência não é uma escritura derivada e repetitiva, transcrição duplicando a escritura inconsciente, produz-se de maneira original e, na sua própria secundariedade, é originária e irredutível. Como a consciência é para

Freud superfície oferecida ao mundo exterior, é aqui que, em vez de percorrer a metáfora no sentido banal, é preciso pelo contrário compreender a possibilidade da escritura que se diz consciente e atuante no mundo (exterior visível da grafia, da literalidade, do devir-literário da literalidade etc.) a partir desse trabalho de escritura que circula como uma energia psíquica entre o inconsciente e o consciente. A consideração "objetivista" ou "mundana" da escritura nada nos ensina se não a referirmos a um espaço de escritura psíquica (dir-se-ia de escritura transcendental no caso de, com Husserl, se ver na psique uma região do mundo. Mas como é também o caso de Freud, que quer respeitar ao mesmo tempo o estar-no-mundo do psíquico, o seu ser-local e a originalidade da sua topologia, irredutível a toda a intramundaneidade vulgar, é preciso talvez pensar que o que descrevemos aqui como trabalho da escritura elimina a diferença transcendental entre origem do mundo e estar-no-mundo. Elimina-a produzindo-a: meio do diálogo e do mal-entendido entre os conceitos husserliano e heideggeriano de estar-no-mundo).

Quanto a essa escritura não transcritiva, Freud acrescenta com efeito um esclarecimento essencial. Ele colocará em evidência: 1) o perigo que haveria em imobilizar ou esfriar a energia numa metáfora ingênua do lugar; 2) a necessidade não de abandonar mas de repensar o espaço ou a topologia dessa escritura; 3) que Freud, que gosta de *representar* sempre o aparelho psíquico numa montagem artificial, ainda não descobriu um modelo mecânico adequado à conceptualidade grafemática que já utiliza para descrever o texto psíquico.

Quando dizemos que um pensamento pré-consciente é recalcado e em seguida recebido no inconsciente, estas imagens, tiradas da metafórica (*Vorstellungskreis*) do combate pela ocupação de um terreno, poderiam levar-nos a supor que efetivamente uma organização (*Anordnung*) se desfez numa das localidades psíquicas e se encontra substituída por uma outra em outra localidade. Em vez destas analogias, digamos, o que parece corresponder melhor ao que se passa na realidade, que um investimento de energia (*Energiebesetzung*) é fornecido ou retirado a uma organização determinada, de tal maneira que a formação psíquica está submetida ou subtraída ao controle de uma instância. Mais uma vez, substituímos um modo de representação tópica por um modo de representação dinâmica; não é a formação psíquica que nos parece ser o móbil (*das Bewegliche*), mas a sua inervação... (idem).

Interrompamos uma vez mais a nossa citação. A metáfora da tradução como transcrição de um texto original separaria a força e a extensão, mantendo a exterioridade simples do traduzido e do traduzinte. Esta própria exterioridade, o estatismo e o topologismo desta metáfora, assegurariam a transparência de uma tradução neutra, de um processo foronômico e não metabólico. Freud acentua-o: a escritura psíquica não se presta a uma tradução porque é um único sistema energético, por mais diferenciado que seja, e porque cobre todo o aparelho psíquico. Apesar da diferença das instâncias, a escritura psíquica em geral não é o deslocamento das significações na limpidez de um espaço imóvel, previamente dado, e a branca neutralidade de um discurso. De um discurso que poderia ser cifrado sem deixar de ser diáfano. Aqui a energia não se deixa reduzir e não limita, mas produz o sentido. A distinção entre a força e o sentido é derivada em relação ao arquitraço, pertence à metafísica da consciência e da presença, ou melhor, da presença no verbo, na alucinação de uma linguagem determinada a partir da palavra, da representação verbal. Metafísica da pré-consciência, diria talvez Freud, dado que o pré-consciente é o lugar que atribui à verbalidade. Sem isso, ter-nos-ia Freud ensinado algo de novo?

A força produz o sentido (e o espaço) apenas com o poder de "repetição" que o habita originariamente como a sua morte. Este poder, isto é, este impoder que abre e limita o trabalho da força, inaugura a traduzibilidade, torna possível o que denominamos "a linguagem", transforma o idioma absoluto em limite sempre já transgredido: um idioma puro não é uma linguagem, só passa a sê-lo repetindo-se; a repetição desdobra sempre já a ponta da primeira vez. Apesar da aparência, isto não contradiz o que mais acima dizíamos do intraduzível. Tratava-se então de lembrar a origem do movimento de transgressão, a origem da repetição e o devir-linguagem do idioma. Instalando-nos *no dado ou no efeito da repetição*, na tradução, na evidência da distinção entre a força e o sentido, não só nos afastamos do objetivo original de Freud como apagamos o vivo da relação com a morte.

Seria, portanto, necessário examinar de perto – não o podemos naturalmente fazer aqui – tudo o que Freud nos dá a pensar da força da escritura como "exploração" na repetição *psíquica* dessa noção outrora neurológica: abertura do seu próprio espaço, efração, abertura de um caminho apesar das resistências, ruptura e irrupção *abrindo caminho (rupta, via rupta)*, inscrição violenta de uma forma, traçado de uma diferença numa natureza ou numa matéria, que só são pensáveis como tais na sua *oposição* à escritura. A estrada abre-se numa natureza ou numa matéria, numa floresta ou num bosque (*hylé*) e procura aí uma reversibilidade de tempo e de espaço. Seria preciso estudar conjuntamente, genética e estruturalmente, a história do caminho e a história da escritura. Pensamos aqui nos textos de Freud sobre o trabalho do traço mnésico (*Erinnerungsspur*) que, por já não ser o traço neurológico, não é ainda a "memória consciente" (*O Inconsciente, G.W.,* x, p. 288), no trabalho *itinerante* do traço, produzindo e não percorrendo o seu caminho. A metáfora do caminho aberto, tão frequente nas descrições de Freud, comunica sempre com o tema do *retardamento suplementar* e da reconstituição do sentido mais tarde, depois de um caminhar de toupeira, depois do labor subterrâneo de uma impressão. Esta deixou um traço laborioso que nunca foi *percebido,* vivido no seu sentido no presente, isto é, na consciência. O *post-scriptum,* que constitui o presente passado como tal, não se contenta, como talvez o tenham suposto Platão, Hegel e Proust, com despertá-lo ou revelá-lo na sua verdade. Ele o produz. O retardamento sexual é aqui o melhor exemplo ou a essência desse movimento? Falso problema sem dúvida: o *sujeito* – presumidamente conhecido – da questão, a saber, a sexualidade, só é determinado, limitado ou ilimitado de ricochete e pela própria resposta. Em todo caso, a de Freud é decisiva. Vede o homem dos lobos. É posteriormente que a percepção da cena primitiva – realidade ou fantasma, pouco importa – é vivida na sua significação, e a maturação sexual não é a forma acidental desse atraso. "Com um ano e meio, recolheu impressões cuja compreensão diferida lhe foi possível na época do sonho pelo seu desenvolvimento, a sua exaltação e a sua investigação sexual." Já no *Projeto*, a propósito do recalque na histeria: "Descobre-se em todos os casos que uma recordação é

recalcada, a qual não se transforma em trauma senão posteriormente (*nur nachiräglich*). A causa disto é o atraso (*Verspätung*)
da puberdade em relação ao conjunto do desenvolvimento do
indivíduo". Isto deveria conduzir se não à solução, pelo menos
a uma nova posição do temível problema da temporalização e
da chamada "intemporalidade" do inconsciente. Mais do que
em outro lugar, é aqui sensível a separação entre a intuição e
o conceito freudianos. A intemporalidade do inconsciente não
é sem dúvida determinada senão pela oposição a um conceito
corrente de tempo, conceito tradicional, conceito da metafísica,
tempo da mecânica ou tempo da consciência. Seria talvez preciso ler Freud como Heidegger leu Kant: como o *eu penso,* o
inconsciente só é certamente intemporal perante um certo conceito vulgar do tempo.

## A DIÓPTRICA E OS HIERÓGLIFOS

Não nos apressemos em concluir que, ao apelar para a energética contra a tópica da tradução, Freud renunciava a localizar. Se,
como veremos, obstina-se em dar uma representação projetiva e
espacial, a saber, puramente mecânica, dos processos energéticos,
não é apenas pelo valor didático da exposição: é irredutível uma
certa espacialidade, cuja ideia de sistema em geral não poderia
deixar-se separar; a sua natureza é tanto mais enigmática quanto
já não se pode considerá-la como o meio homogêneo e impassível dos processos dinâmicos e econômicos. Na *Traumdeutung,* a
máquina metafórica ainda não está adaptada à analogia escritural
que já dirige, como em breve se verá, toda a exposição descritiva
de Freud. É uma *máquina óptica.*

Retomemos a nossa citação. Freud não quer renunciar à
metáfora tópica contra a qual acaba de nos precaver:

> Contudo, considero útil e legítimo continuar a servir-se da re-
> presentação intuitiva [da metáfora: *anschauliche Vorstellung*] dos
> dois sistemas. Evitamos todo uso infeliz deste modo de encenação
> (*Darstellungsweise*), lembrando-nos que as representações (*Vorstellun-
> gen*), *os* pensamentos e as formações psíquicas em geral não devem
> ser localizadas em elementos orgânicos do sistema nervoso, mas por
> assim dizer *entre* si, no lugar em que se formam as resistências e as

facilitações que lhes correspondem. Tudo o que se pode tornar objeto (*Gegenstand*) da nossa percepção interna é *virtual,* como a imagem dada num telescópio pelo caminhar do raio luminoso. Mas os sistemas, *que não são do psíquico* [o grifo é nosso] e jamais são acessíveis à nossa percepção psíquica, podem ser comparados às lentes do telescópio que projetam a imagem. Se prolongamos esta analogia, a censura entre os dois sistemas corresponderia à refração [à quebra do raio: *Strahlenbrechung*] quando da passagem para um novo meio (p. 615-616).

Esta representação já não se deixa compreender num espaço de estrutura simples e homogênea. A mudança de meio e o movimento da refração indicam-no suficientemente. Em seguida, Freud, apelando de novo para a mesma máquina, introduz uma diferenciação interessante. No mesmo capítulo, no parágrafo sobre "A Regressão", tenta explicar a relação da memória e da percepção no traço mnésico:

A ideia de que dispomos, assim, é a de uma *localidade psíquica.*Queremos deixar completamente de lado a ideia de que o aparelho psíquico de que aqui se trata nos é igualmente conhecido como preparação [*Präparat:* preparação de laboratório] anatômica, e queremos manter cuidadosamente a nossa pesquisa afastada de uma determinação de algum modo anatômica da localidade psíquica. Permanecemos num terreno psicológico e propomo-nos apenas continuar a requerer uma representação do instrumento que serve para as operações psíquicas sob a forma de uma espécie de microscópio complexo, de um aparelho fotográfico e de outros aparelhos da mesma natureza. A localidade psíquica corresponde em seguida a um lugar (*Ort*) no interior de tal aparelho, lugar no qual se forma um dos primeiros estados da imagem. No microscópio e no telescópio, bem entendido, só são, em certa medida, localidades e regiões ideais nas quais não está situada nenhuma parte perceptível do aparelho. Julgo ser supérfluo desculpar-me pelas imperfeições destas imagens e de outras imagens semelhantes (p. 541).

Para além do aspecto pedagógico, esta ilustração justifica-se pela diferença entre o *sistema* e o *psíquico:* o sistema psíquico não é psíquico e só se trata dele nesta descrição. Depois, é o andamento do aparelho que interessa a Freud, o seu funcionamento e a ordem das suas operações, o tempo regrado do seu movimento tal qual é *tomado* e descoberto nas peças do mecanismo:

FREUD E A CENA DA ESCRITURA 317

Rigorosamente não temos necessidade de supor uma organização realmente espacial dos sistemas psíquicos. Basta-nos que uma consecução ordenada seja estabelecida com constância, de maneira que, por ocasião de certos acontecimentos psíquicos, os sistemas sejam percorridos pela excitação segundo uma consecução temporal determinada.

Finalmente, estes aparelhos de óptica captam a luz; no exemplo fotográfico registram-no[6]. Freud quer já explicar o negativo ou a escritura da luz e eis a diferenciação (*Differenzierung*) que introduz. Atenuará as "imperfeições" da analogia e talvez as "desculpará". Sobretudo acentuará a exigência, à primeira vista contraditória, que preocupa Freud desde o *Projeto* e que só será satisfeita pela máquina de escrever, pelo "bloco mágico":

Somos então levados a introduzir uma primeira diferenciação na extremidade sensível [do aparelho]. Das nossas percepções permanece no nosso aparelho psíquico um traço (*Spur*) que podemos chamar "traço mnésico" (*Erinnerungsspur*). A função que se relaciona com este traço mnésico é por nós denominada "memória". Se levarmos a sério o projeto de ligar os acontecimentos psíquicos a sistemas, o traço mnésico só pode consistir em modificações permanentes dos elementos do sistema. Ora, já o mostrei por outro lado, surgem evidentemente dificuldades pelo fato de um único e mesmo sistema reter fielmente as modificações dos seus elementos ao mesmo tempo que oferece uma nova receptividade à modificação, sem jamais perder a sua capacidade de recepção (p. 534).

6 A metáfora do negativo fotográfico é muito frequente. Cf. *Sobre a Dinâmica da Transferência* (G.W., VIII, p. 364-65). As noções de negativo e de impressão são aí os principais instrumentos da analogia. Na análise de Dora, Freud define a transferência em termos de edição, de reedição, de impressões estereotipadas ou revistas e corrigidas. *Uma Nota sobre o Inconsciente em Psicanálise*, 1913 (G.W., X, p. 436), compara ao processo fotográfico as relações do consciente com o inconsciente: "O primeiro estádio da fotografia é o negativo; cada imagem fotográfica tem de passar pela prova do 'processo negativo', e aqueles negativos que se comportaram bem nesta prova são admitidos ao 'processo positivo' que se termina com a imagem". Hervey de Saint-Denys consagra um capítulo inteiro do seu livro à mesma analogia. As intenções são idênticas. Inspiram também uma precaução que voltaremos a encontrar na *Nota sobre o "Bloco Mágico"*: "A memória aliás possui sobre o aparelho fotográfico essa maravilhosa superioridade que possuem as forças da natureza de serem elas próprias a renovar os seus meios de ação".

318          A ESCRITURA E A DIFERENÇA

Serão portanto necessários dois sistemas numa só máquina. Este duplo sistema, concedendo a nudez da superfície e a profundidade da retenção, só de longe e com muitas "imperfeições" podia ser representado por uma máquina óptica. "Seguindo a análise do sonho, entrevemos um pouco a estrutura desse instrumento, o mais maravilhoso e o mais misterioso de todos, só um pouco, mas é um começo..." É o que podemos ler nas últimas páginas da *Traumdeutung* (p. 614). Só um pouco. A representação gráfica do sistema (não psíquico) do psíquico não está pronta no momento em que a do psíquico já ocupou, na própria *Traumdeutung*, um terreno considerável. Avaliemos esse atraso.

A característica da escritura foi por nós denominada noutro lugar, num sentido difícil desta palavra, *espaçamento:* diastema e devir-espaço do tempo, também desenvolvimento numa localidade original, de significações que a consecução linear irreversível, passando de ponto de presença em ponto de presença, só podia estender e em certa medida não conseguir recalcar. Em especial na escrita chamada fonética. É profunda a convivência entre esta e o logos (ou o tempo da lógica) dominado pelo princípio de não-contradição, fundamento de toda a metafísica da presença. Ora, em todo espaçamento silencioso ou não puramente fônico das significações, são possíveis encadeamentos que não mais obedecem à linearidade do tempo lógico, do tempo da consciência ou da pré-consciência, do tempo da "representação verbal". Não é clara a fronteira entre o espaço não-fonético da escritura (mesmo na escrita "fonética") e o espaço do palco do sonho.

Não é portanto de surpreender que Freud, para sugerir a estranheza das relações lógico-temporais no sonho, recorra constantemente à escritura, à sinopse espacial do pictograma, da charada, do hieróglifo, da escrita não-fonética em geral. Sinopse e não estase: cena e não quadro. O laconismo[7], o lapidar do sonho não é a presença impassível de signos petrificados.

A interpretação soletrou os elementos do sonho. Fez aparecer o trabalho de condensação e de deslocamento. É preciso ainda dar conta da síntese que compõe e põe em cena. É preciso interrogar os recursos da encenação (*die Darstellungs-*

---

7  "O sonho é parcimonioso, indigente, lacônico" (*g.w.*, ii/iii, p. 284). O sonho é "estenográfico" (cf. mais acima).

*mittel*). Um certo policentrismo da representação onírica é inconciliável com o desenrolar aparentemente linear, unilinear, das puras representações verbais. A estrutura lógica e ideal do discurso consciente deve, portanto, submeter-se ao sistema do sonho, subordina-se a ele como uma peça da sua maquinaria.

As peças isoladas desta formação complicada dizem naturalmente respeito umas às outras segundo relações lógicas muito variadas. Formam primeiros planos, fundos, digressões e esclarecimentos, propõem condições, demonstrações e protestações. Depois, quando toda a massa destes pensamentos do sonho é submetida à pressão do trabalho do sonho e estas peças são retorcidas, fragmentadas e reunidas, um pouco como blocos de gelo flutuantes, coloca-se o problema de saber em que é que se tornam as conjunções lógicas que até então tinham constituído a estrutura. Como é que o sonho põe em cena o "se", o "porquê", o "do mesmo modo que", o "embora", o "ou… ou" e todas as outras conjunções sem as quais a frase ou o discurso permaneceriam ininteligíveis para nós? (p. 316-17).

Esta encenação pode ser comparada em primeiro lugar a essas formas de expressão que são como a escritura na palavra: a pintura ou a escultura dos significantes que inscrevem num espaço de coabitação elementos que a cadeia falada deve reprimir. Freud os opõe à poesia que "usa o discurso falado" (*Rede*). Mas o sonho não tem também o uso da palavra? "No sonho, vemos mas não ouvimos", dizia o *Projeto*. Na verdade, como o fará Artaud, Freud visava então menos a ausência do que a subordinação da palavra na cena do sonho. Longe de desaparecer, o discurso muda então de função e de dignidade. Está situado, rodeado, investido (em todos os sentidos desta palavra), constituído. Insere-se no sonho como a legenda nas histórias em quadrinhos, essa combinação picto-hieroglífica na qual o texto fonético é o complemento e não o senhor da narrativa:

> Antes que a pintura tivesse chegado ao conhecimento das suas leis de expressão próprias…, nos quadros antigos deixava-se pender da boca dos personagens bandeirolas que tinham inscrito (*als Schrift*) o discurso que o pintor duvidava poder pôr em cena no quadro (p. 317).

A escritura geral do sonho supera a escrita fonética e volta a pôr a palavra no seu lugar. Como nos hieróglifos ou nas charadas, a voz é cercada. Logo no princípio do capítulo sobre "O Trabalho do Sonho", nenhuma dúvida nos resta a tal respeito, embora Freud ainda aí se sirva desse conceito de tradução contra o qual mais adiante nos põe de sobreaviso.

Os pensamentos do sonho e o conteúdo do sonho [o latente e o manifesto] surgem diante de nós como duas encenações do mesmo conteúdo em duas línguas diferentes; ou melhor, o conteúdo do sonho aparece-nos como uma transferência (*Übertragung*) do pensamento do sonho para um outro modo de expressão cujos signos e gramática só poderemos aprender a conhecer comparando o original com a tradução. Os pensamentos do sonho são-nos imediatamente inteligíveis logo que deles temos experiência. O conteúdo do sonho é dado como uma escrita figurativa (*Bilderschrift*), cujos signos devem ser transferidos um por um na língua dos pensamentos do sonho.

*Bilderschrift*: não imagem inscrita mas escrita figurada, imagem dada não a uma percepção simples, consciente e presente, da própria coisa – supondo que isso exista –, mas a uma leitura.

Seríamos evidentemente induzidos em erro se quiséssemos ler estes sinais pelo seu valor de imagem e não pela sua referência significativa (*Zeichenbeziehung*)... O sonho é esse enigma figurativo (*Bilderrätsel*), e os nossos predecessores no domínio da interpretação dos sonhos cometeram o erro de considerar a charada como composição de um desenho descritivo.

O conteúdo figurado é, portanto, na verdade uma escritura, uma cadeia significante de forma cênica. Neste sentido resume, é certo, um discurso, é a *economia da palavra*. Todo o capítulo sobre "A Aptidão para a Encenação" (*Darstellbarkeit*) demonstra-o perfeitamente. Mas a transformação econômica recíproca, a retomada total no discurso, é a princípio impossível ou limitada. Isso resulta em primeiro lugar do fato de serem as palavras também "primariamente" coisas. É assim que, no sonho, são retomadas, "agarradas" pelo processo primário. Não nos podemos portanto contentar em dizer que, no sonho, as "coisas" condensam as palavras; que inversamente os significantes não-verbais se deixam em certa medida interpretar em representações verbais. É preciso reconhecer que

FREUD E A CENA DA ESCRITURA

as palavras, na medida em que são atraídas, seduzidas, no sonho, em direção ao limite fictício do processo primário, têm a tendência a se tornarem puras e simples coisas. Limite aliás também fictício. Palavras puras e coisas puras são, portanto, como a ideia do processo primário e, em seguida, do processo secundário, "ficções teóricas". O entre-dois do "sonho" e o entre-dois da "vigília" não se distinguem *essencialmente* quanto à natureza da linguagem. "As palavras são muitas vezes tratadas pelo sonho como coisas e sofrem então as mesmas montagens que as representações das coisas."[8] Na *regressão formal* do sonho, a espacialização da encenação *não surpreende* as palavras. Aliás, não poderia mesmo ter sucesso se a palavra não fosse desde sempre trabalhada no seu corpo pela marca da sua inscrição ou da sua aptidão cênica, pela sua *Darstellbarkeit* e todas as formas do seu espaçamento. Este só pode ter sido recalcado pela palavra dita viva ou vigilante, pela consciência, pela lógica, pela história da linguagem etc. A espacialização não surpreende o tempo da palavra ou a idealidade do sentido, não lhe sobrevém como um acidente. A temporalização supõe a possibilidade simbólica e toda síntese simbólica, antes mesmo de cair num espaço "exterior" a ela, comporta em si o espaçamento como diferença. Eis por que a cadeia fônica pura, na medida em que implica diferenças, não é ela mesma uma continuidade ou uma fluidez puras do tempo. A diferença é a articulação do espaço e do tempo. A cadeia fônica ou a cadeia de escrita fonética são sempre já distendidas por esse mínimo de espaçamento essencial no qual poderão esboçar-se o trabalho do sonho e toda regressão formal em geral. Não se

---

8 *Complemento Metapsicológico à Doutrina dos Sonhos* (1916, G.W., II/III, p. 419) consagra um importante desenvolvimento à regressão formal que, dizia a *Traumdeutung,* faz que "modos de expressão e de encenação primitivos se substituam àqueles a que estamos habituados" (p. 554). Freud insiste sobretudo no papel que aí desempenha a representação verbal: "É digno de nota que o trabalho do sonho se prenda tão pouco às representações verbais; está sempre pronto para substituir as palavras umas pelas outras até encontrar a expressão que mais facilmente se deixa manejar na encenação plástica". Esta passagem é seguida de uma comparação, do ponto de vista das representações de palavras e das representações de coisas, entre a linguagem do sonhador e a linguagem do esquizofrênico. Seria preciso comentá-la de perto. Talvez constatássemos (contra Freud?) que uma determinação rigorosa da anomalia é aí impossível. Sobre o papel da representação verbal no pré-consciente e o caráter então secundário dos elementos visuais, cf. *O Eu e o Isso,* cap. 2.

trata aí de uma negação do tempo, de uma parada do tempo num presente ou numa simultaneidade, mas de uma outra estrutura, de uma outra estratificação do tempo. Também aqui a comparação com a escritura – desta vez com a escrita fonética – ilumina igualmente a escritura e o sonho:

[o sonho] restitui *um encadeamento lógico sob a forma da simultaneidade*; procede assim um pouco à maneira do pintor que reúne num quadro da Escola de Atenas ou do Parnaso todos os filósofos e todos os poetas que jamais se encontraram reunidos num pórtico ou no cume de uma montanha... Este modo de encenação mantém-se no pormenor. De cada vez que aproxima dois elementos, garante um elo especialmente íntimo entre os elementos que lhes correspondem nos pensamentos do sonho. Passa-se o mesmo no nosso sistema de escrita: *ab* significa que as duas letras devem ser pronunciadas como uma única sílaba; a e *b* separadas por um espaço branco são reconhecidas, uma, *a,* como a última letra de uma palavra, a outra, *b,* como a primeira letra de uma palavra (p. 319).

O modelo da escrita hieroglífica reúne de maneira mais visível – mas encontramo-la em toda escritura – a diversidade dos modos e das funções do signo no sonho. Todo signo – verbal ou não – pode ser utilizado em níveis, em funções e configurações que não são prescritas na sua "essência", mas nascem do jogo da diferença. Resumindo todas estas possibilidades, Freud conclui:

Apesar da multiplicidade destas faces, pode dizer-se que a encenação do trabalho do sonho, que certamente não é feita *para ser compreendida,* não oferece ao tradutor mais dificuldades do que, de certo modo, ofereciam aos seus leitores os escritores que, na Antiguidade, se serviam dos hieróglifos (p. 346-347).

Mais de vinte anos separam a primeira edição da *Traumdeutung* da *Note sur le bloc magique*. Se continuarmos a acompanhar as duas séries de metáforas, as que dizem respeito ao sistema não-psíquico do psíquico e as que dizem respeito ao próprio psíquico, que se passa?

*Por um lado,* o alcance *teórico* da metáfora *psicográfica* vai ser cada vez mais bem refletido. De algum modo é-lhe consagrada uma questão de método. É com uma grafemática futura,

FREUD E A CENA DA ESCRITURA

mais do que com uma linguística dominada por um velho fonologismo, que a psicanálise se vê chamada a colaborar. Freud
recomenda-o *literalmente* num texto de 1913[9], e nada temos
aqui a acrescentar, a interpretar, a renovar. O interesse da psicanálise pela linguística pressupõe que se "transgrida" o "sentido habitual da palavra linguagem". "Pela palavra linguagem
não devemos entender aqui apenas a expressão do pensamento
em palavras, mas também a linguagem gestual e toda espécie de
expressão da atividade psíquica, como a escrita." E depois de ter
lembrado o arcaísmo da expressão onírica que admite a contradição[10] e privilegia a visibilidade, Freud esclarece:

> Parece-nos mais justo comparar o sonho a um sistema de es-
> crita do que a uma língua. De fato, a interpretação de um sonho é
> totalmente análoga à decifração de uma escrita figurativa da Anti-
> guidade, como os hieróglifos egípcios. Nos dois casos, há elementos
> que não são determinados para a interpretação ou a leitura, mas de-
> vem assegurar apenas, enquanto determinativos, a inteligibilidade
> de outros elementos. A plurivocidade dos diferentes elementos do
> sonho tem o seu equivalente nestes sistemas de escrita antiga... Se
> até aqui esta concepção da encenação do sonho não foi mais posta
> em execução, é porque isso depende de uma situação que se pode fa-
> cilmente compreender: o ponto de vista e os conhecimentos com os
> quais o linguista abordaria um tema como o do sonho escapam to-
> talmente ao psicanalista (p. 404-5).

*Por outro lado,* no mesmo ano, no artigo sobre "O Inconsciente", é a problemática do próprio *aparelho* que começa a
ser retomada nos conceitos escriturais: nem, como no *Projeto,*
numa topologia de traços sem escritura, nem, como na *Traumdeutung,* no funcionamento de mecanismos ópticos. O debate

9  *Das Interesse an der Psychoanalyse,* (G.W., VIII, p. 390). A segunda parte deste
   texto, consagrada às "ciências não-psicológicas", diz respeito em primeiro lugar à ciência da linguagem (p. 493) antes da filosofia, a biologia, a história, a
   sociologia, a pedagogia.
10  Sabemos que toda a nota *Über den Gegensinn der Urworte* (1910) procura
    demonstrar na trilha de Abel, e com uma grande abundância de exemplos
    tirados da escrita hieroglífica, que o sentido contraditório ou indeterminado
    das palavras primitivas só podia ser determinado, receber a sua diferença e as
    suas condições de funcionamento, pelo gesto e pela escrita (G.W., VIII, p. 214).
    Sobre este texto e a hipótese de Abel, cf. E. Benveniste, *Problèmes de linguisti-
    que générale,* cap. VII.

entre a hipótese funcional e a hipótese tópica diz respeito a lugares *de inscrição* (*Niederschrift*):

Quando um ato psíquico (limitamo-nos aqui a um ato do tipo da *representação* [*Vorstellung*. O grifo é nosso]) conhece uma transformação que o faz passar do sistema Ics ao sistema Cs (ou Pcs), deveremos admitir que a esta transformação esteja ligada uma nova fixação, uma espécie de nova inscrição da representação interessada, inscrição que pode, portanto, ser também recolhida numa nova localidade psíquica e ao lado da qual persistiria a inscrição inconsciente originária? Ou devemos antes crer que a transformação consiste numa mudança de estado que se realizaria sobre o mesmo material e na mesma localidade? (*G.W.*, x, p. 272-273).

A discussão que se segue não nos interessa diretamente aqui. Lembremos apenas que a hipótese econômica e o difícil conceito de contrainvestimento (*Gegenbesetzung:* "único mecanismo do recalque originário", p. 280) que Freud introduz depois de ter renunciado a tomar uma decisão não elimina a diferença tópica das duas inscrições[11]. E notemos que o conceito de inscrição permanece ainda o simples *elemento* gráfico de um aparelho que não é uma máquina de escrever. A diferença entre o sistema e o psíquico está ainda em elaboração: a grafia está reservada à descrição do conteúdo psíquico ou de um elemento da máquina. Poderíamos pensar que esta está submetida a um outro princípio de organização, a um outro destino diferente da escritura. É talvez também porque o fio condutor do artigo sobre "O Inconsciente", *o seu exemplo,* como o acentuamos, é o destino de uma *representação,* consecutiva a um primeiro registro. Quando se descrever a percepção, o aparelho de registro ou de inscrição originária, o "aparelho de percepção" já não poderá ser outra coisa senão uma máquina de escrever. A *Nota sobre o "Bloco Mágico",* doze anos mais tarde, descreverá o aparelho de percepção e a origem da memória. Durante muito tempo separadas e colocadas em níveis diversos, as duas séries de metáforas reunir-se-ão.

---

11 P. 288. É a passagem que citamos mais acima e na qual o traço mnésico era distinguido da "memória".

## O PEDAÇO DE CERA DE FREUD
## E AS TRÊS ANALOGIAS DA ESCRITURA

Neste texto de seis páginas, é progressivamente demonstrada a analogia entre um determinado aparelho de escrita e o aparelho da percepção. Três etapas da descrição lhe fazem de cada vez ganhar em rigor, em interioridade e em diferenciação.

Como sempre se fez, pelo menos desde Platão, Freud considera em primeiro lugar a escrita como técnica a serviço da memória, técnica exterior, auxiliar da memória psíquica e não ela mesma memória: mais ὑπόμνησις* do que mneme, dizia o *Fedro*. Mas aqui o que não era possível em Platão, o psiquismo está preso num aparelho e o escrito será mais facilmente representado como uma peça extraída e "materializada" desse aparelho. É a *primeira analogia:*

> Se desconfio da minha memória – o que faz o neurótico, como se sabe bem, a um grau surpreendente, mas o indivíduo normal tem também todas as razões para fazê-lo – posso completar e assegurar (*ergänzen und versichern*) a sua função dando-me um traço escrito (*schriftliche Anzeichnung*). A superfície que recolhe este traço, o bloco ou a folha de papel, torna-se então, a bem-dizer, uma peça materializada (*ein materialisiertes Stück*) do aparelho mnésico (*des Erinnerungsapparates*) que trago de outro modo em mim de maneira invisível. Basta-me lembrar o lugar em que a "recordação" assim fixada foi posta em segurança para poder então "reproduzi-la" em qualquer altura e quantas vezes quiser, e fico assim certo de que permanecerá inalterada, tendo portanto escapado às deformações que talvez sofresse na minha memória (G.W., XIV, p. 3.).

O tema de Freud não é aqui a ausência de memória ou a finitude originária e normal do poder mnésico; ainda menos a estrutura da temporalização que funda esta finitude ou as suas relações essenciais à possibilidade de uma censura e de um recalque; também não é a possibilidade e a necessidade da *Ergänzung,* do *suplemento hipomnésico* que o psíquico tem de projetar "no mundo"; nem o que é requerido quanto à natureza do psíquico para que esta suplementaridade seja possível. Trata-se em primeiro lugar e apenas de considerar as condições

---

\* *Hypnomesis:* memória escrita ( N. da E.).

proporcionadas a esta operação pelas superfícies habituais de escrita. Estas não respondem à dupla exigência definida desde o *Projeto:* conservação indefinida e poder de recepção ilimitado. A folha conserva indefinidamente mas depressa fica saturada. A ardósia, cuja virgindade se pode sempre reconstituir apagando as marcas, não conserva os traços. Todas as clássicas superfícies de escrita só oferecem uma das duas vantagens e apresentam sempre o inconveniente complementar. Tal é a *res extensa* e a superfície inteligível dos aparelhos de escrita clássica. Nos processos que deste modo substituem à nossa memória, "parecem excluir-se uma capacidade de recepção ilimitada e uma retenção dos traços duradouros". A sua extensão pertence à geometria clássica e é nela inteligível como exterioridade pura e sem relação a si. É preciso encontrar um outro espaço de escrita, esta sempre o reclamou.

Os aparelhos auxiliares (*Hilfsapparate*), que observa Freud, são sempre constituídos segundo o modelo do órgão fornecido (por exemplo os óculos, a máquina fotográfica, os amplificadores), parecem portanto particularmente deficientes quando se trata da nossa memória. Esta observação torna talvez ainda mais suspeito apelo anterior a aparelhos de óptica. Freud lembra contudo que a exigência contraditória aqui enunciada tinha já sido reconhecida em 1900. Poderia ter dito em 1895.

Já formulei na *Tramdeutung* (1900) a hipótese de que essa extraordinária capacidade devia ser distribuída pelas operações de dois sistemas diferentes (órgãos do aparelho psíquico). Supúnhamos um sistema P. Csce que recebesse as percepções mas que não guardasse delas nenhuma marca duradoura, de tal modo que possa se oferecer a cada nova percepção como uma folha virgem de escrita. As marcas duradouras das excitações recebidas produziam-se nos "sistemas mnésicos" situados atrás dele. Mais tarde (*Além do Princípio do Prazer*), acrescentei a observação de que o fenômeno inexplicado da consciência surgia no sistema da percepção *no lugar* das marcas duradouras[12].

Duplo sistema compreendido num único aparelho diferenciado, inocência sempre oferecida e reserva infinita das

---

12  P. 4-5. Cf. o cap. IV de *Além do Princípio...*

FREUD E A CENA DA ESCRITURA

marcas, é o que finalmente pôde conciliar esse "pequeno instrumento" que foi "lançado há algum tempo no mercado com o nome de bloco mágico" e que "promete ser mais eficaz do que a folha de papel e a ardósia". A sua aparência é modesta, "mas, se olharmos mais de perto, descobriremos na sua construção uma notável analogia com o que supus ser a estrutura do nosso aparelho de percepção". Oferece as duas vantagens: "Uma superfície de recepção sempre disponível e marcas duradouras das inscrições recebidas". Eis a sua descrição:

O bloco mágico é uma tabuinha de cera ou de resina, de cor marrom escuro, rodeada de papel. Por cima, uma folha fina e transparente, solidamente presa à tabuinha no seu bordo superior, enquanto o seu bordo inferior está nela livremente sobreposto. Esta folha é a parte mais interessante do pequeno dispositivo. Ela própria se compõe de duas camadas que podem ser separadas uma da outra, exceto nos dois bordos transversais. A camada superior é uma folha de celuloide transparente; a camada inferior é uma folha de cera fina, portanto transparente. Quando não nos servimos do aparelho, a superfície inferior do papel de cera adere ligeiramente à superfície superior da tabuinha de cera. Servimo-nos deste bloco mágico praticando a inscrição sobre a pequena placa de celuloide da folha que cobre a tabuinha de cera. Para isso, não precisamos de lápis nem de giz, pois a escrita não depende, aqui, da intervenção do material sobre a superfície receptora. Eis um regresso à maneira como os antigos escreviam sobre pequenas tabuinhas de argila ou de cera. Uma ponta aguçada risca a superfície cujas depressões produzem o "escrito". No bloco mágico, esta incisão não se produz diretamente mas por intermédio da folha de cobertura superior. A ponta pressiona, nos lugares que toca, a superfície inferior do papel de cera sobre a tabuinha de cera, e estes sulcos tornam-se visíveis como uma escrita escura na superfície do celuloide que é liso e cinza esbranquiçado. Se quisermos destruir a inscrição, basta destacar da tabuinha de cera, com um gesto leve, pelo seu bordo inferior livre, a folha de cobertura composta[13]. O contacto íntimo entre a folha de cera e a tabuinha de cera, nos lugares riscados dos quais depende o devir-visível da escrita, é deste modo interrompido e já não se reproduz quando

13 A *Standard Edition* observa aqui uma pequena infidelidade na descrição de Freud. "Ela não afeta o princípio." Somos tentados a pensar que Freud noutros lugares também deturpou a sua descrição técnica devido às necessidades da analogia.

as duas folhas repousam de novo uma sobre a outra. O bloco mágico fica então virgem de escrita e pronto para receber novas inscrições (p. 5-6).

Notemos que a *profundidade* do bloco mágico é ao mesmo tempo uma profundidade sem fundo, um reenvio infinito e uma exterioridade perfeitamente superficial: estratificação de superfícies cuja relação consigo, o interior, não passa da implicação de uma outra superfície também exposta. Une as duas certezas empíricas que nos constroem: a da profundidade infinita na implicação do sentido, no envolvimento ilimitado do atual, e, simultaneamente, a da essência pelicular do ser, da ausência absoluta da parte de baixo.

Desprezando as "pequenas imperfeições" do dispositivo, interessando-se apenas pela analogia, Freud insiste no caráter essencialmente protetor da folha de celuloide. Sem ela, o papel de cera fina seria riscado ou rasgado. Não há escrita que não se constitua uma proteção, em *proteção contra* si, contra a escrita segundo a qual o "sujeito" está ameaçado ao deixar-se escrever: *ao expor-se*. "A folha de celuloide é, portanto, um véu protetor para o papel de cera." Mantém-no ao abrigo das "influências ameaçadoras provenientes do exterior."

Devo aqui lembrar que em *Além do Princípio...*[14] desenvolvia a ideia de que o nosso aparelho psíquico de percepção se compõe de duas camadas, um protetor exterior contra as excitações, capaz de reduzir a importância das excitações que ocorrem, e uma superfície que, situada por detrás dele, recebe os estímulos, a saber o sistema P. Csce (p. 6).

Mas isto só diz respeito por enquanto à recepção ou à percepção, a abertura da superfície mais superficial à incisão do estilete. Ainda não há escrita na planura dessa *extensio*. É preciso dar conta da escrita como traço sobrevivendo ao presente do estilete, à pontualidade, à στιγμή*. "Esta analogia, prossegue Freud, não teria muito valor se não pudesse ser continuada mais adiante." É a *segunda analogia*:

---

14 Ainda no cap. IV de *Além do Princípio...*
\* *Stigue:* marca, sinal (N. da E.).

FREUD E A CENA DA ESCRITURA

Se retirarmos da tabuinha toda a folha de cobertura – celuloide e papel de cera –, o escrito apaga-se e, como o fiz notar, não mais se reconstitui em seguida. A superfície do bloco mágico está virgem e de novo receptora. Mas é fácil constatar que o traço duradouro do escrito se mantém na tabuinha de cera e permanece legível com uma iluminação adequada.

As exigências contraditórias ficam satisfeitas com este duplo sistema e "é exatamente a maneira como se realiza a função perceptiva conforme o que já supus sobre o nosso aparelho psíquico. A camada que recebe as excitações – o sistema P. Csce – não forma nenhum traço duradouro; as bases da recordação produzem-se em outros sistemas de suplência". A escrita substitui a percepção antes mesmo desta aparecer a si própria. A "memória" ou a escrita são a abertura desse próprio aparecer. O "percebido" só se dá a ler no passado, abaixo da percepção e depois dela.

Enquanto as outras superfícies de escrita, correspondendo aos protótipos da ardósia ou do papel, só podiam representar uma peça materializada do sistema mnésico no aparelho psíquico, uma abstração, o bloco mágico representa-o por inteiro e não apenas sua camada perceptiva. *A tabuinha de cera representa efetivamente o inconsciente.* "Não considero demasiado audacioso comparar a tabuinha de cera com o inconsciente que se encontra por detrás do sistema P. Csce." O devir-visível alternando com o apagar do escrito seria o raio (*Aufleuchten*) e o esvaecimento (*Vergehen*) da consciência na percepção.

Isto introduz a *terceira e última analogia.* É sem dúvida a mais interessante. Até aqui só se tratava do espaço da escrita, da sua extensão e do seu volume, dos seus relevos e das suas depressões. Mas há também um *tempo da escritura* e não é outra coisa senão a própria estrutura do que neste momento descrevemos. É preciso contar aqui com o tempo desse pedaço de cera. Não lhe é exterior, e o bloco mágico compreende na sua estrutura o que Kant descreve como os três modos do tempo nas *três analogias da experiência:* a permanência, a sucessão, a simultaneidade. Descartes, quando se interroga *quaenam vero est haec cera,* pode reduzir a sua *essência* à simplicidade intemporal de um objeto inteligível. Freud, reconstruindo uma *operação,* não pode reduzir nem o tempo, nem a multiplicidade de camadas sensíveis. E vai ligar um conceito descontinuísta do tempo, como periodicidade e espaçamento da escritura, com toda uma cadeia de hipóteses que vão das *Cartas à Fliess* a *Além do Princípio...* e que, uma vez mais, encontram-se construídas, consolidadas, confirmadas e solidificadas no bloco mágico. A temporalidade como espaçamento não será apenas a descontinuidade horizontal na cadeia dos signos, mas a escritura como interrupção e restabelecimento do contato entre as diversas profundidades das camadas psíquicas, o material temporal tão heterogêneo do próprio trabalho psíquico. Não encontramos aí nem a continuidade da linha, nem a homogeneidade do volume; mas a duração e a profundidade diferenciadas de uma cena, o seu espaçamento:

> Confesso que estou inclinado a levar a comparação ainda mais longe. No bloco mágico, o escrito apaga-se cada vez que se interrompe o contato íntimo entre o papel que recebe a excitação e a tabuinha de cera que retém a impressão. Isto concorda com uma representação que há muito tempo dei a mim próprio do modo de funcionamento do aparelho psíquico, mas que até agora guardei para mim (p. 7).

Esta hipótese é a de uma distribuição descontínua, por sacudidelas rápidas e periódicas, das "inervações de investimento" (*Besetzungsinnervationen*), de dentro para fora, em direção à permeabilidade do sistema P . Csce. Estes movimentos são em seguida "retirados" ou "voltados". A consciência apaga-se cada vez que o investimento é assim retirado. Freud compara esse movimento a antenas que o *inconsciente* dirigiria para o exterior e retiraria quando elas lhe dessem a medida das excitações e o advertissem da ameaça. (Freud não mais guardou para si essa imagem da antena – encontramo-la em *Além do Princípio...* cap. IV[15] – observamos há pouco que ele não tinha guardado para si a

---

15  Encontramo-la no mesmo ano, no artigo sobre a *Verneinung*. Numa passagem que teria aqui importância para nós pela relação nela reconhecida entre a negação pensada e a diferença, o atraso, o desvio (*Aufschub, Denkaufschub*) (a diferência, união de Eros e de Thanatos), a emissão das antenas é atribuída não ao inconsciente mas ao eu (*G.W.*, XIV,p. 14-15). Sobre o *Denkaufschub*, sobre o pensamento como retardamento, concordata, adiantamento, prorrogação, desvio, *diferência* oposta a, ou melhor, diferente do polo fictício, teórico e sempre já transgredido do "processo primário", cf. todo o capítulo VII (v) da *Traumdeu-*

FREUD E A CENA DA ESCRITURA

noção da periodicidade dos investimentos.) A "origem da nossa representação do tempo" é atribuída a essa "não-excitabilidade periódica" e a essa "descontinuidade no trabalho do sistema P . Csce". O tempo é a economia de uma escrita.

Esta máquina não andava sozinha. É mais um utensílio do que uma máquina. E nunca o seguramos com uma só mão. É nisso que se nota a sua temporalidade. A sua *agoricidade* não é simples. A virgindade ideal do agora é constituída pelo trabalho da memória. São necessárias pelo menos duas mãos para fazer funcionar o aparelho, e um sistema de gestos, uma coordenação de iniciativas independentes, uma multiplicidade organizada de origens. É nesta cena que termina a *Nota:*

> Se pensarmos que, enquanto uma das mãos escreve na superfície do bloco mágico, uma outra retira por períodos, da tabuinha de cera, a própria página de cobertura, teremos a ilustração sensível da maneira como eu queria representar-me o funcionamento do nosso aparelho psíquico de percepção.

Os traços não produzem portanto o espaço da sua inscrição senão dando-se o período da sua desaparição. Desde a origem, no "presente" da sua primeira impressão, são constituídos pela dupla força de repetição e de desaparição, de legibilidade e de ilegibilidade. Uma máquina para duas mãos, uma multiplicidade de instâncias ou de origens, não será a relação com o outro e a temporalidade originárias da escritura, a sua complicação "primária": espaçamento, diferença e desaparição originários da origem simples, polêmica desde o limiar daquilo que nos obstinamos a denominar a percepção? A cena do sonho "que segue facilitações antigas" era uma cena de escritura. Mas é que a "percepção", a primeira relação da vida ao seu outro tinha já sempre preparado a representação. É preciso ser vários para escrever e já para "perceber". A estrutura simples da agoricidade e da manuscritura, como de toda intuição originária, é um mito, uma

*tung.* O conceito de "caminho desviado" (*Umweg*) é aí central. A "identidade de pensamento", toda tecida de recordação, é a visada sempre já substituída a uma "identidade de percepção", visada do "processo primário", e *das ganze Denken ist nur ein Umweg...* ("Todo pensamento nada mais é do que um caminho desviado" (p. 607). Cf. também os *Umweg zum Tode*, em *Jenseits*, p. 41. O "compromisso", no sentido de Freud, é sempre diferença. Ora, não há nada antes do compromisso.

"ficção" tão "teórica" como a ideia do processo primário. Esta é contrariada pelo tema do recalque originário.

A escritura é impensável sem o recalque. A sua condição é que não haja nem um contato permanente, nem uma ruptura absoluta entre as camadas. Vigilância e fracasso da censura. Não é por acaso que a metáfora da censura saiu daquilo que, no político, diz respeito à escritura nas suas rasuras, espaços em branco e disfarces, mesmo se Freud, no início da *Traumdeutung*, parece fazer aí uma referência convencional e didática. A aparente exterioridade da censura política reenvia a uma censura essencial que liga o escritor à sua própria escritura.

Se só houvesse percepção, permeabilidade pura às facilitações, não haveria facilitação. Seríamos escritos mas nada ficaria consignado, nenhuma escritura se produziria, se reteria, se repetiria como legibilidade. Mas a percepção pura não existe: só somos escritos escrevendo, pela instância em nós que sempre já vigia a percepção, quer ela seja interna quer externa. O "sujeito" da escritura não existe se entendemos por isso alguma solidão soberana do escritor. O sujeito da escritura é um *sistema* de relações entre as camadas: o bloco mágico, do psíquico, da sociedade, do mundo. No interior desta cena, é impossível encontrar a simplicidade pontual do sujeito clássico. Para descrever esta estrutura, não basta lembrar que se escreve sempre para alguém; e as oposições emissor-receptor, código-mensagem etc. permanecem instrumentos muito grosseiros. Em vão se procuraria no "público" o primeiro leitor, isto é, o primeiro autor da obra. E a "sociologia da literatura" nada percebe da guerra e das astúcias de que é objeto a origem da obra, entre o autor que lê e o primeiro leitor que dita. A *socialidade* da escritura como *drama* requer uma disciplina completamente diferente.

A máquina não anda sozinha, significa outra coisa: mecânica sem energia própria. A máquina está morta. Ela é a morte. Não porque arrisquemos a morte ao brincarmos com as máquinas, mas porque na origem das máquinas está a relação com a morte. Lembramo-nos de que, numa carta a Fliess, Freud, evocando a sua representação do aparelho psíquico, tinha a impressão de se encontrar perante uma máquina que em breve andaria sozinha. Mas o que devia andar sozinho era o psíquico e não a sua imitação ou a sua representação mecânica. Esta não vive. A representação é a morte. O que imediatamente se transforma na proposição seguinte: a morte (só) é representação. Mas está unida à vida e ao presente vivo que originariamente repete. Uma representação pura, uma máquina, jamais funciona por si só. Tal é pelo menos o limite que Freud reconhece na analogia do bloco mágico. Como a primeira palavra da *Note,* o seu gesto é então muito platônico. Só a escritura da alma, dizia o *Fedro,* só o traço psíquico tem o poder de se reproduzir e de se representar a si próprio, espontaneamente. A nossa leitura tinha saltado esta observação de Freud: "A analogia de um tal aparelho de auxílio deve encontrar em algum lugar um limite. O bloco mágico não pode 'reproduzir' do interior o escrito uma vez apagado; seria verdadeiramente um bloco mágico se pudesse fazê-lo como a nossa memória". A multiplicidade das superfícies dispostas do aparelho é, abandonada a si própria, uma complexidade morta e sem profundidade. A vida como profundidade só pertence à cera da memória psíquica. Freud continua portanto a opor, como Platão, a escritura hipomnésica à escritura ἐν τῇ ψυχῇ*, ela própria tecida de traços, recordações empíricas de uma verdade presente fora do tempo. Por conseguinte, separado da responsabilidade psíquica, o bloco mágico, enquanto representação abandonada a si própria, diz ainda respeito ao espaço e ao mecanismo cartesianos: cera *natural,* exterioridade do *auxiliar da memória.*

Tudo o que Freud pensou da unidade da vida e da morte deveria contudo tê-lo levado a colocar aqui outras questões. A colocá-las explicitamente. Freud nem mesmo se interroga explicitamente sobre o estatuto do suplemento "materializado" necessário à pretensa espontaneidade da memória, ainda que essa espontaneidade fosse diferenciada em si, barrada por uma censura ou por um recalque que aliás não poderiam agir sobre uma memória perfeitamente espontânea. Longe de a máquina ser pura ausência da espontaneidade, a sua *semelhança* com o aparelho psíquico, a sua existência e a sua necessidade testemunham a finitude deste modo suprida da espontaneidade mnésica. A máquina – e portanto a representação – é a morte

---

\*    *En té psique:* psíquica (N. da E.).

e a finitude *no* psíquico. Freud também não se interroga sobre a possibilidade desta máquina que, no mundo, pelo menos começou a *parecer-se com* a memória, e cada vez se lhe assemelha mais e melhor. Muito melhor do que esse inocente bloco mágico: este é sem dúvida infinitamente mais complexo do que a ardósia ou a folha, menos arcaico do que o palimpsesto; mas, comparado a outras máquinas de arquivar, é um brinquedo de criança. Esta semelhança, isto é, necessariamente um certo estar-no-mundo do psiquismo, não sobreveio à memória, tal como a morte não surpreende a vida. Funda-a. A metáfora, neste caso a analogia entre os dois aparelhos e a possibilidade dessa relação representativa, coloca uma questão que, apesar das suas premissas e por razões sem dúvida essenciais, Freud não explicitou, mesmo quando a conduzia ao limiar do seu tema e da sua urgência. A metáfora como retórica ou didática só é aqui possível pela metáfora sólida, pela produção não "natural", histórica, de uma máquina *suplementar, acrescentando-se* à organização psíquica para *suprir* a sua finitude. A própria ideia de finitude é derivada do movimento dessa suplementariedade. A produção histórico-técnica desta metáfora que sobrevive à organização psíquica individual, e mesmo genérica, é de uma ordem totalmente diversa da da produção de uma metáfora intrapsíquica, supondo que esta exista (para isso não basta falar dela) e qualquer que seja o elo que as duas metáforas mantenham entre si. Aqui a questão da *técnica* (seria talvez necessário encontrar um outro nome para arrancá-la à sua problemática tradicional) não se deixa derivar de uma oposição natural entre o psíquico e o não-psíquico, a vida e a morte. A escritura é aqui τέχνη* como relação entre a vida e a morte, entre o presente e a representação, entre os dois aparelhos. Inicia a questão da técnica: do aparelho em geral e da analogia entre o aparelho psíquico e o aparelho não-psíquico. Neste sentido, a escritura é a cena da história e o jogo do mundo. Não se deixa esgotar por uma simples psicologia. Aquilo que se abre ao seu tema no discurso de Freud faz que a psicanálise não seja uma simples psicologia nem uma simples psicanálise.

---

\* *Tekné*: habilidade, técnica (N. da E.).

Assim se anunciam talvez, na abertura freudiana, o para lá e o para cá do fechamento que podemos denominar "platônico". Neste momento da história do mundo, tal qual se "indica" sob o nome de Freud, através de uma inacreditável mitologia (neurológica ou metapsicológica: pois jamais pensamos levar a sério, exceto na questão que desorganiza e inquieta a sua literalidade, a fábula metapsicológica. Perante as histórias que o *Projeto* nos conta, a sua vantagem é talvez pequena), uma relação a si da cena histórico-transcendental da escritura se disse sem se dizer, pensou-se sem se ter pensado: escrito e ao mesmo tempo apagado, metaforizado, ele próprio designado ao indicar relações intramundanas, *representado*.

Isto talvez se reconheça (*por exemplo e que aqui nos escutem com prudência*) pelo fato de Freud, com uma amplidão e uma continuidade admiráveis, nos ter ele também *feito a cena da escritura*. Aqui, é preciso pensar essa cena em termos diversos dos termos da psicologia, individual ou coletiva, mesmo da antropologia. É preciso pensá-la no horizonte da cena do mundo, como a história dessa cena. O discurso de Freud está *apanhado* nela.

Freud portanto apresenta-nos a cena da escritura. Como todos aqueles que escrevem. E como todos aqueles que sabem escrever, deixou a cena desdobrar-se, repetir-se e denunciar-se a si mesma na cena. E portanto a Freud que deixaremos dizer a cena que nos apresentou. A ele iremos buscar o exergo escondido que em silêncio controlou a nossa leitura.

Seguindo o caminhar das metáforas do caminho, do traço, da facilitação, da marcha sulcando uma via aberta por efração através do neurônio, a luz ou a cera, a madeira ou a resina para se inscrever violentamente numa natureza, numa matéria, numa matriz; seguindo a referência infatigável a uma ponta seca e a uma escrita sem tinta; seguindo a inventividade incansável e a renovação onírica dos modelos mecânicos, essa metonímia trabalhando indefinidamente a mesma metáfora, substituindo obstinadamente os traços pelos traços e as máquinas pelas máquinas, perguntávamo-nos o que fazia Freud.

E pensávamos naqueles textos em que melhor do que em outro lugar nos diz *worin die Bahnung sonst besteht*. Em que consiste a facilitação.

Na *Traumdeutung*: "No sonho, todas as maquinarias e todos os aparelhos complicados são muito provavelmente órgãos genitais – geralmente masculinos – na descrição dos quais a simbólica do sonho, tal como o trabalho do espírito (*Witzarbeit*) se mostra infatigável" (p. 361).

Em seguida na *Inhibition, Symptôme et Angoisse:*

Quando a escrita, que consiste em fazer correr de uma pena um líquido sobre uma folha de papel branco, tomou a significação simbólica do coito ou quando a marcha se tornou o substituto do pisar do corpo da mãe terra, escrita e marcha são ambas abandonadas, porque voltariam a praticar o ato sexual interdito[16].

A última parte da conferência dizia respeito à arquiescritura como desaparição: do presente e portanto do sujeito, do seu próprio e do seu nome próprio. O conceito de sujeito (consciente ou inconsciente) remete necessariamente para o de substância – e portanto de presença – do qual nasceu.

É preciso portanto radicalizar o conceito freudiano de traço e extraí-lo da metafísica da presença que ainda o retém (em especial nos conceitos de consciência, inconsciente, percepção, memória, realidade, isto é, também de alguns outros).

O traço é a desaparição de si, da sua própria presença, é constituído pela ameaça ou a angústia da sua desaparição irremediável, da desaparição da sua desaparição. Um traço indestrutível não é um traço, é uma presença plena, uma substância imóvel e incorruptível, um filho de Deus, um sinal de *parousia* e não uma semente, isto é, um germe mortal.

Este desaparecimento é a própria morte e é no seu horizonte que se deve pensar não só o "presente", mas também o que Freud sem dúvida julgou ser o indelével de certos traços no inconsciente em que "nada acaba, nada se passa, nada é esquecido". Este desaparecimento do traço não é apenas um acidente que se pode produzir aqui e ali nem mesmo a estrutura necessária de uma censura determinada ameaçando esta ou aquela presença, é a própria estrutura que torna possível, como movimento da temporalização e como autoafeção pura, algo que podemos denominar o recalque em geral, a síntese originária do recalque originário e do recalque "propriamente dito" ou secundário.

Tal radicalização do *pensamento do traço* (*pensamento* porque escapando ao binarismo e tornando-o possível a partir do *nada*) seria fecunda não só na desconstrução do logocentrismo mas numa

16 Tradução M. Tort, p. 4.

FREUD E A CENA DA ESCRITURA

reflexão exercendo-se mais positivamente em diferentes campos, em diferentes níveis da escritura em geral, na articulação da escritura no sentido corrente e do traço em geral.

Estes campos, cuja especificidade estaria assim aberta a um pensamento fecundado pela psicanálise, seriam numerosos. O problema dos seus limites respectivos seria tanto mais grave quanto não se deveria submetê-lo a nenhuma oposição conceitual admitida.

Tratar-se-ia em primeiro lugar:

1. de uma *psicopatologia da vida cotidiana* na qual o estudo da escritura não se limitaria à interpretação do *lapsus calami* e prestaria aliás mais atenção a este, à sua originalidade, do que sem dúvida o próprio Freud ("Os erros de escrita que agora abordo parecem-se de tal modo com os *lapsus* de palavra que não nos podem fornecer nenhum ponto de vista novo" *G.W.*, II, cap. I), o que não o impediu de colocar o problema jurídico fundamental da responsabilidade, perante a instância da psicanálise, por exemplo a propósito do *lapsus calami* assassino (idem);

2. da *história da escritura*, campo imenso no qual só se fizeram até agora trabalhos preparatórios; por mais admiráveis que sejam, ainda dão lugar, para além das descobertas empíricas, a especulações desenfreadas;

3. do *devir-literário do literal*. Aqui, apesar de algumas tentativas de Freud e de alguns dos seus sucessores, uma psicanálise da literatura respeitadora da *originalidade do significante literário* ainda não foi iniciada e isso não aconteceu certamente por acaso. Até agora apenas se fez a análise dos *significados* literários, isto é, *não-literários*. Mas tais questões levam a toda a história das próprias formas literárias, e de tudo o que nelas estava precisamente destinado a autorizar este engano;

4. finalmente, para continuarmos a designar estes campos de acordo com fronteiras tradicionais e problemáticas, daquilo que se poderia denominar uma nova *grafologia psicanalítica*, levando em conta a contribuição dos três tipos de pesquisa que acabamos de delimitar aproximativamente. Aqui talvez Melanie Klein abra o caminho. Quanto às formas dos signos, e mesmo na grafia alfabética aos resíduos irredutivelmente pictográficos da escrita fonética, aos investimentos aos quais estão submetidos os gestos, os movimentos das letras, das linhas, dos pontos, aos elementos do aparelho de escrita (instrumento, superfície, substância) etc., um texto como *Role of the School in the Libidinal Development of the Child* (1923) indica a direção a seguir (cf. também Strachey, *Some Unconscious Factors in Reading*).

338          A ESCRITURA E A DIFERENÇA

Toda a temática de M. Klein, a sua análise da constituição dos bons e maus objetos, a sua genealogia da moral poderia sem dúvida começar a esclarecer, se a seguirmos com prudência, todo o problema do arquitraço, não na sua essência (não a tem) mas em termos de valorização ou de desvalorização. A escritura, doce alimento ou excremento, traço como semente ou germe de morte, prata ou arma, detrito ou / e pênis etc.

Por exemplo, como fazer comunicar, na cena da história, a escritura como excremento separado da carne viva e do corpo sagrado do hieróglifo (Artaud) e o que é dito nos *Números* da mulher sedenta bebendo a poeira de tinta da lei; ou em *Ezequiel* desse filho do homem enchendo as suas entranhas com o rolo da lei que se torna na sua boca tão doce quanto o mel?

*(Tradução de Maria Beatriz Marques Nizza da Silva)*

# O Teatro da Crueldade e o Fechamento da Representação

*A Paule Thévenin*

*Única vez no mundo, porque em virtude de
um acontecimento sempre que explicarei, não existe
Presente, não – um presente não existe...*

MALLARMÉ, *Quant au livre.*

*....... quanto às minhas forças,
são apenas um suplemento,
o suplemento a um estado de fato,
é que jamais houve origem .......*

ARTAUD, 6 de jun. de 1947.

"[...] A dança / e por consequência o teatro / ainda não começaram a existir." É o que podemos ler num dos últimos escritos de Antonin Artaud (*Le Théâtre de la cruauté*, in 84, 1948). Ora, no mesmo texto, um pouco antes, o teatro da crueldade é definido como "a afirmação / de uma terrível / e aliás inelutável necessidade". Artaud não chama portanto uma destruição, uma nova manifestação da negatividade. Apesar de tudo o que deve derrubar à sua passagem, "o teatro da crueldade / não é o símbolo de um vazio ausente". *Afirma,* produz a própria afirmação no seu rigor pleno e necessário. Mas também no seu sentido mais oculto, a maior parte das vezes soterrado, divertido de si: por muito "inelutável" que seja, esta afirmação "ainda não começou a existir".

Está para nascer. Ora uma afirmação necessária só pode nascer renascendo para si. Para Artaud, o futuro do teatro – portanto o futuro em geral – só se abre pela anáfora que remonta à véspera de um nascimento. A teatralidade tem de atravessar e restaurar totalmente a "existência" e a "carne". Dir-se-á portanto do teatro o mesmo que se diz do corpo. Ora, sabemos que Artaud vivia o dia seguinte de uma desapropriação: o seu corpo próprio, a propriedade e a limpeza do seu corpo tinham-lhe sido roubadas por

340 A ESCRITURA E A DIFERENÇA

ocasião do seu nascimento por esse deus ladrão que nasceu ele
próprio "de se fazer passar / por mim mesmo"[1]. É certo que o
renascimento – Artaud recorda-o muitas vezes – passa por uma
espécie de reeducação dos órgãos. Mas esta permite ter acesso
a uma vida antes do nascimento e depois da morte ("... à força
de morrer / acabei por ganhar uma imortalidade real" [p. 110]);
não a uma morte antes do nascimento e depois da vida. É o que
distingue a afirmação cruel da negatividade romântica; diferença
pequena e contudo decisiva. Lichtenberger:

> Não consigo desfazer-me desta ideia de que estava *morto* antes
> de nascer, e que pela morte voltarei a este mesmo estado... Morrer
> e renascer com a recordação da existência precedente, chamamos
> a isso desmaiar; despertar com outros órgãos, que importa em pri-
> meiro lugar reeducar, é o que denominamos nascer.

Para Artaud, trata-se primeiro de não morrer morrendo, de
não se deixar então despojar da vida pelo deus ladrão. "E creio
que há sempre alguém no minuto da morte extrema para nos despojar da nossa própria vida" (*Van Gogh, le suicidé de la société*).

Da mesma maneira, o teatro ocidental foi separado da força
da sua essência, afastado da sua essência *afirmativa,* da sua *vis
affirmativa.* E esta desapropriação produziu-se desde a origem, é
o próprio movimento da origem, do nascimento como morte.

Eis por que se "deixou um lugar em todos os palcos de um
teatro natimorto" ("Le Théâtre et l'anatomie" in *La Rue,* jul. de
1946). O teatro nasceu na sua própria desaparição, e o fruto
deste movimento tem um nome, é o homem. O teatro da crueldade tem de nascer separando a morte do nascimento e apagando o nome do homem. Sempre se obrigou o teatro a fazer
aquilo para que não estava destinado:

> Não foi dita a última palavra sobre o homem... O teatro ja-
> mais foi feito para nos descrever o homem e o que ele faz... E o
> teatro é esse mamulengo desengonçado que – música de troncos
> por farpas metálicas de arames farpados – nos mantém em pé de
> guerra contra o homem que nos espartilhava... O homem sofre
> em Ésquilo, mas ainda se julga um pouco deus e não quer entrar

---

1  In 84, p. 109. Como no precedente ensaio sobre Artaud, os textos assinalados
por datas são inéditos.

O TEATRO DA CRUELDADE E O FECHAMENTO DA REPRESENTAÇÃO 341

na membrana, e em Eurípides finalmente patinha na membrana, esquecendo onde e quando foi deus (idem).

Deste modo, é preciso sem dúvida despertar, reconstituir a véspera dessa origem do teatro ocidental, em declínio, decadente, negativo, para reanimar no seu oriente a necessidade inelutável da afirmação. Necessidade inelutável de um palco ainda inexistente, é certo, mas a afirmação não é para ser inventada *amanhã*, nalgum "novo teatro". A sua necessidade inelutável opera como uma força permanente. A crueldade está sempre trabalhando. O vazio, o lugar vazio e pronto para esse teatro que ainda não "começou a existir", mede portanto apenas a distância estranha que nos separa da necessidade inelutável, da obra *presente* (ou melhor atual, *ativa*) da afirmação. É na abertura única desta distância que o palco da crueldade ergue para nós o seu enigma. E é por ela que nos meteremos aqui.

Se hoje, no mundo inteiro – e tantas manifestações o testemunham de maneira ostensiva –, toda a audácia teatral declara, com razão ou sem ela mas com uma insistência cada vez maior, a sua fidelidade a Artaud, a questão do teatro da crueldade, da sua inexistência presente e da sua inelutável necessidade, tem valor de questão *histórica*. Histórica não porque se deixe inscrever naquilo que se denomina a história do teatro, não porque faça época no devir das formas teatrais ou ocupe um lugar na sucessão dos modelos da representação teatral. Esta questão é histórica num sentido absoluto e radical. Anuncia o limite da representação.

O teatro da crueldade não é uma *representação*. É a própria vida no que ela tem de irrepresentável. A vida é a origem não representável da representação. "Disse portanto 'crueldade' como teria dito 'vida'" (1932, IV, p. 137). Esta vida carrega o homem mas não é em primeiro lugar a vida do homem. Este não passa de uma representação da vida e tal é o limite – humanista – da metafísica do teatro clássico.

Pode-se portanto censurar ao teatro tal qual se pratica uma terrível falta de imaginação. O teatro tem de se igualar à vida, não à vida individual, a esse aspecto individual da vida em que triunfam os CARACTERES, mas numa espécie de vida liberada, que varre a individualidade humana e na qual o homem não passa de um reflexo (IV, p. 139).

A forma mais ingênua da representação não é a mimeses? Como Nietzsche – e as afinidades não seriam apenas estas –, Artaud quer portanto acabar com o conceito *imitativo* da arte. Com a estética aristotélica[2], na qual se reconheceu a metafísica ocidental da arte. "A Arte não é a imitação da vida, mas a vida é a imitação de um princípio transcendente com o qual a arte nos volta a pôr em comunicação" (IV, p. 310).

A arte teatral deve ser o lugar primordial e privilegiado dessa destruição da imitação: mais do que outro foi marcado por esse trabalho de representação total no qual a afirmação da vida se deixa desdobrar e escavar pela negação. Esta representação, cuja estrutura se imprime não apenas na arte mas em toda a cultura ocidental (as suas religiões, as suas filosofias, a sua política), designa portanto mais do que um tipo particular de construção teatral. Eis por que a questão que se põe a nós hoje excede largamente a tecnologia teatral. Tal é a afirmação mais obstinada de Artaud: a reflexão técnica ou teatrológica não deve ser tratada à parte. A decadência do teatro começa sem dúvida com a possibilidade de uma tal dissociação. Podemos acentuá-lo sem enfraquecer a importância e o interesse dos problemas teatrológicos ou das revoluções suscetíveis de produzir-se nos limites da técnica teatral. Mas a intenção de Artaud indica-nos esses limites. Enquanto essas revoluções técnicas e intrateatrais não abalarem as próprias fundações do teatro ocidental, pertencerão a essa história e a esse palco que Antonin Artaud queria fazer ir pelos ares.

---

2 "A psicologia do orgiasma como sentimento transbordante de vida e de força, no interior do qual o próprio sofrimento opera como um estimulante, deu-me a chave do conceito de sentimento *trágico*, que permaneceu incompreendido tanto de Aristóteles como em especial dos nossos pessimistas." A arte como imitação da natureza comunica de maneira essencial com o tema catártico. "*Não se trata de nos libertarmos do terror e da piedade nem de nos purificarmos de um afeto perigoso por uma descarga veemente* – era o que pensava Aristóteles; mas sim, atravessando o terror e a piedade, *sermos nós próprios* a alegria eterna do devir – essa alegria que contém também nela a *alegria de destruir* (*die Lust am Vernichten*). E por aí toco de novo o lugar donde partira. O 'nascimento da tragédia' foi a minha primeira transvaloração de todos os valores. Reinstalo-me no solo em que cresce o meu querer, o meu *poder* – eu o último discípulo do filósofo Dioniso – eu que ensino o eterno retorno" (*Götzen-Dämmerung, Werke*, II, p. 1032).

O TEATRO DA CRUELDADE E O FECHAMENTO DA REPRESENTAÇÃO    343

Romper esse elo, o que quer isto dizer? E é possível? Em que condições um teatro hoje pode legitimamente reclamar-se de Artaud? Que tantos diretores queiram fazer-se reconhecer como os herdeiros, digamos (escreveu-se isso) os "filhos naturais" de Artaud, nada mais é do que um fato. É preciso também pôr a questão dos títulos e do direito. Com que critérios se reconhecerá que uma tal pretensão é abusiva? Com que condições um autêntico "teatro da crueldade" poderá "começar a existir"? Estas questões, ao mesmo tempo técnicas e "metafísicas" (no sentido em que Artaud entende esta palavra), põem-se por si próprias à leitura de todos os textos do *Théâtre et son double*, que são *solicitações* mais do que uma súmula de preceitos, um sistema de críticas *abalando o todo* da história do Ocidente, mais do que um tratado da prática teatral.

O teatro da crueldade expulsa Deus do palco. Não põe em cena um novo discurso ateu, não dá a palavra ao ateísmo, não entrega o espaço teatral a uma lógica filosofante proclamando uma vez mais, para grande cansaço nosso, a morte de Deus. É a prática teatral da crueldade que, no seu ato e na sua estrutura, habita, ou melhor, *produz* um espaço não-teológico.

O palco é teológico enquanto for dominado pela palavra, por uma vontade de palavra, pelo objetivo de um logos primeiro que, não pertencendo ao lugar teatral, governa-o a distância. O palco é teológico enquanto a sua estrutura comportar, segundo toda a tradição, os seguintes elementos: um autor-criador que, ausente e distante, armado de um texto, vigia, reúne e comanda o tempo ou o sentido da representação, deixando esta *representá-lo* no que se chama o conteúdo dos seus pensamentos, das suas intenções, das suas ideias. Representar por representantes, diretores ou atores, intérpretes subjugados que representam personagens que, em primeiro lugar pelo que dizem, representam mais ou menos diretamente o pensamento do "criador". Escravos interpretando, executando fielmente os desígnios providenciais do "senhor". Que aliás – e é a regra irônica da estrutura representativa que organiza todas estas relações – nada cria, apenas se dá a ilusão da criação, pois unicamente transcreve e dá a ler um texto cuja natureza é necessariamente representativa, mantendo com o que se chama o "real" (o sendo real,

essa "realidade" acerca da qual Artaud escreve, no *Advertisse-*
*ment* ao *Moine,* que é um "excremento do espírito") uma relação
imitativa e reprodutiva. Finalmente, um público passivo, sentado, um público de espectadores, de consumidores, de "usu-
fruidores" – como dizem Nietzsche e Artaud – assistindo a um
espetáculo sem verdadeiro volume nem profundidade, exposto,
oferecido ao seu olhar de curiosos (no teatro da crueldade, a
pura visibilidade não está exposta à curiosidade). Esta estrutura
geral na qual cada instância está ligada por representação a todas as outras, na qual o irrepresentável do presente vivo é dissimulado ou dissolvido, elidido ou deportado na cadeia infinita
das representações, esta estrutura jamais foi modificada. Todas
as revoluções a mantiveram intacta, a maior parte das vezes ten-
deram mesmo a protegê-la ou a restaurá-la. E é o texto fonético,
a palavra, o discurso transmitido – eventualmente pelo ponto
cujo buraco é o centro oculto mas indispensável da estrutura
representativa – que assegura o movimento da representação.
Qualquer que seja a sua importância, todas as formas pictóri-
cas, musicais e mesmo gestuais introduzidas no teatro ocidental nada mais fazem, na melhor das hipóteses, do que ilustrar,
acompanhar, servir, enfeitar um texto, um tecido verbal, um logos que *se diz* no começo.

Se portanto o autor é aquele que dispõe da linguagem da palavra,
e se o diretor é seu escravo, temos aqui uma simples questão de palavras. Há uma confusão nos termos, proveniente do fato de que, para
nós, e de acordo com o sentido que em geral se atribui a este termo diretor, este não passa de um artífice, de um adaptador, de uma espécie
de tradutor eternamente condenado à tarefa de passar uma obra dramática de uma linguagem para outra; e esta confusão só será possível,
e o diretor só será obrigado a apagar-se perante o autor, enquanto se
aceitar que a linguagem das palavras é superior às outras, e que o teatro não admite outra linguagem que não seja essa (t. IV, p. 143).

Isso não implica, bem entendido, que baste, para ser fiel a
Artaud, dar muita importância e responsabilidade ao "diretor",
conservando ao mesmo tempo a estrutura clássica.

Pela palavra (ou melhor, pela unidade da palavra e do conceito, diremos mais tarde e este esclarecimento será importante)
e sob a ascendência teológica desse "Verbo [que] dá a medida

da nossa impotência" (IV, p. 277) e do nosso medo, é a própria cena que se encontra ameaçada ao longo da tradição ocidental. O Ocidente – e essa seria a energia da sua essência – sempre teria trabalhado para a destruição da cena. Pois uma cena que apenas ilustra um discurso já não é totalmente uma cena. A sua relação com a palavra é a sua doença e "repetimos que a época está doente" (IV, p. 280). Reconstituir a cena, encenar finalmente e destruir a tirania do texto é portanto um único e mesmo gesto. "Triunfo da encenação pura" (IV, p. 305).

Este esquecimento clássico da cena confundir-se-ia, portanto, com a história do teatro e com toda a cultura do Ocidente, ter-lhes-ia mesmo assegurado a sua abertura. E contudo, apesar deste "esquecimento", o teatro e a encenação viveram esplendidamente durante mais de 25 séculos: experiência de mutações e agitações que não podemos desprezar apesar da pacífica e impassível imobilidade das estruturas fundadoras. Não se trata, portanto, apenas de um esquecimento ou de uma simples recobertura de superfície. Uma certa cena manteve com a cena "esquecida", mas na verdade violentamente apagada, uma comunicação secreta, uma certa relação de *traição*, se trair é desnaturar por infidelidade, mas também apesar de si deixar-se traduzir e manifestar o fundo da força. Isto explica que o teatro clássico, aos olhos de Artaud, não seja simplesmente a ausência, a negação ou o esquecimento do teatro, não seja um não-teatro: antes uma obliteração deixando ler o que ela recobre, uma corrupção também e uma "perversão", uma *sedução*, a distância de uma aberração cujo sentido e medida só aparecem acima do nascimento, na véspera da representação teatral, na origem da tragédia. Do lado, por exemplo, dos "Mistérios órficos que subjugavam Platão", dos "Mistérios de Elêusis" despojados das interpretações com que os recobriram, do lado dessa "beleza pura cuja realização completa, sonora, inundada e despojada Platão deve ter pelo menos uma vez encontrado neste mundo" (p. 63). É bem de perversão e não de esquecimento que Artaud fala, por exemplo, nesta carta a B. Crémieux (1931):

O teatro, arte independente e autônoma, deve a si próprio, para ressuscitar ou *simplesmente para viver*, marcar bem o que o diferencia do texto, da palavra pura, da literatura e de todos os outros meios escritos e fixados. Pode-se perfeitamente continuar a conceber um teatro baseado na preponderância do texto, e num texto cada vez mais verbal, difuso e cansativo ao qual estaria submetida a estética da cena. Mas esta concepção, que consiste em fazer sentar personagens num certo número de cadeiras ou de sofás colocados em fila e em contar histórias, por mais maravilhosas que sejam, talvez não seja a negação absoluta do teatro… seria mais a sua *perversão*. [O grifo é nosso].

Libertada do texto e do deus-autor, a encenação seria portanto restituída à sua liberdade criadora e instauradora. O diretor e os participantes (que não mais seriam atores *ou* espectadores) deixariam de ser os instrumentos e os órgãos da representação. Quer isto dizer que Artaud teria recusado dar o nome de *representação* ao teatro da crueldade? Não, desde que nos entendamos bem acerca do sentido difícil e equívoco desta noção. Seria necessário poder recorrer aqui a todas as palavras alemãs que traduzimos indistintamente pelo termo único de representação. É certo que a cena já *não representará*, pois não virá acrescentar-se como uma ilustração sensível a um texto já escrito, pensado ou vivido fora dela e que não faria mais do que repetir, cuja trama não constituiria. Já não virá repetir um *presente,* re-presentar um presente que estaria noutro lugar e antes dela, cuja plenitude seria mais velha do que ela, ausente de cena e podendo de direito passar sem ela: presença a si do Logos absoluto, presente vivo de Deus. Não mais será uma representação, se representação quer dizer superfície exposta de um espetáculo oferecido a curiosos. Nem mesmo nos oferecerá a apresentação de um presente, se presente significa o que se ergue *diante de* mim. A representação cruel deve investir-me. E a não-representação é portanto representação originária, se representação significa também desdobramento de um volume, de um meio em várias dimensões, experiência produtora do seu próprio espaço. *Espaçamento,* isto é, produção de um espaço que nenhuma palavra poderia resumir ou compreender, em primeiro lugar supondo-o a ele próprio e fazendo assim apelo a um tempo que já não é o da dita linearidade fônica; apelo a uma "nova noção do espaço" (p. 317) e a "uma ideia particular do tempo":

Contamos basear o teatro antes de mais nada no espetáculo, e no espetáculo introduziremos uma noção nova do espaço utilizado em todos os planos possíveis e em todos os graus da perspectiva em profundidade e em altura, e a essa noção virá acrescentar-se uma ideia particular do tempo ligada à do movimento [...] Assim o espaço teatral será utilizado não apenas nas suas dimensões e no seu volume, mas, se nos é permitido dizê-lo, *nos seus interiores* (p. 148-149).

Fechamento da representação clássica mas reconstituição de um espaço fechado da representação originária, da arqui-manifestação da força ou da vida. Espaço fechado, isto é, espaço produzido de dentro de si e não mais organizado a partir de um outro lugar ausente, de uma ilocalidade, de um álibi ou de uma utopia invisível. Fim da representação mas representação originária, fim da interpretação mas interpretação originária que nenhuma palavra dominadora, nenhum projeto de domínio terá investido e previamente pisado. Representação visível, é certo, contra a palavra que rouba à visão – e Artaud gosta das imagens produtoras sem as quais não haveria teatro (*theaomai*) – *mas* cuja visibilidade não é um espetáculo montado pela palavra do senhor. Representação como autoapresentação do visível e mesmo do sensível puros.

É este sentido agudo e difícil da representação espetacular que uma outra passagem da mesma carta se esforça por captar:

Enquanto a encenação permanecer, mesmo no espírito dos diretores mais livres, um simples meio de representação, uma maneira acessória de revelar as obras, uma espécie de intervalo espetacular sem significação própria, só valerá na medida em que conseguir dissimular-se por detrás das obras que pretende servir. E isto durará enquanto o interesse principal de uma obra representada residir no seu texto, enquanto no teatro-arte de representação, a literatura se sobrepuser à representação impropriamente chamada espetáculo, com tudo o que esta denominação acarreta de pejorativo, de acessório, de efêmero e de exterior (IV, p. 126).

Tal seria, no palco da crueldade, "o espetáculo agindo não apenas como um reflexo mas como uma força" (p. 297). O regresso à representação originária implica portanto não só mas principalmente que o teatro ou a vida deixem de "representar" uma outra linguagem, deixem de derivar de uma outra arte, por exemplo da literatura, mesmo que ela seja poética. Pois na poesia como na literatura, a representação verbal sutiliza a representação cênica. A poesia só consegue escapar da "doença" ocidental tornando-se teatro.

Pensamos justamente que há uma noção da poesia a dissociar, a extrair das formas de poesia escrita em que uma época em plena decadência e doente pretende aprisionar toda a poesia. E quando digo que pretende, exagero pois na verdade é incapaz de pretender alguma coisa; recebe um hábito formal de que é absolutamente incapaz de se libertar. Esta espécie de poesia difusa que identificamos com uma energia natural e espontânea, mas nem todas as energias naturais são poesia, parece-nos justamente que é no teatro que ela deve encontrar a sua expressão integral, mais pura, mais clara e mais verdadeiramente isenta... (ɪᴠ, p. 280).

Entrevemos assim o sentido da *crueldade* como *necessidade* e *rigor*. Artaud convida-nos, é certo, a só pensar na palavra crueldade "rigor, aplicação e decisão implacável", "determinação irreversível", "determinismo", "submissão à necessidade" etc., e não necessariamente "sadismo", "horror", "sangue derramado", "inimigo crucificado" (ɪᴠ, p. 120) etc. (e certos espetáculos hoje criados sob o signo de Artaud são talvez violentos, mesmo sangrentos, mas nem por isso são cruéis). Contudo, está sempre na origem da crueldade, da necessidade denominada crueldade, um assassínio. E em primeiro lugar um parricídio. A origem do teatro, tal como a devemos restaurar, é a mão levantada contra o detentor abusivo do logos, contra o pai, contra o Deus de um palco submetido ao poder da palavra e do texto.

Para mim ninguém tem o direito de se dizer autor, isto é, criador, a não ser aquele a quem cabe o manejamento direto da cena. E é precisamente aqui que se encontra o ponto vulnerável do teatro tal como o consideram não apenas na França mas na Europa e em todo o Ocidente: o teatro ocidental só reconhece como linguagem, só atribui as faculdades e as virtudes de uma linguagem, só permite denominar linguagem, com essa espécie de dignidade intelectual que em geral se atribui a esta palavra, à linguagem articulada, articulada gramaticalmente, isto é, à linguagem da palavra, e da palavra escrita, da palavra que, pronunciada ou não pronunciada, não tem mais valor do que se estivesse apenas escrita. No teatro tal como o concebemos aqui [em Paris, no Ocidente], o texto é tudo (ɪᴠ, p. 141).

O que acontecerá então à palavra no teatro da crueldade? Deverá calar-se simplesmente ou desaparecer? De modo algum. A palavra deixará de dirigir a cena mas estará nela presente. Ocupará um lugar rigorosamente delimitado, terá uma função num sistema ao qual será ordenada. Pois sabemos que as representações do teatro da crueldade deviam ser minuciosamente regulamentadas antes. A ausência do autor e do seu texto não entrega o palco a qualquer derelicção. A cena não é abandonada, entregue à anarquia improvisadora, ao "vaticínio ocasional" (I, p. 239), às "improvisões de Copeau" (IV, p. 131), ao "empirismo surrealista" (IV, p. 313), à *Commedia dell'Arte* ou "ao capricho da inspiração inculta" (idem). Tudo será portanto *prescrito* numa escritura e num texto cujo material já não se assemelhará ao modelo da representação clássica. Que lugar destinará então à palavra essa necessidade de prescrição, exigida pela própria crueldade?

A palavra e sua notação – a escrita fonética, elemento do teatro clássico –, a palavra e *sua* escritura só serão apagadas do palco da crueldade na medida em que pretendiam ser *ordens:* ao mesmo tempo citações ou recitações e ordens. O diretor e o ator não mais receberão ordens: "Renunciamos à superstição teatral do texto e à ditadura do escritor" (IV, p. 148). É também o fim da *dicção* que fazia do teatro um exercício de leitura. Fim daquilo "que fazia dizer a certos amadores de teatro que uma peça lida provoca alegrias mais palpáveis e maiores do que a mesma peça representada" (p. 141).

Como funcionarão então a palavra e a escritura? Voltando a ser *gestos:* a intenção *lógica* e discursiva será reduzida ou subordinada, essa intenção pela qual a palavra vulgarmente assegura a sua transparência racional e sutiliza o seu próprio corpo em direção do sentido, deixa-o estranhamente recobrir por isso mesmo que o constitui em diafaneidade: desconstituindo o diáfano, desnuda-se a carne da palavra, a sua sonoridade, a sua entoação, a sua intensidade, o grito que a articulação da língua e da lógica ainda não calou totalmente, aquilo que em toda a palavra resta de gesto oprimido, esse movimento único e insubstituível que a generalidade do conceito e da repetição nunca deixaram de recusar. Sabe-se o valor que Artaud dava àquilo que se denomina – no caso muito impropriamente –

*onomatopeia*. A glossopoiese, que não é nem uma linguagem imitativa, nem uma criação de nomes, reconduz-nos à *beira* do momento em que a palavra ainda não nasceu, em que a articulação não mais é grito, mas ainda não é discurso, em que a repetição é *quase* impossível, e com ela a língua em geral: a separação do conceito e do som, do significado e do significante, do pneumático e do gramático, a liberdade da tradução e da tradição, o movimento da interpretação, a diferença entre a alma e o corpo, o senhor e o escravo, Deus e o homem, o autor e o ator. É a véspera da origem das línguas e desse diálogo entre a teologia e o humanismo cuja repetição infindável e metafísica do teatro ocidental sempre manteve[3].

Não se trata portanto de construir uma cena muda, mas uma cena cujo clamor ainda não se apaziguou na palavra. A palavra é o cadáver da palavra psíquica e é preciso reencontrar, com a linguagem da própria vida, "a Palavra anterior às palavras"[4]. O gesto e a palavra ainda não estão separados pela lógica da representação.

Acrescento à linguagem falada uma outra linguagem e tento restituir a velha eficácia mágica, a eficácia enfeitiçadora, integral, à linguagem da palavra cujas misteriosas possibilidades foram esquecidas. Quando digo que não representarei peça escrita, quero dizer que não representarei peça baseada na escritura e na palavra, que haverá nos espetáculos que montarei uma parte física preponderante, a qual não se poderia fixar nem se escrever na habitual linguagem das palavras e que mesmo a parte falada e escrita o será num novo sentido (p. 133).

O que será este "novo sentido"? E sobretudo essa nova escritura teatral? Esta não mais ocupará o lugar limitado de

---

3  Seria conveniente confrontar *Le Théâtre et son double* com o *Essai sur l'origine des langues, La Naissance de la tragédie,* todos os textos anexos de Rousseau e de Nietzsche, e reconstituir o seu *sistema* de analogias e de oposições.

4  "No teatro, toda a criação vem do palco, encontra a sua tradução e as suas próprias origens num impulso psíquico secreto que é a Palavra anterior às palavras" (IV, p. 72). "Esta nova linguagem… parte da NECESSIDADE da palavra e não da palavra já formada" (p. 132). Neste sentido, a palavra é o signo, o sintoma de uma fadiga da palavra viva, de uma doença da vida. A palavra, como palavra clara, submetida à transmissão e à repetição, é a morte na linguagem: "Dir-se-ia que o espírito, não aguentando mais, decidiu-se pelas clarezas da palavra" (IV, p. 289). Sobre a necessidade de "mudar o destino da palavra no teatro", ver IV, p. 86-7-113.

O TEATRO DA CRUELDADE E O FECHAMENTO DA REPRESENTAÇÃO   351

uma notação de palavras, cobrirá todo o campo dessa nova linguagem: não apenas escrita fonética e transcrição da palavra mas escrita hieroglífica, escrita na qual os elementos fonéticos se coordenam a elementos visuais, picturais, plásticos. A noção de hieróglifo está no centro do *Premier manifeste* (1932, IV, p. 107).

Tendo tomado consciência dessa linguagem no espaço, linguagem de sons, de gritos, de luz, de onomatopeias, o teatro tem como missão organizá-la fazendo com as personagens e os objetos verdadeiros hieróglifos, e servindo-se do seu simbolismo e das suas correspondências em relação a todos os órgãos e em todos os planos.

Na cena do sonho, tal como Freud a descreve, a palavra tem o mesmo estatuto. Seria conveniente meditar pacientemente nesta analogia. Em *Traumdeutung* e em *Complément métapsychologique à la doctrine des rêves,* são delimitados o lugar e o funcionamento da palavra. Presente no sonho, a palavra só intervém nele como um elemento entre outros, por vezes à maneira de uma "coisa" que o processo primário manipula segundo a sua própria economia.

Os pensamentos são então transformados em imagens – sobretudo visuais – e as representações de palavras são reconduzidas às representações de coisas correspondentes, exatamente como se todo o processo fosse dirigido por uma única preocupação: a aptidão para a encenação (*Darstellbarkeit*)

"É digno de nota que o trabalho do sonho se prenda tão pouco às representações de palavras; está sempre pronto a substituir as palavras umas pelas outras até encontrar a expressão que mais facilmente se deixa manejar na encenação plástica" (*G.W.,* X, p. 418-9). Artaud também fala de uma "materialização visual e plástica da palavra" (IV, p. 83); e em "servir-se da palavra num sentido concreto e espacial", em "manipulá-la como um objeto sólido e que abala as coisas" (IV, p. 87). E quando Freud, falando do sonho, evoca a escultura e a pintura ou o pintor primitivo que, à maneira dos autores de histórias em quadrinhos, "deixava pender da boca das figuras bandeirolas que tinham em inscrição (*als Schrift*) o discurso que o pintor renunciava a poder encenar no quadro" (*G.W.*, ii-iii, p. 317), compreendemos em que se pode tornar a palavra quando não é mais do que um elemento, um lugar circunscrito, uma escritura inscrita na escritura geral e no espaço da representação. É a estrutura da charada ou do hieróglifo. "O conteúdo do sonho é-nos dado como uma escrita figurativa" (*Bilderschrift*) (p. 283). E num artigo de 1913:

Pela palavra linguagem não se deve entender aqui apenas a expressão do pensamento em palavras, mas também a linguagem gestual e qualquer outra espécie de expressão da atividade psíquica, como a escritura [...]

Se pensarmos que os meios de encenação no sonho são principalmente imagens visuais e não palavras, parece-nos mais justo comparar o sonho a um sistema de escrita do que a uma língua. Na verdade, a interpretação de um sonho é totalmente análoga à decifração de uma escrita figurativa da Antiguidade, como os hieróglifos egípcios... (*G.W.*, viii, p. 404).

É difícil saber a que ponto Artaud, que muitas vezes se referiu à psicanálise, se tinha aproximado do texto de Freud. Em todo o caso, é notável que descreva o jogo da palavra e da escritura no palco da crueldade com os próprios termos de Freud, e de um Freud então bem pouco esclarecido. Já no *Premier manifeste* (1932):

A LINGUAGEM DO PALCO: Não se trata de suprimir a palavra articulada, mas de dar às palavras mais ou menos a mesma importância que têm nos sonhos. Quanto ao resto, é preciso encontrar meios novos de anotar esta linguagem, quer esses meios se aparentem aos da transcrição musical, quer se faça uso de uma maneira de linguagem cifrada. No que diz respeito aos objetos vulgares ou mesmo ao corpo humano, elevados à dignidade de signos, é evidente que nos podemos inspirar nos caracteres hieroglíficos... (iv, p. 112).

Leis eternas que são as de toda a poesia e de toda a linguagem viável; e entre outras coisas as dos ideogramas da China e dos velhos hieróglifos egípcios. Portanto, longe de restringir as possibilidades do teatro e da linguagem, com o pretexto de que não representarei peças escritas, amplio a linguagem da cena, multiplico as suas possibilidades (p. 133).

O TEATRO DA CRUELDADE E O FECHAMENTO DA REPRESENTAÇÃO    353

Artaud teve igualmente cuidado em marcar a sua discordância em relação à psicanálise e sobretudo ao psicanalista, aquele que julga poder segurar o discurso na psicanálise, deter a sua iniciativa e poder de iniciação.

Pois o teatro da crueldade é realmente um teatro do sonho, mas do sonho cruel, isto é, absolutamente necessário e determinado, de um sonho calculado, dirigido, em oposição ao que Artaud julgava ser a desordem empírica do sonho espontâneo. As vias e as figuras do sonho podem prestar-se a um controle. Os surrealistas liam Hervey de Saint-Denys[5]. Neste tratamento teatral do sonho, "devem doravante ser identificadas a poesia e a ciência" (p. 163). Para isso, é na verdade preciso proceder de acordo com essa magia moderna que é a psicanálise: "Proponho que no teatro se volte a essa ideia mágica elementar, retomada pela psicanálise moderna" (p. 96). Mas não se deve ceder ao que Artaud julga ser o tateamento do sonho e do inconsciente. É preciso produzir ou reproduzir a *lei* do sonho: "Proponho renunciar a esse empirismo das imagens que o inconsciente traz ao acaso e que também ao acaso lançamos denominando-as imagens poéticas" (idem).

Porque quer "ver irradiar e triunfar num palco" "aquilo que pertence à ilegibilidade e ao fascínio magnético dos sonhos" (ii, p. 23), Artaud recusa portanto o psicanalista como intérprete, segundo comentador, hermeneuta ou teórico. Teria recusado um teatro psicanalítico tão vigorosamente como condenava o teatro psicológico. E pelas mesmas razões: recusa da interioridade secreta, do leitor, da interpretação diretiva ou da psicodramaturgia.

No palco o *inconsciente* não desempenhará nenhum papel próprio. Basta a confusão que gera do autor, pelo diretor e atores, até aos espectadores. Tanto pior para os analistas, os amadores de alma e os surrealistas... Os dramas que vamos representar colocam-se decididamente ao abrigo de qualquer comentador secreto. (ii, p. 45)[6].

5   *Les Réves et les moyens de les diriger* (1867) são evocados na abertura dos *Vases communicants*.

6   "Miséria de uma improvável psique, que a associação dos supostos psicólogos jamais deixou de espetar nos músculos da humanidade" (Carta escrita de Espalion a Rober Blin, 25 de mar. de 1946). "Só nos restam escassos e duvidosos documentos sobre os Mistérios da Idade Média. É certo que tinham, do ponto de vista cênico, recursos que o teatro já não possui há séculos, mas podia-se neles descobrir sobre os debates recalcados da alma uma ciência que

Pelo seu lugar e pelo seu estatuto, o psicanalista pertence-ria à estrutura da cena clássica, à sua forma de socialidade, à sua metafísica, à sua religião etc.

O teatro da crueldade não seria portanto um teatro do inconsciente. Quase o contrário. A crueldade é a consciência, é a lucidez exposta. "Não há crueldade sem consciência, sem uma espécie de consciência aplicada." E esta consciência vive perfeitamente de um assassínio, é a consciência do assassínio. Como o sugerimos mais acima. Artaud afirma em *Première lettre sur la cruauté:* "É a consciência que dá ao exercício de todo ato de vida a sua cor de sangue, a sua tonalidade cruel, pois está assente que a vida é sempre a morte de alguém" (IV, p. 121).

Talvez Artaud se erga também contra uma certa descrição freudiana do sonho como realização substitutiva do desejo, como função de substituição: ele quer pelo teatro restituir ao sonho a sua dignidade e fazer dele algo de mais originário, de mais livre, de mais *afirmador,* do que uma atividade de substituição. Talvez seja contra uma certa imagem do pensamento freudiano que escreve no *Premier manifeste:* "Mas considerar o teatro como uma função psicológica ou moral de segunda mão, e julgar que os próprios sonhos não passam de uma função de substituição, é diminuir o alcance poético profundo quer dos sonhos, quer do teatro" (p. 110).

Finalmente um teatro psicanalítico correria o risco de ser dessacralizante, de confirmar assim o Ocidente no seu projeto e no seu trajeto. O teatro da crueldade é um teatro hierático. A regressão para o inconsciente (cf. IV, p. 57) fracassa se não despertar o sagrado, se não for experiência "mística" da "revelação", da "manifestação" da vida, no seu afloramento primeiro[7]. Vimos por que razões os hieróglifos deviam substituir

a psicanálise moderna mal acaba de redescobrir e num sentido muito menos eficaz e moralmente menos fecundo que nos dramas místicos que se representavam nos adros"(2-1945). Este fragmento multiplica as agressões contra a psicanálise.

7 "Tudo nesta maneira poética e ativa de encarar a expressão no palco nos conduz ao afastamento da aceitação humana atual e psicológica do teatro, para reencontrar a sua acepção religiosa e mística, cujo sentido o nosso teatro perdeu completamente. Se aliás basta pronunciar as palavras *religioso* ou *místico* para ser confundido com um sacristão ou com um bonzo profundamente iletrado e exterior de templo budista, na melhor das hipóteses bom para girar

O TEATRO DA CRUELDADE E O FECHAMENTO DA REPRESENTAÇÃO    355

os signos puramente fônicos. É preciso acrescentar que estes comunicam menos do que aqueles com a imaginação do sagrado. "E quero [noutro lugar Artaud diz "Posso"] com o hieróglifo de um sopro reencontrar uma ideia do teatro sagrado" (IV, p. 182, 163). Uma nova epifania do sobrenatural e do divino tem de se produzir na crueldade. Não apesar de, mas graças à evicção de Deus e à destruição da maquinaria teológica do teatro. O divino foi estragado por Deus. Isto é, pelo homem que, deixando-se separar da Vida por Deus, deixando que usurpassem o seu próprio nascimento, tornou-se homem por manchar a divindade do divino: "Pois, longe de acreditar no sobrenatural, no divino, inventados pelo homem, penso que é a intervenção milenar do homem que acabou por nos corromper o divino" (IV, p. 13). A restauração da divina crueldade passa portanto pelo assassínio de Deus, isto é, em primeiro lugar do homem-Deus[8].

Talvez pudéssemos agora nos interrogar não sobre as condições em que um teatro moderno pode ser fiel a Artaud, mas sobre os casos em que lhe é certamente infiel. Quais podem ser os temas da infidelidade, mesmo naqueles que se declaram artaudianos, da maneira militante e barulhenta que conhecemos? Contentar-nos-emos com enumerar esses temas. É sem dúvida alguma alheio ao teatro da crueldade:

> matracas físicas de orações, isto mostra simplesmente a nossa incapacidade para tirar de uma palavra todas as suas consequências..." (IV, p. 56-7). "É um teatro que elimina o autor em proveito daquilo que, no nosso jargão ocidental do teatro, chamaríamos o diretor; mas este torna-se uma espécie de ordenador mágico, um mestre-de-cerimônias sagradas. E a matéria sobre que trabalha, os temas que faz palpitar não são dele mas dos deuses. Vêm, ao que parece, das Junções primitivas da Natureza que um Espírito duplo favoreceu. O que agita é O MANIFESTADO. É uma espécie de Física primeira, da qual o Espírito jamais se separou" (p. 72 s.). "Há nelas [as realizações teatrais do teatro balinês] algo do cerimonial de um rito religioso, neste sentido que extirpam do espírito que as olha qualquer ideia de simulação, de imitação irrisória da realidade... Os pensamentos que visa, os estados de espírito que procura criar, as soluções místicas que propõe, são agitados, despertados, atingidos sem demora nem rodeios. Tudo isto parece um exorcismo para fazer AFLUIREM os nossos demônios" (p. 73, cf. também p. 318-19 e V, p. 35).
>
> 8  É preciso restaurar, contra o pacto de medo que deu origem quer ao homem, quer a Deus, a unidade do mal e da vida, do satânico e do divino: "Eu, M. Antonin Artaud, nascido em Marselha a 4 de setembro de 1896, sou Satanás e sou deus e não quero saber da Virgem Maria" (escrito de Rodez, set. de 1945).

1. todo o teatro não sagrado;

2. todo o teatro que privilegie a palavra, ou melhor, o verbo, todo o teatro de palavras, mesmo se esse privilégio se torna o de uma palavra que se destrói a si própria, voltando a ser gesto ou repetição desesperada, relação *negativa* da palavra consigo mesma, niilismo teatral, o que ainda se denomina teatro do absurdo. Não apenas um tal teatro seria consumido de palavra e não destruiria o funcionamento da cena clássica, como não seria, no sentido em que Artaud o entendia (e certamente Nietzsche), *afirmação;*

3. todo o teatro *abstrato* excluindo algo da totalidade da arte, portanto da vida e dos seus recursos de significação: dança, música, volume, profundidade plástica, imagem visível, sonora, fônica etc. Um teatro abstrato é um teatro no qual a totalidade do sentido e dos sentidos não seria consumida. Não teríamos razão para concluir daí que basta acumular ou justapor todas as artes para criar um teatro total dirigindo-se ao "homem total" (IV, p. 147)[9]. Nada está mais longe dele do que essa totalidade de justaposição, essa imitação exterior e artificial. Inversamente, certos enfraquecimentos aparentes dos meios cênicos seguem por vezes mais rigorosamente o trajeto de Artaud. Supondo, o que não cremos, que tenha algum sentido falar de uma fidelidade a Artaud, a algo como a sua "mensagem" (esta noção já o trai), uma rigorosa e minuciosa e paciente e implacável sobriedade no trabalho da destruição e uma acuidade econôma visando bem as peças principais de uma máquina ainda muito sólida impõem-se hoje com mais segurança do que a mobilização geral das artes e dos artistas, do que a turbulência ou a agitação improvisada sob o olhar malicioso e complacente da polícia;

4. todo o teatro do distanciamento. Este nada mais faz senão consagrar com insistência didática e gravidade sistemática a não-participação dos espectadores (e mesmo dos diretores e dos atores) no ato criador, na força que irrompe abrindo o espaço da cena. O *Verfremdungseffekt* permanece prisioneiro

---

9  Sobre o espetáculo integral, cf. II, p. 33-34. Esse tema é muitas vezes acompanhado de alusões à participação como "emoção interessada": crítica da experiência estética como desinteresse. Lembra a crítica feita por Nietzsche à filosofia kantiana da arte. Quer em Nietzsche, quer em Artaud, este tema não deve contradizer o valor de gratuidade lúdica na criação artística. Muito pelo contrário.

O TEATRO DA CRUELDADE E O FECHAMENTO DA REPRESENTAÇÃO   357

de um paradoxo clássico e desse "ideal europeu da arte" que "visa lançar o espírito numa atitude separada da força e que assiste à sua exaltação" (IV, p. 15). A partir do momento em que "no teatro da crueldade o espectador está no meio rodeado pelo espetáculo" (IV, p. 98), a distância do olhar já não é pura, não pode abstrair-se da totalidade do meio sensível; o espectador investido já não pode *constituir* o seu espetáculo e atribuir-se o seu objeto. Já não há espectador nem espetáculo, há uma *festa* (cf. IV, p. 102). Todos os limites que sulcam a teatralidade clássica (representado / representante, significado / significante, autor / diretor / atores / espectadores, palco / sala, texto /interpretação etc.) eram interdições ético-metafísicas, rugas, caretas, ríctus, sintomas do medo perante o perigo da festa. No espaço da festa aberto pela transgressão, a distância da representação já não deveria poder alargar-se. A festa da crueldade arranca as rampas e os parapeitos diante do "perigo absoluto" que "é sem fundo" (set. de 1945):

> Preciso de atores que sejam em primeiro lugar seres, isto é, que no palco não tenham medo da sensação verdadeira de uma navalhada nem das angústias para eles *absolutamente* reais de um suposto parto, Mounet-Sully acredita naquilo que faz e dá a ilusão disso, mas sabe-se atrás de um parapeito, eu suprimo o parapeito... (Carta a Roger Blin).

Perante a festa assim reclamada por Artaud e essa ameaça do "sem fundo", *o happening* faz sorrir: é em relação à experiência da crueldade o mesmo que o carnaval de Nice em relação aos mistérios de Elêusis. Isto resulta em especial do fato de substituir pela agitação política essa revolução total que Artaud prescrevia. A festa tem de ser um *ato* político. E o *ato* de revolução política é *teatral;*

5. todo o teatro não-político. Dizemos justamente que a festa deve ser um *ato* político e não a transmissão mais ou menos eloquente, pedagógica e policiada de um conceito ou de uma visão político-moral do mundo. Refletindo – o que não podemos aqui fazer – o sentido político desse ato e dessa festa, a imagem da sociedade que aqui fascina o desejo de Artaud, deveríamos acabar por evocar, para notar a maior diferença na maior afinidade, aquilo que em Rousseau faz também

comunicar a crítica do espetáculo clássico, a desconfiança em relação à *articulação* na linguagem, o ideal da festa pública em substituição à representação e um certo modelo de sociedade perfeitamente presente a si, em pequenas comunidades, tornando inútil e nefasto, nos momentos decisivos da vida social, o recurso à *representação*. À representação, à suplência, à delegação tanto política como teatral. Poderíamos mostrá-lo de maneira muito precisa: é do *representante* em geral – e seja o que for que represente – que Rousseau suspeita tanto no *Contrat Social* como na *Lettre à d'Alembert,* em que propõe substituir as representações teatrais por festas públicas sem exposição nem espetáculo, sem "nada para ver" e nas quais os espectadores se tornariam atores: "Mas quais serão finalmente os objetos destes espetáculos? Nada, se quisermos... Colocai no meio de uma praça uma estaca coroada de flores, reuni aí o povo e tereis uma festa. Fazei melhor ainda: dai em espetáculo os espectadores, tornai-os atores";

6. todo o teatro ideológico, todo o teatro de cultura, todo o teatro de comunicação, de *interpretação* (no sentido corrente e não no sentido nietzschiano, bem entendido), procurando transmitir um conteúdo, entregar uma mensagem (qualquer que seja a sua natureza: política, religiosa, psicológica, metafísica etc.), dando a ler o sentido de um discurso a auditores[10], não se esgotando totalmente com o *ato* e o *tempo presente* da cena, não se confundindo com ela, podendo ser *repetido* sem ela. Aqui tocamos no que parece ser a essência profunda do projeto de Artaud, a sua decisão histórico-metafísica. *Artaud quis apagar a repetição em geral.* A repetição era para ele o mal e poderíamos sem dúvida organizar toda uma leitura dos seus

---

10  O teatro da crueldade não é apenas um espetáculo sem espectadores, é uma palavra sem auditor. Nietzsche: "O homem tomado de excitação dionisíaca tal como a multidão orgíaca não tem auditor a quem comunique alguma coisa, enquanto o narrador épico e o artista apolíneo em geral supõem este auditor. Muito pelo contrário, é uma característica essencial da arte dionisíaca não levar em conta o auditor. O servidor entusiasta de Dioniso só é compreendido pelos seus semelhantes, como o disse noutro lugar. Mas se imaginássemos um auditor assistindo a uma das suas irrupções endêmicas da excitação dionisíaca, seria preciso predizer-lhe uma sorte semelhante à de Penteu, o profano indiscreto que foi desmascarado e despedaçado pelas mênades [...] Mas a ópera, segundo os testemunhos mais explícitos, começa com essa *pretensão do auditor de compreender as palavras.* O quê? Teria o auditor *pretensões?* Deveriam as palavras ser compreendidas?"

O TEATRO DA CRUELDADE E O FECHAMENTO DA REPRESENTAÇÃO    359

textos em torno deste centro. A repetição separa de si própria a força, a presença, a vida. Esta separação é o gesto econômico e calculador daquilo que se difere para se guardar, daquilo que reserva o gasto e cede ao medo. Este poder de repetição dirigiu tudo o que Artaud quis destruir e recebeu vários nomes: Deus, o Ser, a Dialética. Deus é a eternidade cuja morte, como diferença e repetição na vida, nunca deixou de ameaçar a vida. Não é o Deus vivo que devemos temer, é o Deus-Morte. Deus é a Morte. "Pois mesmo o infinito está morto, / infinito é o nome de um morto / que não está morto" (in 84). Sempre que há repetição, Deus lá está, o presente guarda-se, reserva-se, isto é, furta-se a si próprio.

O absoluto não é um ser e jamais será um, pois não pode ser um sem crime contra mim, isto é, sem me arrancar um ser, que quis um dia ser deus quando isto não é possível, não podendo Deus manifestar-se todo de uma vez, dado que se manifesta a quantidade infinita das vezes durante todas as vezes da eternidade como o infinito das vezes e da eternidade, o que cria a perpetuidade (9-1945).

Outro nome da repetição re-presentativa: O Ser. O Ser é a forma sob a qual indefinidamente a diversidade infinita das formas e das forças de vida e de morte podem misturar-se e repetir-se na palavra. Pois não há palavra, nem signo em geral, que não seja construída pela possibilidade de se repetir. Um signo que não se repete, que já não está dividido pela repetição na sua "primeira vez", não é um signo. O reenvio significante deve portanto ser ideal – e a idealidade nada mais é do que o poder assegurado da repetição – para reenviar de cada vez ao mesmo. Eis por que o Ser é a palavra principal da repetição eterna, a vitória de Deus e da Morte sobre o viver. Como Nietzsche (por exemplo em *La Naissance de la philosophie...*), Artaud recusa-se a subsumir a Vida sob o Ser e inverte a ordem da genealogia: "Em primeiro lugar, viver e ser de acordo com a alma; o problema do ser nada mais é do que a sua consequência" (9-1945). "Não há maior inimigo do corpo humano do que o ser" (9-1947). Alguns outros inéditos valorizam o que Artaud chama propriamente "o para lá do ser" (2-1947), utilizando esta expressão de Platão (que Artaud não deixou de ler) num estilo nietzschiano. Finalmente, a Dialética é o movimento pelo qual o gasto é recuperado na presença, é a economia da repetição. A economia da verdade. A repetição *resume* a negatividade, recolhe e guarda o presente passado como verdade, como idealidade. O verdadeiro é sempre o que se deixa repetir. A não-repetição, o gasto decidido e irreversível na única vez consumindo o presente, deve pôr fim à discursividade amedrontada, à ontologia incontornável, à dialética, "sendo a dialética [uma certa dialética] o que me perdeu…" (9-1945).

A dialética é sempre o que nos perde porque é o que sempre *conta com* a nossa recusa. Como com a nossa afirmação. Recusar a morte como repetição é afirmar a morte como gasto presente e irreversível. E inversamente. É um esquema que espreita a repetição nietzschiana da afirmação. O gasto puro, a generosidade absoluta oferecendo a unicidade do presente à morte para fazer aparecer o presente *como tal,* já começou a querer guardar a presença do presente, já abriu o livro e a memória, o pensamento do ser como memória. Não querer guardar o presente é querer preservar o que constitui a sua insubstituível e mortal presença, aquilo que nele não se repete. Gozar da diferença pura. Tal seria, reduzida ao seu objeto exangue, a matriz da história do pensamento pensando-se desde Hegel.

A possibilidade do teatro é o foco obrigatório desse pensamento que reflete a tragédia como repetição. Em lugar algum está tão bem organizada como no teatro a ameaça da repetição. Em lugar algum se está tão perto do palco como origem da repetição, tão perto da repetição primitiva que importaria apagar, descolando-a de si própria como do seu duplo. Não no sentido em que Artaud falava do *Théâtre et son double*[11], mas designando assim essa dobra, essa duplicação interior que furta ao teatro, à vida etc., a presença simples do seu ato presente, no movimento irreprimível da repetição. "Uma vez" é o enigma daquilo que não tem sentido nem presença, nem legibilidade. Ora, para Artaud a festa da crueldade só deveria ocorrer *uma vez:*

---

11 Carta a J. Paulhan (25 de jan. de 1936): "Creio que encontrei o título que convém ao meu livro. Será: LE THÉÂTRE ET SON DOUBLE, pois se o teatro duplica a vida, a vida duplica o verdadeiro teatro… Este título corresponderá a todos os duplos do teatro que julgo ter encontrado há tantos anos: a metafísica, a peste, a crueldade… É no palco que se reconstitui a união do pensamento, do gesto, do ato" (v, p. 272-73).

O TEATRO DA CRUELDADE E O FECHAMENTO DA REPRESENTAÇÃO   361

Deixemos aos mestres-escolas as críticas de texto, aos estetas as críticas de formas, e reconheçamos que o que foi dito já não está para dizer; que uma expressão não vale duas vezes, não vive duas vezes; que toda palavra pronunciada está morta, e só age no momento em que é pronunciada, que uma forma empregada não serve mais e só convida a procurar outra, e que o teatro é o único lugar no mundo em que um gesto feito não se recomeça duas vezes (IV, p. 91).

É com efeito a aparência: a representação teatral acabou, não deixa atrás de si, por detrás da sua atualidade, nenhum vestígio, nenhum objeto para levar. Não é nem livro, nem obra, mas uma energia, e neste sentido é a única arte da vida. "O teatro ensina justamente a inutilidade da ação que, uma vez praticada, já não está por praticar, e a utilidade superior do estado inutilizado pela ação, que, *virado,* produz a sublimação" (p. 99). Neste sentido, o teatro da crueldade seria a arte da diferença e do gasto sem economia, sem reserva, sem retorno, sem história. Presença pura como diferença pura. O seu ato deve ser esquecido, ativamente esquecido. É preciso praticar aqui aquela *aktive Vergeszlichkeit* de que fala a segunda dissertação da *Genealogia da Moral* que nos explica também a "festa" e a "crueldade" (*Grausamkeit*).

A aversão de Artaud pela escritura não teatral tem o mesmo sentido. O que o inspira não é, como no *Fedro,* o gesto do corpo, a marca sensível e mnemotécnica, hipomnésica, exterior à inscrição da verdade na alma, é pelo contrário a escritura como lugar da verdade inteligível, o outro do corpo vivo, a idealidade, a repetição. Platão critica a escritura como corpo. Artaud, como o apagamento do corpo, do gesto vivo que só ocorre uma vez. A escritura é o próprio espaço e a possibilidade da repetição em geral. Eis por que "Se deve acabar com essa superstição dos textos e da poesia *escrita.* A poesia escrita vale uma vez e depois destruam-na" (IV, p. 93-4).

Enunciando assim os temas da infidelidade, logo compreendemos que a fidelidade é impossível. Não existe hoje no mundo do teatro quem corresponda ao desejo de Artaud. E não teria havido exceções a fazer, deste ponto de vista, para as tentativas do próprio Artaud. Sabia-o melhor que ninguém: a "gramática" do teatro da crueldade, que dizia estar "por encontrar", permanecerá sempre o inacessível limite de uma representação que não seja representação, duma representação que seja presença plena, que não carregue em si o seu duplo como a sua morte, de um presente que não se repete, isto é, de um presente fora do tempo, de um não-presente. O presente só se dá como tal, só aparece a si, só se apresenta, só abre a cena do tempo ou o tempo da cena acolhendo a sua própria diferença intestina, na dobra interna da sua repetição originária, na representação. Na dialética.

Artaud bem o sabia: "… uma certa dialética…". Pois se pensarmos convenientemente o *horizonte* da dialética – fora de um hegelianismo de convenção –, compreenderemos talvez que ela é o movimento indefinido da finitude da unidade da vida e da morte, da diferença da repetição originária, isto é, a origem da tragédia como ausência de origem simples. Neste sentido, a dialética é a tragédia, a única afirmação possível contra a ideia filosófica ou cristã da origem pura contra "o espírito do começo": "Mas o espírito do começo não deixou de me levar a fazer besteiras e não deixei de me dissociar do espírito do começo que é o espírito cristão…" (set. de 1945). O trágico não é a impossibilidade, mas a necessidade da repetição.

Artaud sabia que o teatro da crueldade não começa nem se realiza na pureza da presença simples, mas já na representação, no "segundo tempo da Criação", no conflito das forças que não pôde ser o de uma origem simples. A crueldade pode sem dúvida começar a exercer-se aí, mas deve também por aí deixar-se *iniciar.* A origem é sempre *iniciada.* Tal é a alquimia do teatro:

Antes de irmos mais longe, talvez nos peçam para definir o que entendemos por teatro típico e primitivo. E por aí chegaremos ao nó do problema. Se colocarmos com efeito a questão das origens e da razão de ser (ou da necessidade primordial) do teatro, encontraremos de um lado e metafisicamente a materialização, ou melhor, a exteriorização de uma espécie de drama essencial que conteria, de uma maneira ao mesmo tempo múltipla e única, os princípios essenciais de todo o drama, já eles mesmos *orientados* e *divididos,* não o bastante para perderem o seu caráter de princípios, o bastante para conter de modo substancial e ativo, isto é, cheio de descargas, perspectivas infinitas de conflitos. Analisar

filosoficamente semelhante drama é impossível e só poeticamente...
E este drama essencial, sentimo-lo perfeitamente, existe e é feito à
imagem de algo mais sutil do que a própria Criação, que é preciso
conceber como o resultado de uma Vontade una – e *sem conflito*.
É preciso crer que o drama essencial, aquele que estava na base
de todos os Grandes Mistérios, esposa o segundo tempo da Criação, o da dificuldade e do Duplo, o da matéria e da ideia que se
torna espessa. Parece na verdade que onde reina a simplicidade e
a ordem não pode haver teatro nem drama, e o verdadeiro teatro
nasce, como aliás a poesia, mas por outras vias, de uma anarquia
que se organiza... (IV, p. 60-1-2).

O teatro primitivo e a crueldade começam portanto também pela repetição. Mas a ideia de um teatro sem representação, a ideia do impossível, se não nos ajuda a regular a prática
teatral, permite-nos talvez pensar a sua origem, a véspera e o
limite, pensar o teatro de hoje a partir da abertura da sua história e no horizonte da sua morte. A energia do teatro ocidental deixa-se deste modo rodear na sua possibilidade, que não
é acidental, que é para toda a história do Ocidente um centro
constitutivo e um lugar estruturante. Mas a repetição furta o
centro e o lugar, e o que acabamos de dizer da sua possibilidade deveria impedir-nos de falar da morte como de um *horizonte* e do nascimento como de uma *abertura* passada.

Artaud manteve-se muito perto do limite: a possibilidade
e a impossibilidade do teatro puro. A presença, para ser presença e presença a si, começou já sempre a representar-se, já
sempre a ser iniciada. A própria afirmação tem de iniciar-se
repetindo-se. O que quer dizer que o assassínio do pai que
abre a história da representação e o espaço da tragédia, o assassínio do pai que Artaud quer em suma repetir o mais perto
possível da sua origem mas *de uma só vez,* esse assassínio não
tem fim e repete-se indefinidamente. Começa por se repetir.
Inicia-se no seu próprio comentário e acompanha-se com a
sua própria representação. No que se apaga e confirma a lei
transgredida. Para isso basta que haja um signo, isto é, uma
repetição.

Sob esta face do limite e na medida em que quis salvar a
pureza de uma presença sem diferença interior e sem repetição (ou, o que paradoxalmente vem a dar no mesmo, de uma

diferença pura)[12], Artaud desejou também a impossibilidade do teatro, quis apagar ele próprio o palco, não ver mais o que se passa numa localidade sempre habitada ou assombrada pelo pai e submetida à repetição do assassínio. Não é Artaud quem quer reduzir a arquicena quando escreve em *Ci-gît*: "Eu, Antonin Artaud, sou meu filho, / meu pai, minha mãe, / e eu"?

Ele tinha plena consciência de se ter assim mantido no limite da possibilidade teatral, de ter querido simultaneamente produzir e destruir a cena. Dezembro de 1946:

> *E agora, vou dizer uma coisa que vai talvez deixar muitas pessoas estupefatas.*
> *Sou inimigo*
> *do teatro.*
> *Sempre o fui.*
> *Amo muito o teatro,*
> *e por essa mesma razão sou seu grande inimigo.*

Vemo-lo logo a seguir: não consegue resignar-se ao teatro como repetição, não consegue renunciar ao teatro como não-repetição:

> *O teatro é um extravasamento passional,*
> *uma terrível transferência de forças do corpo ao corpo.*
> *Esta transferência não se pode reproduzir duas vezes.*
> *Nada de mais ímpio do que o sistema dos balineses*
> *que consiste,*
> *depois de ter uma vez produzido esta transferência,*
> *em vez de procurarem uma outra,*
> *em recorrer a um sistema de enfeitiçamentos*
> *particulares*
> *a fim de privar a fotografia astral dos gestos obtidos.*

O teatro como repetição daquilo que não se repete, o teatro como repetição originária da diferença no conflito das

---

12 Querendo reintroduzir uma certa pureza no conceito de diferença, reconduzimo-lo à não-diferença e à presença plena. Este movimento é muito pesado de consequências para toda tentativa que se opõe a um anti-hegelianismo indicativo. Ao que parece, não escapamos a isso senão pensando a diferença fora da determinação do ser como presença, fora da alternativa da presença e da ausência e de tudo a que elas presidem, pensando a diferença como impureza de origem, isto é, como diferença na economia finita do mesmo.

O TEATRO DA CRUELDADE E O FECHAMENTO DA REPRESENTAÇÃO    365

forças, em que "o mal é a lei permanente, e aquilo que é bem é um esforço e já uma crueldade acrescentada à outra", tal é o limite mortal de uma crueldade que começa pela sua própria representação.

Porque ela sempre já começou, a representação não tem portanto fim. Mas pode-se pensar o fechamento daquilo que não tem fim. O fechamento é o limite circular no interior do qual a repetição da diferença se repete indefinidamente. Isto é, o seu espaço de *jogo*. Este movimento é o movimento do mundo como jogo. "E para o absoluto a própria vida é um jogo" (IV, p. 282). Este jogo é a crueldade como unidade da necessidade e do acaso. "É o acaso que é infinito, não deus" (*Fragmentations*). Este jogo da vida é artista[13].

Pensar o fechamento da representação é portanto pensar o poder cruel da morte e do jogo que permite à presença de nascer para si, de usufruir de si pela representação em que ela se furta na sua diferência. Pensar o fechamento da representação é pensar o trágico: não como representação do destino, mas como destino da representação. A sua necessidade gratuita e sem fundo.

Eis por que no seu fechamento é *fatal* que a representação continue.

(*Tradução de Maria Beatriz Marques Nizza da Silva*)

---

13  Ainda Nietzsche. Conhecemos esses textos. Assim, por exemplo, na trilha de Heráclito: "E deste modo, como a criança e o artista, o fogo eternamente vivo brinca, constrói e destrói, inocentemente – e este jogo é o jogo do Äon consigo... A criança joga fora por vezes o brinquedo: mas depressa torna a pegá-lo por um capricho inocente. Mas a partir do momento que constrói, ata, liga e informa, regulando-se por uma lei e uma ordenação interior. Só o homem estético tem este olhar sobre o mundo, só ele recebe do artista e da ereção da obra de arte a experiência da polêmica da pluralidade, na medida em que ela pode contudo trazer em si a lei e o direito; a experiência do artista na medida em que se ergue acima da obra e ao mesmo tempo se mantém nela, contemplando-a e operando nela; a experiência da necessidade e do jogo, do conflito da harmonia, na medida em que devem acasalar-se para a produção da obra de arte" (*La Philosophie à l'époque de la tragédie grecque*, Werke, Hanser, III, p. 367-7).

# Da Economia Restrita
# à Economia Geral:

## um hegelianismo sem reserva

*Ele [Hegel] não soube até que ponto tinha razão.*

G. BATAILLE

"Frequentemente, Hegel parece-me a evidência, mas a evidência é dura de suportar" (*O Culpado*). Por que hoje – hoje mesmo – os melhores leitores de Bataille são daqueles para quem a evidência hegeliana parece carta tão leve? Tão leve que uma alusão murmurada a tais conceitos fundamentais – pretexto, por vezes, para não entrar em pormenores –, uma complacência na convenção, uma cegueira para o texto, um apelo à cumplicidade nietzschiana ou marxista bastam para desfazer-lhe as amarras. Talvez porque a evidência fosse pesada demais para suportar e que se prefira então o dar de ombros à disciplina. E, ao contrário do que fez Bataille, é por estarmos, sem sabê-lo e sem vê-la, *na* evidência hegeliana, que frequentemente acreditamos dela nos termos deslastrado. Menosprezado, tratado levianamente, o hegelianismo não faria senão ampliar sua dominação histórica, desdobrando enfim sem obstáculo seus imensos recursos de envolvimento. A evidência hegeliana parece mais leve do que nunca no momento em que ela pesa, por fim, com seu peso todo. Esse também fora um receio de Bataille: pesada, "ela o será mais ainda na sequência". E se, mais que qualquer outro, mais totalmente que outros, até a identificação, ele, Bataille, se quis próximo de Nietzsche, não seria isso, no caso, motivo para simplificação:

Nietzsche só conheceu de Hegel a vulgarização de praxe. A *Genealogia da Moral* é a prova singular da ignorância em que ficou e em que fica agarrada a dialética do amo e do escravo, cuja lucidez é embaraçante... ninguém sabe nada de *si* se não houver captado esse movimento que determina e limita as possibilidades sucessivas do homem (*A Experiência Interior*).

Suportar a evidência hegeliana seria dizer, hoje, o seguinte: que é preciso, em todos os sentidos, passar pelo "sono da razão", aquele que gera e que adormece os monstros; que é preciso efetivamente atravessá-lo para que o despertar não seja uma artimanha do sonho. Isto é, ainda a razão. Talvez o sono da razão não seja a razão adormecida, mas o sono sob a forma da razão, a vigilância do logos hegeliano. A razão vela sobre um sono profundo no qual está interessada. Ora, se "uma evidência recebida no sono da razão perde(rá) o caráter do despertar" (idem), será preciso, para abrir os olhos (e Bataille jamais quis fazer outra coisa, corretamente seguro de aí arriscar-se a morrer: "a condição sob a qual eu *veria* seria a de morrer"), ter passado a noite com a razão, velado, dormido com ela: a noite toda, até a manhã, até este outro crepúsculo que enganosamente se assemelha, como um fim de dia a um fim de noite, à hora em que o animal filosófico pode também, enfim, abrir os olhos. Naquela manhã, e não em outra. Pois ao término dessa noite, algo se havia tramado, cegamente, quero dizer num discurso, por meio do qual, ao terminar, a filosofia compreendia em si, antecipava, para retê-las junto de si, todas as figuras de seu além, todas as formas e todos os recursos de seu exterior. Pelo simples captar de sua enunciação. Exceto, talvez, um certo riso. Senão, vejamos.

Rir da filosofia (do hegelianismo) – tal é, com efeito, a forma do despertar – apela, a partir de então, para toda uma "disciplina", todo um "método de meditação" que reconheça os caminhos do filósofo, que compreenda seu jogo, trame artimanhas, manipule seus mapas, deixe-o desenvolver sua estratégia, aproprie-se de seus textos. Em seguida, graças a esse trabalho que o preparou – e a filosofia é *o* trabalho, segundo Bataille –, mas rompendo viva, furtiva e imprevisivelmente com ele, traição ou desapego, secamente, o riso explode. E mais, por momentos privilegiados que são menos momentos que movimentos

DA ECONOMIA RESTRITA À ECONOMIA GERAL 369

sempre esboçados da experiência, raros, discretos, ligeiros, sem parvoíce triunfante, longe da praça pública, muito perto daquilo de que ri o riso: de início, da angústia, que é mesmo preciso não chamar de o negativo do riso sob pena de ser novamente engolido pelo discurso de Hegel. E já dá para pressentir, nesse prelúdio, que o *impossível* meditado por Bataille sempre terá esta forma: como, após ter esgotado o discurso da filosofia, inscrever no léxico e na sintaxe de uma língua, a nossa, que foi também a da filosofia, aquilo que excede, todavia, as oposições de conceitos dominadas por essa lógica comum? Necessário e impossível, esse excesso devia dobrar o discurso numa estranha contorção. E, seguramente, obrigá-lo a querelar indefinidamente com Hegel. Após mais de um século de rupturas, "excessos" com ou sem "derrubamentos", rara foi uma referência a Hegel que se apresentasse tão pouco definível: uma cumplicidade sem reserva acompanha o discurso hegeliano, "leva-o a sério" palavra a palavra, sem objeção de forma filosófica, enquanto uma certa risada o excede e lhe destrói o sentido, assinala, em todo o caso, a ponta de "experiência" que a ele próprio desmancha; o que só podemos fazer para bem e para sabermos de que estamos rindo.

Bataille, portanto, levou Hegel a sério, e o saber absoluto[1]. E levar um tal sistema a sério, sabia-o Bataille, era proibir-se a si mesmo de dele extrair conceitos ou de com ele manipular proposições isoladas, de extrair dele efeitos, transportando-os para o elemento de um discurso que lhes é estranho: "Os pensamentos de Hegel são solidários a ponto de não podermos captar-lhes o sentido, a não ser na necessidade do movimento que é a coerência deles" (idem). Bataille questionou, sem dúvida, o sentido da cadeia na razão hegeliana, mas pensando-a como tal em totalidade, sem ignorar seu rigor interno. Poderíamos também descrever como uma cena, mas não o faremos

---

1 "Teria eu a intenção de minimizar a atitude de Hegel? Mas se é exatamente o contrário! Eu quis mostrar o incomparável alcance de seu procedimento. Não devia, com essa finalidade, encobrir a parte bem fraca (e mesmo inevitável) do fracasso. A meu ver, é antes a excepcional segurança desse procedimento que ressalta de meus estudos. Se ele fracassou, não se pode dizer que isso foi o resultado de um erro. O sentido do fracasso propriamente dito difere daquele que causou esse erro: o erro por si só talvez seja fortuito. É em geral como de um movimento autêntico e carregado de sentido que nos cumpre falar do 'fracasso' de Hegel." Hegel, la mort et le sacrifice, *Deucalion*, 5.

370  A ESCRITURA E A DIFERENÇA

aqui, a história das relações de Bataille com as diferentes figuras de Hegel: aquela que assumiu o "rasgamento absoluto"[2]; aquela que "acreditou enlouquecer"[3]; aquela que, entre Wolff e Comte e "enxames de professores", nesse "casamento de aldeia" que é a filosofia, não se questiona, enquanto que "sozinho, cabeça doente, Kierkegaard interroga"[4]; aquela que, "ao aproximar-se o fim", "não mais levantou para si o problema", "repetia seus cursos e jogava cartas"; o "retrato de Hegel velho" diante do qual, como "lendo a *Fenomenologia do Espírito*", "não se pode deixar de ser atingido por uma impressão enregelante de acabamento"[5]. Aquele, enfim, da "pequena recapitulação cômica"[6].

Mas deixemos a cena e as personagens. O drama é, em primeiro lugar, textual. Em sua interminável explicação com Hegel, Bataille só teve, sem dúvida, um acesso restrito e indireto aos textos propriamente ditos[7]. Isso não o impediu de fazer

---

2  Idem, ibidem

3  De l'existentialisme au primat de l'économie, *Critique*, 19, 1947. "Hoje é estranho perceber o que Kierkegaard não pôde saber: que Hegel, como Kierkegaard, conheceu, diante da ideia absoluta, a recusa da subjetividade. Imaginaríamos em princípio que a recusa de Hegel significaria uma oposição conceitual; ao contrário. O fato não é deduzido de um texto filosófico, mas da carta a um amigo a quem ele confia que, durante dois anos, pensou estar enlouquecendo [...] Num sentido, a frase rápida de Hegel talvez tenha mesmo uma força que não existe no longo grito de Kierkegaard. Ela não é menos lançada contra a existência – que treme e excede – do que esse grito" etc.

4  *Le Petit.*

5  *De l'existantialisme...*

6  "Pequena recapitulação cômica. – Hegel, imagino eu, chegou ao extremo. Ainda era jovem e acreditou estar enlouquecendo. Imagino mesmo que elaborasse o sistema para escapar (cada espécie de conquista é, sem dúvida, o feito de um homem que foge de uma ameaça). Para terminar, Hegel chega à *satisfação*, volta as costas ao extremo. *A suplicação morreu nele.* Que busquemos a salvação, ainda passa, continuamos vivendo, não podemos nos sentir seguros, é preciso continuar suplicando. Hegel ganhou, vivo, a salvação, matou a suplicação, *mutilou-se.* Dele não restou senão um cabo de pá, um homem moderno. Mas antes de mutilar-se, sem dúvida ele tocou o extremo, conheceu a suplicação: sua memória o traz de volta ao abismo percebido, *para anulá-lo!* O sistema é a anulação." (*L'Expérience intérieure*).

7  Sobre a história da leitura de Hegel por Bataille, dos primeiros artigos de *Documents* (1929) a *L'Expérience intérieure* (1943), sobre a experiência do ensino de Koyré e sobretudo de Kojève, cuja marca é visivelmente dominante, ver M. Queneau, Premières confrontations avec Hegel, *Critique*, p. 195-196. Observemos desde já que, pelo menos aos olhos de Bataille, nenhuma ruptura fundamental aparecia entre a leitura de Hegel por Kojève, que ele reconhecia subscrever quase totalmente, e o verdadeiro ensino do marxismo. Iremos verificá-lo em mais de

DA ECONOMIA RESTRITA À ECONOMIA GERAL 371

com que se levasse a leitura e a questão aos pontos fortes da decisão. Considerados um a um e imobilizados fora da sintaxe deles, todos os conceitos de Bataille são hegelianos. Precisamos reconhecê-lo, mas sem nisso nos deter. Pois, já que não se retoma em seu rigoroso efeito a turbulência a que ele os submete, a nova configuração na qual ele os desloca e os reinscreve, embora toquemos de leve no assunto, concluir-se-ia, segundo o caso que Bataille é hegeliano ou que é anti-hegeliano, ou que ele pinta Hegel mal e porcamente. Estaríamos enganados em cada um dos casos. E frustraríamos essa lei formal que, necessariamente enunciada sobre um modo não filosófico por Bataille, constrangeu a relação de todos os seus conceitos com os de Hegel; e, através dos de Hegel, com os de toda a história da metafísica. De todos os seus conceitos e não somente daqueles aos quais, para reconstituirmos o enunciado dessa lei, deveremos aqui nos limitar.

A ÉPOCA DO SENTIDO:
SENHORIO E SOBERANIA

Para começar, não traduz a *soberania*, à primeira vista, o senhorio (*Herrschaft*) da *Fenomenologia*? A operação do senhorio consiste exatamente, escreve Hegel, em "mostrar que não somos apegados a nenhum *aquele-ser* determinado, não mais que à singularidade universal do *aquele-ser* em geral, em mostrar que não somos apegados à vida" (segundo tradução de J. Hyppolite). Tal "operação" (essa palavra, de que Bataille se servirá constantemente para designar o momento privilegiado ou o ato de soberania, era a tradução em uso da palavra *Tun*,

um texto. Saibamos já que, positiva ou negativa, a apreciação do hegelianismo por Bataille devia a seus olhos traduzir-se, tal qual, numa apreciação do marxismo. Numa bibliografia que devia acompanhar uma *Théorie de la religion*, inédita, podemos ler em particular isto: "Essa obra (*L' Introduction à la lecture de Hegel*, de Kojève) é uma explicação da *Phénoménologie de l'esprit*. As ideias que desenvolvi aqui estão em substância. Restaria precisar as correspondências da análise hegeliana e dessa 'teoria da religião': as diferenças de uma representação para a outra parecem-me bastante facilmente redutíveis". "Insisto ainda em sublinhar aqui o fato de que a interpretação de Alexandre Kojève de maneira alguma se afasta do marxismo: assim também, é fácil perceber que a presente 'teoria' está sempre rigorosamente alicerçada na análise da economia."

tão frequente no capítulo sobre a dialética do senhor e do escravo) volta, portanto, a *pôr em jogo* (*wagen, daransetzen*; *pôr em jogo* é uma das mais frequentes e mais fundamentais expressões de Bataille) a totalidade de sua própria vida. O servo é aquele que não põe sua vida em jogo, que quer conservá-la, ser conservado (*servus*). Ao nos elevarmos acima da vida, ao encararmos a morte, alcançamos o senhorio: o para-si, a liberdade, o reconhecimento. A liberdade passa, portanto, pela colocação em jogo da vida (*Daransetzen des Lebens*). O senhor é aquele que teve a força de suportar a angústia da morte e de manter-lhe a obra. Tal seria, segundo Bataille, o centro do hegelianismo. O texto capital seria, no *Prefácio* da *Fenomenologia*, aquele que põe o saber "em altura de morte"[8].

Conhecemos os rigorosos e sutis desfiladeiros pelos quais passa a dialética do senhor e do escravo. Não podemos resumi-los sem maltratá-los. Aqui nos interessamos pelos deslocamentos essenciais a que são submetidos quando refletidos no pensamento de Bataille. E, de início, pela diferença entre senhorio e soberania. Nem mesmo se pode dizer que essa diferença tenha um sentido: ela é a *diferença do sentido*, o intervalo único que separa o sentido de um certo não-sentido. O senhorio tem um sentido. A colocação em jogo da vida é um momento na constituição do sentido, na apresentação da essência

8   "Uma passagem do prefácio de *Phénoménologie de l'esprit* exprime com vigor a necessidade de tal atitude. Não há dúvida de que esse texto admirável, já de início, tenha 'uma importância capital', não somente para a inteligência de Hegel mas em todos os sentidos. 'A morte, se assim queremos denominar essa irrealidade, é o que há de mais terrível, e manter a obra da morte é o que demanda o vigor maior. A beleza impotente odeia o entendimento porque ele exige dela aquilo de que ela não é capaz. Ora, a vida do Espírito não é a vida que se assusta diante da morte e se preserva da destruição, mas a que suporta a morte, e nela se conserva. O espírito não obtém sua verdade senão encontrando-se a si mesmo no rasgamento absoluto. Ele não é essa potência (prodigiosa), enquanto for o Positivo que se desvia do Negativo; assim como quando dizemos de alguma coisa: isso não é nada ou (isso é) falso, e, tendo assim liquidado com o assunto, passamos daí para outra coisa qualquer. Não, o Espírito não é essa potência, senão na medida em que ele contempla o Negativo cara a cara, habita (e) habita junto dele. Essa estada-prolongada é a força mágica que transpõe o negativo para o Ser dado'" (*Hegel, la mort et le sacrifice*). Embora remetendo à tradução de J. Hyppolite (t. I, p. 29), Bataille, aqui por nós citado, diz reproduzir uma tradução de A. Kojève. O que ele não faz exatamente. Se levarmos em conta que J. Hyppolite e A. Kojève a partir de então modificaram a tradução deles, disporemos pelo menos de cinco formas, às quais poderíamos acrescentar o texto "original", esta outra lição.

DA ECONOMIA RESTRITA À ECONOMIA GERAL 373

e da verdade. É uma etapa obrigatória na história da consciência de si e da fenomenalidade, isto é, da apresentação do sentido. Para que a história – isto é, o sentido – se encadeie ou se trame, é preciso que o senhor *experimente sua verdade*. Isso só é possível sob duas condições que não se deixam separar: que o senhor conserve a vida para gozar daquilo que ele ganhou ao arriscá-la; e que, ao cabo desse encadeamento tão admiravelmente descrito por Hegel, "a *verdade* da consciência independente (seja) a consciência servil". E quando a servilidade tornar-se senhorio, ela terá guardado em si o rastro de sua origem recalcada, "ela seguirá em si mesma como consciência *recalcada (zurückgedrängtes Bewusstsein)* e transformar-se-á, por uma reviravolta, em verdadeira independência". Essa dissimetria, esse privilégio absoluto do escravo é que foi objeto constante de meditação para Bataille. A verdade do senhor está no escravo; e, transformado em senhor, o escravo permanece um escravo "recalcado". Tal é a condição do sentido, da história, do discurso, da filosofia etc. O senhor não tem relação consigo, a consciência de si só se constitui pela mediação da consciência servil no movimento de reconhecimento; mas ao mesmo tempo pela mediação da coisa; esta é, em primeiro lugar, para o escravo, a essencialidade que ele não pode negar imediatamente na fruição mas somente trabalhar, "elaborar" (*bearbeiten*); o que consiste em refrear (*hemmen*) seu desejo, em retardar (*aufhalten*) a desaparição da coisa. Conservar a vida, manter-se nela, trabalhar, adiar o prazer, limitar a colocação em jogo, impor à morte *respeito* no momento mesmo em que a olhamos *de frente*, tal é a condição servil do senhorio e de toda a história que ela possibilita.

Hegel enunciara claramente a necessidade para o senhor de conservar a vida que ele expõe. Sem essa economia da vida, a "suprema prova por intermédio da morte suprime concomitantemente a certeza de si mesmo em geral". Adiantar-se à morte pura e simples é, portanto, pôr em risco a perda absoluta do sentido, na medida em que este passa necessariamente pela verdade do senhor e a consciência de si. Arriscamo-nos a perder o efeito, o benefício de sentido que queríamos assim *ganhar no jogo*. Essa morte pura e simples, essa morte muda e sem rendimento era chamada por Hegel de *negatividade abstrata*, em oposição à "negação da consciência que *suprime* de tal maneira que ela *conserva* e *retém* o que é suprimido (*Die Negation des Bewusstseins, welches so* aufhebt, *dass es das Aufgehobene* aufbewahrt *und* erhält)" e que "por isso mesmo sobrevive ao fato de tornar-se suprimido (*und hiemit sein Aufgehobenwerden überlebt*). Nessa experiência, a consciência de si ensina que a Vida lhe é tão essencial quanto a pura consciência de si".

Explosão de riso de Bataille. Por um ardil da vida, isto é, da razão, a vida, portanto, permaneceu viva. Outro conceito de vida fora sub-repticiamente introduzido no lugar, para aí ficar, para aí, tanto quanto a razão, jamais ser excedido (pois, dirá *O Erotismo*, "por definição o *excesso* está do lado de fora da razão"). Esta vida não é a vida natural, a existência biológica posta em jogo no senhorio, mas uma vida essencial que se solda à primeira, que a retém e faz com que ela trabalhe na constituição da consciência de si, da verdade e do sentido. Tal é a verdade da vida. Por esse recurso à *Aufhebung*, que conserva a colocação, permanece dona do jogo, limita-o, trabalha-o, dando-lhe forma e sentido (*Die Arbeit... bildet*), essa economia da vida restringe-se à conservação, à circulação e à reprodução de si, assim como do sentido; a partir de então, tudo o que é abarcado pelo nome de senhorio desaba na comédia. A independência da consciência de si torna-se risível no momento em que ela se liberta escravizando-se, em que ela entra *em trabalho*, isto é, em dialética. Só o riso excede a dialética e o dialetista: só explode após a renúncia absoluta ao sentido; após o risco absoluto da morte, após aquilo que Hegel chama de negatividade abstrata. Negatividade que jamais acontece, que jamais se *apresenta*, visto que, ao fazê-lo, recomeçaria o trabalho. Riso que, literalmente, não *aparece* nunca, visto que ele excede a fenomenalidade em geral, a possibilidade absoluta do sentido. E a própria palavra "riso" deve ler-se na explosão, também no estouro de seu núcleo de sentido em direção ao *sistema* da operação soberana ("embriaguez, efusão erótica, efusão do sacrifício, efusão poética, conduta heroica, cólera, absurdidade" etc., ver *Método de Meditação*). Essa explosão do riso faz brilhar, sem, contudo, *mostrar*, sobretudo sem dizer, a diferença entre o senhoril e a soberania. Esta, é o que vamos verificar, é mais e menos que o senhorio, mais ou menos livre do que ele, por exemplo, e o que dizemos desse predicado de liberdade pode estender-se a todos os traços de senhorio. Por ser simultaneamente mais e menos um senhorio do que o senhorio, a soberania é inteiramente diferente. Bataille arranca sua operação da dialética. Ele a subtrai ao horizonte do sentido e do saber. A tal ponto que, apesar de seus traços de semelhança com o senhorio, ela não é mais uma figura no encadeamento da fenomenologia. Assemelhando-se a uma figura, traço por traço, ela é sua alteração absoluta. Diferença que não se produziria se a analogia se limitasse a tal ou qual traço abstrato. Em vez de a soberania, o absoluto da colocação em jogo, ser uma negatividade abstrata, deve ela fazer surgir o sério do sentido como uma abstração inscrita no jogo. O riso, que constitui soberania em sua relação com a morte, não é, como se pôde dizê-lo[9], uma negatividade. E ele ri de si, um riso "maior" ri de um riso "menor", pois a operação soberana também tem necessidade da vida – a que solda as duas vidas – para relacionar-se consigo na fruição de si. Deve, portanto, de certa maneira, simular o risco absoluto e rir desse simulacro. Na comédia que ela assim representa para si mesma, a explosão do riso é esse quase nada em que soçobra totalmente o sentido. Desse riso, a "filosofia", que "é um trabalho"[10], nada pode fazer, nada pode dizer, quando ela teria tido que "apoiar-se, *em primeiro lugar*, sobre o riso" (idem). Daí por que o riso está ausente do sistema hegeliano; e não à maneira de uma face negativa ou abstrata. "No 'sistema', poesia, riso, êxtase nada são. Hegel apressa-se em livrar-se deles: o único fim que ele conhece é o saber. Sua imensa fadiga liga-se, a meu ver, ao horror da mancha cega" (*A Experiência Interior*). O que é risível é a *submissão* à evidência do sentido, à força deste imperativo: que haja sentido, que nada esteja perdido definitivamente pela morte, que esta receba ainda a significação de "negatividade abstrata", que o trabalho seja sempre possível, trabalho que, ao protelar a fruição, confere sentido, seriedade e verdade à colocação em jogo. Essa submissão é a essência e o elemento da filosofia, da ontológica hegeliana. O

---

9 "Mas o riso é aqui o *negativo*, no sentido hegeliano." J.-P. Sartre, *Un Nouveau mystique*, em *Situations* I. O riso não é o negativo porque sua *explosão* não se guarda, não se acorrenta a si nem se resume num discurso: ri da *Aufhebung*.

10 Conférences sur le Non-Savoir, *Tel Quel* n. 10.

cômico absoluto é a angústia diante do dispêndio, a fundo perdido, diante do sacrifício absoluto do sentido: sem volta e sem reserva. A noção de *Aufhebung* (o conceito especulativo, diz-nos Hegel, aquele do qual a língua alemã detém o privilégio intraduzível) é risível na medida em que significa *o afã* de um discurso que se esfalfa em reapropriar-se de toda negatividade, em elaborar a colocação em jogo como *investimento*, em *amortizar* o dispêndio absoluto, em dar um sentido à morte, em render-se num mesmo golpe cego ao sem fundo do não-sentido no qual se abebera e se esgota o fundo do sentido. Ser impassível, como foi Hegel, à comédia da *Aufhebung* é cegar-se à experiência do sagrado, ao sacrifício desvairado da presença e do sentido. Assim se desenha uma figura de experiência – mas ainda nos podemos servir dessas duas palavras? – irredutível a toda a fenomenologia do espírito, nela se achando, como o riso em filosofia, *deslocada*, simulando, no sacrifício, o risco absoluto da morte, produzindo a um só tempo a dissimulação pela qual esse risco pode ser vivido, a impossibilidade de nele ler um sentido ou uma verdade, e esse riso que se confunde, no simulacro, com a abertura do sagrado. Descrevendo esse simulacro, o impensável para a filosofia, sua mancha cega, Bataille, deve, com certeza, dizê-lo, fingir dizê-lo no logos hegeliano:

> Falarei mais adiante de diferenças profundas entre o homem do sacrifício, que opera na ignorância (a inconsciência) das coisas que digam respeito ao que ele faz, e o Sábio (Hegel) que se rende às implicações de um Saber absoluto a seus próprios olhos. Apesar dessas diferenças, trata-se sempre de manifestar o Negativo (e sempre sob uma forma concreta, isto é, no seio da Totalidade, cujos elementos constitutivos são inseparáveis). A manifestação privilegiada da negatividade é a morte, mas a morte, na verdade, nada revela. É, em princípio, seu ser natural, animal, cuja morte revela o Homem a ele mesmo, mas a revelação jamais ocorre. Pois, uma vez morto, o ser animal que o suporta, o ser humano, esse cessou de ser. Para que o homem, no final, se revele a si mesmo, ele deveria morrer, mas ser-lhe-ia necessário fazê-lo como vivente – olhando-se cessar de ser. Em outras palavras, a morte, essa deveria tornar-se consciência (de si) no momento mesmo em que aniquila o ser consciente. Em certo sentido, foi o que ocorreu (o que está, pelo menos, a ponto de ocorrer ou que ocorre de maneira fugitiva, incapturável) por meio de um subterfúgio. No sacrifício, o sacrificante identifica-se com o

animal ferido mortalmente. Assim morre ele vendo-se morrer e, mesmo de alguma maneira, por sua própria vontade, sincero com a arma do sacrifício. Mas é uma comédia. Seria pelo menos uma comédia, se existisse algum outro método que revelasse ao vivente a entrada invasora da morte: esse acabamento do ser finito, só realizado e só realizável por *sua* Negatividade, que o mata, que lhe *põe fim* e definitivamente o suprime... Assim, seria preciso, a todo custo, que o homem viva no momento em que morre verdadeiramente, ou que viva com a impressão de morrer verdadeiramente. Essa dificuldade anuncia a necessidade do *espetáculo* ou geralmente da *representação*, sem a repetição dos quais poderíamos, em face da morte, permanecer estranhos, ignorantes, como, aparentemente, o são os bichos. Nada é menos animal, com efeito, do que a ficção, mais ou menos distanciada do real, da morte[11].

Só a ênfase posta sobre o simulacro e o subterfúgio interrompe a continuidade hegeliana desse texto. Mais adiante, a alegria acusará a diferença:

Ao aproximá-la do sacrifício e, com isso, do tema primeiro da *representação* (da arte, das festas, dos espetáculos), quis mostrar que a reação de Hegel é a conduta humana fundamental... é por excelência a expressão que a tradição repetia *ad infinitum* ... foi essencial para Hegel *tomar consciência* da Negatividade como tal, de captar-lhe o horror, neste caso particular o horror da morte, sustentando e contemplando a obra da morte bem de frente. Hegel, de certa maneira, opõe-se menos aos que "recuam" do que aos que dizem: "tudo bem". Parece sobretudo distanciar-se dos que reagem alegremente. Insisto, querendo fazer ressaltar o mais claramente possível, após sua similitude, a oposição da atitude ingênua à da Sabedoria – *absoluta* – de Hegel. Não estou, de fato, seguro se das duas atitudes a menos *absoluta* seja a mais ingênua. Citarei um exemplo paradoxal de reação alegre ante a obra da morte. O costume irlandês e galês de "wake" é pouco conhecido, mas ainda podia ser observado em fins do século passado. Esse é o assunto da última obra de Joyce, *Finegans Wake*, o velório de Finegan (mas a leitura desse romance célebre é, pelo menos, penosa). No País de Gales, colocava-se o caixão *aberto*, de pé, no lugar de honra da casa. O morto era vestido com seus melhores trajes e, na cabeça, colocavam sua cartola. A família convidava todos os seus amigos, que

11  *Hegel, la mort et le sacrifice*. Ver também em *L'Expérience intérieure* todo o *Post-scriptum au supplice*, especialmente p. 193 e s.

tanto mais honrariam aquele que os deixara quanto mais tempo dançassem e mais do "bom" tomassem à sua saúde. Trata-se da morte de um *outro*, mas em tais casos a morte do outro é sempre a imagem da própria morte. Ninguém poderia, assim, divertir-se senão com uma condição; o morto, que é um outro, estando supostamente de acordo, o morto que será o bebedor por seu turno não terá outro sentido senão o primeiro.

Essa alegria não pertence à economia da vida, não responde "ao desejo de negar a existência da morte", embora esteja ela tão próxima quanto possível. Não é a convulsão que segue a angústia, o riso menor, que se espalha no momento em que "escapamos de boa" e que se relaciona com a angústia, segundo as relações do positivo e do negativo.

Ao contrário, ligada à obra da morte, a alegria dá-me angústia, é acentuada por minha angústia e exaspera essa angústia em contrapartida: finalmente a angústia alegre, a alegria angustiada dão-me num assado frio o "absoluto rasgamento", em que minha alegria é que me acaba de rasgar, mas no qual o abatimento seguiria minha alegria se não estivesse eu rasgado ao extremo, desmedidamente.

A mancha cega do hegelianismo, *em torno* da qual se pode organizar a representação do sentido, é esse *ponto* em que a destruição, a supressão, a morte, o sacrifício constituem um dispêndio tão irreversível, uma negatividade tão radical – cumpre dizermos aqui *sem reserva* – que nem mesmo podemos mais determiná-los em negatividade em um processo ou num sistema: o ponto em que não há mais nem processo nem sistema. No discurso (unidade do processo e do sistema), a negatividade é sempre o avesso e a cúmplice da positividade. Não se pode falar, jamais se falou de negatividade senão nesse tecido do sentido. Ora, a operação soberana, o *ponto de não-reserva* não é nem positivo, nem negativo. Não se pode inscrevê-lo no discurso senão cancelando os predicados ou praticando uma sobreimpressão contraditória que excede então a lógica da filosofia[12]. Embora cientes de seu valor de ruptura, poderíamos mostrar que as imensas revoluções de Kant e de Hegel não fizeram, a esse respeito,

---

12  M. Foucault fala justamente de uma "afirmação não positiva", Préface à la transgression, *Critique*, 195-196.

senão despertar ou revelar a mais permanente determinação filosófica da negatividade (com todos os conceitos que se amarram sistematicamente em torno dela em Hegel: a idealidade, a verdade, o sentido, o tempo, a história etc.). A imensa revolução consistiu – estaríamos quase tentados a dizer muito *simplesmente* – em *levar a sério* o negativo. Em dar *sentido* a seu *labor*. Ora, Bataille não leva o negativo a sério. Mas deve marcar em seu discurso que, nem por isso, volta às metafísicas positivas e pré-kantianas da presença plena. Tem de marcar em seu discurso o ponto de não-retorno da destruição, a instância de um dispêndio sem reserva que não mais nos deixa, portanto, o recurso de pensá-la como uma negatividade. Pois a negatividade é um *recurso*. Ao chamar de "negatividade abstrata" o sem-reserva do dispêndio absoluto, Hegel cegou-se *por precipitação* sobre aquilo mesmo que ele desnudara sob a espécie da negatividade. Por precipitação para com o sério do sentido e a segurança do saber. Daí por que "ele não soube até que ponto tinha razão". E errava em ter razão. Em ter razão sobre o negativo. Ir "até o fim" do "rasgamento absoluto" e do negativo, sem "medida", sem reserva, não é perseguir-lhe a *lógica* com consequência até o ponto em que, *no discurso*, a *Aufhebung* (o discurso propriamente dito) a faz colaborar na constituição e na memória interiorizante do sentido, no *Erinnerung*. É, ao contrário, rasgar convulsivamente a *face* do negativo, o que faz dele a *outra* superfície confortante do positivo, e nele exibir num instante o que não mais pode ser chamado de negativo. Precisamente porque não tem avesso reservado, porque não mais pode deixar-se converter em positividade, porque não mais pode *colaborar* para o encadeamento do sentido, do conceito do tempo e do verdadeiro no discurso, porque literalmente ele não mais pode *laborar* e deixar-se persuadir como "trabalho do negativo". Hegel viu-o sem vê-lo, mostrou-o ocultando-o. Devemos, portanto, segui-lo até o fim, sem reserva, até ao ponto de dar-lhe razão contra ele próprio e de arrancar sua descoberta à interpretação excessivamente *conscienciosa* que ele lhe deu. Como qualquer outro, o texto hegeliano não é feito de um só bloco. Embora respeitando sua coerência indefectível, podemos decompor-lhe as camadas, mostrar que ele *se interpreta ele próprio*: cada proposição é uma interpretação sujeita a uma decisão interpretativa. A necessidade da continuidade *lógica* é a decisão ou o meio de interpretação de todas as interpretações hegelianas. Ao interpretar a negatividade como labor, apostando em favor do discurso, do sentido, da história etc., Hegel apostou contra o jogo, contra a sorte. Ele fechou os olhos para a possibilidade de sua própria aposta, para o fato de que a suspensão conscienciosa do jogo (por exemplo, a passagem pela verdade da certeza de si mesmo e pelo senhorio como independência da consciência de si) era, ela mesma, uma fase de jogo; que o jogo *compreende* o trabalho do sentido ou o sentido do trabalho, compreende-os não em termos de *saber*, mas em termos de *inscrição*: o sentido está *em função* do jogo, está inscrito num lugar na configuração de um jogo que não tem sentido.

Já que nenhuma lógica comanda doravante o sentido da interpretação, já que a lógica é uma interpretação, pode-se reinterpretar, portanto – contra Hegel –, sua própria interpretação. É o que faz Bataille. A reinterpretação é uma repetição simulada do discurso hegeliano. No decorrer dessa repetição, um deslocamento apenas perceptível disjunta todas as articulações e arranha todas as soldaduras do discurso imitado. Propaga-se um estremecimento que faz então estalar toda a velha casca.

Com efeito, se a atitude de Hegel opõe à ingenuidade do sacrifício a consciência culta, e o arranjo sem fim de um pensamento discursivo, essa consciência, esse arranjo ainda têm um ponto obscuro: não se poderia dizer que Hegel desconheceu o "momento" do sacrifício: esse "momento" está incluído, implicado em todo o movimento da *Fenomenologia*, na qual é a Negatividade da morte, na medida em que o homem a assume, que faz do animal humano um homem. Mas como não viu que o sacrifício por si só testemunhava *todo* o movimento da morte, a experiência final – e própria do Sábio –, descrita no Prefácio da Fenomenologia, foi, em primeiro lugar, *inicial* e *universal* – ele não soube até que ponto tinha razão – com quanta exatidão descreveu o movimento da Negatividade (*Hegel, a Morte e o Sacrifício*).

Ao *dublar* o senhorio, a soberania não *escapa* à dialética. Não se pode dizer que esta se extrai (dela mesma, a si mesma) como uma peça que de repente e por decisão, por dilaceramento, se tenha tornado independente. Ao seccionar assim a soberania da dialética, faríamos dela uma negação abstrata e

DA ECONOMIA RESTRITA À ECONOMIA GERAL

consolidaríamos a onto-lógica. Longe de interromper a dialética, a história e o movimento do sentido, a soberania dá à economia da razão seu elemento, seu meio, suas margens ilimitantes de não-sentido. Longe de suprimir a síntese dialética[13], ela a inscreve e a faz funcionar no sacrifício do sentido. Arriscar-se a morrer não basta se a colocação em jogo não se lança, como sorte ou acaso, mas se investe como trabalho do negativo. A soberania ainda deve, portanto, sacrificar o senhorio, a *apresentação* do sentido da morte. Perdido para o discurso, o sentido é então absolutamente destruído e consumido. Pois o sentido do sentido, a dialética dos sentidos e do sentido, do sensível e do conceito, a unidade de sentido da palavra *sentido*, à qual Hegel esteve tão atento[14], sempre foi ligada à possibilidade da significação discursiva. Ao sacrificar o sentido, a soberania faz soçobrar a possibilidade do discurso: não simplesmente por uma interrupção, uma cesura ou uma ferida no interior do discurso (uma negatividade abstrata), mas através de uma tal abertura, por uma irrupção que subitamente descobre o limite do discurso e o para-além do saber absoluto.

Sem dúvida, ao "discurso significativo", Bataille opõe às vezes a palavra poética, extática, sagrada:

> Mas a inteligência, o *pensamento discursivo* do Homem desenvolveram-se em função do trabalho servil. Só a palavra sagrada, poética, limitada ao plano da beleza impotente, impedia que o poder manifestasse a plena soberania. O sacrifício não é, portanto, uma maneira de ser *soberana*, *autônoma*, senão na medida em que o discurso *significativo* não o informa. (*Hegel, a Morte...*)

mas essa palavra de soberania não é um *outro* discurso, uma outra cadeia desenrolada ao lado do discurso negativo. Só existe um discurso, ele é significativo e Hegel, aqui, é incontornável. O poético e o extático é aquilo que, *em todo discurso*, pode abrir-se à perda absoluta de seu sentido, ao (sem) fundo de sagrado, de não-sentido, de não-saber ou de jogo, à perda de conhecimento do qual ele desperta por um lance de dados. O poético da soberania anuncia-se no "momento em que a po-

---

13 "Da trindade hegeliana, ele suprime o momento da síntese" (J.-P. Sartre, op. cit.).
14 Ver J. Hyppolite, *Logique et existence, Essai sur la logique de Hegel*, p. 28.

esia renuncia ao *tema* e ao sentido" (*Método de Meditação*). Ele aí se anuncia somente, pois entregue, então, ao "jogo sem regra", a poesia arrisca-se mais que nunca a deixar-se domesticar, "subordinar". Esse risco é propriamente *moderno*. Para evitá-lo, a poesia deve ser "acompanhada de uma afirmação de soberania", "dando", diz Bataille numa fórmula admirável, insuportável, que poderia servir de título a tudo aquilo que aqui tentamos reunir como a forma e o tormento de sua escritura, "o comentário de sua ausência de sentido". Sem o quê, a poesia estaria, no pior dos casos, *subordinada*, no melhor dos casos, *inserida*. Então, "o riso, a embriaguez, o sacrifício e a poesia, o próprio erotismo, subsistem numa reserva, autônomos, *inseridos* na esfera, *como crianças na casa*. São, em seus limites, soberanos, menores, que não podem contestar o *império* da atividade" (idem). É no intervalo entre a *subordinação*, a *inserção* e a *soberania* que se deveriam examinar as relações entre a literatura e a revolução tais como Bataille as pensou no decurso de sua discussão com o surrealismo. A ambiguidade aparente de seus julgamentos sobre a poesia é compreendida na configuração desses três conceitos. A imagem poética não é *subordinada*, considerando-se que ela "leva do conhecido ao desconhecido"; mas a poesia é "quase inteiramente poesia decaída", considerando-se que ela retém, para aí manter-se, as metáforas que certamente arrancou ao "domínio servil", porém logo "recusou à ruína interior que é o acesso ao desconhecido". "Ele está infeliz por não possuir mais que ruínas, mas isso não é nada mais possuir, é reter com uma mão o que a outra dá"[15]: operação ainda hegeliana.

Como manifestação do sentido, o discurso é, portanto, a perda mesma da soberania. A servidão, portanto, é apenas o desejo do sentido: *proposição* com a qual a história da filosofia ter-se-ia confundido; proposição que determina o trabalho como sentido do sentido, e a *technè* como florescimento da verdade; proposição que se teria poderosamente concentrado no momento hegeliano e que Bataille, na esteira de Nietzsche, teria levado à enunciação, cuja denúncia ele teria recortado sobre o sem fundo de um impensável não-sentido, colocando-a,

---

15 *Post-scriptum au supplice.*

## DA ECONOMIA RESTRITA À ECONOMIA GERAL

finalmente, em jogo maior. Consistindo, o jogo menor, em atribuir ainda um sentido, no discurso, à ausência de sentido[16].


## AS DUAS ESCRITURAS

Esses julgamentos deveriam conduzir ao silêncio, e eu escrevo. Isso não é, de maneira alguma, paradoxal.

Mas falar é preciso. "A inadequação de toda fala [...] pelo menos, deve ser dita[17]", para preservar a soberania, isto é, de certa maneira para arruiná-la, para reservar ainda a possibilidade não de seu sentido, mas de seu não-sentido, para distingui-lo, por este impossível "comentário", de toda negatividade. É preciso achar uma fala que fique em silêncio. Necessidade do impossível: dizer na linguagem da servidão – o que não é servil.

O que não é servil é inconfessável [...]. A ideia do silêncio (é o inacessível) é desarmante! Não posso falar de ausência de sentido

16 "O sério tem um sentido só: o jogo, que não tem mais que isso, só é sério na medida em que 'a ausência de sentido é também um sentido', mas sempre perdido na noite de um não-sentido indiferente. O sério, a morte e a dor alicerçam sua verdade obtusa. Mas o sério da morte e da dor é a servilidade do pensamento" (*Post-scriptum*, 1953). A unidade do sério, do sentido, do trabalho, da servilidade, do discurso etc.; a unidade do homem, do escravo e de Deus, tal seria, aos olhos de Bataille, o conteúdo profundo da filosofia (hegeliana). Não podemos aqui senão remeter aos textos mais explícitos. A. *L'Expérience intérieure*, p. 105: "Nisso meus esforços recomeçam e desfazem a *Phénoménologie* de Hegel. A construção de Hegel é uma filosofia do trabalho, do projeto. O homem hegeliano – Ser e Deus – realiza-se na adequação do projeto [...] O escravo [...] tem acesso, após vários meandros, ao cume do universal. O único tropeço dessa maneira de ver (aliás, de uma profundidade inigualável e, de certa maneira, inacessível), é aquilo que no homem é irredutível ao projeto: a existência não-discursiva, o riso, o êxtase" etc. B. *Le coupable*, p. 133: "Elaborando a filosofia do trabalho, (é o *Knecht*, o escravo emancipado, o trabalhador, que, na *Phénoménologie*, torna-se Deus), suprimiu a sorte – e o riso" etc. C. Em *Hegel, la mort et le sacrifice*, sobretudo, Bataille mostra por qual deslizamento – que será necessário precisamente contrariar, na fala de soberania, por um outro deslizamento – Hegel perde "em proveito da servidão" uma soberania da qual "ele se aproximou o mais que pôde". "A soberania na atitude de Hegel procede de um movimento que o discurso revela e que, no espírito do Sábio, nunca está separado de sua revelação. Não pode, portanto, ser plenamente soberana: o Sábio, com efeito, não pode deixar de subordiná-la ao fim de uma Sabedoria que supõe o término do discurso [...]. Ele acolheu a soberania como um peso, que ele largou" (p. 41-42).

17 *Conférences sur le Non-Savoir.*

senão lhe dando um sentido que ela não tem. O silêncio é quebrado já que eu disse. Sempre algum *lamma sabachtani* termina a história e cria nossa impotência em calar: devo dar um sentido ao que sentido não tem: o estar no fim nos é dado como impassível! (*Método de Meditação*).

Se a palavra *silêncio* é, "entre todas as palavras", a "mais perversa ou a mais poética", é porque, fingindo calar o sentido, ela *diz* o não-sentido, desliza e se apaga a si mesma, não se mantém, *cala-se* a si mesma, não como silêncio, mas como fala. Esse deslizamento trai, ao mesmo tempo, o discurso e o não-discurso. Ele pode impor-se a nós, mas a soberania também pode servir-se dele para rigorosamente trair o sentido no não-sentido, do discurso no não-discurso. "É mister achar", explica-nos Bataille escolhendo o silêncio como "exemplo de palavra deslizante", "palavras" e "objetos" que assim "nos façam deslizar"... (*L'expérience intérieure*, p. 29). Rumo a quê? Rumo, certamente a outras palavras, a outros objetos que anunciam a soberania.

Deslizamento arriscado. Mas assim orientado, o que ele põe em risco é o sentido e arrisca-se a perder a soberania na figura do discurso. Arrisca-se, *para fazer sentido*, a dar razão. À razão. À filosofia. A Hegel que sempre tem razão desde que abrimos a boca para articular o sentido. Para correr esse risco na linguagem, para salvar o que não quer ser salvo – a possibilidade do jogo e do risco absolutos –, é preciso redublar a linguagem, recorrer aos ardis, aos estratagemas, aos simulacros[18]. Às máscaras: "o que não é servil é inconfessável: uma razão de rir, de [...]: o mesmo acontece com o êxtase. O que não é útil deve ocultar-se (sob uma máscara)" (*Método de Meditação*). Ao falar "no limite do silêncio", é preciso organizar uma estratégia e "achar [palavras] que reintroduzam – num ponto – o soberano silêncio que a linguagem articulada interrompe" (idem).

Excluindo a linguagem articulada, o soberano silêncio é, portanto, de *certa maneira*, estranho à diferença como fonte de significação. Parece apagar a descontinuidade e é assim que nos cumpre, com efeito, entender a necessidade do *con-*

---

18 Ver a Discussion sur le péché, in: *Dieu vivant*, 4, 1945, e P. Klossowski, A Propos du simulacre dans la communication de Georges Bataille, *Critique*, 195-196.

*tinuum*, ao qual Bataille recorre sem cessar, como à *comunicação*[19]. O *continuum* é a experiência privilegiada de uma operação soberana que transgride o limite da diferença discursiva. Mas – tocamos aqui, quanto ao movimento da soberania, no ponto de maior ambiguidade e da maior instabilidade – esse *continuum* não é a plenitude do sentido ou da presença tal como ela é *encarada* pela metafísica. Ao esforçar-se rumo ao sem fundo da negatividade e do dispêndio, a experiência do *continuum* é também a experiência da diferença absoluta, de uma diferença que não seria mais a que Hegel havia pensado mais profundamente do que qualquer outra: diferença a serviço da presença, a trabalho na história (do sentido). A diferença entre Hegel e Bataille é a diferença entre essas duas diferenças. Podemos, assim, desfazer o equívoco que poderia pesar sobre os conceitos de *comunicação*, de *continuum* e de *instante*. Esses conceitos que *parecem identificar-se* como a realização da presença acusam e aguçam a incisão da diferença. "Um princípio fundamental é expresso da seguinte forma: a 'comunicação' não pode ocorrer de um ser pleno e intacto para o outro: ela quer seres que tenham o ser neles mesmos *posto em jogo*, colocado no limite da morte, do nada" (*Sobre Nietzsche*). E o *instante* – modo temporal da operação soberana – não é um *ponto* de presença plena e inencetada: ele desliza e escapole entre duas presenças; é a diferença como escapada afirmativa da presença. Ele não se dá, furta-se; ele próprio se arrebata num movimento que é ao mesmo tempo de arrombamento violento e fuga deliquescente. O instante é o *furtivo*: "O não-saber, basicamente, implica, ao mesmo tempo, angústia, mas também supressão da angústia. A partir de então, torna-se possível fazer furtivamente a experiência furtiva que chamo de experiência do instante" (*Conferências sobre o Não-Saber*).

Portanto, das palavras é mister "achar [aquelas] que reintroduzam – num ponto – o soberano silêncio que a linguagem articulada interrompe". Por tratar-se, como vimos, de um certo *deslizamento*, o que se precisa de fato encontrar, não menos que a palavra, é o ponto, o *lugar em um traçado* onde uma

---

19 *L'Expérience intérieure*, p. 105 e 213.

palavra tirada da velha língua, pôr-se-á, por estar posta lá e receber tal noção, a deslizar\* e a fazer deslisar todo o discurso. Será preciso imprimir à linguagem certo torneado estratégico que, com um movimento violento e deslizante, furtivo, lhe incline o velho corpo para relacionar sua sintaxe e seu léxico com o silêncio maior. E mais que com o conceito ou com o sentido da soberania, com o momento privilegiado da *operação* soberana, "mesmo tendo ela ocorrido uma só vez".

Relação absolutamente única: de uma linguagem com um silêncio soberano que não *tolera nenhum relacionamento*, nenhuma simetria com aquilo que se inclina e desliza para relacionar-se com ela. Relação, no entanto, que deve colocar rigorosamente, cientificamente, em sintaxe comum, significados subordinados e uma operação que é a não-relação, que não tem significação alguma e mantém-se livremente fora da sintaxe. É preciso relacionar cientificamente relações com uma não-relação, um saber com um não-saber. "Ainda que a operação soberana só tivesse sido possível uma única vez, a ciência que relaciona os objetos de pensamento com os momentos soberanos é possível". (*Método de Meditação*) "Daí em diante começa, fundada sobre o abandono de saber, uma reflexão ordenada..." (*Conferências sobre o Não-Saber*).

Será isso tanto mais difícil se não impossível, pois a soberania, por não ser a senhoria, não pode comandar esse discurso científico à maneira de uma arqué ou de um princípio de responsabilidade. Como a senhoria, a soberania torna-se, sem dúvida, independente por colocar em jogo a vida; ela não se apega a nada, nada conserva. Mas diferentemente da senhoria hegeliana, ela nem mesmo deve querer preservar-se a si mesma, recolher-se ou recolher o benefício de si ou de seu próprio risco, "ela nem mesmo pode ser definida como um bem". "Desejo muito isso, mas desejaria eu tanto assim se não tivesse a certeza de que poderia acabar rindo de tudo?" (*Método de Meditação*). O cacife da operação não é, portanto, uma consciência de si, um poder de estar junto de si, de guardar-se e de contemplar-se. Não estamos no elemento da fenomenologia. O que se reconhece a

---

\*   A tradução de *glissant* por deslizar corresponde apenas literalmente ao campo semântico do termo francês que é também o de "introduzir-se escorregadiamente" e "infiltrar-se" (N. da E.).

DA ECONOMIA RESTRITA À ECONOMIA GERAL

esse primeiro traço – ilegível na lógica filosófica – é que a soberania *não se comanda*. E não comanda em geral: nem a outrem, nem às coisas, nem aos discursos, em vista da produção do sentido. Aí está o primeiro obstáculo para essa ciência que, segundo Bataille, deveria relacionar seus objetos com os momentos soberanos e que, como toda ciência, exige a ordem, a relação e diferença entre o principial e o derivado. O *Método de Meditação* não dissimula o obstáculo (é a palavra de Bataille):

> A operação soberana não só não se subordina a nada, mas por ela mesma nada a si subordina, é indiferente ao resultado qualquer que ele seja; se eu quiser perseguir mais tarde a redução do pensamento subordinado ao soberano, posso fazê-lo, mas o que é autenticamente soberano não se preocupa com isso, a todo momento dispõe de mim de outra maneira.

A partir do momento em que a soberania quisesse subordinar a si alguém ou alguma coisa, sabemos que ela se deixaria recapturar pela dialética, subordinar-se-ia ao escravo, à coisa e ao trabalho. Fracassaria em querer-se vitoriosa e pretender conservar a vantagem. Ao contrário, a senhoria torna-se soberana quando cessa de temer o fracasso e perde-se como a vítima absoluta de seu sacrifício[20]. O senhor e o soberano fracassam, pois, igualmente[21], e ambos têm êxito em seu fracasso, um dando-lhe sentido pela servidão com a mediação do escravo – o que é também fracassar em frustrar o fracasso – e o outro fracassando absolutamente, o que é a um tempo perder o sentido mesmo do fracasso, ganhando a não-servidão. Essa diferença quase imperceptível, que nem mesmo é a simetria de um avesso e de um direito, deveria regular todos os "deslizamentos" da escritura soberana. Deve *encetar* a *identidade* da soberania que *está sempre em questão.*Pois a soberania não tem

20 Ver, por exemplo, *L'Expérience intérieure* (p. 196) "o sacrificador [...] sucumbe e perde-se com sua vítima" etc.

21 "Por outro lado, a soberania é o objeto que sempre se esquiva, que ninguém capturou, que ninguém capturará [...] Em *Phénoménologie de l'sprit*, Hegel, perseguindo essa dialética do senhor (do amo, do soberano) e do *escravo* (do homem sujeito ao trabalho), que está na origem da teoria comunista da luta das classes, leva o escravo ao triunfo, mas sua aparente soberania é então apenas a vontade autônoma da servidão; a soberania só tem por ela o reino do fracasso" (*Genet*, em *La Littérature et le mal*).

identidade, não é *si, para-si, a si, junto de si*. Para não comandar, isto é, para não se escravizar, ela *nada deve* subordinar a si (complemento direto), isto é, não se subordinar *a nada nem a ninguém* (mediação servil do complemento indireto): deve dispender-se sem reserva, perder-se, desfalecer, perder a memória de si, a interioridade de si; contra o *Erinnerung*, contra a avareza que se apropria do sentido, deve *praticar o esquecimento*, a *aktive Vergeszlichkeit* de que fala Nietzsche e, última subversão do senhorio, não mais procurar fazer-se reconhecer.

A renúncia ao reconhecimento prescreve e proíbe ao mesmo tempo a escritura. Antes: ela discerne *duas escrituras*. Proíbe a que *projeta* o rastro, pelo qual, escritura de senhorio, a vontade quer conservar-se no rastro, aí fazer-se reconhecer e reconstituir sua presença. Escritura servil, como Bataille, portanto, desprezava. Mas essa servilidade desprezada da escritura não é aquela condenada pela tradição desde Platão. Este visa a escritura servil como *techné* irresponsável porque a presença daquele que mantém o discurso ali desapareceu. Bataille, ao contrário, visa o projeto servil de conservar a vida – o fantasma da vida – na presença. Em ambos os casos, é verdade, uma certa morte é temida e seria necessário meditar sobre essa cumplicidade. O problema é tanto mais difícil tendo em vista que a soberania determina simultaneamente uma outra escritura: a que produz o rastro como rastro. Este só é um rastro se nele a presença estiver irremediavelmente oculta desde sua primeira promessa, e se construir como a possibilidade de apagamento absoluto. Um rastro inefável não é um rastro. Seria mister, portanto, reconstruir o *sistema das proposições de Bataille sobre a escritura*, sobre esses dois relacionamentos – digamos: menor e maior – com o rastro.

1. Em todo um grupo de textos, a renúncia soberana ao reconhecimento obriga a apagamento do escrito. Por exemplo, da escritura poética como escritura menor:

> Esse sacrifício da razão é na aparência imaginário, não tem nem sequência sangrenta, nem nada de análogo. Difere, contudo, da poesia porque é total, não reserva fruição senão por deslizamento arbitrário, que não podemos manter, ou por riso abandonado. Se deixa uma sobrevida de acaso, é esquecida de si mesma, como após a colheita da flor dos campos. Esse sacrifício estranho, que supõe um último estado de megalomania – nós nos sentimos virar

DA ECONOMIA RESTRITA À ECONOMIA GERAL 389

Deus –,tem, todavia, consequências ordinárias num caso: que a fruição seja oculta por deslizamento e que a megalomania não seja consumada por completo, ficamos condenados a fazer-nos "reconhecer", a querermos ser um Deus para a multidão; até o fim, é preciso apagar-se, suportar a solidão, sofrê-la duramente, renunciar a ser *reconhecido*: estar lá em cima como ausente, insensato, suportar sem vontade e sem esperança estar alhures. O pensamento (por causa de que ele tem no fundo dele), é preciso enterrá-lo vivo. Publico-o, sabendo-o de antemão desprezado, devendo sê-lo [...] Não posso, ele não pode comigo senão soçobrar, neste ponto, no não-sentido. O pensamento arruína, e sua destruição é incomunicável à multidão, dirige-se aos menos fracos (*Pós-Escrito ao Suplício*).

Ou ainda: "A operação soberana compromete esses desenvolvimentos: eles são o resíduo de um rastro deixado na memória e da subsistência das funções, mas enquanto ela acontece, é indiferente e zomba desses resíduos" (*Método de Meditação*).

Ou ainda: "A sobrevida da coisa escrita é a da múmia" (*O Culpado*).

2. Mas existe uma escritura soberana que deve, ao contrário, interromper a cumplicidade da fala e do sentido. "Escrevo para anular em mim mesmo um jogo de operações subordinadas" (*Método de Meditação*).

A colocação em jogo, a que excede o senhorio, é, portanto, *o espaço da escritura*; ela se joga entre a escritura menor e a escritura maior, ambas ignoradas do senhor, esta mais que aquela, este jogo antes que aquele ("Para o senhor o jogo não era nada, nem menor, nem maior". [*Conferências sobre o Não-Saber*].

Por que só o espaço da escritura?

A soberania é absoluta quando se absolve de todo relacionamento e se mantém na noite do segredo. O *continuum* da comunicação soberana tem como elemento essa noite da diferença secreta. Nada entenderíamos sobre isso se acreditássemos que existe alguma contradição entre esses dois requisitos. A bem-dizer, não entenderíamos senão o que se entende na lógica do senhorio filosófico: para a qual, ao contrário, é mister conciliar o desejo de reconhecimento, a ruptura do segredo, o discurso, a colaboração etc. com a descontinuidade, a articulação, a negatividade. A oposição do contínuo e do descontínuo é constantemente deslocada de Hegel a Bataille.

Mas esse deslocamento é impotente para transformar o núcleo dos predicados. Todos os atributos ligados à soberania são emprestados da lógica (hegeliana) do senhorio. Não podemos, Bataille não podia nem devia dispor de nenhum outro conceito, nem mesmo de nenhum outro signo, de nenhuma outra unidade da palavra e do sentido. Já o signo "soberania", em sua oposição à servilidade, vem do mesmo fundo que o do senhorio. Considerado fora de seu funcionamento, nada dela o distingue. Poder-se-ia mesmo abstrair, no texto de Bataille, toda uma zona pela qual a soberania permanece presa numa filosofia clássica do *sujeito* e sobretudo nesse *voluntarismo*[22] a respeito do qual Heidegger mostrou ainda que ele se confundia, em Hegel e Nietzsche, com a essência da metafísica.

Não podendo nem devendo inscrever-se no núcleo do conceito propriamente dito (pois o que aqui se descobriu é que não há núcleo, sons, átomo conceitual, mas que o conceito se produz no tecido das diferenças), o espaço que separa a lógica de senhorio e, se quisermos, a não-lógica de soberania deverá inscrever-se no encadeamento ou no funcionamento de uma escritura. *Esta* escritura – maior – chamar-se-á *escritura* porque *excede* o *logos* (do sentido, do senhorio, da presença etc.). Nessa escritura – a que Bataille buscava –, os *mesmos* conceitos, aparentemente não mudados neles mesmos, sofrerão uma mutação de sentido ou, antes, serão afetados, embora aparentemente impassíveis, pela perda de sentido rumo ao qual eles deslizam e despenham desmesuradamente. Manter-se cego aqui a essa precipitação rigorosa, a esse impiedoso sacrifício

---

22 Consideradas fora de sua sintaxe geral, de sua escritura, certas proposições manifestam, com efeito, o voluntarismo, toda uma filosofia da atividade *operante* de um sujeito. A soberania é operação prática (ver, por exemplo, as *Conférences sur le Non-Savoir*, p. 14). Mas seria não *ler* o texto de Bataille se não tecêssemos essas proposições na trama geral que as desfaz encadeando-as ou inscrevendo-as em si. Assim, uma página mais adiante: "E nem mesmo basta dizer: do momento soberano não podemos falar sem alterá-lo, sem alterá-lo enquanto verdadeiramente soberano. Tanto, mesmo, quanto falar dele, é contraditório buscar esses movimentos. No momento em que buscamos algo, não vivemos seja lá o que for, não vivemos soberanamente, subordinamos o momento presente a um momento futuro, que a ele se seguirá. Atingiremos talvez o momento soberano em decorrência de nosso esforço e é possível, com efeito, ser necessário um esforço, mas, entre o tempo do esforço e o tempo soberano, há obrigatoriamente um corte e, poderíamos mesmo dizer, um abismo".

dos conceitos filosóficos, continuar a ler o texto de Bataille, a interrogá-lo, a julgá-lo *no interior* do "discurso significativo" é talvez ali entender alguma coisa, é seguramente não lê-lo. O que podemos sempre fazer – e acaso deixamos de fazê-lo? – com muita agilidade, muitos recursos, às vezes, e muitas seguranças filosóficas. Não ler é aqui ignorar a necessidade formal do texto de Bataille, de sua fragmentação própria, de seu relacionamento com os relatos cuja aventura não se justapõe simplesmente a aforismos ou a um discurso "filosófico" apagando seus significantes diante de seu conteúdo significado. Diferentemente da lógica, tal como é compreendida em seu conceito clássico, diferentemente mesmo do *Livro* hegeliano do qual Kojève fizera seu tema, a escritura não tolera em sua instância maior a distinção entre forma e conteúdo[23]. Pelo quê, ela é escritura; e requerida pela soberania.

Esta escritura – e é, sem preocupações didáticas, o exemplo que ela nos dá, aquele em que, hoje, estamos aqui interessados – sujeita-se a encadear os conceitos clássicos no que têm eles de inevitável ("Não pude evitar exprimir meu pensamento sobre um modo clássico. Mas não me dirijo aos filósofos." [*Método...*]), de tal sorte que eles obedecem na aparência, por um certo toque, à lei habitual deles, mas relacionando-se, num certo ponto, com o momento da soberania, com a perda absoluta do sentido deles, com o dispêndio sem reserva, com o que nem mesmo podemos chamar de negatividade ou perda do sentido senão sobre a face filosófica deles; com um não-sentido, portanto, que está para além do sentido absoluto, para além do muro ou do horizonte do saber absoluto. Arrebatados nesse deslizamento calculado[24], os conceitos tornam-se não-conceitos, são impensáveis, tornam-se *insustentáveis* ("Introduzo conceitos insustentáveis." [*O Pequeno*]). O filósofo faz-se cego ao texto de Bataille porque não é filósofo senão por este desejo indestrutível de sustentar, de *manter* contra o deslizamento a certeza de si e a segurança do conceito. Para ele, o texto de Bataille está minado: no sentido primeiro da palavra, é um *escândalo*.

---

23  O já citado estudo de Sartre articula sua primeira e sua segunda parte sobre a charneira desta proposição: "Mas a forma não é tudo: vejamos o conteúdo".

24  "Emprego derrapante, mas desperto das palavras", diz Sollers, De Grandes irrégularités de langage, em: *Critique*, 195-196.

A transgressão do sentido não é o acesso à *identidade* imediata e indeterminada de um não-sentido nem à possibilidade de *manter* o não-sentido. Seria antes preciso falar de uma *épochè* da época do sentido, de um colocar entre parênteses – escrito – que interrompesse a época do sentido: o contrário de uma *épochè* fenomenológica; esta conduz-se *em nome e em vista* do sentido. É uma redução que nos põe novamente em direção ao sentido. A transgressão soberana é uma redução dessa redução: não redução ao sentido, mas redução de sentido. Ao mesmo tempo que a *Fenomenologia do Espírito*, essa transgressão excede a fenomenologia em geral em seus mais modernos desenvolvimentos. (Ver *A Experiência Interior*, p. 19).

Dependerá essa nova escritura da instância soberana? Obedecerá a seus imperativos? Subordinar-se-á ao que (diríamos por essência se a soberania tivesse uma essência) nada subordina? De maneira alguma, e esse é o paradoxo único da relação entre o discurso e a soberania. Relacionar a escritura maior com a operação soberana é instituir um relacionamento na forma de não-relacionameto, inscrever a ruptura no texto, colocar a cadeia do saber discursivo em relação com um não-saber, que não seja um momento seu, com um não-saber absoluto sobre o sem-fundo do qual se eliminam a sorte ou a aposta do sentido, da história e dos horizontes de saber absoluto. A inscrição de tal relacionamento será "científica", mas a palavra ciência sofre então uma alteração radical, treme, sem nada perder de suas normas próprias pelo simples relacionamento com um não-saber absoluto. Não poderemos chamá-la de ciência senão transgredida, mas então deveremos fazê-lo respondendo a todas as exigências dessa denominação. ("Quem algum dia saberá o que é nada saber?" [*O Pequeno*]). Não será um não-saber determinado, circunscrito pela história do saber como uma figura (que baixa) a guarda à dialética, mas o excesso absoluto de toda *épistémè*, de toda filosofia e de toda ciência. Só uma *dupla postura* pode pensar esse relacionamento único: ela não é nem de "cientificismo" nem de "misticismo"[25].

---

25  Um dos temas essenciais do estudo de Sartre (*Un nouveau mystique*) é também a acusação de cientificismo, conjugada à de misticismo ("É também o cientificismo que vai falsear todo o pensamento do Sr. Bataille").

DA ECONOMIA RESTRITA À ECONOMIA GERAL 393

Redução afirmativa de sentido mais que posição de não-sentido, a soberania não é, portanto, o *princípio* ou o *fundamento* dessa inscrição. Não-princípio e não-fundamento, ela se furta definitivamente à expectativa de uma arqué confortadora, de uma condição de possibilidade ou de um transcendental do discurso. Aqui não há mais preliminares filosóficas. O *Método de Meditação* nos ensina (p. 73) que o itinerário disciplinado da escritura deve conduzir-nos rigorosamente ao ponto onde não há mais método nem meditação, em que a operação soberana rompe com elas porque não se deixa condicionar por nada daquilo que a precede ou mesmo a prepare. Assim como não procura nem se aplicar nem se propagar, nem durar nem se ensinar (o que também explica, segundo a palavra de Blanchot, por que sua autoridade se expia), assim como não busca o reconhecimento, assim como não tem nenhum movimento de reconhecimento para com o labor discursivo e prévio, sem o qual, no entanto, não poderia passar. A soberania deve ser ingrata. "Minha soberania [...] não me aplaude de maneira alguma por meu trabalho" (*Método...*). A preocupação conscienciosa com as preliminares é precisamente filosófica e hegeliana.

A crítica que Hegel dirigia a Schelling (no prefácio da *Fenomenologia*) não é menos decisiva. Os trabalhos preliminares da operação não estão ao alcance de uma inteligência não preparada (como diz Hegel: assim como seria insensato se alguém, que não fosse sapateiro, fizesse um sapato). Esses trabalhos, pelo modo de aplicação que lhes são próprios, inibem, contudo, a operação soberana (o ser que vai o mais longe que pode). Precisamente, o caráter soberano exige a recusa em submeter a operação à condição das preliminares. A operação só ocorre se aparece a urgência dela: se aparecer, não haverá mais tempo de proceder a trabalhos cuja essência é estarem subordinados a fins exteriores a eles, por eles não serem fins (*Método de Meditação*).

Ora, se pensarmos que Hegel é, sem dúvida, o primeiro a ter demonstrado a unidade ontológica do método e da historicidade, teremos de daí concluir que o *excedido* da soberania não é somente o "sujeito" (*Método...*, p. 75), mas a própria história. Não que daí voltemos, de maneira clássica e pré-hegeliana, a um sentido a-histórico que constituiria uma figura da *Fenome-nologia do Espírito*. A soberania transgride a totalidade da história do sentido e do sentido da história, do projeto de saber que sempre obscuramente os soldou. O não-saber é então ultra--histórico[26], mas só por ter anotado a promessa do acabamento da história e da vedação do saber absoluto, por tê-los levado a sério e em seguida traído, excedendo-os ou simulando-os no jogo[27]. Nessa simulação, eu conservo ou antecipo a totalidade do saber, não me limito a um saber nem a um não-saber determinados, abstratos, mas absolvo-me do saber absoluto, remetendo-o a seu lugar como tal, situando-o e inscrevendo-o num espaço que ele não mais domina. A escritura de Bataille relaciona, portanto, todos os semantemas, isto é, todos os filosofemas, com a operação soberana, com a consumação sem volta da totalidade do sentido. Abebera-se, para esgotá-la, no recurso do sentido. Com minuciosa audácia, reconhecerá a regra que constitui aquilo que ela deve eficaz e economicamente desconstituir.

Procede, assim, segundo as vias do que Bataille chama de *economia geral*.


## A ESCRITURA E A ECONOMIA GERAIS

Com a economia geral, a escritura de soberania conforma-se pelo menos por dois traços: 1. é uma ciência, 2. relaciona seus objetos com a destruição sem reserva do sentido.

---

26  O não-saber é histórico, como observa Sartre ("O não-saber é essencialmente histórico, visto que não podemos designá-lo senão como uma certa experiência que um certo homem realizou numa certa data".), somente sobre a face discursiva, econômica, subordinada que se mostra e se deixa precisamente *designar* na vedação confortadora do saber. O "relato edificante" – é assim que Sartre qualifica, logo após, a *experiência interior* –, ao contrário, está do lado do saber, da história e do sentido.

27  Sobre a operação que consiste em *simular o saber absoluto*, ao final da qual "atingido o não-saber, o saber absoluto não é mais que um conhecimento entre outros", ver em *L'Expérience intérieure*, p. 73 e s. e, sobretudo, p. 138 e s., os importantes desenvolvimentos consagrados ao modelo cartesiano ("terra firme onde tudo descansa") e ao modelo hegeliano ("a circularidade") do saber.

DA ECONOMIA RESTRITA À ECONOMIA GERAL     395

*Método de Meditação* assim anuncia *a Parte Maldita*:

A ciência que relaciona os objetos de pensamento com os momentos soberanos não é de fato senão uma *economia geral,* que encara o sentido desses objetos uns em relação aos outros e, por fim, em relação com a perda de sentido. A questão dessa *economia geral* situa-se no plano da *economia política,* mas a ciência designada com esse nome é apenas uma economia restrita (aos valores de mercado). Trata-se do problema essencial à ciência que trata do uso das riquezas. A *economia geral* põe em evidência em primeiro lugar que excedentes de energia se produzem, excedentes que, por definição, não podem ser utilizados. A energia excedente só pode ser perdida sem o menor objetivo e, por conseguinte, sem qualquer sentido. Essa perda inútil, insensata, é que *é* a soberania[28].

Como escritura científica, a economia geral não é, certamente, a soberania *propriamente dita.* A soberania dissolve os valores de sentido, de verdade, de *captura-da-coisa-mesma.* Daí por que o discurso que ela abre ou que com ela se relaciona não é precipuamente verdadeiro, veraz ou "sincero"[29]. A soberania é o impossível, portanto ela *não é,* ela *é,* Bataille

---

28  Cometeríamos um erro grosseiro se interpretássemos essas proposições num sentido "reacionário". O consumo da energia excedente por uma determinada classe não é o consumo destruidor do sentido; é a reapropriação significante de uma mais-valia no espaço da economia restrita. Sob esse prisma, a soberania é absolutamente revolucionária. Mas ela o é também relativamente a uma revolução que reorganizaria somente o mundo do trabalho e redistribuiria os valores no espaço do sentido, isto é, ainda da economia restrita. A necessidade deste último movimento – apenas debilmente percebida, aqui ou acolá, por Bataille (por exemplo, em *La Part maudite,* quando evoca o "radicalismo de Marx" e o "sentido revolucionário que Marx soberanamente formulou") e o mais das vezes baralhada por aproximações conjunturais (por exemplo, na quinta parte de *La Part maudite*) – é rigorosa, mas como uma fase na estratégia da economia geral.

29  A escritura de soberania não é nem verdadeira nem falsa, nem veraz nem insincera. É puramente *fictícia,* num sentido dessa palavra que as oposições clássicas do verdadeiro e do falso, da essência e da aparência perdem. Subtrai-se a toda questão teórica ou ética. Oferece-se aí simultaneamente sobre a face menor à qual — Bataille quem o diz — se une no trabalho, no discurso, no sentido. ("O que me obriga a escrever, imagino eu, é o medo de enlouquecer". [*Sur Nietzsche*]). Sobre essa face podemos indagar-nos, da maneira mais fácil e mais legítima do mundo, se Bataille é "sincero". O que faz Sartre: "Eis, pois, este convite a nos perdermos, sem cálculo, sem contrapartida, sem salvação. Será sincero?" Mais adiante: "Pois finalmente o Sr. Bataille escreve, tem um cargo na Bibliothèque Nationale, ele lê, ele faz amor, ele come".

escreve a palavra em itálico, "essa perda". A escritura de soberania põe o discurso *em relação* com o não-discurso absoluto. Como a economia geral, ela não é a perda de sentido, mas, acabamos de lê-lo, "relação com a perda de sentido". Ela abre a questão do sentido. Não descreve o não-saber, o que é o impossível, mas somente os efeitos do não-saber. "Do não-saber propriamente dito, haveria, em suma, impossibilidade de falar, ao passo que podemos falar de seus efeitos"[30].

Nem por isso alcançamos a ordem habitual da ciência sapiente. *A escritura de soberania não é nem a soberania em sua operação, nem o discurso científico corrente.* Este tem por *sentido* (por conteúdo discursivo e por direção) a relação orientada do desconhecido com o conhecido ou com o cognoscível, com o desde sempre já conhecido ou com o conhecimento antecipado. Embora a escritura geral também tenha um sentido, *não sendo senão relação* com o não-sentido, essa ordem aí se inverteu. A relação com a possibilidade absoluta do conhecimento aí está suspensa. O conhecido é relacionado com o desconhecido, o sentido com o não-sentido.

Esse conhecimento, que poderíamos dizer libertado (mas que prefiro chamar de neutro), é o uso de uma função separada (libertada) da servidão da qual ele decorre: a função relacionava o desconhecido com o conhecido (com o sólido), ao passo que, a datar do momento em que se aparta, ela relaciona o conhecido com o desconhecido (*Método…*).

Movimento que somente se esboça, como vimos, na "imagem poética".

Não que a fenomenologia do espírito seja assim *derrubada*, ela que avançava no horizonte do saber absoluto ou segundo a circularidade do Logos. Em vez de ser simplesmente derrubada, ela é compreendida: não compreendida pela compreensão sapiente, mas inscrita, com seus horizontes de saber e suas figuras de sentido, na abertura da economia geral. Esta os obriga a relacionarem-se não com o fundamento, mas com

---

30 *Conférences sur le Non-Savoir.* Os objetos da ciência são então "efeitos" do não-saber. Efeitos de não-sentido. Assim Deus, por exemplo, na qualidade de objeto da teologia. "Deus é também um efeito de não-saber" (idem).

DA ECONOMIA RESTRITA À ECONOMIA GERAL

o sem fundo do dispêndio, não com o *télos* do sentido, mas com a destruição *indefinida* do valor. A ateologia de Bataille é também uma a-teleologia e uma anescatologia. Mesmo em seu discurso, que já é preciso distinguir da afirmação soberana, essa ateologia não procede, no entanto, segundo as vias da teologia negativa; vias que não podiam deixar de fascinar Bataille, mas que talvez ainda reservassem, para além de todos os predicados recusados, e mesmo "para além do ser", uma "superessencialidade"[31]; para além das categorias do sendo, um sendo supremo e um sentido indestrutível. Talvez: pois aqui nós tocamos em limites e nas maiores audácias do discurso no pensamento ocidental. Poderíamos mostrar que as distâncias e as proximidades não diferem entre si.

Por relacionar a sequência das figuras da fenomenalidade com um saber do sentido desde sempre anunciado, a fenomenologia do espírito (e fenomenologia em geral) corresponde a uma economia restrita: restrita aos valores de mercado, poderíamos dizer, retomando os termos da definição, "ciência que trata do uso das riquezas", limitada ao sentido e ao valor constituído dos objetos, à sua *circulação*. A *circularidade* do saber absoluto não dominaria, não compreenderia senão essa circulação, *senão o circuito do consumo reprodutor*. A produção e a destruição absolutas do valor, a energia excedente como tal, a que "só pode ser perdida sem o menor objetivo e, por conseguinte, sem qualquer sentido", tudo isso escapa à fenomenologia como economia restrita. Esta não pode determinar a diferença senão como faces, momentos ou condições do sentido: como trabalho. Ora, o não-sentido da operação soberana não é nem o negativo, nem a condição do sentido, mesmo que seja *também* isso e mesmo que seu nome o deixe entender. Não é uma reserva do sentido. Mantém-se além da oposição do positivo e do negativo, pois o ato de consumação,

---

31 Ver, por exemplo, Mestre Eckhart. O movimento negativo do discurso sobre Deus não é senão uma fase da onto-teologia positiva. "Deus é sem nome [...]. Se digo Deus é um ser, não é verdade; ele é um ser acima do ser e uma negação superessencial" (*Renovamini spiritu mentis vestrae*). Isso era apenas um torneio ou uma sutileza de linguagem para a onto-teologia: "Quando eu disse que Deus não era um ser e estava acima do ser, não lhe testei, com isso, o ser, ao contrário, atribuí-lhe um ser mais elevado" (*Quasi stella matutina*). O mesmo movimento que se observa na obra do Pseudo-Dionísio o Areopagita.

embora induza à perda de sentido, não é o *negativo* da presença, guardada e contemplada na *verdade* do seu sentido (de *bewahren*). Tal ruptura de simetria deve propagar seus efeitos por toda a cadeia do discurso. Os conceitos da escritura geral não são *lidos* senão com a condição de serem deportados, tirados dos calços fora das alternativas de simetria em que, no entanto, parecem estar presos e em que, de certa maneira, devem também presos ficar. A estratégia zomba dessa prisão e dessa deportação. Se levarmos em conta, por exemplo, esse *comentário do não-sentido*, aquilo que então *se indica*, no fecho da metafísica, como não-valor *remete* para além da oposição do valor e do não-valor, para além do próprio conceito de valor, assim como do conceito de sentido. Aquilo que, para abalar a segurança do sabor discursivo, *indica-se* como místico, *remete* para além da oposição do místico e do racional[32]. Bataille, sobretudo, não é um novo místico. O que *se indica* como experiência anterior não é uma experiência, visto que não se relaciona com nenhuma presença, com nenhuma plenitude, mas somente com o impossível que ela "experimenta" no suplício. Sobretudo, essa experiência não é interior: se parece sê-lo, por não se relacionar com nenhuma outra, com nenhum lá-fora, a não ser sobre o modo do não-relacionamento, do segredo e da ruptura, ela também está toda ela *exposta* – no suplício –, nua, aberta ao lá de fora, sem reserva nem foro íntimo, profundamente superficial.

Poderíamos submeter a esse esquema todos os conceitos da escritura geral (os de ciência, de materialismo, de inconsciente etc.). Os predicados não estão ali para *querer-dizer* alguma coisa, para enunciar ou significar, mas para fazer o sentido deslizar, para denunciá-lo ou desviá-lo disso. Essa escritura não produz necessariamente novas unidades conceituais. Seus conceitos não se distinguem necessariamente dos conceitos clássicos

---

32 A fim de definir o ponto em que se separa de Hegel e de Kojève, Bataille define o que entende por "misticismo consciente", "para além do misticismo clássico": "O místico ateu, *consciente de si*, consciente de que deve morrer e desaparecer, viveria, como diz Hegel *evidentemente dele* mesmo, 'no rasgo absoluto'; mas, para ele, não se trata senão de um período: ao contrário de Hegel, daí não sairia, contemplando o Negativo bem de frente, mas jamais podendo transpô-lo em Ser, recusando fazê-lo e mantendo-se na ambiguidade" (*Hegel, la mort et le sacrifice*).

por traços marcados na forma de predicados essenciais, mas por diferenças qualitativas de força, de altura etc., que não são, elas mesmas, assim qualificadas senão por metáfora. Os nomes da tradição são conservados, mas a eles se atribuem diferenças entre o *maior* e o *menor*, o *arcaico* e o *clássico*[33] etc. Essa é a única maneira de marcar, no discurso, o que separa o discurso de seu excedente.

No entanto, a escritura, no interior da qual operam esses estratagemas, não consiste em subordinar momentos conceituais à totalidade de um sistema em que eles ganhariam, enfim, sentido. Não se trata de subordinar os deslizamentos, as diferenças do discurso e o jogo da sintaxe à totalidade de um discurso antecipado. Ao contrário. Se o jogo da diferença é indispensável para lermos adequadamente os conceitos da economia geral, se é preciso reinscrevermos cada noção na lei de seu deslizamento e relacioná-la com a operação soberana, não devemos, contudo, fazer disso o momento subordinado de uma estrutura. É entre esses dois escolhos que deve passar a leitura de Bataille. Ela não deverá isolar as noções como se estas fossem o próprio contexto delas, como se pudéssemos entender imediatamente no conteúdo delas o que *querem dizer* palavras como "experiência", "interior", "místico", "trabalho", "material",

---

33 Aqui ainda, a diferença conta mais que o conteúdo dos termos. E é mister combinar essas duas séries de oposições (maior/menor, arcaico/clássico) com a que havíamos depreendido, pouco atrás, a propósito do poético (não--subordinação soberana/inserção/subordinação). À soberania arcaica "que parece ter implicado uma espécie de impotência" e, como soberania "autêntica", recusa "o exercício do poder" (o senhorio escravizante), Bataille opõe "a ideia clássica de soberania" que "se liga à de comando" e, por conseguinte, detém todos os atributos que são recusados, *sob a mesma* palavra, à operação soberana (subjetividade livre, vitoriosa, consciente de si, reconhecida etc. e, portanto, mediatizada e desviada de si, retornando de onde fora desviada pelo trabalho do escravo). Ora, Bataille mostra que "as posições maiores" da soberania podem, tanto quanto as menores, ser "inseridas na esfera da atividade" *(Método de Meditação)*.

A diferença entre o maior e o menor é, portanto, somente análoga à diferença entre o arcaico e o clássico. E nem uma, nem outra devem ser entendidas de maneira clássica ou menor. O arcaico não é o originário ou o autêntico, determinados pelo discurso filosófico. O maior não se opõe ao menor como o grande ao pequeno, o alto ao baixo. Em *Vieille taupe* (artigo inédito, recusado por *Bifurs*), as oposições do alto e do baixo, de todas as significações em *sobre* (surreal, super-homem etc.) e em *sob* (subterrâneo etc.), da águia imperialista e da toupeira proletária são examinadas em todas as possibilidades de seus derrubamentos.

"soberano" etc. O erro consistiria aqui em considerar-se como imediatidade de leitura a cegueira ante uma cultura tradicional que se ofereceria como o elemento natural do discurso. Mas inversamente, não devemos submeter a atenção contextual e as diferenças de significação a um *sistema do sentido*, que permita ou prometa um senhorio formal absoluto. Isso seria apagar o excesso do não-sentido e recair na vedação do saber: seria, uma vez mais, não ler Bataille.

Ainda sobre esse ponto, o diálogo com Hegel é decisivo. Um exemplo: Hegel e, depois dele, quem quer que esteja instalado no seguro elemento do discurso filosófico, teriam sido incapazes de ler, em deslizamento regrado, um signo como o de "experiência". Sem maiores explicações, Bataille observa em *O Erotismo*: "No espírito de Hegel, o que é imediato é mau, e Hegel, sem dúvida alguma, teria relacionado o que eu chamo de experiência com o imediato". Ora, se a experiência interior, em seus momentos maiores, rompe com a mediação, ela não é, todavia, imediata. Não goza de uma presença absolutamente próxima e, sobretudo, não pode, como o imediato hegeliano, entrar no movimento da meditação. Tal como se apresentam no elemento da filosofia, assim como na lógica e na fenomenologia de Hegel, a imediatidade e a mediatidade são igualmente "subordinadas". É a esse título que podem passar uma dentro da outra. Portanto, a operação soberana também suspende a subordinação na forma da imediatidade. Para compreendermos que então ela não entra em trabalho e em fenomenologia, é preciso sairmos do logos filosófico e pensarmos o impensável. Como transgredir ao mesmo tempo o mediato e o imediato? Como exceder a "subordinação" no sentido do logos (filosófico) em sua totalidade? *Talvez* pela escritura maior: "Escrevo para anular em mim mesmo um jogo de operações subordinadas (é, no final das contas, supérfluo)" (*Método de Meditação*). *Talvez* somente, e "é, no final das contas, supérfluo", pois essa escritura não nos deve tornar seguros de nada, não nos dá nenhuma certeza, nenhum resultado, nenhum benefício. É absolutamente aventurosa, é uma probabilidade, não uma técnica.

## A TRANSGRESSÃO DO NEUTRO
## E O DESLOCAMENTO DA AUFHEBUNG

Para além das oposições clássicas, a escritura de soberania é branca ou neutra? Seria o caso de pensar nisso, visto que ela não pode nada enunciar senão na forma do *nem isto nem aquilo*. Não é essa uma das afinidades entre o pensamento de Bataille e o de Blanchot? E Bataille não nos propõe um conhecimento neutro? "Esse conhecimento, que poderíamos dizer liberto (mas que prefiro chamar de neutro), é o uso de uma função destacada (libertada) da servidão da qual ele decorre... relaciona o conhecido com o desconhecido" (*já citado*).

Mas é preciso aqui considerar atentamente que não é a operação soberana, mas o conhecimento discursivo que é *neutro*. A neutralidade é de essência negativa (*ne-uter*), é a face negativa de uma transgressão. A soberania não é neutra, mesmo que neutralize, em *seu* discurso, todas as contradições ou todas as oposições da lógica clássica. A neutralização produz-se no conhecimento e na sintaxe da escritura, mas relaciona-se com uma afirmação soberana e transgressora. A operação soberana não se contenta com *neutralizar no discurso* as oposições clássicas, transgride na "experiência" (entendida como maior) a lei ou os interditos que fazem sistema com o discurso *e, mesmo, com o trabalho de neutralização*. Vinte páginas após ter proposto um "conhecimento neutro": "Estabeleço a possibilidade de um conhecimento neutro? minha soberania acolhe-o em mim como o pássaro canta e pouco se lhe dá do meu trabalho".

Daí por que a destruição do discurso não é uma simples neutralização de apagamento. Ela multiplica as palavras, precipita-as umas contra as outras, lança-as também numa substituição sem fim e sem fundo, cuja única regra é a afirmação soberana do jogo sem-sentido. Não a reserva ou a retirada, o murmúrio infinito de uma fala branca apagando os rastros do discurso clássico, mas uma espécie de ritualístico festival dos signos, que queima, consome, desperdiça as palavras na alegre afirmação da morte: um sacrifício e um desafio[34]. Assim, por exemplo:

---

34 "O jogo nada é senão um desafio aberto e sem reserva àquilo que se opõe ao jogo" (Nota à margem dessa *Théorie de la religion* inédita que Bataille projetava também intitular "Morrer de rir e rir de morrer").

Precedentemente, eu designava a operação soberana sob os nomes de *experiência interior* ou de *extremo do possível*. Agora eu também a designo sob o nome de: *meditação*. Mudar de palavra significa o tédio de empregar qualquer palavra que seja (*operação soberana*, de todos os nomes, é o mais fastidioso: *operação cômica* seria, num sentido, menos enganador); prefiro *meditação*, mas cheira a beatério (*Método de Meditação*).

O que se passou? Em suma, não dissemos nada. Não nos detivemos em nenhuma palavra; a cadeia repousa sobre nada; nenhum dos conceitos satisfaz à demanda, todos se determinam uns aos outros e, ao mesmo tempo, destroem-se ou neutralizam-se. Mas *afirmamos* a regra do jogo, ou antes, o jogo como regra; e a necessidade de transgredir o discurso e a negatividade do tédio (de empregar uma palavra, qualquer que ela seja, confortante na identidade de seu sentido).

Mas essa transgressão do discurso (e, por conseguinte, da lei em geral, já que o discurso não se constrói se não se construir a norma ou o valor de sentido, isto é, o elemento da legalidade em geral) deve, como toda transgressão, conservar e confirmar de alguma maneira aquilo que ela excede[35]. Essa é a única maneira de afirmar-se *como transgressão* e assim ter acesso ao sagrado que "é dado na violência de uma infração". Ora, ao descrever, em *O Erotismo*, "a experiência contraditória da interdição e da transgressão", Bataille acrescenta uma nota à seguinte frase: "Mas a transgressão difere do 'retorno à natureza': levanta o interdito sem suprimi-la". Eis a nota: "Inútil insistirmos sobre o caráter hegeliano desta operação, que responde ao momento da dialética expresso pelo verbo alemão intraduzível *aufheben* (ultrapassar mantendo)".

Será que é "inútil insistir"? Podemos, como diz Bataille, compreender o movimento de transgressão sob o conceito hegeliano de *Aufhebung*, que, segundo nos fartamos de ver, representava a vitória do escravo e a constituição do sentido?

---

35 "Gesto [...] irredutível à lógica clássica [...] e para o qual nenhuma lógica parece constituída", diz Sollers, em *Le toit*, que começa por desmascarar *no sistema delas* todas as formas da pseudotransgressão, as figuras sociais e históricas sobre as quais podemos ler a cumplicidade entre "aquele que vive sem contestação sob o golpe da lei e aquele para quem a lei é nada". Neste último caso, a repressão é somente "redublada". Le Toit, essai de lecture systématique, *Tel Quel*, 29.

DA ECONOMIA RESTRITA À ECONOMIA GERAL 403

Precisamos aqui interpretar Bataille contra Bataille, ou antes, um estrato de sua escritura em seguida a outro estrato[36]. Ao contestarmos aquilo que, nessa nota, parece consequência natural para Bataille, talvez venhamos a dar mais contundência à figura do deslocamento ao qual está aqui submetido todo o discurso hegeliano. Daí por que Bataille é ainda menos hegeliano do que imagina.

A *Aufhebung* hegeliana produz-se, toda ela, no interior do discurso, do sistema ou do trabalho da significação. Uma determinação é negada e conservada em uma outra determinação

36  Como todo discurso, como o de Hegel, o de Bataille tem a forma de uma estrutura de interpretações. Cada proposição, que já é de natureza interpretativa, deixa-se interpretar numa outra proposição. Podemos, portanto, para proceder prudentemente e sempre permanecendo no texto de Bataille, destacar uma interpretação de sua reinterpretação e submetê-la a outra interpretação ligada a outras proposições do sistema. O que, sem interromper a sistematicidade geral, volta a reconhecer momentos fortes e momentos fracos da interpretação de um pensamento por ele mesmo, dependentes que são, essas diferenças de forças, da necessidade estratégica do discurso finito. Naturalmente, nossa própria leitura interpretativa esforçou-se por passar, para ligá-los uns aos outros, pelo que *nós* interpretamos como os momentos maiores. Esse "método" – o que nós assim chamamos na vedação do saber – justifica-se pelo que aqui escrevemos, na esteira de Bataille, sobre a suspensão da época do sentido e da verdade. Isso não nos dispensa nem nos proíbe de determinar *a regra* da força e da fraqueza: esta é sempre função:
    1. do distanciamento do momento de soberania;
    2. de um desconhecimento das normas rigorosas do saber.
    A maior força é a de uma escritura que, na mais audaciosa das transgressões, continua a manter e reconhecer a necessidade do sistema do interdito (saber, ciência, filosofia, trabalho, história etc.). A escritura é sempre traçada entre essas duas faces do limite.
    Entre os momentos fracos do discurso de Bataille, alguns se assinalam por esse não-saber determinado que é uma certa ignorância filosófica. E, como exemplo, Sartre observa corretamente que "ele visivelmente não compreendeu Heidegger, do qual fala amiúde e inoportunamente" e que, então, "a filosofia vinga-se". Haveria muito a dizer, aqui, sobre a referência a Heidegger. Tentaremos fazê-lo alhures. Observemos, somente, que, sobre esse ponto e sobre alguns outros, os "erros" de Bataille refletiam aqueles que, na mesma época, marcavam a leitura de Heidegger pelos "filósofos especializados". Adotar a tradução (segundo Corbin) de *Dasein* por realidade-humana (monstruosidade de consequências ilimitadas que os quatro primeiros parágrafos de *Sein und Zeit* procuraram prevenir), fazer dela o elemento mesmo de um discurso, falar com insistência de um "humanismo comum a Nietzsche e ao nosso autor" [Bataille] etc. Isso também era, da parte de Sartre, filosoficamente muito *arriscado*. Ao chamar a atenção sobre esse ponto para esclarecer o texto e o contexto de Bataille, não duvidamos da necessidade histérica desse *risco* nem da função de despertar, da qual foi ela o preço numa conjuntura que não é mais a nossa. Tudo isso merece reconhecimento. Foi necessário o despertar e o tempo.

que revela a verdade da primeira. De uma indeterminação a uma determinação infinitas, passamos de determinação em determinação, e essa passagem, produzida pela inquietude do infinito, encadeia o sentido. A *Aufhebung* está compreendida *no* círculo do saber absoluto, jamais excede sua vedação, jamais suspende a totalidade do discurso, do trabalho, do sentido, da lei etc. Visto que ela nunca levanta e, mesmo, mantém a forma do saber absoluto, a *Aufhebung* hegeliana pertence, de começo a fim, ao que Bataille chama de "o mundo do trabalho", isto é, do interdito despercebido como tal e em sua totalidade. "Assim também a coletividade humana, parcialmente consagrada ao trabalho, define-se nos interditos, sem as quais não se teria transformado nesse *mundo de trabalho* que ela é essencialmente" (*O Erotismo*). A *Aufhebung* hegeliana pertenceria, pois, à economia restrita e seria a forma da passagem de um interdito a outro, a *circulação* do interdito, a história como verdade do interdito. Portanto, Bataille não pode utilizar senão a forma *vazia* da *Aufhebung*, de maneira *analógica*, para designar *o que jamais se fizera*, a relação transgressora que liga o mundo do sentido ao mundo do não-sentido. Esse deslocamento é paradigmático: um conceito intrafilosófico, o conceito espectulativo por excelência, é constrangido numa escritura a designar um movimento que constitui propriamente o excesso de todo filosofema possível. Esse movimento faz então aparecer a filosofia como uma forma da consciência ingênua ou natural (o que, em Hegel, quer igualmente dizer cultural). Enquanto a *Aufhebung* continuar presa na economia restrita, será prisioneira dessa consciência natural. O "nous" da *Fenomenologia do Espírito* em vão se apresentará como o saber daquilo que a consciência ingênua, enterrada em sua história e nas determinações de suas figuras, não sabe; permanece natural e vulgar já que não pensa a *passagem*, a *verdade* da passagem, senão como circulação do sentido ou do valor. Desenvolve o sentido ou o desejo de sentido da consciência natural, a que se fecha no círculo para *saber o sentido*: sempre de onde isso vem e para onde isso vai. Ele não *vê* o sem fundo de brincadeira sobre o qual se ergue a história (do sentido). Nessa medida, a filosofia, a especulação hegeliana, o saber absoluto e tudo o que eles comandam e comandarão sem fim em sua vedação, permanecem determinações da consciência natural, servil e vulgar. A consciência de si é servil.

Do saber extremo ao conhecimento vulgar – o mais geralmente repartido –, a diferença é nula. O conhecimento do mundo, em Hegel, é o do que chega primeiro (o que *chega primeiro*, e não Hegel, é quem decide por Hegel sobre a questão-chave: concernente à diferença da loucura à razão: o "saber absoluto" sobre esse ponto confirma a noção vulgar, está nela alicerçado, é uma das suas formas). O conhecimento vulgar está em nós como um outro *tecido*: [...] Num sentido, a condição para que eu *visse* seria sair, emergir do "tecido". E logo, sem dúvida, devo dizer: essa condição para que eu visse seria a de morrer. Não terei, em nenhum momento, a possibilidade de *ver*! (*Método de Meditação*)

Se toda a história do sentido está reunida e *representada*, num ponto do quadro, pela figura do escravo, se o discurso de Hegel, a Lógica, o Livro de que fala Kojève são a linguagem (do) escravo, isto é, (do) trabalhador, eles podem ser lidos da esquerda para a direita ou da direita para a esquerda, como movimento reacionário ou como movimento revolucionário, ou como os dois a um só tempo. Seria absurdo que a transgressão do livro pela escritura não se lesse senão num determinado sentido. Seria ao mesmo tempo absurdo, dada a forma da *Aufhebung* que é mantida na transgressão do sentido. Da direita para a esquerda ou da esquerda para a direita: essas duas proposições contraditórias e demasiado sensatas carecem igualmente de pertinência. Num certo e determinado ponto.

Determinadíssimo. Atestação de não-pertinência, cujos efeitos é mister, portanto, tanto quanto possível, acompanhar de perto. Nada teríamos compreendido da estratégia geral se renunciássemos absolutamente a controlar o uso desse atestado. Se o emprestássemos, se o abandonássemos, se o puséssemos em qualquer das mãos: direita ou esquerda.

"A condição para que eu *visse* seria sair, emergir do 'tecido'. E logo, sem dúvida, devo dizer: essa condição para que eu *visse* seria a de morrer. Não terei, em nenhum momento, a possibilidade de *ver*!"

Há, portanto, o *tecido* vulgar do saber absoluto e a abertura mortal do *olho*. Um texto e um olhar. A servilidade do sentido e o despertar na morte. Uma escritura menor e uma luz maior.

De uma a outra, inteiramente outro, um certo texto. Que traça em silêncio a estrutura do olho, desenha a abertura, aventura-se a tramar o "absoluto rasgamento", rasga absolutamente seu próprio tecido, agora novamente, "sólido" e servil por ainda se dar a ler.

(*Tradução de Pérola de Carvalho*)

# A Estrutura, o Signo e o Jogo no Discurso das Ciências Humanas

> *Existe maior dificuldade em interpretar as interpretações do que em interpretar as coisas.*
>
> MONTAIGNE

Talvez se tenha produzido na história do conceito de estrutura algo que poderíamos denominar um "acontecimento", se esta palavra não trouxesse consigo uma carga de sentido que a exigência estrutural – ou estruturalista – tem justamente como função reduzir ou suspeitar. Digamos, contudo, um "acontecimento" e usemos esta palavra com precauções entre aspas. Qual seria portanto esse acontecimento? Teria a forma exterior de uma *ruptura* e de um *redobramento.*

Seria fácil mostrar que o conceito de estrutura e mesmo a palavra estrutura têm a idade da *episteme,* isto é, ao mesmo tempo da ciência e da filosofia ocidentais e que mergulham suas raízes no solo da linguagem comum, no fundo do qual a *episteme* vai recolhê-los para os trazer a si num deslocamento metafórico. Contudo, até ao acontecimento que eu gostaria de aprender, a estrutura, ou melhor, a estruturalidade da estrutura, embora tenha sempre estado em ação, sempre se viu neutralizada, reduzida: por um gesto que consistia em dar-lhe um centro, em relacioná-la a um ponto de presença, a uma origem fixa. Esse centro tinha como função não apenas orientar e equilibrar, organizar a estrutura – não podemos efetivamente pensar uma estrutura inorganizada –, mas sobretudo levar o princípio de organização da estrutura a limitar o que poderíamos denominar jogo da estrutura. É certo que o centro de uma estrutura, orientando e organizando a coerência do sistema, permite o jogo dos elementos no interior da forma total. E ainda hoje uma estrutura privada de centro representa o próprio impensável.

Contudo, o centro encerra também o jogo que abre e torna possível. Enquanto centro, é o ponto em que a substituição dos conteúdos, dos elementos, dos termos, já não é possível. No centro, é proibida a permuta ou a transformação dos elementos (que podem aliás ser estruturas compreendidas numa estrutura). Pelo menos sempre permaneceu *interditada* (e emprego propositadamente esta palavra). Sempre se pensou que o centro, por definição único, constituía, numa estrutura, exatamente aquilo que, comandando a estrutura, escapa à estruturalidade. Eis por que, para um pensamento clássico da estrutura, o centro pode ser dito, paradoxalmente, *na* estrutura e *fora da* estrutura. Está no centro da totalidade e contudo, dado que o centro não lhe pertence, a totalidade *tem o seu centro noutro lugar*. O centro não é o centro. O conceito de estrutura centrada – embora represente a própria coerência, a condição da *episteme* como filosofia ou como ciência – é contraditoriamente coerente. E como sempre, a coerência na contradição exprime a força de um desejo. O conceito de estrutura centrada é com efeito o conceito de um jogo *fundado,* constituído a partir de uma imobilidade fundadora e de uma certeza tranquilizadora, ela própria subtraída ao jogo. A partir desta certeza, a angústia pode ser dominada, a qual nasce sempre de uma certa maneira de estar implicado no jogo, de ser apanhado no jogo, de ser como ser logo de início no jogo. A partir do que chamamos portanto o centro e que, podendo igualmente estar fora e dentro, recebe indiferentemente os nomes, de origem ou de fim, de *arquê* ou de *télos*, as repetições, as substituições, as transformações, as permutas são sempre *apanhadas* numa história do sentido – isto é, simplesmente uma história – cuja origem pode sempre ser despertada ou cujo fim pode sempre ser antecipado na forma da presença. Eis por que talvez se poderia dizer que o movimento de toda a arqueologia, como o de toda a escatologia, é cúmplice dessa redução da estruturalidade

A ESTRUTURA, O SIGNO E O JOGO NO DISCURSO DAS CIÊNCIAS HUMANAS 409

da estrutura e tenta sempre pensar esta última a partir de uma presença plena e fora de jogo.

Se for realmente assim, toda a história do conceito de estrutura, antes da ruptura de que falamos, tem de ser pensada como uma série de substituições de centro para centro, um encadeamento de determinações do centro. O centro recebe, sucessiva e regularmente, formas ou nomes diferentes. A história da metafísica, como a história do Ocidente, seria a história dessas metáforas e dessas metonímias. A sua forma matricial seria – espero que me perdoem ser tão pouco demonstrativo e tão elítico, mas é para chegar mais depressa ao meu tema principal – a determinação do ser como *presença* em todos os sentidos desta palavra. Poder-se-ia mostrar que todos os nomes do fundamento, do princípio ou do centro, sempre designaram o invariante de uma presença (*eidos, arquê, télos, energeia, ousia* [essência, existência, substância, sujeito] *aletheia*, transcendentalidade, consciência, Deus, homem etc.).

O acontecimento de ruptura, a disrupção a que aludia ao começar, ter-se-ia talvez produzido no momento em que a estruturalidade da estrutura deve ter começado a ser pensada, isto é, repetida, e eis por que dizia que esta disrupção era repetição, em todos os sentidos desta palavra. Desde então, deve ter sido pensada a lei que comandava de algum modo o desejo do centro na constituição da estrutura, e o processo da significação ordenando os seus deslocamentos e as suas substituições a essa lei da presença central; mas de uma presença central que nunca foi ela própria, que sempre já foi deportada para fora de si no seu substituto. O substituto não se substitui a nada que lhe tenha de certo modo preexistido. Desde então, deve-se sem dúvida ter começado a pensar que não havia centro, que o centro não podia ser pensado na forma de um sendo-presente, que o centro não tinha lugar natural, que não era um lugar fixo, mas uma função, uma espécie de não-lugar no qual se faziam indefinidamente substituições de signos. Foi então o momento em que a linguagem invadiu o campo problemático universal; foi então o momento em que, na ausência de centro ou de origem, tudo se torna discurso – com a condição de nos entendermos sobre esta palavra –, isto é, sistema no qual o significado central, originário ou transcendental nunca está absolutamente presente fora de um sistema de diferenças. A ausência de significado transcendental amplia indefinidamente o campo e o jogo da significação.

Onde e como se produz esse descentramento como pensamento da estruturalidade da estrutura? Para designar esta produção, seria de certo modo ingênuo referir um acontecimento, uma doutrina ou o nome de um autor. Esta produção pertence sem dúvida à totalidade de uma época, que é a nossa, mas ela sempre já começou a anunciar-se e a *trabalhar*. Se quiséssemos contudo, a título de exemplo, escolher alguns "nomes próprios" e evocar os autores dos discursos nos quais esta produção se manteve mais próxima da sua formulação mais radical, seria sem dúvida necessário citar a crítica nietzschiana da metafísica, dos conceitos de ser e de verdade, substituídos pelos conceitos de jogo, de interpretação e de signo (de signo sem verdade presente); a crítica freudiana da presença a si, isto é, da consciência, do sujeito, da identidade a si, da proximidade ou da propriedade a si; e, mais radicalmente, a destruição heideggeriana da metafísica, da onto-teologia, da determinação do ser como presença. Ora, todos estes discursos destruidores e todos os seus análogos estão apanhados numa espécie de círculo. Este círculo é único e descreve a forma da relação entre a história da metafísica e a destruição da história da metafísica: *não tem nenhum sentido* abandonar os conceitos da metafísica para abalar a metafísica; não dispomos de nenhuma linguagem – de nenhuma sintaxe e de nenhum léxico – que seja estranho a essa história; não podemos enunciar nenhuma proposição destruidora que não se tenha já visto obrigada a escorregar para a forma, para a lógica e para as postulações implícitas daquilo mesmo que gostaria de contestar. Para dar um exemplo entre tantos outros: é com a ajuda do conceito de *signo* que se abala a metafísica da presença. Mas a partir do momento em que se pretende assim mostrar, como há pouco o sugeri, que não havia significado transcendental ou privilegiado e que o campo ou o jogo da significação não tinha, desde então, mais limite, dever-se-ia – mas é o que não se pode fazer – recusar mesmo o conceito e a palavra signo. Pois a significação "signo" foi sempre compreendida e determinada, no seu sentido, como signo-de, significante remetendo para um significado, significante diferente do seu significado. Se apagarmos a diferença radical entre significante e significado, é a própria palavra significante que seria necessário abandonar como conceito metafísico. Quando Lévi-Strauss diz, no prefácio do *Cru et le cuit,* que "procurou transcender a oposição do sensível e do inteligível colocando-se logo ao nível dos signos", a necessidade, a força e a legitimidade do seu gesto não nos podem fazer esquecer que o conceito de signo não pode em si mesmo superar esta oposição do sensível e do inteligível. É determinado por esta oposição: completamente e através da totalidade da sua história. Só viveu dela e do seu sistema. Mas não podemos desfazer-nos do conceito de signo, não podemos renunciar a essa cumplicidade metafísica sem renunciar ao mesmo tempo ao trabalho crítico que dirigimos contra ela, sem correr o risco de apagar a diferença na identidade a si de um significado reduzindo em si o seu significante ou, o que vem a dar no mesmo, expulsando-o simplesmente para fora de si. Pois há duas maneiras heterogêneas de apagar a diferença entre o significante e o significado: uma, a clássica, consiste em reduzir ou em derivar o significante, isto é, finalmente em *submeter* o signo ao pensamento; a outra, a que aqui dirigimos contra a precedente, consiste em questionar o sistema no qual funcionava a precedente redução: e em primeiro lugar a oposição do sensível e do inteligível. *Pois* o *paradoxo* é que a redução metafísica do signo tinha necessidade da oposição que reduzia. A oposição faz sistema com a redução. E o que aqui dizemos do signo pode estender-se a todos os conceitos e a todas as frases da metafísica, em especial ao discurso sobre a "estrutura". Mas há várias maneiras de ser apanhado nesse círculo. São todas mais ou menos ingênuas, mais ou menos empíricas, mais ou menos sistemáticas, mais ou menos próximas da formulação, ou melhor, da formalização desse círculo. São estas diferenças que explicam a multiplicidade dos discursos destruidores e o desacordo entre aqueles que os proferem. É com os conceitos herdados da metafísica que, por exemplo, Nietzsche, Freud e Heidegger operaram. Ora, como esses conceitos não são elementos, átomos, como são tirados duma sintaxe e dum sistema, cada empréstimo determinado faz vir a si toda a metafísica. É o que então permite a esses destruidores destruírem-se reciprocamente, por exemplo a Heidegger considerar Nietzsche, por um lado com lucidez e rigor e por outro com má-fé e desconhecimento, como o último metafísico, o último "platô-nico". Poderíamos entregar-nos a este exercício a propósito do próprio Heidegger, de Freud e de alguns outros. E nenhum ou-tro exercício está hoje mais divulgado.

O que acontece agora com este esquema formal quando nos voltamos para aquilo que se denomina "ciências huma-nas"? Uma delas talvez ocupe aqui um lugar privilegiado. É a etnologia. Podemos com efeito considerar que a Etnologia só teve condições para nascer como ciência no momento em que se operou um descentramento: no momento em que a cul-tura europeia – e por consequência a história da metafísica e dos seus conceitos – foi *deslocada,* expulsa do seu lugar, dei-xando então de ser considerada como a cultura de referência. Este momento não é apenas e principalmente um momento do discurso filosófico ou científico, é também um momento político, econômico, técnico etc. Pode dizer-se com toda a se-gurança que não há nada de fortuito no fato de a crítica do etnocentrismo, condição da etnologia, ser sistemática e histo-ricamente contemporânea da destruição da história da meta-física. Ambas pertencem a uma única e mesma época.

Ora, a etnologia – como toda a ciência – surge no elemento do discurso. E é em primeiro lugar uma ciência europeia, utili-zando, embora defendendo-se contra eles, os conceitos da tradi-ção. Consequentemente, quer o queira quer não, e isso depende de uma decisão do etnólogo, este acolhe no seu discurso as pre-missas do etnocentrismo no próprio momento em que o de-nuncia. Esta necessidade é irredutível, não é uma contingência histórica; seria necessário meditar todas as suas implicações. Mas se ninguém lhe pode escapar, se portanto ninguém é responsável por ceder a ela, por pouco que seja, isto não quer dizer que todas as maneiras de fazê-lo sejam de igual pertinência. A qualidade e a fecundidade de um discurso medem-se talvez pelo rigor crítico com que é pensada essa relação com a história da metafísica e aos conceitos herdados. Trata-se aí de uma relação crítica à lingua-gem das ciências humanas e de uma responsabilidade crítica do discurso. Trata-se de colocar expressa e sistematicamente o pro-blema do estatuto de um discurso que vai buscar a uma herança os recursos necessários para a des-construção dessa mesma he-rança. Problema de *economia* e de *estratégia.*

Se agora considerarmos, a título de exemplo, os textos de Lévi-Strauss, não é apenas por causa do privilégio que hoje se atribui à etnologia no conjunto das ciências humanas, nem mesmo porque temos aí um pensamento que pesa muito na conjuntura teórica contemporânea. É sobretudo porque se observou no trabalho de Lévi-Strauss certa escolha e porque nele se elaborou certa doutrina de maneira, precisamente, *mais ou menos explícita,* quanto a essa crítica da linguagem e quanto a essa linguagem crítica nas ciências humanas.

Para seguirmos esse movimento no texto de Lévi-Strauss, escolhamos, como um fio condutor entre outros, a oposição natureza/cultura. Apesar de todos os seus rejuvenescimentos e maquilagens, esta oposição é congênita à filosofia. É mesmo mais velha do que Platão. Tem pelo menos a idade da Sofística. Desde a oposição *physis / nomos, physis / techné,* chega até nós graças a toda uma cadeia histórica que opõe a "natureza" à lei, à instituição, à arte, à técnica, mas também à liberdade, ao arbitrário, à história, à sociedade, ao espírito etc. Ora, logo no início da sua pesquisa e no seu primeiro livro (*Les Structures élémentaires de la parenté*), Lévi-Strauss sentiu ao mesmo tempo a necessidade de utilizar esta oposição e a impossibilidade de lhe dar crédito. Em *Les Structures,* ele parte do seguinte axioma ou definição: pertence à natureza tudo o que é *universal* e espontâneo, não dependendo de nenhuma cultura particular nem de nenhuma norma determinada. Pertence em contrapartida à cultura o que depende de um sistema de *normas* regulando a sociedade e podendo portanto *variar* de uma estrutura social para outra. Estas duas definições são de tipo tradicional. Ora, logo desde as primeiras páginas das *Structures,* Lévi-Strauss, que começou por dar crédito a estes conceitos, encontra o que denomina um *escândalo,* isto é, algo que já não tolera a oposição natureza/ cultura assim aceite e parece requerer *ao mesmo tempo* os predicados da natureza e os da cultura. Esse escândalo é a *proibição do incesto. A* proibição do incesto é universal; neste sentido poder-se-ia dizer que é natural – mas é também uma proibição, um sistema de normas e de interditos – e neste sentido dever-se-ia denominá-la cultural.

Digamos portanto que tudo o que é universal, no homem, pertence à ordem da natureza e caracteriza-se pela espontaneidade, que tudo o que está submetido a uma norma pertence à cultura e apresenta os atributos do relativo e do particular. Vemo-nos então confrontados com um fato, ou melhor, com um conjunto de fatos que não está longe, à luz das definições precedentes, de aparecer como um escândalo: pois a proibição do incesto apresenta sem o menor equívoco, e indissoluvelmente reunidos, os dois caracteres em que reconhecemos os atributos contraditórios de duas ordens exclusivas: constitui uma regra, mas uma regra que, única entre todas as regras sociais, possui ao mesmo tempo um caráter de universalidade (p. 9).

Só existe evidentemente escândalo no *interior* de um sistema de conceitos que dá crédito à diferença entre natureza e cultura. Começando a sua obra com o *factum* da proibição do incesto, Lévi-Strauss instala-se portanto no ponto em que essa diferença, que sempre passou por evidente, se encontra apagada ou contestada. Pois a partir do momento em que a proibição do incesto já não se deixa pensar na oposição natureza /cultura, já não se pode dizer dela que seja um fato escandaloso, um núcleo de opacidade no interior de uma rede de significações transparentes; não é um escândalo que encontramos, no qual caímos no campo dos conceitos tradicionais; é o que escapa a estes conceitos e certamente os precede e provavelmente como sua condição de possibilidade. Poder-se-ia talvez dizer que toda a conceptualidade filosófica fazendo sistema com a oposição natureza / cultura está destinada a deixar no impensado o que a torna possível, a saber, a origem da proibição do incesto.

Este exemplo é evocado depressa demais, não passa de um exemplo entre tantos outros, mas já deixa ver que a linguagem carrega em si a necessidade da sua própria crítica. Ora, esta crítica pode efetuar-se por duas vias, e de duas "maneiras". No momento em que o limite da oposição natureza / cultura se faz sentir, pode-se querer questionar sistemática e rigorosamente a história destes conceitos. É um primeiro gesto. Semelhante questionamento sistemático e histórico não seria nem um gesto filológico, nem um gesto filosófico no sentido clássico destas palavras. Inquietar-se acerca dos conceitos fundadores de toda a história da filosofia, de-constituí-los, não é proceder como filólogo ou como historiador clássico da filosofia. É sem dúvida, apesar da aparência, a maneira mais

A ESTRUTURA, O SIGNO E O JOGO NO DISCURSO DAS CIÊNCIAS HUMANAS 415

audaciosa de esboçar um passo para fora da filosofia. A saída "para fora da filosofia" é muito mais difícil de ser pensada do que em geral imaginam aqueles que julgam tê-la realizado há muito tempo com um à vontade altaneiro, e que em geral estão mergulhados na metafísica por todo o corpo do discurso que pretendem ter libertado dela.

A outra escolha – e creio que corresponde mais à maneira de Lévi-Strauss – consistiria, para evitar o que o primeiro gesto poderia ter de esterilizante, na ordem da descoberta empírica, em conservar, denunciando aqui e ali os seus limites, todos esses velhos conceitos: como utensílios que ainda podem servir. Já não se lhes atribui nenhum valor de verdade, nem nenhuma significação rigorosa, estaríamos prontos a abandoná-los a qualquer momento se outros instrumentos parecessem mais cômodos. Enquanto esperamos, exploramos a sua eficácia relativa e utilizamo-los para destruir a antiga máquina a que pertencem e de que eles mesmos são peças. É assim que se critica a linguagem das ciências humanas. Lévi-Strauss pensa deste modo poder separar o *método* da *verdade*, os instrumentos do método e as significações objetivas por ele visadas. Quase se poderia dizer que é a primeira afirmação de Lévi-Strauss; são em todo o caso as primeiras palavras das *Structures*:

> Começamos a compreender que a distinção entre estado de natureza e estado de sociedade (diríamos hoje de preferência: estado de natureza e estado de cultura), à falta de uma significação histórica aceitável, apresenta um valor que justifica plenamente a sua utilização, pela sociologia moderna, como um instrumento de método.

Lévi-Strauss permanecerá sempre fiel a esta dupla intenção: conservar como instrumento aquilo cujo valor de verdade ele critica.

*Por um lado* continuará, com efeito, a contestar o valor da oposição natureza / cultura. Mais de treze anos depois das *Structures*, *La Pensée sauvage* faz-se eco fiel do texto que acabo de citar: "A oposição entre natureza e cultura, na qual insistimos outrora, parece-nos hoje oferecer um valor principalmente metodológico". E esse valor metodológico não é afetado pelo não-valor "ontológico", poderíamos nós dizer se não desconfiássemos aqui desta noção:

Não seria suficiente ter reabsorvido humanidades particulares numa humanidade geral; esta primeira tarefa prepara outras... que pertencem às ciências exatas e naturais: reintegrar a cultura na natureza e, finalmente, a vida no conjunto das suas condições físico-químicas (p. 327).

*Por outro lado*, sempre em *La Pensée sauvage*, apresenta com o nome de *bricolagem* tudo o que se poderia denominar o discurso desse método. O *bricoleur*, diz Lévi-Strauss, é aquele que utiliza "os meios à mão", isto é, os instrumentos que encontra à sua disposição em torno de si, que já estão ali, que não foram especialmente concebidos para a operação na qual vão servir e à qual procuramos, por tentativas várias, adaptá-los, não hesitando em trocá-los cada vez que isso parece necessário, em experimentar vários ao mesmo tempo, mesmo se a sua origem e a sua forma são heterogêneas etc. Há, portanto, uma crítica da linguagem sob a forma da bricolagem, e chegou-se mesmo a dizer que a bricolagem era a própria linguagem crítica, em especial a da crítica literária: estou pensando aqui no texto de G. Genette, "Structuralisme et critique littéraire", publicado em homenagem a Lévi-Strauss em *L'Arc*, e no qual se diz que a análise da bricolagem podia "ser aplicada quase palavra por palavra" à crítica e mais especialmente à "crítica literária" (Inserido em *Figures*, ed. du Seuil, p. 145).

Se denominarmos bricolagem a necessidade de ir buscar os seus conceitos ao texto de uma herança mais ou menos coerente ou arruinada, deve dizer-se que todo o discurso é *bricoleur*. O engenheiro, que Lévi-Strauss opõe ao *bricoleur*, deveria, pelo contrário, construir a totalidade da sua linguagem, sintaxe e léxico. Neste sentido o engenheiro é um mito: um sujeito que fosse a origem absoluta do seu próprio discurso e o construísse "com todas as peças" seria o criador do verbo, o próprio verbo. A ideia do engenheiro de relações cortadas com toda a bricolagem é portanto uma ideia teológica; e como Lévi-Strauss nos diz noutro lugar que a bricolagem é mitopoética, poderíamos apostar que o engenheiro é um mito produzido pelo *bricoleur*. A partir do momento em que se deixa de acreditar em semelhante engenheiro e num discurso rompendo com a recepção histórica, a partir do momento em que se admite que todo o

A ESTRUTURA, O SIGNO E O JOGO NO DISCURSO DAS CIÊNCIAS HUMANAS 417

discurso finito está submetido a uma certa bricolagem, que o engenheiro ou o sábio são também espécies de *bricoleur*, então a própria ideia de bricolagem está ameaçada, esboroa-se a diferença na qual ganhava sentido.

Isto faz aparecer o segundo fio capaz de nos guiar nesta trama.

Lévi-Strauss descreve a atividade da bricolagem não apenas como atividade intelectual, mas como atividade mitopoética. Lemos em *La Pensée sauvage* (p. 26): "Como a bricolagem no plano técnico, a reflexão mítica pode atingir, no plano intelectual, resultados brilhantes e imprevistos. Reciprocamente, observou-se muitas vezes o caráter mitopoético da bricolagem".

Ora, o notável esforço de Lévi-Strauss não consiste apenas em propor, sobretudo na mais atual das suas pesquisas, uma ciência estrutural dos mitos e da atividade mitológica. O seu esforço aparece também, e quase diria primeiro, no estatuto que então concede ao seu próprio discurso sobre os mitos, no que denomina as suas "mitológicas". É o momento em que o seu discurso sobre o mito se reflete e se critica a si próprio. E este momento, este período crítico interessa evidentemente todas as linguagens que partilham entre si o campo das ciências humanas. Que diz Lévi-Strauss das suas "mitológicas"? É aqui que voltamos a encontrar a virtude mitopoética da bricolagem. Efetivamente, o que parece mais sedutor nesta pesquisa crítica de um novo estatuto é o abandono declarado de toda referência a um *centro*, a um *sujeito*, a uma *referência* privilegiada, a uma origem ou a uma arquia absoluta. Poder-se-ia seguir o tema deste descentramento através de toda a *Abertura* do seu último livro sobre *Le Cru et le Cuit*. Vou aí buscar apenas alguns pontos principais.

1. Em primeiro lugar, Lévi-Strauss reconhece que o mito bororo, aí utilizado como "mito de referência", não merece este nome e este tratamento, trata-se de uma apelação especiosa e de uma prática abusiva. Este mito, como qualquer outro, não merece o seu privilégio referencial:

De fato, o mito bororo, que será doravante designado como *mito de referência*, não passa, como tentaremos provar, de uma transformação mais ou menos avançada de outros mitos provenientes quer

418      A ESCRITURA E A DIFERENÇA

da mesma sociedade, quer de sociedades próximas ou afastadas. Teria sido portanto legítimo escolher como ponto de partida qualquer representante do grupo. O interesse do mito de referência não deriva, deste ponto de vista, do seu caráter típico mas antes da sua posição irregular no interior de um grupo (p. 10).

2. Não há unidade ou origem absoluta do mito. O foco ou a fonte são sempre sombras ou virtualidades inapreensíveis, inatualizáveis e em primeiro lugar inexistentes. Tudo começa com a estrutura, a configuração ou a relação. O discurso sobre esta estrutura a-cêntrica que é o mito não pode ele próprio ter sujeito e centro absolutos. Deve, para apreender a forma e o movimento do mito, evitar a violência que consistiria em centrar uma linguagem descritiva de uma estrutura a-cêntrica. É preciso portanto renunciar aqui ao discurso científico ou filosófico, à *episteme* que tem como exigência absoluta, que é a exigência absoluta de procurar a origem, o centro, o fundamento, o princípio etc. Por oposição ao discurso *epistêmico*, o discurso estrutural sobre os mitos, o discurso *mito-lógico* deve ser ele próprio *mito-morfo*. Deve ter a forma daquilo de que fala. É o que diz Lévi-Strauss em *Le Cru et le cuit*, de que gostaria de transcrever agora uma longa e bela página:

> Efetivamente, o estudo dos mitos coloca um problema metodológico, pelo fato de não se poder conformar ao princípio cartesiano de dividir a dificuldade em quantas partes for necessário para a resolver. Não existe um verdadeiro termo para a análise mítica nem unidade secreta que se possa apreender no fim do trabalho de decomposição. Os temas multiplicam-se ao infinito. Quando julgamos tê-los destrinçado uns dos outros e poder mantê-los separados, apenas constatamos que eles voltam a unir-se, em resposta às solicitações de afinidades imprevistas. Consequentemente, a unidade do mito é apenas tendencial e projetiva, jamais reflete um estado ou um momento do mito. Fenômeno imaginário implicado pelo esforço de interpretação, o seu papel é dar uma forma sintética ao mito e impedir que ele se dilua na confusão dos contrários. Poder-se-ia, portanto, dizer que a ciência dos mitos é uma *anaclástica*, tomando este velho termo no sentido amplo autorizado pela etimologia e que admite na sua definição o estudo dos raios refletidos e mesmo dos raios refratados. Mas, ao contrário da reflexão filosófica, que pretende investigar a sua origem, as reflexões de que aqui se trata

A ESTRUTURA, O SIGNO E O JOGO NO DISCURSO DAS CIÊNCIAS HUMANAS 419

dizem respeito a raios privados de qualquer outro foco que não seja virtual... Querendo imitar o movimento espontâneo do pensamento mítico, a nossa tarefa, também demasiado breve e demasiado longa, teve de se vergar às suas exigências e respeitar o seu ritmo. Deste modo, este livro sobre os mitos é também, à sua maneira, um mito.

Afirmação retomada um pouco mais adiante (p. 20):

Como os próprios mitos assentam em códigos de segunda ordem (sendo os códigos de primeira ordem aqueles em que consiste a linguagem), este livro ofereceria então o esboço de um código de terceira ordem, destinado a assegurar a traduzibilidade recíproca de vários mitos. Por isso, será acertado considerá-lo como um mito: de qualquer modo, o mito da mitologia.

É devido a esta ausência de qualquer centro real e fixo do discurso mítico ou mitológico que se justifica o modelo musical escolhido por Lévi-Strauss para a composição do seu livro. A ausência de centro é aqui a ausência de sujeito e a ausência de autor:

O mito e a obra musical aparecem assim como maestros cujos auditores são os silenciosos executantes. Se nos perguntarmos onde se encontra o foco real da obra, será preciso responder que é impossível a sua determinação. A música e a mitologia confrontam o homem com objetos virtuais cuja sombra unicamente é atual... os mitos não têm autores... (p. 25).

É portanto aqui que a bricolagem etnográfica assume deliberadamente a sua função mitopoética. Mas, ao mesmo tempo, faz aparecer como mitológica, isto é, como uma ilusão histórica, a exigência filosófica ou epistemológica do centro.

Contudo, se nos rendermos à necessidade do gesto de Lévi-Strauss, não podemos ignorar os seus riscos. Se a mito-lógica é mito-mórfica, será que todos os discursos sobre os mitos se equivalem? Dever-se-á abandonar toda exigência epistemológica permitindo distinguir entre várias qualidades de discurso sobre o mito? Questão clássica, mas inevitável. Não podemos responder a ela – e creio que Lévi-Strauss não lhe responde – enquanto não tiver sido expressamente exposto o problema das relações entre o filosofema ou o teorema de um lado, e o mitema ou mitopoema do outro. O que não é simples. Se não levantarmos expressamente este problema, condenamo-nos a transformar a pretensa transgressão da filosofia em erro despercebido no interior do campo filosófico. O empirismo seria o gênero cujas espécies seriam sempre estes erros. Os conceitos trans-filosóficos transformar-se-iam em ingenuidades filosóficas. Poder-se-iam mostrar este risco em muitos exemplos, nos conceitos de signo, de história, de verdade etc. O que pretendo acentuar é apenas que a passagem para além da filosofia não consiste em virar a página da filosofia (o que finalmente acaba sendo filosofar mal), mas em continuar a ler de *uma certa maneira* os filósofos. O risco de que falo é sempre assumido por Lévi-Strauss e é o próprio preço do seu esforço. Disse que o empirismo era a forma matricial de todos os erros ameaçadores de um discurso que continua, principalmente em Lévi-Strauss, a pretender ser científico. Ora, se quiséssemos levantar seriamente o problema do empirismo e da bricolagem, chegaríamos sem dúvida muito depressa a proposições absolutamente contraditórias quanto ao estatuto do discurso de etnologia estrutural. Por um lado, o estruturalismo apresenta-se, com razão, como a própria crítica do empirismo. Mas, ao mesmo tempo, já não há livro ou estudo de Lévi-Strauss que não se proponha como um ensaio empírico que outras informações poderão sempre vir a completar ou a contrariar. Os esquemas estruturais são sempre propostos como hipóteses procedentes de uma quantidade finita de informação e submetidas à prova da experiência. Numerosos textos poderiam demonstrar esta dupla postulação. Voltemo-nos uma vez mais para a *Abertura* de *Le Cru et le cuit,* em que se vê bem que, se esta postulação é dupla, é porque se trata aqui de uma linguagem sobre a linguagem:

Os críticos que nos censurassem por não termos procedido a um inventário exaustivo dos mitos sul-americanos antes de os analisarmos cometeriam um grave contrassenso sobre a natureza e o papel destes documentos. O conjunto dos mitos de uma população pertence à ordem do discurso. A menos que a população se extinga física ou moralmente, este conjunto jamais é fechado. Isso equivaleria portanto a censurar um linguista que escrevesse a gramática de uma língua sem ter registrado a totalidade das palavras que foram pronunciadas desde que essa língua existe e sem

A ESTRUTURA, O SIGNO E O JOGO NO DISCURSO DAS CIÊNCIAS HUMANAS 421

conhecer as trocas verbais que ocorrerão enquanto existir. A experiência prova que um número irrisório de frases... permite ao linguista elaborar uma gramática da língua que estuda. E mesmo uma gramática parcial, ou um esboço de gramática, representa aquisições preciosas, se se tratar de línguas desconhecidas. A sintaxe não espera, para se manifestar, o recenseamento de uma série teoricamente ilimitada de acontecimentos, dado que consiste no corpo de regras que preside à sua geração. Ora, foi na verdade um esboço da sintaxe da mitologia sul-americana que quisemos fazer. Se novos textos vierem enriquecer o discurso mítico, será a ocasião de controlar ou de modificar a maneira como certas leis gramaticais foram formuladas, de renunciar a algumas delas e de descobrir outras novas. Mas em nenhum caso nos poderiam exigir um discurso mítico total. Pois acabamos de ver que esta exigência não tem sentido (p. 15-16).

A totalização é portanto definida ora como inútil, ora como *impossível*. Isso resulta, sem dúvida, do fato de haver duas maneiras de pensar o limite da totalização. E diria uma vez mais que essas duas determinações coexistem de maneira não-expressa no discurso de Lévi-Strauss. A totalização pode ser considerada impossível no estilo clássico: evoca-se então o esforço empírico de um sujeito ou de um discurso finito correndo em vão atrás de uma riqueza infinita que jamais poderá dominar. Há demasiado e mais do que se pode dizer. Mas pode-se determinar de outro modo a não-totalização: não mais sob o conceito de finitude como assignação à empiricidade, mas sob o conceito de *jogo*. Se então a totalização não tem mais sentido, não é porque a infinidade de um campo não pode ser coberta por um olhar ou um discurso finitos, mas porque a natureza do campo – a saber a linguagem e uma linguagem finita – exclui a totalização: este campo é com efeito o de um *jogo*, isto é, de substituições infinitas no fechamento de um conjunto finito. Este campo só permite estas substituições infinitas porque é finito, isto é, porque em vez de ser um campo inesgotável, como na hipótese clássica, em vez de ser demasiado grande, falta-lhe algo, a saber, um centro que detenha e fundamente o jogo das substituições. Poderíamos dizer, servindo-nos rigorosamente dessa palavra cuja significação escandalosa sempre se atenua em francês, que este movimento do jogo, permitido pela falta, pela ausência de centro ou de origem, é o movimento da *suplementariedade*. Não se pode determinar o centro e esgotar a totalização porque o signo que substitui o centro, que o *supre,* que ocupa o seu lugar na sua ausência, esse signo acrescenta-se, vem a mais, como *suplemento.* O movimento da significação acrescenta alguma coisa, o que faz que sempre haja mais, mas esta adição é flutuante porque vem substituir, suprir uma falta do lado do significado. Embora Lévi-Strauss não se sirva da palavra *suplementar* acentuando, como aqui faço, as duas direções de sentido que nela se encontram estranhamente reunidas, não é por acaso que se serve por duas vezes dessa palavra na *Introduction à l'oeuvre de Mauss,* no momento em que fala da "superabundância de significante em relação aos significados nos quais se pode colocar":

No seu esforço para compreender o mundo, o homem dispõe portanto sempre de um excesso de significação (que reparte entre as coisas de acordo com leis do pensamento simbólico que cabe aos etnólogos e aos linguistas estudar). Esta distribuição de uma razão *suplementar* – se assim nos podemos exprimir – é absolutamente necessária para que, no total, o significante disponível e o significado capturado permaneçam entre si na relação de complementariedade que é a própria condição do pensamento simbólico.

(Poder-se-ia sem dúvida mostrar que esta *razão suplementar* de significação é a origem da própria *ratio.*) A palavra reaparece um pouco mais adiante depois de Lévi-Strauss ter falado desse "significante flutuante, que é a servidão de todo o pensamento finito":

Por outras palavras, e inspirando-nos no preceito de Mauss de que todos os fenômenos sociais podem ser assimilados à linguagem, vemos no mana, no Wakau, na oranda e outras noções do mesmo tipo, a expressão consciente de uma função semântica, cujo papel é permitir ao pensamento simbólico exercer-se apesar da contradição que lhe é própria. Assim se explicam as antinomias aparentemente insolúveis, ligadas a esta noção... Força e ação, qualidade e estado, substantivo e adjetivo e verbo ao mesmo tempo; abstrata e concreta, onipresente e localizada. E com efeito o mana é tudo isto ao mesmo tempo; mas, precisamente, não é porque ele nada é de tudo isto: simples forma ou mais exatamente símbolo no estado puro, portanto suscetível de tomar qualquer conteúdo simbólico? Neste sistema de símbolos que constitui toda a cosmologia, seria simplesmente um

A ESTRUTURA, O SIGNO E O JOGO NO DISCURSO DAS CIÊNCIAS HUMANAS 423

*valor simbólico zero*, isto é, um signo marcando a necessidade de um conteúdo simbólico *suplementar* [Sou eu que grifo] aquele que carrega já o significado, mas podendo ser um valor qualquer com a condição de fazer parte ainda da reserva disponível e de não ser, como dizem os fonólogos, um termo de grupo.

Nota: "Os linguistas já foram levados a formular hipóteses deste tipo. Assim: 'Um fonema zero opõe-se a todos os outros fonemas do francês, na medida em que não comporta nenhum caráter diferencial e nenhum valor fonético constante. Em contrapartida, o fonema zero tem por função própria opor-se à ausência de fonema' (Jakobson e Lotz). Quase se poderia dizer também, esquematizando a concepção que foi aqui proposta, que a função das noções de tipo *mana* é de se opor à ausência de significação sem comportar por si mesma nenhuma significação particular".

A *superabundância* do significante, o seu caráter *suplementar*, resulta portanto de uma finitude, isto é, de uma falta que deve ser *suprida*.

Compreende-se então por que razão o conceito de jogo é importante em Lévi-Strauss. As referências a todas as espécies de jogos, em especial à roleta, são muito frequentes, principalmente nas *Entretiens, Race et histoire, La Pensée sauvage*. Ora, esta referência ao jogo é sempre tomada numa tensão.

Tensão com a história, em primeiro lugar. Problema clássico e em torno do qual se gastaram as objeções. Indicarei apenas o que me parece ser a formalidade do problema: ao reduzir a história, Lévi-Strauss tratou como merece um conceito que sempre foi cúmplice de uma metafísica teleológica e escatológica, isto é, paradoxalmente essa filosofia da presença à qual se julgou poder opor a história. A temática da historicidade, embora pareça introduzir-se bem tarde na filosofia, sempre foi nela requerida pela determinação do ser como presença. Com ou sem etimologia e apesar do antagonismo clássico que opõe estas significações em todo o pensamento clássico, poderíamos mostrar que o conceito de *episteme* sempre chamou o de *istoria* se a história é sempre a unidade de um devir, como tradição da verdade ou desenvolvimento da ciência orientado para a apropriação da verdade na presença e a presença a si, para o saber na consciência de si. A história sempre foi pensada como o movimento de uma ressunção da história, derivação entre duas presenças. Mas se é legítimo pôr em dúvida este conceito de história, corremos o risco, ao reduzi-lo sem colocar expressamente o problema que aqui aponto, de cair novamente num anistoricismo de forma clássica, isto é, num momento determinado da história da metafísica. Esta me parece ser a formalidade algébrica do problema. Mais concretamente, no trabalho de Lévi-Strauss, é preciso reconhecer que o respeito da estruturalidade, da originalidade interna da estrutura, obriga a neutralizar o tempo e a história. Por exemplo, a aparição de uma nova estrutura, de um sistema original, faz-se sempre – e é a própria condição da sua especificidade estrutural – através de uma ruptura com o seu passado, a sua origem e a sua causa. Só se pode, portanto, descrever a propriedade da organização estrutural não levando em conta, no próprio momento dessa descrição, as suas condições passadas: omitindo colocar o problema da passagem de uma estrutura para outra, colocando entre parênteses a história. Neste momento "estruturalista", são indispensáveis os conceitos de acaso e de descontinuidade. E de fato Lévi-Strauss recorre muitas vezes a eles, como por exemplo para essa estrutura das estruturas que é a linguagem, acerca da qual diz em *Introduction à l'oeuvre de Mauss* que "Só pode ter nascido de repente":

> Quaisquer que tenham sido o momento e as circunstâncias da sua aparição na escala da vida animal, a linguagem só pode ter nascido de repente. As coisas não podem ter começado a significar progressivamente. Após uma transformação cujo estudo não compete às ciências sociais, mas à biologia e à psicologia, efetuou-se a passagem de um estádio em que nada tinha sentido para outro em que tudo possuía um.

O que não impede Lévi-Strauss de reconhecer a lentidão, a maturação, o labor contínuo das transformações fatuais, a história (por exemplo em *Race et Histoire*). Mas tem de, por um gesto que foi também o de Rousseau ou de Husserl, "afastar todos os fatos" no momento em que pretende apreender a especificidade essencial de uma estrutura. Como Rousseau, tem de pensar sempre a origem de uma estrutura nova segundo o modelo da catástrofe – transformação da natureza na natureza, interrupção natural do encadeamento natural, desvio *da* natureza.

Tensão do jogo com a história, tensão também do jogo com a presença. A presença de um elemento é sempre uma referência significante e substitutiva inscrita num sistema de diferenças e o movimento de uma cadeia.O jogo é sempre jogo de ausência e de presença, mas se o quisermos pensar radicalmente, é preciso pensá-lo antes da alternativa da presença e da ausência; é preciso pensar o ser como presença ou ausência a partir da possibilidade do jogo e não inversamente. Ora, se Lévi-Strauss, melhor do que qualquer outro, fez aparecer o jogo da repetição e a repetição do jogo, nem por isso se deixa de perceber nele uma espécie de ética da presença, de nostalgia da origem, da inocência arcaica e natural, de uma pureza da presença e da presença a si na palavra; ética, nostalgia e mesmo remorso que muitas vezes apresenta como a motivação do projeto etnológico quando se dirige a sociedades arcaicas, isto é, a seus olhos, exemplares. Esses textos são bem conhecidos.

Voltada para a presença, perdida ou impossível, da origem ausente, esta temática estruturalista da imediatidade interrompida é portanto a face triste, *negativa,* nostálgica, culpada, rousseauísta, do pensamento do jogo cujo reverso seria a *afirmação* nietzschiana, a afirmação alegre do jogo do mundo e da inocência do devir, a afirmação de um mundo de signos sem erro, sem verdade, sem origem, oferecido a uma interpretação ativa. *Esta afirmação determina então o* não-centro *sem ser como perda do centro.* E joga sem segurança. Pois há um jogo *seguro*: o que se limita à *substituição* de peças *dadas e existentes, presentes.* No caso absoluto, a afirmação entrega-se também à indeterminação *genética, à aventura seminal* do traço.

Há portanto duas interpretações da interpretação, da estrutura, do signo e do jogo. Uma procura decifrar, sonha decifrar uma verdade ou uma origem que escapam ao jogo e à ordem do signo e sente como um exílio a necessidade da interpretação. A outra, que já não está voltada para a origem, afirma o jogo e procura superar o homem e o humanismo, sendo o nome do homem o nome desse ser que, através da história da Metafísica ou da onto-teologia, isto é, da totalidade da sua história, sonhou a presença plena, o fundamento tranquilizador, a origem e o fim do jogo. Esta segunda interpretação da interpretação, cujo caminho nos foi indicado por Nietzsche, não procura na etnografia, como o pretendia Lévi-Strauss, cuja *Introduction à l'oeuvre de Mauss* cito novamente, a "inspiradora de um novo humanismo".

Poderíamos hoje entrever por mais de um sinal que estas duas interpretações da interpretação – que são absolutamente inconciliáveis, mesmo se as vivemos simultaneamente e as conciliamos numa obscura economia –partilham entre si o campo daquilo que se denomina, de maneira tão problemática, as ciências humanas.

Pelo que me diz respeito, não creio, muito embora estas duas interpretações devam acusar a sua diferença e aguçar a sua irredutibilidade, que hoje haja alguma coisa a *escolher*. Em primeiro lugar, porque aí estamos numa região – digamos ainda, provisoriamente, da historicidade –em que a categoria de escolha parece bem frágil. Em seguida, porque é preciso tentar primeiro pensar o solo comum e a *diferência* desta diferença irredutível. E porque temos aí um tipo de questão, digamos ainda histórica, cuja *concepção, formação, gestação, trabalho* hoje apenas entrevemos. E digo estas palavras com os olhos dirigidos, é certo, para as operações da procriação; mas também para aqueles que, numa sociedade da qual não me excluo, os desviam perante o ainda inominável que se anuncia e que só pode fazê-lo, como é necessário cada vez que se efetua um nascimento, sob a espécie da não-espécie, sob a forma informe, muda, infante e terrificante da monstruosidade.

(*Tradução de Maria Beatriz Marques Nizza da Silva*)

# Elipse

*A Gabriel Bounoure*

Aqui ou ali, discernimos a escritura: uma partilha sem simetria desenhava de um lado o fechamento do livro; do outro, a abertura do texto. De um lado a enciclopédia teológica e segundo o seu modelo, o livro do homem. Do outro, uma rede de traços marcando o desaparecimento de um Deus extenuado ou de um homem eliminado. A questão da escritura só se podia iniciar com o livro fechado. A alegre errância do *graphein* era então impossível. A abertura ao texto era a aventura, o gasto sem reserva.

E contudo não sabíamos nós que o fechamento do livro não era um limite entre outros? Que é apenas no livro, voltando constantemente a ele, tirando dele todos os recursos, que nos seria necessário indefinidamente designar a escritura de além-livro?

É o caso então de pensar em *Le Retour au livre*[1]. Com este título, Edmond Jabès diz-nos em primeiro lugar o que é "abandonar o livro". Se o fechamento não é o fim, por mais que protestemos ou pratiquemos a demolição,

---

1 Assim se intitula o terceiro volume do *Livre des questions* (1965). O segundo volume, o *Livre de Yukel*, apareceu em 1964. Cf. o ensaio *Edmond Jabès et la question du livre*.

*"Deus sucede a Deus e o Livro ao Livro".*

Mas no movimento desta sucessão, a escritura permanece de vigília, entre Deus e Deus, o Livro e o Livro. E se se fizer depois desta vigília e depois do além-fechamento, o regresso ao livro não nos encerra nele. E um momento de errância, repete a época do livro, a sua totalidade de suspensão entre duas escrituras, a sua retirada e o que se reserva nele. Regressa em direção a

*"Um livro que é a entretela do risco"...*

*"[...] A minha vida, depois do livro, terá portanto sido uma vigília de escritura no intervalo dos limites..."*

A repetição não reedita o livro, descreve a sua origem desde uma escritura que já não lhe pertence, que finge, repetindo-o, deixar-se compreender nele. Longe de se deixar oprimir ou envolver no volume, esta repetição é a primeira escritura. Escritura de origem, escritura descrevendo a origem, assinalando os sinais do seu desaparecimento, escritura apaixonada pela origem:

*"Escrever é ter a paixão da origem".*

Mas o que assim a afeta, sabemo-lo agora, não é a origem, mas o que faz as suas vezes; também não é o contrário da origem. Não é a ausência em lugar da presença, mas um rasto que substitui uma presença que jamais esteve presente, uma origem pela qual nada começou. Ora, o livro viveu desta mistificação; de ter deixado acreditar que a paixão, sendo originalmente apaixonada por *qualquer coisa,* podia no fim ser apaziguada pelo seu regresso. Mistificação da origem, do fim, da linha, da curva, do volume, do centro.

Como no primeiro *Livre des questions,* rabinos imaginários respondem uns aos outros, no Canto sobre *La Boucle*

*"A linha é mistificação"*

*Reb Seab*
. . . . . . . . . . .

*"Uma das minhas grandes angústias, dizia Reb Aghim, foi sem poder impedi-lo, a minha vida arredondar-se para formar uma curva."*

Logo que o círculo gira, que o volume se enrola sobre si próprio, que o livro se repete, a sua identidade a si acolhe uma imperceptível diferença que nos permite sair eficazmente, rigo-rosamente, isto é, discretamente, do fechamento. Redobrando o fechamento do livro, desdobramo-lo. Escapamos-lhe então fur-tivamente, entre duas passagens pelo mesmo livro, pela mesma linha, segundo a mesma curva, "*Vigília de escritura no intervalo dos limites*". Esta saída para fora do idêntico no mesmo perma-nece muito leve, em si não pesa nada, pensa e pesa o livro *como tal*. O regresso ao livro é então o abandono do livro, deslizou entre Deus e Deus, o Livro e o Livro, no espaço neutro da su-cessão, no suspenso do intervalo. O regresso então não retoma posse. Não se reapropria da origem. Esta já não está em si pró-pria. A escritura, paixão da origem, deve entender-se também pela via do genitivo subjetivo. É a própria origem que é apaixo-nada, passiva e suscetível de ser escrita. O que quer dizer ins-crita. A inscrição da origem é sem dúvida o seu ser-escrito, mas é também o seu ser-inscrito num sistema do qual não passa de um lugar e de uma função.

Assim entendida, o regresso ao livro é de essência *elítica*. Algo invisível falta na gramática desta repetição. Como esta falta é invisível e indeterminável, como redobra e consagra per-feitamente o livro, repassa por todos os pontos do seu cir-cuito, nada se modificou. E contudo todo o sentido é alterado por esta faixa. Repetida, a mesma linha já não é exatamente a mesma, a curva já não tem exatamente o mesmo centro, *a ori-gem atuou*. Algo falta para que o círculo seja perfeito. Mas na Ελλειψις*, pela simples reduplicação do caminho, pela solici-tação do fechamento, pela quebra da linha, o livro deixou-se pensar como tal.

"*E Yukel diz:*

*O círculo está reconhecido. Quebrai a curva. O caminho du-plica o caminho.*

*O livro consagra o livro.*"

O regresso ao livro anunciaria aqui a forma do eterno re-torno. O regresso do mesmo só se altera – mas fá-lo absoluta-mente – para voltar ao mesmo. A pura repetição, ainda que não mudasse nem uma coisa, nem um signo, traz consigo um poder ilimitado de perversão e de subversão.

---

* *Ellepsis*: falta, insuficiência, descuido (N. da E.).

430  A ESCRITURA E A DIFERENÇA

Esta repetição é escritura porque o que nela desaparece é a identidade a si da origem, a presença a si* da palavra dita viva. É o centro. A mistificação de que viveu o primeiro livro, o livro mítico, a vigília de toda a repetição consistiu no fato de o centro estar ao abrigo do jogo: insubstituível, subtraído à metáfora e à metonímia, espécie de *prenome invariável* que podia ser invocado mas não repetido. O centro do primeiro livro não deveria ter podido ser repetido na sua própria representação. Desde que se presta uma vez a uma semelhante representação – isto é, desde que é escrito –, quando se pode ler um livro no livro, uma origem na origem, um centro no centro, é o abismo, o sem fundo da reduplicação infinita. O outro está no mesmo,

*"O exterior no interior...*

. . . . . . . . . . . .

*O centro é o poço...*

. . . . . . . . . . . .

*'Onde está o centro? Gritava Reb Madies. A água repudiada permite ao falcão perseguir a sua presa.'*

*O centro está talvez no deslocamento da pergunta.*

*Não há centro quando o círculo é impossível.*

*Possa a minha morte vir de mim, dizia Reb Bekri.*

*Seria simultaneamente a servidão do cerne e da cesura."*

Logo que um signo surge, começa por se repetir. Sem isso não seria signo, não seria o que é, isto é, essa não-identidade a si que remete regularmente ao mesmo. Isto é, a um outro signo que nascerá de ele próprio se dividir. O grafema, repetindo-se deste modo, não tem portanto nem lugar, nem centro naturais. Mas alguma vez os perdeu? Será a sua excentricidade um descentramento? Não se poderá afirmar a não-referência ao centro em vez de chorar a ausência do centro? Por que razão se faria luto pelo centro? O centro, a ausência de jogo e de diferença, não será o outro nome da morte? Aquela que tranquiliza, acalma, mas que também do seu buraco angustia e põe em causa?

A passagem pela excentricidade negativa é sem dúvida necessária; mas apenas liminar.

*"O centro é o limiar.*

---

\*　Valemo-nos da tradução portuguesa dos conceitos de *présence à soi* (presença a si) e *identité à soi* (identidade a si) do livro de Régis Jolivet, *As Doutrinas Existencialistas*, L. Tavares Martins, Porto, 1957 (N. da T.).

*Reb Naman dizia: 'Deus é o Centro; eis a razão pela qual es-
píritos fortes proclamaram que Ele não existia, pois se o centro de
uma maçã ou da estrela for o coração do astro ou do fruto, qual é
o verdadeiro meio do pomar e da noite?'"*

. . . . . . . . . . . .

E Yukel disse:
*O centro é o fracasso...*
*"Onde está o centro?*
*– Sob as cinzas."*
*Reb Selá*

. . . . . . . . . . .

*"O centro é o luto."*


Do mesmo modo que há uma teologia negativa, há uma
ateologia negativa. Cúmplice, diz ainda a ausência do centro,
quando seria já necessário afirmar o jogo. Mas o desejo do
centro não será, como função do próprio jogo, o indestrutível?
E na repetição ou no regresso do jogo, como é que o fantasma
do centro não nos apelaria? É que é infinita a hesitação entre
a escritura como descentramento e a escritura como afirmação do jogo. Pertence ao jogo e liga-o à morte. Produz-se num
"quem sabe?" sem sujeito nem saber.

*"O último obstáculo, o último marco é, quem sabe?, o centro.*
*Então tudo viria a nós dos confins da noite, da infância."*
Se o centro for realmente *"o deslocamento da pergunta"*, é
porque sempre se *denominou* o inominável poço sem fundo de
que ele próprio era o signo; signo do buraco que o livro quis en-
cher. O centro era o nome de um buraco; e o nome do homem,
como o de Deus, diz a força daquilo que se erigiu para nele fazer obra em forma de livro. O volume, o rolo de pergaminho
deviam introduzir-se no buraco ameaçador, penetrar furtivamente na habitação ameaçadora, com um movimento animal,
vivo, silencioso, liso, brilhante, escorregadio, à maneira de uma
serpente ou de um peixe. Tal é o desejo inquieto do livro. Tenaz
também e parasitário, amando e aspirando por mil bocas que
deixam mil marcas na nossa pele, monstro marinho, *pólipo*.

*"Ridícula esta posição de barriga para baixo. Rastejas. Fu-
ras a parede na sua base. Esperas escapar-te, como um rato. Semelhante à sombra, à manhã, na estrada.*

432         A ESCRITURA E A DIFERENÇA

*E essa vontade de permanecer de pé, apesar da fadiga e
da fome?*
*Um buraco, era apenas um buraco,*
*o destino do livro.*
*(Um buraco-polvo, a tua obra?*
*O polvo foi pendurado no teto e os seus tentáculos começa-*
*ram a brilhar.)*
*Era apenas um buraco*
*na parede,*
*tão estreito que jamais*
*pudeste introduzir-te nele*
*para fugir.*
*Desconfiai das habitações. Nem sempre são acolhedoras."*

Estranha a serenidade de tal retorno. Desesperada pela repetição e contudo alegre por afirmar o abismo, por habitar o labirinto como poeta, por escrever o buraco, "*o destino do livro*" no
qual só nos podemos enfiar, que devemos guardar ao destruí-lo.
Afirmação dançante e cruel de uma economia desesperada. A
habitação é pouco acolhedora por seduzir, como o livro, num
labirinto. O labirinto é aqui um abismo: penetramos na horizontalidade de uma pura superfície, representando-se a si própria de meandro em meandro.

"*O livro é o labirinto. Julgas sair dele, e cada vez penetras
mais fundo. Não tens qualquer possibilidade de te salvares. É necessário que destruas a obra. Não consegues te decidir. Observo
o lento mas constante aumento da tua angústia. Parede após
parede. No fim, quem te espera? – Ninguém… O teu nome enco-
lheu-se sobre si próprio, como a mão sabre a arma branca.*"

Na serenidade deste *terceiro* volume, *Le Livre des questions*
está então realizado. Como o devia estar, permanecendo aberto,
dizendo o não-fechamento, ao mesmo tempo infinitamente
aberto e refletindo-se infinitamente sobre si próprio, "*um olho no
olho*", comentário que acompanha ao infinito o "*livro excluído e
reclamado*", livro constantemente começado e retomado de um
lugar que não está nem no livro, nem fora do livro, dizendo-se
como a própria abertura que é reflexo sem saída, reenvio, retorno
e meandro do labirinto. Este é um caminho que contém em si os

caminhos para fora de si, que compreende as suas próprias saídas, que é o próprio a abrir as suas portas, isto é, abrindo-as sobre si próprio, fecha-se ao pensar a sua própria abertura.

Esta contradição é pensada como tal no terceiro livro das perguntas. Eis a razão pela qual a triplicidade é o seu número e a chave da sua serenidade. Da sua composição também: O terceiro livro diz:

*"Sou o primeiro livro no segundo"*

. . . . . . . . . . . . . . . . . .

*"E Yukel disse:*
*Três perguntas*
*seduziram o livro*
*e três perguntas*
*o terminarão.*
*O que acaba,*
*três vezes começa,*
*o livro é três.*
*O mundo é três*
*E Deus, para o homem,*
*as três respostas."*

*Três:* não porque o equívoco, a duplicidade do todo e do nada, da presença ausente, do sol negro, da boca aberta, do centro roubado, do regresso elítico, seria finalmente resumida em qualquer dialética, apaziguada em qualquer termo conciliador. O *"passo"* e o *"pacto"* de que fala Yukel em *Meia-Noite ou a Terceira Pergunta* são o outro nome da morte afirmada desde *A Aurora ou a Primeira Pergunta* e *Meio-Dia ou a Segunda Pergunta.*

*E Yukel disse:*
*"O livro me conduziu,*
*da aurora ao crepúsculo,*
*da morte à morte,*
*corre a tua sombra, Sara,*
*no número, Yukel,*
*no fim das minhas perguntas,*
*ao pé das três perguntas..."*

A morte está na aurora porque tudo começou pela repetição. Logo que o centro ou a origem começaram por se repetir, por se redobrar, o duplo não se acrescentava apenas ao simples. Dividia-o e fornecia-o. Havia imediatamente uma dupla origem mais a sua repetição. Três é o primeiro número da repetição. O último também, pois o abismo da representação permanece sempre dominado pelo seu ritmo, ao infinito. Sem dúvida, o infinito não é uno nem nulo, nem inumerável. É de essência ternária. O dois, como o segundo *Livre des questions* (o livro de Yukel), como Yukel, continua a ser a junção indispensável e inútil do livro, o mediador sacrificado sem o qual a triplicidade não existiria, sem o qual o sentido não seria o que é, isto é, diferente de si: em jogo. A junção é a quebra. Poder-se-ia dizer do *segundo* livro o que se diz de Yukel na *segunda* parte do *Retour au livre:*

"*Foi a liana e ligação no livro, antes de ser dele expulso.*"

Se nada precedeu a repetição, se nenhum presente vigiou o traço, se, de certo modo, é o "vazio que de novo se escava e se marca de impressões digitais"[2], então o tempo da escritura já não segue a linha dos presentes modificados. O futuro não é um presente futuro, ontem não é um presente passado. O além do fechamento do livro não deve ser esperado nem encontrado. Está lá mas *além,* na repetição mas evitando-a. Está lá como a sombra do livro, o terceiro entre as duas mãos que seguram o livro, a diferência no agora da escritura, a distância entre o livro e o livro, essa outra mão…

Abrindo a terceira parte do terceiro *Livre des questions, o canto sobre a distância e o acento* começa assim:

"*Amanhã é a sombra e a reflexibilidade de nossas mãos.*"

*Reb Dérissa*

(*Tradução de Maria Beatriz Marques Nizza da Silva*)

---

2 Jean Catesson, *Journal intime et points cardinaux.*

# Bibliografia

- Force et signification. *Critique*, 193-194, jun.-jul. de 1963.
- Cogito et histoire de la folie. Conferência pronunciada em 4 de mar. de 1963 no Collège Philosophique e publicada na *Revue de métaphysique et de morale*, 1964, 3 e 4.
- Edmond Jabès et la question du livre. *Critique, 201,* jan. de 1964.
- Violence et métaphysique, essai sur la pensée d'Emmanuel Lévinas. *Revue de métaphysique et de morale*, 1964, 3 e 4.
- "Genèse et structure" et la phénoménologie. Conferência pronunciada em Ceisy-la-Salle em 1959 e publicada na coletânea *Genèse et structure* dirigida por Gandillac, Goldmann e Piaget, éd. Mouton, 1964.
- La Parole soufflée. *Tel Quel* 20, inverno de 1965.
- Freud et la scène de l'écriture. Conferência pronunciada no Instituto de Psicanálise em mar. de 1966 e publicada em *Tel Quel* 26, verão de 1966.
- Le Théâtre de la cruauté et la clôture de la représentation. Conferência pronunciada em Parma, abr. de 1966, no Colóquio Antonin Artaud (Festival Internacional de Teatro Universitário) e publicada em *Critique*, 230, jul. de 1966.
- De l'économie restreinte à l'économie générale – Un hegelianisme sans réserve. *L'Arc,* mai. de 1967.

- La Structure, le signe et le jeu dans le discours des sciences humaines. Conferência pronunciada no Colóquio Internacional da Universidade Johns Hopkins, Baltimore, sobre *As Linguagens Críticas e as Ciências Humanas,* 21 de out. de 1966.

Pela data destes textos, desejaríamos observar que, no momento de lê-los para reuni-los, não podemos mais manter a mesma distância em relação a cada um deles. O que aqui permanece como *deslocamento de um problema* forma certamente um sistema. Por alguma *costura* interpretativa, teríamos conseguido desenhá-lo depois de pronto. Nós, porém, deixamos aparecer somente o pontilhado, arrumando nele ou abandonando esses brancos sem os quais nenhum texto jamais se propõe como tal. Se *texto* quer dizer *tecido,* todos esses ensaios obstinadamente definiram sua costura como *alinhavo.* (Dezembro de 1966)

Este livro foi impresso em Cotia,
nas oficinas da Meta Brasil,
para a Editora Perspectiva.